神仏融合史の研究

吉田一彦 著
Kazuhiko Yoshida

名古屋大学出版会

神仏融合史の研究——目　次

目次

凡　例

一、史料を引用する際には、論述に即して返り点を付したり、読み下したりした。いずれの場合も、史料原文の旧字は現代の常用字体に改め、分注は〈　〉で示した。

一、「SAT大正新修大蔵経テキストデータベース」のテキスト番号および頁・段は、「大正蔵 No.1545, 655bc」のように示した。

一、年号表記については、原則として日本年号を記述し、対応するグレゴリオ暦を（　）内に付した。ただし中国に関する出来事を扱う場合には中国年号を記述した。また、干支による紀日は〈　〉で日付を補った。

序章　神仏融合史研究序説

はじめに

日本には、神々への信仰と仏法[1]の信心とを複合的もしくは融合的に行なう信仰がある。いや、それがむしろ一般的であると言える。この宗教現象を、日本の学界では「神仏習合」と長く呼んでいる。それは日本の宗教、思想、文化の大きな特色の一つである。本書は、その長期にわたる歴史のうち、古代・中世に関する部分の実相を明らかにすることを主たる目的とし、あわせてその後の歴史的展開を展望することをも目的の一つとするものである。これによって、日本の〈神仏融合史〉の特質を明確化する。

最初に述べておきたいのは、次の二点である。第一点は、「神仏習合」はかつてしばしば日本に特徴的に見られる宗教現象であると説明されてきたが、そうではないことである。神仏を複合的、融合的に信仰する宗教現象は、その度合いに濃淡はあるものの、広くアジアの仏法国全般に見られる一般的な現象である。このことを明確に認識して考察を進めることが大変重要になるだろう。第二点は、「神仏習合」という学術用語には多くの問題点が包含されていることである。今後、研究・解明を前に進めていくには、この用語の問題点を明確に認識した上で、他の代わる用語を模索し、新しい用語・概念を提起することが必要になると考える。まずは、この二点について説明していきたい。

一　仏法と神信仰の親和性

中国・台湾・ベトナム・韓国

第一点を説明する。最初にアジア東部における神仏の複合・融合の状況を確認しておきたい。中国の寺院や石窟などを訪れると、しばしば神信仰の存在に出会う。たとえば多くの寺院内に伽藍神や土地神がまつられている。伽藍神[2]はその伽藍の護り神（守護神）であり、土地神[3]はその寺院の所在する土地の神である。寺院には主たる尊格として仏法の仏菩薩がまつられるが、同時にこうした神々がしばしばまつられている[4]。

また、寺院や石窟に道教の尊格がまつられることがある。あるいは面然大士（焔口餓鬼）[5]がまつられることがある[6]。中国の石窟を訪れると、仏法の尊格をまつる窟や龕《がん》に混じって、天尊や老子などの道教の尊格がまつられる窟や龕が存在したり、一つの龕内に仏法と道教の尊格があわせまつられることがある。あるいは孔子や十哲をまつる儒教の龕が併存することがある。さらには、一つの龕内に釈迦と老子と孔子があわせまつられるような儒仏道の合龕が存在する[7]。こうした現象は中国の神信仰である道教と仏法の融合、そして儒教と仏法の融合、さらには儒仏道三教の融合と評価される。

たとえば、中国四川省仁寿県の牛角寨石窟[8]の壇神岩（図序-1）には儒仏道の合龕が見られ、大変注目される。また、四川省安岳石刻群の円覚洞石窟の天尊龕（図序-2）は、道仏合龕になっており、これも注目される[9]。さらに、四川省大足石刻群の石篆山石刻には、老子龕・三身仏龕・孔子龕が併存し（図序-3）、地蔵十王龕を含めて四つの龕が並んで配置されている[10]。同じく大足石刻群の妙高山石刻では、四つ並立する龕のうち、向かって右端の龕には、釈迦、老子、孔子が一つの龕内の三壁にまつられている（図序−4・5・6）。儒仏道三教の複合や融合は、中国の宗教史、思想史、文化史の中心的な論点の一つであり、その歴史と文化を把握して日本の神仏融合と比較することは重要な課題になる。

台湾はどうだろうか。台湾では神仏の複合・融合が日本以上に濃密に進展している。たとえば台北市の著名な龍

図序−1　壇神岩（正面）と仏儒道三教合龕（左側面）　牛角寨石窟　中国・四川省仁寿県

牛角寨石窟の「壇神岩」には，中央中段に羅漢龕があり，向かって左下段に真人群像龕がある。ここには蓮台の上に立つ道教の真人の男像と女像とが計35体ある。向かって左上段には三龕があり，左から3番目（もっとも中央寄り）の龕は，正壁に仏五尊，左右壁面に2体ずつの計9体をまつる仏龕である。さらに，左側部にまわり込むと三宝龕（道儒仏三教合龕）がある。向かって左壁には題記（再刻か）があり，「大唐天寶八歳太歳己丑□未朔十／五日戊申三洞道士楊行□三洞女道士／楊正真三洞女道士楊□□（中略）共造三寶像一／龕（後略）」の文言が判読できる。これは唐の天寶8年（749）に道士と女道士がともに造立した「三寶」の龕であるという。

山寺には、中央に本尊の観音菩薩（台湾では「観音仏祖」と呼ばれる）がまつられるが、その背後の奥殿には媽祖を中尊に、文昌帝君、関帝、城隍神、水仙尊王、池頭夫人、註生娘娘などの道教の神々が合わせまつられている。参拝者たちは、観音仏祖などの仏菩薩と媽祖などの神々とを同時にまた複合的に信仰している。(11) 媽祖像は、参拝者側から見て、中尊の観音仏祖像の直線上の奥の正面に当たる位置に重ね合わせるように配列されている。

図序–2　天尊龕（道仏合龕）　10 世紀初期　円覚洞石窟　中国・四川省安岳県　安岳石刻群

円覚洞石窟の天尊龕（道仏合龕，第 22 号）は，道教の天尊の坐像を中尊に，その左右に 4 体の脇侍像があり，それらの頭部の間に迦楼羅，乾闥婆，夜叉などの護法神の像がレリーフで描かれている。さらに向かって右壁には老子と 4 体の脇侍像があり，左壁には仏と二弟子・二菩薩の五尊像がある。

図序–3　石篆山石窟　中国・四川省重慶市大足区　大足石刻群

石篆山石窟は，入口を入ると，地蔵十王龕（第 9 号，1096 年），老君龕（第 8 号，1083 年），三身仏龕（第 7 号，1082 年），孔子及十哲龕（文宣王龕，第 6 号，1088 年）が並んでいる。写真は，孔子及十哲龕（文宣王龕）から入口の方向を振り返って撮ったもの。

あるいは、台南市の興済宮・観音亭（図序-7）では、道教の神である保生大帝を中尊にまつる興済宮と、仏法の観音仏祖を中尊にまつる観音亭が同一敷地に一体の施設として建立されていて、入口こそ別々であるが、中はつながっていて参拝者は内部を往き来しながら数多くの神仏を複合的に礼拝している[12]。それゆえ、この宗教施設は神仏への信仰が一体となった神仏融合の場になっている。

図序-4　妙高山石窟と仏儒道三教合龕（向かって右から1番目）の釈迦三尊像　11世紀中期　中国・四川省重慶市大足区　大足石刻群

妙高山石窟は，正面の崖上方に第2号〜第5号の四龕がある。向かって右端の第2号龕が仏道儒三教の合龕である。なお，第5号の水月観音龕には，「紹興乙亥仲春五月」（1155年）の年紀を持つ題記がある。

図序−5　同　老子と真人像

図序−6　同　孔子と弟子像

ベトナムはどうだろうか。ベトナムでも神仏の複合・融合が豊かに展開している。たとえばハノイ市の法雲寺はベトナム最古と伝える寺院であるが、その中尊は、現在「法雲女神」と呼ばれる黒色もしくは濃褐色の女神の坐像で、衣服を着し、冠をかぶる神像である。仏法の寺院、しかもベトナム最古という伝承を持つ寺院の中心的な尊格に神像がまつられているのである。あるいは、ハノイ市の建初寺を訪れると、同一敷地内に神をまつる扶董祠がある。建初寺と扶董祠（図序-8）は、正面入口には両施設の間に境があるが、中に入って裏にぬけていくと連続した敷地で往き来が可能になっており、同一敷地に仏教寺院と神をまつる施設とが並立する形態になっている。[13] 扶董祠では、「扶董天王」（図序-9）がまつられているが、この神は、大西和彦氏によれば、ベトナム神道において「上等神」として人々の信仰を集める「四不死」の一つであり、道教に由来する神だと理解されているという。[14]

図序-7　興済宮（右）と観音亭（左）　台湾・台南市

図序-8　建初寺（左）と扶董祠（右）　ベトナム・ハノイ市

図序-9　扶董天王像　扶董祠

韓国はどうだろうか。韓国の寺院にはさまざまな神がまつられている。もっとも一般的なのは山神で、多くの寺院に山神閣（山霊閣）が設置されていて、山神の画像もしくは彫刻、あるいは画像と彫刻の両者が安置されている。また、七星閣では北斗七星がまつられている。[15] さらに、著名な伽倻山海印寺には、鳳凰門の右手前方に「局司壇」という殿舎があり、その中に「局司大神」の画像がまつられている（図序-10）。この神は女性の姿で描かれ、童子

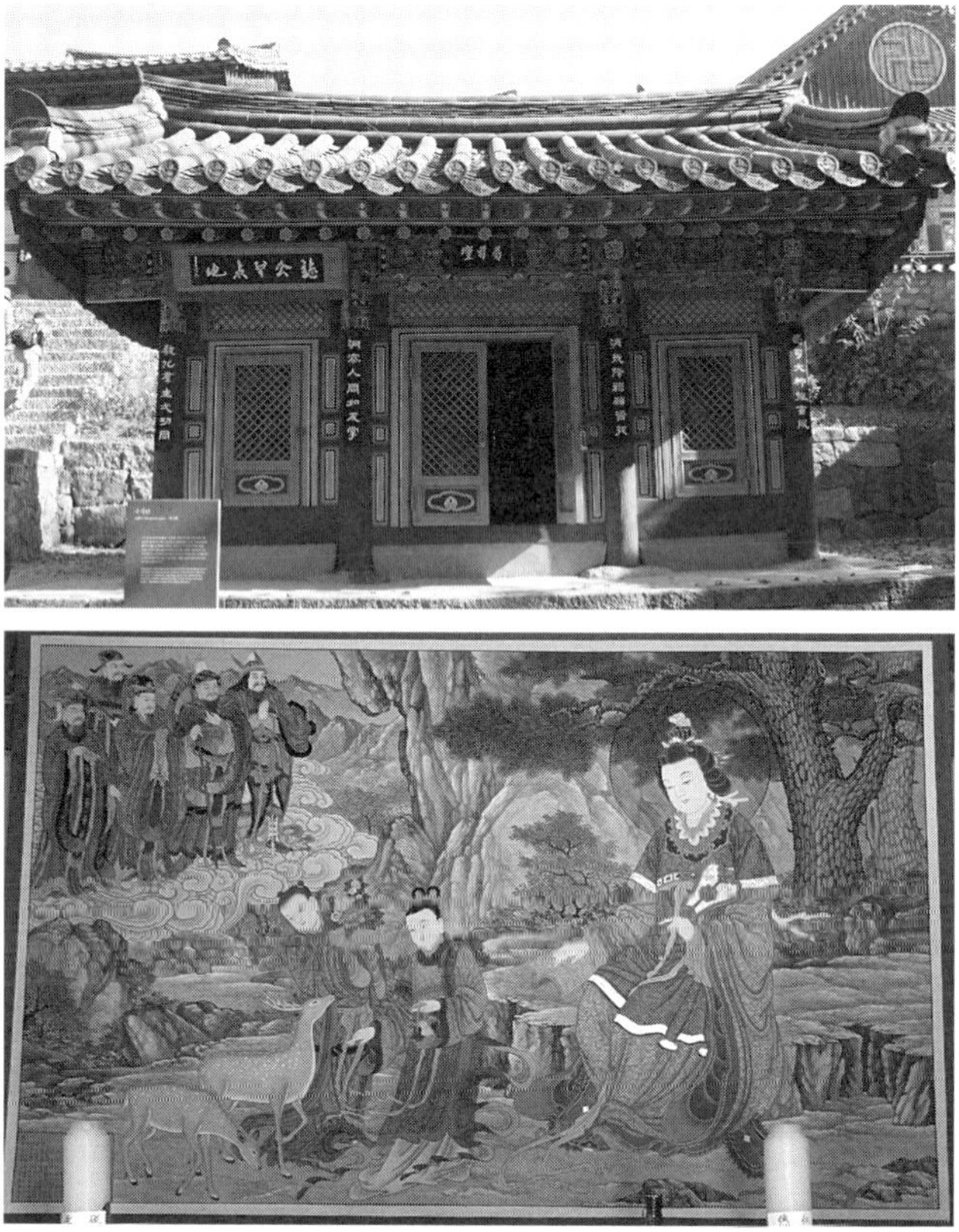

図序-10　海印寺　局司壇と局司大神像　韓国・慶尚南道陜川郡

二人を伴っている。現地の解説板によると、この壇は海印寺の伽藍地を守護する土地伽藍神をまつるとともに、山を司る山神をまつっており、「局司大神」は正見母主であるという。[16] 海印寺の土地伽藍神は伽耶山の山の神であり、女神であった。

このように、東アジアあるいは東南アジアには神仏の複合・融合が見られる。それはまた、南アジア、中央アジア、北アジアにも見られる。決して日本だけの現象であるわけではない。ここで重要になるのは、各地域ごとの神仏の複合・融合の様相には、似通った部分も見られるが、当然のことながら、違いも見られることである。それらを比較するなら、アジアの各地に見られる神仏の複合・融合の共通性と差異を見出すことができるだろう。筆者は、そこに見出せる共通性は、仏法が持つ性格に起因する部分が大きいのではないかと考える。仏法が全般として持つ神信仰との親和性である。一方、地域ごとの差異は各地の宗教の個性そのものと言ってよく、その地の文化の個性そのものに通じるものと理解することができる。

では、そうした諸々の宗教の複合・融合の中で、日本の神仏融合にはどのような特色が見られるのか。日本の神仏融合史を考察するにあたっては、こうした視座を念頭に置いて思考を進めることが重要になる。

アジアに広く見られる神仏の融合と日本

仏法と神信仰の融合は、アジアの仏教圏の国・地域に広く見られる。しかし、かつては、「神仏習合」は日本独自の宗教現象であり、日本の宗教、日本の文化の大きな特色であるとしばしば説かれてきた。そして、そうした理解を前提にして「神仏習合という日本独特の宗教構造」のあり方を考察し、「日本の宗教的特質である神仏習合現象の生成と展開の歴史をあきらかにし、それを通して文化全般と社会構造との有機的関係を解明[17]」しようとする研究が進められてきた。しかしながら、この前提は妥当なものとは言えない。日本だけではなく、アジアの多くの国や地域に仏法と神信仰の融合が見られるから、神仏の融合は日本独自の宗教現象とは言えない。

交通手段が発達し、東アジア、東南アジア、南アジアをはじめとして世界の多くの国や地域を容易に訪れることができるようになった今日、また多くの外国人が日本で活動するようになった今日、アジアの多数の国や地域に仏法と神信仰の複合・融合が見られることは、多くの日本の人々に無意識のうらに浸透しつつあるように思われる。現代においては、他の国や地域における神仏の融合と日本の神仏の融合とを比較して、そこから日本の宗教、思想、文化の特質を明らかにすることは重要な作業になる(18)。

アジアには、広い範囲に仏法が流通し、多くの人々に信仰されている。仏法（仏教）がその地の宗教の中心になっていて、「仏教国」と呼ばれるような国があるし、それほどまでではないにせよ、仏法が国や地域の宗教の重要な要素になっているところも少なくない。それら、仏法が広く流通している国や地域には、また神信仰が存在し、仏法は神信仰と複合し、あるいは融合して、何らかの連関を有するのが一般的である。日本もその例外ではない。日本における仏法と神信仰との複合・融合の姿を、それらの中の一形態であると捉える視座がまず必要であると考える。

かつて、「神仏習合」が日本独自の宗教文化だと考えられたのは、今日ほど国際交流が容易ではなかったという時代状況に加えて、日本の歴史や文化を日本一国の中で考察する傾向が強かったという学問状況に規定されたものであったように思われる。そうした状況下では、私たちはアジアの隣国の宗教や文化を冷静に見つめる視座に乏しく、日本の宗教の状況を、幕末の開国以来身近になり、同時に脅威ともなった欧米のキリスト教国と比較してその差異を抽出しようとしたり(19)、あるいはユダヤ教やイスラームの文化と比較して日本の特殊性を強調したのではないかと推察される。しかも、そこでのユダヤ教、キリスト教、イスラームについての理解は観念的で、必ずしも実態にそくした認識に立脚して比較がなされたわけではなかった。

しかし、そうした状況は二十一世紀も四分の一ほどが経過した今日、大きく変化してきている。私たちは、アジアの隣国である中国、韓国、北朝鮮にかつて以上に正面から向き合わねばならず、またインドや東南アジア、あるいは北アジアや中央アジアの国々ともこれまで以上に密接な交流を行なうようになっている。今日では、筆者が専攻する日本史学の分野でも、東アジア史的観点からの日本史認識は当然のこととなり、さらにはアジア史的観点やユーラシア史的観点からの歴史認識の必要性が説かれるに至っている。高等学校の歴史教育においても、二〇二二年度新カリキュラムから、世界史の中に日本史を位置づけて学ぶ科目である「歴史総合」が開始された。日本の神仏融合の解明にあたっては、日本一国史――かつて「国史」と呼ばれていた――の思考枠組から自由になり、文化交流史の視座から問題を捉え直して、その成立と展開の歴史を明らかにすることが重要になる。

成立の前後関係・影響関係

そこで問題になるのは、神仏の複合・融合をめぐる各地域間の前後関係や影響関係である。仏法が中国に伝播したのは後漢の時代、西暦一世紀のことで、それが中国社会に流通を開始するのは五胡十六国時代、四世紀のことである。次いで朝鮮半島に仏法が伝播するのは三国時代のことで、四世紀末~五世紀のことである。そして六世紀、仏法は日本――当時は周囲から倭国と呼ばれていた――に伝播した[20]。

ここで一考すべきは、神仏の複合・融合は日本で開始され、それが中国、朝鮮半島などに輸出されたものなのか、それともそうではなく、大陸で開始せられ、それが日本に伝播したものなのかという問題である。この問いに対しては、しかし、明確で実証的な解答が用意できる。というのは、中国の仏法文献に、日本の最初期の神仏融合で語られる思想・用語と全く同一の思想・用語が確認できるからである。しかも、中国における言説は日本における言説よりも時期が早い。とするなら、日本で神仏融合が開始されるに先立って、すでに中国において神仏融合の思想が語られ、神仏の複合・融合が開始されていたということになる。日本は中国の仏法で語られていた神仏融合の思想と用語を受容、導入して日本の神仏融合を開始したのである。この事実は重いと筆者は考える。

日本の最初期の神仏融合

日本における神仏融合の開始については、詳しくは本書の第Ⅰ章・第Ⅲ章で述べるが、この序章でも簡略に触れておきたい。日本における神仏の融合は、八世紀に開始された。それは、具体的には、神社に併設される寺院、すなわち〈神宮寺〉の建立から始まった。そこでは、独特の用語を伴いつつ、〈神道離脱〉[21]（神身離脱）〉の思想が語られた。初期の神宮寺としては、気比神宮寺、多度神宮寺、若狭神願寺などがよく知られている。〈神道離脱〉の思想とは、神が神であることに苦しみ、「神道」を脱して仏法に帰依したいと希望しているとする思想のことである。この思想は、中国の仏書である『続高僧伝』「釈法聡伝」、『高僧伝』「釈法度伝」、『出三蔵記集』「安世高伝」（『高僧伝』「安世高伝」にも同じ話あり）をはじめ、複数の史料に確認することができる。中国では、仏法が神の住む聖地（山・湖など）に進出するにあたり、これらの思想が説かれ、神をまつる廟や祠に並立するようにして寺院が建立されていった。日本僧たちはこの思想を導入し、神社に併設する寺院を建立していった。〈神宮寺〉は、その後、平安時代を通じて日本の主要な神社の多くに建立されていった。〈神宮寺〉成立の歴史的意義は大変大きい。

また、ほぼ同時に日本では〈護法善神〉の思想が語られるようになる。〈護法善神〉の思想とは、神々を、仏法を守る善い神と位置づける――再定義する――思想のことである。この思想も中国の仏書に多数見え、中国の仏法でしばしば語られていた思想であることが知られる。だが、それは、中国で誕生した思想というわけではない。実は、〈護法善神〉の思想はすでに『大毘婆沙論』などに見え、系譜的にはインドの部派仏教に遡る。すでにインドにおいて、仏法は神を仏法の従属者と位置づける仏法優位の思想を語り、それを掲げて布教を進めていた。それがインドから中国へ、そして中国から日本へと伝えられ、日本でもこの思想が語られるところとなった。

日本の神仏融合は、中国の神仏融合思想の受容から開始された。中国の仏法で説かれていた〈神道離脱〉の思想、および〈護法善神〉の思想が入唐僧によって請来された。日本は、八世紀初頭の大宝の遣唐使以来、中国の仏法を本格的に受容するようになったが、遣唐使とともに入唐した日本僧たちは、中国の仏法で語られていた神仏融

図序-11　山王礼拝講　日吉大社　滋賀県大津市坂本

日吉大社で実施される山王礼拝講では，神（山王）に対して僧による『法華経』の講説が行なわれる。『法華経』の〈神前講経〉である。写真は，法会の開始にあたって僧と神職が列立する場面（上）と，同社西本宮において〈神前講経〉が挙行される場面（下）で，日本における神仏融合の一事例として，そして現代に続く継続事例として注目される。

合思想を積極的に日本にもたらした。これにより、多数の〈神宮寺〉が日本に建立され、また〈神前読経〉〈神前講経〉が実施されるようになっていった。〈神前読経〉〈神前講経〉については第Ⅰ章で論じるが、これらはその後も今日に至るまで継続して実施され、日本社会に広く、長く定着していった（図序-11）。〈神前読経〉〈神前講経〉も、その成立の歴史的意義は大変大きい。

やがて、神仏の聖地としての山という観念が中国から日本にもたらされた。最澄、空海、宗叡などの入唐僧は、帰国後、中国の宗教的聖地の神仏並立・神仏融合のあり方を模倣し、それを範とする寺院を建立し、また人跡未踏の山に入って、そこを積極的に開創していった。比叡山延暦寺は、神仏の山である天台山の寺院に倣って創建された。人跡未踏の神の山であった白山をはじめて開創したのは宗叡で、そこには五臺山の神仏並立、神仏融合の影響が見られる。これについては、第Ⅰ章・第Ⅳ章・第Ⅴ章で詳論する。

また、〈護法善神〉の思想とあわせて「鎮守」の思想が九世紀末頃から語られるようになった。「鎮守」の語は複数の密教経典に見え、密教の流通、隆盛とともに日本社会に流布した。神社に併設される寺院が神宮寺であるのに対し、寺院に併設、あるいは隣接地・近接地に設置される神社が「鎮守」である。これについての私見は第Ⅰ章で論じる。上島享氏によると、「鎮守」は、十一・十二世紀以降、神仏融合の進展とともに、日本の地域社会に広く展開していった。[22]そして、地域の宗教的心性の形成に大きな役割を果たしていった。

次に、中国の「垂迹」の思想が受容された。この語は、八世紀の日本の学僧の書物に見えはじめ、平安時代になると一般の史料にも散見されるようになる。そして十世紀になると、「アトヲタレタル」と訓まれるようになって日本社会に土着していった。ただし、この段階ではまだ「本地」の思想とは接合されておらず、〈本地垂迹説〉の段階には至っていない。「垂迹」思想の段階であった。

それが、十一世紀後期、「垂迹」思想に、密教に由来する「本地」の思想が接合されて〈本地垂迹説〉が成立した。これを理論的に形成したのは仁和寺の学僧で、特に済暹によって理論的に造形された。そして、神社によってこの思想が採用されて、伊勢や熊野などで語られるようになっていった。〈本地垂迹説〉は十二世紀になると、多数の神社に採用され、多くの主要な神社がこの思想を語り、自らがまつる神の「本地」を設置していった。こうして十二世紀に〈本地垂迹説〉が確立する。なお、〈本地垂迹説〉の〈本地〉は、密教の用語から来ている。日本の〈本地垂迹説〉は、密教の〈本質―現象〉の思想のもとに形成されていった。これについては、第Ⅶ章・第Ⅷ章で詳論する。

このように、日本の神仏融合史を考察するには、中国の神仏融合思想の受容と変容という視座が重要になる。また、平安時代中後期に関しては、密教の隆盛の中での神仏融合の進展という視座が外せないものになるだろう。

二　研究史の回顧と用語の検討

近代歴史学における研究史

次に第二点であるが、これを論じるには、まず日本の「神仏習合」をめぐる研究史を的確に把握しておく必要がある。そこで、迂遠なようではあるが、最初に近代における主要な研究に触れ、その後に近代以前にまで遡って、「神仏習合」という用語がはらむ問題点について考察していきたい。

日本における神信仰と仏法の複合・融合の宗教現象は、幕末の開国、欧米諸国との邂逅以来、また明治初頭の神仏分離、廃仏毀釈以来、日本の宗教史、思想史、文化史の大きな研究課題であり、近代歴史学において、数多くの研究が積み重ねられてきた。学説史上、後学に大きな影響を与えたのは、明治四十年（一九〇七）に発表された辻善之助の長篇論文「本地垂迹説の起源について」[23]で、辻は神仏の融合が日本列島で内在的に成立し、展開したと考え、その過程を「本地垂迹説」がどのようにして成立していったのかという問題設定から立論した。この学説は「神仏習合」の内在成立展開説とでも呼ぶべき学説として確立し、通説となった。以後の日本の神仏融合に関する研究は、辻が設定した枠組の中で行なわれてきた。

辻説の影響力は大きく、〈辻善之助パラダイム〉とでも呼ぶべき枠組を構成して研究の方向性を規定した。それゆえ、辻説と異なるような発想からの研究はほとんど見ることができない[24]。だがそうした中、津田左右吉は中国の文献に日本の神仏融合で語られる思想と共通する記述が見られることを指摘している[25]。これは、研究史上重要な指摘だったと評価されるが、ただ津田の論述は簡略かつ短文で、史料の提示や説明が不十分であったため、内在成立展開説に対抗するような、もう一つの学説として確立されることはなかった。

そうした研究史を受けて、筆者は「多度神宮寺と神仏習合」を発表し、内在成立展開説を批判して、日本の神仏融合は中国で説かれていた仏法と神信仰の融合をめぐる思想や用語の強い影響を受けたものであることを論じた[26]（本書第Ⅲ章）。そこで筆者は、津田の萌芽的な指摘を発展させ、あらためて種々の関係史料を提示してこの問題について本格的に立論した。同じ頃、拙論の発表に先立って、日本文学研究の分野からも、日本に見られる〈神身離脱〉を語る伝承は中国文献に見られ、外来伝承を視野に入れて理解すべきであると説く見解が提起された[27]。

その後、神仏融合をめぐってはこうした観点からの議論が行なわれるようになり、仏教史学会では二〇〇三年度の大会（於、関西大学）でシンポジウム「アジアにおける仏教と諸宗教」が企画され、インド、中国、日本古代、日本中世の神仏融合についての比較検討が行なわれた[28]。そこで筆者は「日本における神仏習合思想の受容と展開」を基調報告の一つとして発表した[29]。また、美術史の神像研究の分野では、日本の神像彫刻を中国における神仏の融合の影響という観点から論じる長坂一郎氏の研究が発表された[30]。この研究は、日本の神像研究に国際比較の視座をもたらし、新しい研究の地平を切り拓くものとなった。中国の神仏融合思想の受容に関する見解は、美術史研究の分野で好意的に受け止められ、奈良国立博物館特別展「神仏習合」では、この学説を取り入れる形で企画展が組まれた[31]。さらに、歴史教育では、代表的教科書の一つ『詳説日本史B』（山川出版社）の二〇〇五年版から、「神仏習合」の記述が「天平文化」のところに移動し、脚注で中国の神仏融合思想の影響があることが記されるようになった。

その後、筆者は「本地垂迹説」の成立過程について「垂迹思想の受容と展開」を発表して、中国の「垂迹」の思想が日本に受容された過程を明確化し、それが「本地垂迹説」へと展開していった道筋について論じた[32]（本書第Ⅶ章）。また最澄が中国の天台山において、山における神仏融合のあり方を実見し、日本の比叡山に同様の形態を築こうと構想したことを論じ、これによって神仏の聖地としての山という観念が日本に本格的に導入されたことを明らかにした[33]（本書第Ⅳ章）。

近年、日本の神仏融合に関して、上島享氏や伊藤聡氏による優れた研究が発表され、新しい視座からの研究成果が蓄積されてきた[34]。インドや中国における神仏の融合に関しても、曾根正人氏や荒見泰史氏による示唆に富んだ研究が発信されている[35]。また、文学研究の分野からも関連する研究が発表されている[36]。本書では、それらの成果をふまえつつ、あらためて日本の神仏融合史を再考したい。

仏法の論理と神信仰

日本の神仏融合を歴史的に考究するとき、その第一幕に登場するのは、先に述べたように、八世紀から見られるようになる〈神道離脱〉の思想、および〈護法善神〉の思想である。これらの思想は仏法が説いた仏法の思想であった。それは仏法が自身を神信仰よりも上位に位置づける思想になっており、日本の初期の〈神宮寺〉や〈神前読経〉に関する史料にそうした思想が語られている。それらの史料の存在は、研究史劈頭の辻善之助の研究の段階から知られていた。問題はその意味をどう評価するかである。日本において仏法と神信仰の関係は、実際はどうだったのか。中国ではどうだったのか。そもそもインドではどうだったのか。

かつて、津田左右吉は、神仏融合の際に語られた仏法上位の思想について、「仏家がかう考へたのは、仏家だけの見解であって、一般の信仰とは関係が無い」と断じた[37]。仏法の論理、用語、思想は文献史料にはっきりと記されてはいるが、それは仏家が説いただけのことであって、仏家の思想の表明にすぎず、一般の人々の信心はそれとは別のところにあったとする見方である。重要な見解であると言えよう。しかし、筆者は、津田によるこうした評価は過小評価だろうと考えている。日本では、この思想とともに数多くの〈神宮寺〉が建立され、〈神前読経〉〈神前講経〉が開始され、それは今日に至っている。それらは日本の神仏融合文化の基調を形成した。その事実は重い。関係史料も仏書ばかりではなく、一般の歴史史料に見られる。だから「関係が無い」とは決して言えないと筆者は評価する。

しかしながら、それを過大に評価することもまたできない。日本において、神信仰が仏法の内部に完全に吸収されてしまい、神信仰が極小化あるいは消滅してしまうようなことはなく、むしろ神仏の融合の進展の中で「神道」と呼ばれる宗教体系に発展し、日本の宗教全体の中で、独自で欠くことのできない領域を保って今日まで継続、展開してきた。その事実もまた重い。神信仰、そして神道は、仏法と密接に融合しつつ、それを活用して発展してきた。

思想的には対等ではない神仏だが

神仏の融合と言うと、神道と仏法とが対等に並び立ち、対等に信仰される宗教現象であると思いがちである。しかし、両者の関係は決して対等なものではなかった。神仏融合思想は、もともと、仏法が先行する神信仰の世界に進出するために、仏法布教の論理として生み出されたものであった。日本にこの思想が中国から伝えられ、日本の神仏融合が進展すると、仏法側の主導のもと、神々を仏法の世界の周縁に位置づけるような世界観が語られるようになった。だから、これらの思想は、仏法を上位、神信仰を下位に位置づけるものになっている。

そうした中で、日本の神仏融合の第二幕として、十一世紀後期に〈本地垂迹説〉が生み出され、十二世紀に確立した。この思想は、仏菩薩を〈本質〉とし、神々をその〈現象〉と見る思想である。だから一見すると、仏法を上位、神信仰を下位に位置づける思想のように捉えられやすい。もちろん、思想の外形としてはその通りである。しかし、日本の宗教界では、この思想は実際にはそのように機能しなかった。〈本地垂迹説〉に好意的で、これを積極的に活用したのはむしろ神社だった。なぜ神社はこの思想を重視したのか。

日本の神社は、その多くが土地や土地の自然（山、河川など）と密接に連関する神をまつるものであり、土地に根差した土地の神をまつるものだった。だから、発祥の地を離れると、途端にその神としての意味は失われてしまう。それが、〈本地垂迹説〉を活用すると、土地に密着した個別性を相対化することができ、「本地」は○○如来である、△△菩薩であるという一般性を手に入れることができる。地域の神社はこの側面を活用して、自らの神のありがたさを語り、それによって自らの神の信仰圏を拡大し、さらには遠方に末社を展開することに成功した。つまり、〈本地垂迹説〉の活用によって神社は発展した。南北朝時代から室町時代、地方の神社では、しきりに〈本地物〉の神仏融合説話が語られた(38)。そして、その説話を語ることで信仰圏を拡大し、末社を展開していった。そうした動向は、戦国時代から江戸時代へと継承されていった。

たとえば熊野社はどうだろうか（図序-12）。養老四年（七二〇）成立の『日本書紀』には、「神武紀」の神武東征の場面では、熊野の「神邑」に到ると海が暴風で荒れて神武の兄弟が溺れて戦死するなどの大苦戦をしいられ、上陸するや「神」は「毒気」を吐いて強く抵抗したと記される。このように、八世紀初頭において、熊野の神は土地に根差した国の神と認識されていた。それが十世紀後期の『三宝絵』の段階になると変化が訪れる。この時代、熊野では熊野八講会が実施されるようになっており、神に対して『法華経』の講説、すなわち〈神前講経〉が行なわれるようになっていた。『三宝絵』には、菩薩が「アトヲタレ」てくれたという記述があって、「垂迹」思想が語られるようになっている（下巻第二十九）。神仏融合が開始されるようになったのである。ただ、そこに「垂迹」の思想は見えるが、まだ「本地」の思想は語られていない。それが十一世紀後期以降の院政時代になると、院の熊野詣がしきりと実施されるようになり、十二世紀前期になると熊野でも「本地」の思想が語られていることが確認できる。そこでは、熊野三所の「本地」は阿弥陀如来、千手観音、薬師如来だと設定されており（『長秋記』長承三年〈一一三四〉二月一日条）、〈本地垂迹説〉が語られている。熊野詣は、当初は

図序-12 現在の熊野那智大社と青渡岸寺 和歌山県東牟婁郡那智勝浦町

図序–13 現在の熊野神社　東京都新宿区西新宿

院など高貴の人々によるものであったが、それがしだいに貴賤老若や一遍のような僧にも展開し、熊野への参詣は、のちに「蟻の熊野詣り」と呼ばれるほどの賑わいをもたらすように発展していった。その間、熊野の地では〈熊野の本地〉の説話が語られるようになっていた。たとえば、南北朝時代成立の『神道集』に収める「熊野権現事」は、〈熊野の本地〉の原型と見るべき説話になっているが、それにはさらなる原型があって、鎌倉時代まで成立時期が遡る説話にすでにその輪郭が見えるという。[39] 熊野の地では、〈本地垂迹説〉に立脚して〈熊野の本地〉の説話が語られるようになり、これによって熊野の神のありがたさが語られ、やがて熊野の信仰圏が拡大し、熊野社の末社が各地に展開するようになっていった（図序–13）。

その後、日本では、江戸時代後期から幕末期になると、神社が発展していく一方で、儒者や国学者などから仏法を批判する廃仏論がしきりに唱えられるようになった。[40] そして、明治時代を迎えるや、神仏分離、廃仏毀釈が政府の意志によって実施された。それは神仏融合世界からの神社の分離・独立を意味していた。神仏の分離は、神仏判然令に従って短い年月で着実に達成された。これによって神社は多く独立を成し遂げることに成功した。けれども、人々の心性（メンタリティー）はそれとは少し異なるところがあった。長く仏法と神とをともに信心、信仰し、神仏融合の文化を肯定してきた日本の多くの人々は、廃仏を行なうという心性には簡単には賛同することができず、神仏をともに信心、信仰する神仏融合の宗教文化の世界にとどまり、その心性をその後も継続して今に至っている。こうして、人々は現代もなお神仏融合文化の中にある。だが、明治時代初期のこの大きな変化により、神社の独立が達成されたというのが、二十世紀から二十一世紀初期の日本の宗教事情と言えよう。

「習合」の用語の問題点

ここで、神仏の融合をめぐる用語の問題について触れたい。「習合」とは一般的な日本語にはない、聞き慣れない言葉だが、これは「吉田神道」（唯一神道）の開祖として知られる吉田兼倶《かねとも》（一四三五～一五一一）が用いて一般化するようになった言葉である。[41] 彼は、その代表的著作『唯一神道妙法要集《ゆいいつしんとうみょうほうようしゅう》』において、「神道」を「本迹縁起《ほんじゃくえんぎ》神道」「両部習合《りょうぶしゅうごう》神道」「元本宗源《げんぽんそうげん》神道」の三つに分類した。兼倶は、この三つの神道のうち「元本宗源神道」があるべき本源的な神道で、これこそが「唯一神道」に他ならないと論じ、「本迹縁起神道」や「両部習合神道」は劣った神道であると位置づけた。

吉田兼倶は神信仰の宗教たる「神道」を確立することにその生涯をかけ、その地位向上を目指した野心溢れる宗教家だった。彼はエネルギッシュな活動を展開し、その結果として「吉田神道」を定立せしめ、これが以後の日本の神信仰の中核的集団になった。[42] 以上から知られるように、「習合」という言葉には一つの思想的立場からの偏りが見られ、批判のためにあえて使用された用語という性格が付着している。兼倶は本源的な「神道」を目指す立場から、「本迹縁起」や「両部習合」の「神道」を神仏融合的で不純な、劣った神道だと批判し、非習合的な神道を求めた。逆に言えば、それまでの神信仰は、神仏の融合の中で成長、発展してきたものだった。「習合」という言葉は、室町時代の神道家によって提唱された、ある特定の思想的立場からの概念語だった。そうであるなら、「習合」という用語よりも、「融合」という現代で用いる一般語の方が学術用語として中立性・妥当性を持つと考える。

なお、近年、彌永信美氏は、「習合」の語の淵源を探究し、兼倶以前、すでに十四世紀前期の光宗（一二七八～一三五〇）の『渓嵐拾葉集《けいらんしゅうようしゅう》』などに用例が見えることを指摘しており、注目される。[43] 彌永氏はまず、「習合」は密教の用語であることを指摘する。これは大変重要な指摘である。次に、用例が集中する『渓嵐拾葉集』においては、弟子が師の口伝を「習ふ」という文脈の中で「習合」の語が用いられおり、「〇〇と××を一体（または同体）と合わせ」て「習ふ」という言い回しで用いられるという。これも重要な指摘である。ただ、筆者には、それは吉田兼倶の「習合」とは少し意味が異なるように思われる。兼倶は、密教の用語である「習合」に自分なりの増広を加えて「両部習合神道」の用語を創出し、その概念がのちの「神仏習合」の「習合」に継承されていったと理解すべきだと考える。

彌永氏は、『唯一神道妙法要集』の「胎金両界を以ては、内外二宮と習ひ、諸尊を以ては、諸神に合はす。故に両部習合の神道と云ふ者乎。問ふ、然の如く習ひ合はする者は、何人の所意ぞ哉。答ふ、伝教・慈覚・智証等、此の四大師の所意也」を引用し、ここの「習合」の用法は、「〇〇を××と習ひ、××と〇〇を合はす」という動詞的用法であり、前代以来の密教の口伝の用法の伝統を引くものであると指摘する。たしかに、この引用の後半部分は問答体で書かれており、前代の用法を継承する部分があると思う。それは指摘の通りであろう。しかし、前半部分の「胎金両界を以ては、内外二宮と習ひ、諸尊を以ては、諸神に合はす。故に両部習合の神道と云ふ者乎」は、神仏の融合そのものを指して「両部習合神道」だと論断しているように読解される。そして、これが後代に継承されていく概念になっていったと理解される。「習合」の語には前史があるという重要な指摘をふまえつつ、ここでは、「神仏習合」の「習合」を、基本的には吉田兼倶『唯一神道妙法要集』に淵源する語と見る見解に従っておきたい。

筆者は、日本の神仏融合は、この「習合」という神道側からの言葉を持つところに大きな特色があると考えている。アジアの国や地域の多くに諸宗教の複合・融合が見られるが、私たちは長く「神仏習合」を日本の宗教の特色であるかのように誤解してきた。なぜなのか。その理由はいくつか想定されるが、筆者は「習合」という言葉を持つことがその一つになっていると考えている。先に触れたように、中国、朝鮮、台湾、ベトナムなどにおいても諸宗教の融合は進展してきたが、これらの国や地域では、それをことさらに「習合」あるいはそれに類する言葉をもって表現するようなことはない。ごく一般的な宗教現象として神仏の融合が通行している。台湾の学会に参加した時、「習合」を適切に翻訳する語が見当たらなかった。「習合」は漢字の熟語であるが、台湾、そして中国では用いられることのない言葉であり、他の言葉に翻訳する必要があった。台湾では宗教の融合が大変進んでいるが、台湾の学者によると、それは一般的で普通の現象であるため、それを特に表現する言葉はなく、討論の際に多くの説明が必要になった。

また、ベトナム社会科学院宗教研究院と学術交流した時も、ベトナムでは神仏の融合が大変進んでいるが、やはりそのことを特に表現する言葉はないという。ベトナムは近年まで漢字文化圏の国であったが、ベトナムにも「習合」という言葉はなかった。ベトナム社会科学院宗教研究院のグェン・クォック・トゥアン院長は、ベトナムには宗教の融合を表現する語はないが、しいて言うなら「統合」と言うべきかもしれないと発言された。「習合」という言葉は漢字文化圏の国々では使用されておらず、議論の時に多くの注釈が必要になったり、誤解を生む不安がある言葉である。筆者は、アジアの国・地域と今後、神仏融合をめぐる学術交流や共同研究を推進すべきだと考えているが、その際、「習合」の語は意味が通じず、用いない方がよいと考える。仏法と神信仰の融合について考察、議論するには、「習合」という用語から自由に発想、考察していくことが重要になる。

「神仏習合」という用語の問題点

以上をふまえて、次に「神仏習合」の語について再検討したい。詳しくは本書第II章において論じるが、「神仏習合」という学術用語は辻善之助によって定着せしめられた語である。林淳氏によれば[44]、幕末維新期の長州藩の史料や新政府の太政官符では、神仏の融合を「神仏混淆」と表現しているという。「神仏混淆」の語は政治の場で用いられはじめ、のち行政用語として多く用いられていった。対して、「神仏習合」はもっぱらアカデミズムの場で用いられた用語だという。この語は、早く、小中村清矩（一八二二〜九五）の「古代宗教論[45]」で用いられ、続いて足立栗園（一八六八〜一九三五）の『近世神仏習合辨』[46]で用いられた。そして辻善之助がこの語を用いて、広く流布・定着するようになったという。

また、鈴木正崇氏も、「神仏習合」の語は、足立栗園が用い、のち辻善之助「本地垂迹説の起源について」[47]が用い、それが同『日本仏教史之研究』[48]に再録されて、広く普及していったと説いている。[49]従うべき見解と思われる。鈴木氏は、また「神仏習合」の語は、「神仏分離」の語と対概念として用いられて流布したとも指摘している。「神仏分離」がまずあって、それに対抗するために、その反対概念として「神仏習合」の語が創出されて唱えられたのである。これは大変重要な指摘である。「神仏分離」の語は修多羅亮延「神仏分離と神官僧侶」[50]が初見であり、この論文が『明治維新神仏分離史料』[51]に再録されることによって、同書の普及とともに流布していったという。

以上より、「神仏習合」の語は、明治中期に始まるアカデミズムの用語であり、辻善之助によって用いられることによって、学術用語として定着した言葉であることが知られる。しかしながら、前項で述べたように、「習合」の語は、英語の syncretism の語にも似て、不純などのマイナスの価値観を包含する概念として用いられ始めた語であって、中立性に欠け、学術用語として妥当性を持つかどうかに疑問がある。筆者は、上で第一点として述べたように、日本の神仏融合史をアジアにおける仏法と神信仰の融合史の中に位置づけて理解すべきだと考えている。また、研究史的には、内在成立発展説を説いた辻善之助説を批判し、むしろ中国の影響を指摘した津田左右吉説を継承、発展させる必要があると考えている。そうであるなら、〈辻善之助パラダイム〉とともに普及した「神仏習合」の用語を批判、克服し、別の用語から考察することが、研究を前に進めていく上で必要になるだろう。明治維新から一五〇年以上の年月が経過し、その功罪をより客観的に評価できる時代に到達した。現在は、この用語に代わる適切な学術用語が求められる研究段階に至っている。

「神仏融合」の用語の提起

　では、どのような用語が妥当性を持つのか。第一には、日本ばかりでなく、アジアの仏法国に広く用いることが可能な用語がふさわしいと考える。かつて筆者は、鈴木正崇氏から「東アジア全体に「神仏習合」の概念を拡大して適用することは慎重さを要する」との批判[52]を受けた。たしかに、中国、韓国、ベトナム、台湾などにおける諸宗教の関係性を考察し、それらと比較しながら日本の状況を考察するには、一般語の方が妥当性を持つ。そうした用語ならば、国際学術交流における翻訳の問題もクリアできるだろう。

　第二には、日本の密教の用語ではない方が妥当性を持つと考える。神仏の融合は、日本において、密教の興隆とともに隆盛していったが、それは日本の神仏融合の第Ⅱ段階であって、それ以前に〈神道離脱〉〈護法善神〉の思想を中国から受容して〈神宮寺〉を建立し、〈神前読経〉〈神前講経〉を実施する第Ⅰ段階があった。それは密教導入以前の神仏の融合である。中国における状況を見ても、密教とは別の仏法から神仏の融合が開始されており、インドの〈護法善神〉の思想は部派仏教の段階まで遡る。ならば、密教的な語でない方が用語として妥当性を持つ。

　そこで、本書では、種々熟慮の上、「習合」に代わる語として、前著『神仏融合の東アジア史』を継承して、一般語の「融合」を用いることとした。学術用語として聞きなれない、熟さない等の批判があり得るとは考えるが、諸賢の御理解が得られれば幸いである[53]。

　次に、「神仏」の語はどうであろうか。ここでも二点私見を述べたい。第一は、「神」と「仏」の語順である。日本の神仏融合は仏法の優位の下に進展し、仏法が神信仰を少しずつ包摂していった過程という側面を持つ。ならば、「神仏」の語順でなく、「仏神」の語順とするのが実態にそくしているはずで、すでにそうした見解が提起されている[54]。この見解には一定の説得力がある。しかし、歴史的順序という観点からするなら、アジアの仏法国にはまず神信仰があり、そこに後から仏法が伝えられ、仏法が隆盛していった。その過程で神仏の複合・融合が進展した。そうした世界宗教史の展開という観点から見るならば、地域の民族信仰として神信仰（そのすべては多神教であった）がまずあり、後からそこに仏法が浸透して、受容されていったという順が歴史的展開だったと見てよい。筆者は、この世界宗教史的観点を重視したい。

また、日本の律令では、『大宝令』『養老令』とも「神祇令」「僧尼令」という配列順を取っており、「神祇」の方を先に配列している。史料における表記にはいろいろなものが見られるから一概には言えないのだが、それでもたとえば『梁塵秘抄』三六三には「神も仏も御覧ぜよ」と見え、『梁塵秘抄口伝抄』巻十には「心を致して神社・仏寺に参て」と見える。このような表現によるなら、「神仏」という語順にも一定の妥当性が認められると考える。

第二は、「神仏」という限定的文言ではなく、むしろ「宗教」の語を用いる方が、より広い、あるいはより多様な地域にあてはめられるだろうとする論点である。諸々の宗教・信仰の融合は、何も仏法と神信仰の融合に限定されるものではない。多様な宗教・信仰の融合が想定される。ならば、「神仏」ではなく、「宗教」の語を用いる方が妥当性を持つと見ることができるのかもしれない。しかし、筆者はこの用語も取らない。ユダヤ教、キリスト教、イスラームの一神教は、他の宗教・信仰と全く融合しないわけではないにせよ、複合・融合の度合いは著しく低い。むしろ、それによって、広い地域に流布を成し遂げ、世界宗教となっていった。他方、仏法は神信仰との親和性が高く、複合・融合に積極的であるところに大きな特色が見られる。本書の研究は、仏法と神信仰との複合・融合を、アジアの諸地域を念頭に置きつつも、日本にそくして明らかにしようと試みるものである。さすれば、「仏法」の「仏」は外すことができず、ゆえに「神仏」の用語を継承するのが有効性を持つ。以上の理由により、「神仏」の文言をそのまま残し、〈神仏融合〉の概念・用語を採用、提起することとした。

以上、本書では、〈神仏融合〉の用語を使用することを基調とし、あわせてその歴史と特質を考察するには、〈神仏融合史〉という概念を用いることにした。この用語が、国史学、のち日本史学で長く用いられてきた「神仏習合」の語に代わる用語になりうるのか否か。十全の自信の下に提起するというのではないのだが、それでも少しでも研究を前に進めるために、ここにこの用語を提起したいと考える。

三　本書の構成

本書は、序章、第一部、第二部、終章で構成する。

序章は「神仏融合史研究序説」と題し、神仏の融合はかつてしばしば日本に特徴的に見られる宗教現象であると説明されてきたが、そうではなく、広くアジアの仏法国に見られる一般的な現象であること、そして、「神仏習合」という学術用語には多くの問題点が包含されており、他の代わりうる用語を模索、提起することが必要になることの二点から本書の構想を明示する。

第一部「総論」の第Ⅰ章「日本における神仏融合の成立と展開」は、表題に掲げたように、日本における神仏融合の成立と展開の歴史を叙述するもので、複数の旧稿を統合、再編、増補して書き上げたものである。この章は、日本の神仏融合の開始から、〈本地垂迹説〉成立の前までの歴史を、中国の神仏融合思想の受容と変容という観点から叙述したもので、本書の総論となる長篇の章である。筆者は日本の〈神仏融合史〉を全四期に時期区分して理解しているが、本章では、そのうちの第Ⅰ期の神仏融合の様相を詳述する。

日本における神仏の融合は、八世紀、中国の神仏融合思想を受容するところから開始された。入唐僧たちによって、中国の仏法で説かれていた〈神道離脱〉〈護法善神〉の思想が請来され、これを活用して日本に〈神宮寺〉が建立された。中国では、仏法が神の住む聖地（山・湖など）に進出するにあたり、これらの思想が説かれ、神をまつる廟や祠に並立するように寺院が建立された。日本僧たちはこの思想を導入し、日本に神社に併設する寺院を建立していった。

〈護法善神〉の思想は、すでに『大毘婆沙論』に見え、系譜的にはインドの部派仏教に遡る。インドにおいて仏法は仏法上位の思想を語り、それを掲げて布教を進めた。それが、インドから中国、そして日本へと伝えられ、日本でも語られた。やがて、〈護法善神〉とあわせて〈鎮守〉の思想が語られるようになった。〈鎮守〉の語は複数の密教経典に見え、密教の流通、隆盛とともに日本の地域社会に流布した。神社に併設される寺院が神宮寺であるのに対し、寺院に併設、あるいは隣接地・近接地に設置されるのが〈鎮守〉である。〈鎮守〉は、神仏融合の進展とともに、日本の地域社会に広く展開していき、地域の宗教的心性の形成に大きな役割を果たした。

他に、本章では、神仏の聖地としての山という観念の中国からの受容、鬼神の思想の受容と〈神前読経〉、〈冤魂〉の思想の中国からの受容と御霊会の成立、インドの鬼神観念の重層などにも言及し、日本における神仏融合の成立と展開の歴史を概観する。本章は、これまでの〈神仏習合史〉の通説的叙述である辻善之助「本地垂迹説の起源について」に代わる、新しい、筆者なりの歴史叙述として提示するものである。

第Ⅱ章「神仏習合学説形成史の批判的考察」は、「神仏習合」研究の研究史を史学史として再検討し、そこから用語の問題をあらためて検討する一章になっている。ここでは、代表的な学説である辻善之助の学説、津田左右吉の学説を紹介し、それが創出された時代背景を明らかにして両学説の成果を明確化するとともに、どこに問題点があるのかを析出する。その上で、用語の問題に言及し、十五世紀の吉田兼倶以来の用語である「習合」の語や、明治期に「神仏分離」へのカウンターとして提出された「神仏習合」の語を克服する必要があると論じる。

第二部「各論」の第Ⅲ章「多度神宮寺と神仏融合――中国の神仏融合思想の受容をめぐって」は、「多度神宮寺伽藍縁起弁資財帳」（多度大社現蔵、重要文化財）という文書を読解、分析して、そこに記される〈神道離脱〉の思想が『続高僧伝』『出三蔵記集』など中国の仏法文献に見られるものであることを指摘し、日本の神宮寺建立の際に語られた思想が、中国の神仏融合思想を導入して成立したものであることを明らかにする。あわせて、日中の比較を行ない、両者の共通性と差異について論じる。

第Ⅳ章「最澄の神仏融合と中国仏教」は、神仏の聖地としての山という観念の中国からの受容について考察する章である。最澄は遣唐使とともに唐に入り、天台山（中国浙江省台州市天台県）の仏法を受法した。彼が見た天台山は神の山であった。そこでは、仏法と道教とが並立、融合していた。帰国後に彼が建立した比叡山寺（延暦寺）は、山の深所に建立された本格的な中国風の山岳寺院であった。比叡山もまた神の山であった。最澄はその神の山に寺院を建立し、神を天台山風に「山王」の名で呼び、雨を祈る時には諸仏とともに神々に祈願をした。この章では、中国の宗教的聖地の神仏並立・神仏融合のあり方が模倣されて、それを範として寺院が創建されていく様相を、最澄と延暦寺を題材に考察する。

第Ⅴ章「宗叡の白山入山をめぐって——九世紀における神仏融合の進展」は、前章に続く一章で、神仏の聖地として名高い白山が、入唐僧として著名な宗叡によって開創された山であることを明らかにする。そして、宗叡の白山開創には、彼が唐で巡礼した五臺山（中国山西省忻州市五臺県）の影響が見られることを論じる。最澄、空海、円仁、あるいは宗叡以後、日本では、本格的山岳寺院が各地に展開するところとなり、その中には神仏融合の聖地になっていくものが少なくなかった。この章は、その一つとして白山の開創を論じるものになっている。

第Ⅵ章「鬼と神と仏法——役行者の孔雀王呪法を手がかりに」は、『続日本紀』に記される役小角の記事と、『日本霊異記』に記される役優婆塞の説話を比較し、日本の鬼神観念は、最初は中国の鬼神観念を受容したものであったが、のちインドの鬼神観念が密教を通じて受容され、それが中国的な鬼神観念の上に重層していったものであることを明確化する。日本の鬼神観念はこうした外来の鬼神観念が融合して形成されており、その視覚イメージの形成に関しては、密教の曼荼羅に描かれる鬼神の姿の影響が見られることを明らかにする。

第Ⅶ章「垂迹思想の受容と展開——本地垂迹説の成立過程」では、〈本地垂迹説〉の成立過程を明確化するため、まず中国仏法の用語である「垂迹」の概念がどのように日本に受容されたのかについて考察する。「垂迹」の概念は、八世紀、日本の仏法教学の世界に受容され、やがて八世紀最末期には一般の史料にも見えるようになる。そして九世紀になると、聖徳太子信仰の世界で用いられるなど、使用される範囲を広げていった。さらに十世紀になると、「アトヲタレタル」と訓読されて、貴族社会に流布していった。ただし、この段階では、まだ「本地」の思想との接合は見られない。〈本地垂迹説〉に連なる思想が見られ始めるのは十一世紀中期のこと、そして「本地」の語が登場するのは十一世紀後期のことになる。この時代、「本地」と並んで「本覚」「本体」「本縁」の語も使用されていたが、それらの概念・思想ではなく、「本地」の語が「垂迹」の語と接合され、後代に継承されていく思想となった。こうして、十一世紀後期から十二世紀前期にかけて〈本地垂迹説〉が成立そして確立した。

付論「恵亮の表の読解——駒井匠氏の所説に寄せて」は、「垂迹」の語が見える史料として著名な『日本三代実録』貞観元年（八五九）八月二八日条の恵亮の表を読解する小論で、日本史研究会大会における駒井匠報告への大会報告批判として執筆したものである。ここでは、この史料を「天皇を菩薩が垂迹した神と規定」する天皇観を示したものだとする駒井氏の読解が成り立たないことを指摘する。この史料では、仏菩薩はあるいは王となって、あるいは神となって垂迹すると語られているが、このうち仏菩薩が「王」となって垂迹した存在が清和天皇だと読むべきだと論じる。

第Ⅷ章「本地垂迹説の成立とその特質」では、第Ⅶ章での考察を承けて〈本地垂迹説〉の成立について論説する。研究史をたどるに〈本地垂迹説〉の成立を正面から論じた論説はこれまでなかったように思われ、この論題についての研究史上最初の論文になるものと考える。「本地」の語は、最初、十一世紀後期に伊勢神宮の内宮から発出された。この語を用いたのは内宮禰宜の荒木田氏一門で、彼らは東大寺僧もしくは真言僧と連携し、両者の協働によって「本地」の概念を発信した。「本地」は『大日経疏』の「本地法身」に淵源する密教の概念である。〈本地垂迹説〉は、この「本地」の語を、それ以前から日本の仏法に定着していた「垂迹」の思想と接合させることによって創出せられ、密教の思想の下に定立された。〈本地垂迹説〉を理論的に成立せしめたのは仁和寺の済暹であったと考えられる。この思想は神社に好意的に迎えられて伊勢や熊野で喧伝され、十二世紀中期になると、主要な神社が神の「本地」を設置していった。日本の神社は、これ以後、〈本地垂迹説〉を活用することによって発展し、信仰圏を拡大し、末社を展開していった。「垂迹」の思想から〈本地垂迹説〉への進展は、前者が仏法が神をどう位置づけるかというところに力点が置かれる思想であったのに対し、後者は、神社が自らまつる神の「本地」を何らかの仏もしくは菩薩に位置づけるところに思想の力点が置かれるという大きな思想的転換が見られる。これによって多くの神社に神の「本地」が設置されていった。仏法の思想が神社の思想になって新たに展開していったのである。本章は、第Ⅱ期の日本の〈神仏融合史〉を規定することになる〈本地垂迹説〉の成立過程の詳細と、それが神社に重視されていった意味を明らかにする長篇の一章となっている。

終章「神仏融合史の特質」では、以上の考察をふまえて、〈神仏融合史〉の特質について考究し、本書のむすびとした。ここでは、まずインド以来の仏法の歴史的展開およびアジアにおける神信仰の展開を視野に収めるなら、〈神仏融合史〉は国際文化交流の中で考察されねばならないことを述べる。次いで、日本の〈神仏融合史〉は、第Ⅰ期から第Ⅳ期の全四期に時期区分して理解できることを述べ、日本の〈神仏融合史〉の歴史的展開と各期の特質を明確化する。この章では、続けて、〈神仏融合史〉を世界史の中に位置づける作業を試みる。これについては、キリスト教とゲルマン・ケルトの神信仰との関係とを比較検討した義江彰夫氏の議論がある。ここでは義江論を紹介、批判し、日本の神仏融合を日本のことに限定せず、仏法の神仏融合の一形態と捉える視座が必要であること、それと一神教であるユダヤ教、キリスト教、イスラームの「アブラハムの宗教」と「異教」の神々の関係とを比較する作業が必要になること、神仏融合を〈普遍宗教〉と〈基層信仰〉との関係と捉える見解は成り立たないこと、などについて論じる。さらに本書のまとめとして、あらためて「神仏融合」用語の提起について再論し、その英訳の問題に論究する。

本書の全十章と付論のうち、序章・第Ⅷ章・終章は書き下ろしの新稿。第Ⅰ章は複数の旧稿を統合、再編、増補して書き上げた新稿である。他の章は既出論文を再録するものであるが、本書に収めるにあたり、補訂を加え[55]、全体として体系的な一書になるように構成した。

第一部

総　論

第Ⅰ章　日本における神仏融合の成立と展開

はじめに

　本章では、日本の神仏融合の成立と展開について、奈良・平安時代を対象に考察、叙述する。筆者は、これまで、この時代の神仏融合史を複数論説してきた。ここでは、それらを統合し[1]、また若干の増補を加えて、奈良・平安時代の神仏融合史の全体像を記述することを試みたい。

　仏法と神信仰との関係を考える時、私たちは日本のことだけを考えがちである。だが、このテーマについては仏法発祥の地であるインドにおける様相、そして日本の仏法の直接の淵源となった中国・朝鮮半島における様相と比較しながら考察する必要がある。また、アジアの諸国諸地域の様相と比較する視座を持ちながら考察する必要がある。

　仏法は、インドにおいて、原始仏教、部派仏教、大乗仏教、密教と歴史を追って展開した。その過程で、インドの神信仰と密接な連関を持つようになり、多くのインドの神々を仏法世界の中に位置づけた。仏法はすでにインドにおける展開の中でインドの神信仰を包含するものになっており、それが中国・朝鮮半島を経て日本に伝来した。中国・朝鮮半島においても仏法はその地の神と複合、融合した。したがって、日本に伝来した仏法は、当初からその内部に神信仰と親和する部分が内包されていた。

六・七世紀、日本に仏法が伝来した当初の頃は、しかし、この宗教が持つそうした性格をすくい上げて、神信仰と融和する部分を顕在化させるようなことはまだなかった。日本には仏法初伝以前から神信仰が存在した。だが、初期の頃には、新来の仏法と在来の神信仰はゆるやかに併存するばかりで、密接な連関性を持つような状況には至らなかった。それにはもう少し時間と成熟が必要だった。日本は、六・七世紀、主として百済、次いで新羅の仏法を受容したが、八世紀になると、大宝二年（七〇二）出発の大宝の遣唐使を皮切りに、中国の仏法に範を求め、それを本格的に受容するようになった。これによって唐の成熟した仏法が日本に波状的にもたらされた。

日本の神仏融合は、八世紀中期、中国の仏法で進展していた神仏融合の思想を受容、導入するところから開始された。日本にとって仏法は外来の文化であったが、神仏融合の思想もそれに伴って伝えられた外来の文化であり、中国の仏法で流通していた融合の論理と用語がもたらされ、それに依拠して日本の神仏融合が開始された。神仏の融合は仏法という入口を通って日本に伝えられた。

本章では、中国の仏法で説かれていた〈神身離脱〉の思想、〈護法善神〉の思想の受容について考察する。〈神身離脱〉の思想については、あらためてこの概念をどう理解するかについて再考し、それに基づいてこの用語を再検討して、〈神道離脱〉という用語を用いる方がより適切となることを提起したい。〈護法善神〉の思想については、経典・仏書に見える「護法善神」について検討するとともに、『続日本紀』や『日本霊異記』に見える「護法善神」の性格を検討して、インド・中国以来の「護法善神」の思想との共通性を明確化する。それと関連して、日本における「鎮守」の観念の受容と展開について考究する。さらに、中国で進展した神仏の聖地としての山という考え方が日本に受容されていく様相について、比叡山、高野山、白山などを題材に考察する。以上の作業を通じて、日本が受容した中国の神仏融合思想を明らかにするとともに、日本国内で発達した部分がどのようなものであったのかについて考察する。これらにより、日本の神仏融合が形成されていく過程とその特質を明らかにする。

一　中国の神仏融合思想の受容

仏法の伝播と流通

仏法は西暦一世紀頃中国に伝来した。それが広く流通するようになるのは四世紀のいわゆる五胡十六国時代のことだった。[2] 中国には仏法伝来以前から儒教があり、それは漢民族をはじめとする中国人の霊魂観、人間観、社会観などと密接に連関して発展を遂げていた。また、種々の神信仰が広範に存在し、それらはのちになって道教として体系化、集成化された。対して、新来の仏法はそれらとは大きく異なる霊魂観、世界観、社会観を有しており、当初は中国社会になかなか受け入れられなかった。また、僧尼の髪型・服装など、その習俗規範に対しても抵抗感が存在した。そうした中、五胡十六国時代に非漢族（胡族）による王朝が相次いで成立すると、彼らは仏法に親近感を持ち、政治の強い後押しがあって仏法が興隆した。この動向はその後の南北朝時代～隋唐時代に継承され、中国において仏法隆盛が成し遂げられた。仏法を中国社会に浸透せしめるにあたり、僧尼たちは独特の論理を展開し、戦略的に仏法を流布させていった。

仏法は、朝鮮半島の高句麗、百済、新羅には四世紀末から五世紀頃に伝来し、日本には六世紀頃に伝来した。仏法が日本社会に広く流通するようになるのは、初伝から約一世紀を経た七世紀後期のことであった。特に七世紀第Ⅳ四半世紀～八世紀前期に日本列島の広い地域に多くの寺院が建立された。[3] その数については、現在も調査が継続中で、数値の提示は容易ではない。奈良文化財研究所「古代寺院遺跡データベース」には一八〇八の寺院遺跡が列記されているが、これは七世紀頃～十一世紀頃の寺院遺跡を知られる限り網羅的に総覧したものである。[4] このうちには、七世紀第Ⅳ四半世紀や、八世紀前期に創建されたものがかなりの割合を占めると推定されるが、具体的数値の提示については後考をまちたい。とはいえ、日本でこの時代、仏法が地方社会に流通し、多数の地方寺院が建立され、仏法ブームと言うべき状況が巻き起こったことはまちがいない。

それらを創建、運営した中心は、『日本霊異記』や『出雲国風土記』などの記述から地方豪族層だったことが知られる。[5] 彼らは、七世紀後期以降、評造《こおりのみやつこ》、さらに郡司の地位に就くものが少なくなかった。地方豪族たちは競うようにして寺院を建立した。それはその地の民衆たちを巻き込んで展開することがあった。その様相は、『日本霊異記』の諸説話に記されている。

また注目されるのが、日本現存最古の写経である『金剛場陀羅尼経《こんごうじょうだらにきょう》』(六八六年)である。その奥書によると、この写経は河内国志貴評《しきのこおり》において、「教化僧《きょうけそう》」の「宝林《ほうりん》」が中心になって、「知識《ちしき》」(仏法を信仰するグループ)を組織して写経したものだという。すでに七世紀末に、地域社会において「教化僧」が活動し、民衆教化を行ない、写経を勧め、仏法を広めていた。さらに、現存する奈良時代の古写経の中には、「家原邑《むら》知識経」「和泉監《いずみのげん》知識経」「道行《どうぎょう》知識経」「光覚《こうがく》知識経」と呼ばれる知識経がある。これらは地域社会で活躍する僧尼や沙弥、沙弥尼、あるいは優婆塞《うばそく》、優婆夷《うばい》が「知識」を率いて写経事業を行なったものである。地域社会で行なわれる写経事業には民衆を含む多くの地域住民が参加することがあった。女性の参加者も少なくなかった。

だが、七世紀の段階では、神仏融合的な様相は遺跡や出土遺物、文献史料などから確認することができず、この時代が神仏融合が開始される以前の状態だったことが知られる。日本に仏法ブームが起こった七世紀後期、日本の神信仰と新来の仏法は未だゆるやかな併存を始めた段階であった。日本で神仏が融合する思想が説かれるようになるのは八世紀になってからのことである。六・七世紀、日本は百済、次いで新羅の仏法を受容、導入した。だが、八世紀になると大宝の遣唐使を皮切りに積極的に唐の仏法を受容するようになり、それとともに中国の仏法で説かれた神仏融合に関する思想が導入されていった。それが〈神身離脱(神道離脱)〉の思想および〈護法善神〉の思想であった。

〈神身離脱（神道離脱）〉の思想と神宮寺建立関係史料

最初に神身離脱の思想から説明したい。〈神身離脱〉とは聞き慣れない言葉だが、これは当時の史料に、神が自ら「神の身」を「離」れたいとか、「脱」したいなどと希望したと記されるところから名づけられた名称で、史料に見える「神身」「離」「脱」といった語から作られた学術用語である（この用語についての私見は後述する）。それらの史料では、神たちは、重い「罪業《ざいごう》」「宿業《すくごう》」のゆえに神となってしまったとか、「神道《じんどう》」の報を受けて苦しんでいるなどと告白して、「神身」ははなはだ「苦悩」が深いので「神身」を離脱し、「神道」を免れ、「仏道」「三宝」に帰依したいと願ったなどと述べられる。

こうした論理・用語は、八・九世紀の日本の神宮寺の創建に関する史料に複数見られる。(6) これについて詳しくは本書第Ⅲ章にて、原史料を掲げて論じるが、今、その概略のみ述べておこう。たとえば、気比神社（気比神宮、福井県敦賀市曙町）の神宮寺の創建について述べる『家伝』下「武智麻呂伝」には、次のようにある。藤原武智麻呂は夢で一人の「奇人」に出会った。その人が語って言うには、吾《われ》のために寺を造り、吾の願いを助けてほしい。吾は「宿業」によって神となって久しいが、今は仏道に帰依したいと欲していると。武智麻呂はこれは「気比神」だろうかと疑ったが、答えが得られないうちに夢が覚めた。こうして一寺が建てられたが、それが今越前国にある神宮寺であるという。

次に、多度神社（多度大社、三重県桑名市多度町多度、図1−1・2）の神宮寺の創建について述べる「多度神宮寺伽藍縁起并資財帳」(7)（多度大社現蔵、延暦七年〈七八八〉）の関係部分を書き下し文で示すと（原文は本書第Ⅲ章で示す）、

時に人在りて神の託して云く、我は多度の神なり。吾、久劫を経て重き罪業を作り、神道《じんどう》の報を受く。今、冀《こいねが》わくは永く神の身を離れむが為に、三宝に帰依せむと欲《おも》うと。是の如く託し訖《おわ》ること忍ぶと雖も数遍ありて、猶し弥《いよい》よ託すと云々《うんぬん》。茲《ここ》に於いて満願禅師、神の坐《いま》す山の南の辺を伐り掃いて小堂及び神御像を造立し

て号して多度大菩薩と称す。

とある。多度の神は、重い「罪業」のために「神道」の報いを受けてしまったので、「神身」を離れるために三宝に帰依したいと願った。これに応えるため、満願という僧によって小堂と神像が造立され、神は「多度大菩薩」と称したという。この小堂が多度神宮寺のはじまりとなった。満願は他の史料にも見える諸国遍歴の僧で、大変注目される。彼の活動についてはのちに再び触れるであろう。この文書によれば、多度神宮寺では、その後、桑名郡の主帳（郡司の四等官）が銅鐘と鐘台を奉施し、宝亀十一年（七八〇）には、政府から四人の度者が与えられた。さらに、大僧都賢璟によって三重塔が造立された。天応元年（七八一）には、私度沙弥法教が「知識」を率いて法堂、僧房、大衆湯屋を造立したという。この文書には、その「私度沙弥法教」が同寺の中心人物として署名している。以上、多度神宮寺は満願という僧によって創建され、その後、地元の有力者や都で活躍する大僧都、そして政府の支援を受け、さらに私度沙弥と知識の活動

図Ⅰ−1　現在の多度大社　本宮　三重県桑名市多度町

図Ⅰ−2　現在の多度観音堂　三重県桑名市多度町

によって発展した神宮寺であることが知られる(8)。

次に、『類聚国史』巻百八十、天長六年（八二九）三月乙未〈十六日〉条には、若狭の神願寺の創建について次のような話が記される。「古記」を検索するに、この地には養老年中に「疫癘《えきれい》」がおこり、多くの人が病死し、旱魃で穀物が稔らなかった。そこで和赤麿《やまとのあかまろ》という者が仏道に帰依して深山で修行していたところ、「大神」が人に憑依して語って言うには、この地は吾の住処である。我は「神身」をうけて「苦悩」がはなはだ深く、仏道に帰依して「神道」を「免」れたいと願ってきた。だが、その願いが達成できず、「災害」を致した。吾のために修行してほしい、と。そこで赤麿は道場を建立し、仏像を造り、「神願寺」と号し、大神のために修行した。すると穀物は稔り、夭死する人はなくなった。このような由縁で、若狭比古神のための寺である神願寺が創建されたという。

この話で注目されるのは、「疫癘」が流行して多くの人が亡くなったことに対処してこの寺が創建されたことである。疫病は神が起こした「災害」であり、神の年来の願いをかなえて疫病を鎮めるために神願寺が建立されたのだという。ここで神が自ら「神道」を免れたいと願ったと記されていることは注目される。

次に、香春神社（福岡県田川郡香春町大字香春）の神宮寺はどうだろうか。『続日本後紀』承和四年（八三七）十二月庚子条によると（原文は第Ⅲ章で示す）、豊前国田河郡の香春岑神は三神が三社でまつられている。元来この山は石山であったが、延暦年中に最澄（七六六／七六七〜八二二）がこの山に至り、「神力」による渡海の平安を祈り、山下に神のために寺を造って読経した。すると山に草木が繁るようになり、「水旱疫疾之災」があるときに郡司百姓が祈禱すると必ず感応し、「神験」が示されるようになったという。また、最澄の伝記である一乗忠『叡山大師伝』には、最澄が賀春山の下に寄宿したとき、夢に「梵僧」の姿をした者が現われ、左半身は人に似るも、右半身は石のようだった。そして、自分は賀春の神だと言い、早く「業道」の「苦患」から救ってほしい、和上の「求法」を昼夜「守護」しようと告げたという。最澄はこれに応えて「法華院」を建て『法華経』を講じた。それが今の「賀春神宮院」であるという。以後、この山には草が茂るようになり、村の翁婆は歓んだ。神は託宣して、海中に難がある時は我が必ず守護しよう、その時は光を現わすから我が助けであると知れと言った。実際に急難時には光が現われ助けてくれたという。またこの書物では、最澄は「神道」を救ったとも述べられている。

なお、これらの史料に見える「神道」の語は、神々の世界、神という存在類型が生きる世界という意味で用いられており、六道の一つである「天道」と同義の語として使われている。こうした語義の「神道」の用例は、後述するように中国史料に見え、これらはその言葉を用いて書かれている。こうした語で表わされる思想に基づいて、日本でも神をまつる地に、神をまつる施設に併設するように仏法の寺院が建立されていった。

『日本霊異記』の説話から

次に、神宮寺に関する事例ではないが、それらと同質の思想が語られた説話として知られる『日本霊異記』下巻第二十四を参照したい。次のような話である（原文は第Ⅲ章で示す）。

近江国野洲郡の御上《みかみ》嶺に神の社があり、名を陁我《たが》大神という。その社の辺には堂があり、宝亀年中、大安寺の僧の恵勝がそこで修行していると、夢に人が現われて「自分のために経を読んでほしい」と言う。翌日、白い獼《さる》が来て自分のためにこの道場で『法華経』を読んでほしいと言う。このサルはもとは東天竺国の大王だったが、出家者の従者の人数を制限したために、サルの身を受けてこの社の神になったという。けれど、読経には供養が必要だが、朝廷から社に与えられた封戸などの収入は社の司が独占していて、サル（陁我大神）は供養の物を用意できなかった。そこで、読経は断念し、代わりに『六巻抄』（道宣『四分律行事鈔』のこと）を勉強する浅井郡の「知識」に参加させてもらいたいと希望した。恵勝が、この知識の檀越や、知識の指導者である山階寺（興福寺）の満預という大法師にこれを告げたところ、檀越も満預もサルの言葉など信じないと言って、参加を許可しなかった。すると九間の大堂が倒れ砕けて微塵になり、仏像は壊れ、僧房も倒れてしまった。檀越や知識は、七間の堂を再建し、今度はサルを知識の仲間に入れて、一緒に『六巻抄』を読んだ。すると講読が終了するまで障難がなかった、とい

図I−3　御上神社　本殿　鎌倉時代　滋賀県野洲市三上

う話である。

この話では、陁我大神は前世が東天竺国の大王で、その時に僧の修行を禁じることはしなかったものの、従者の人数を制限した。その罪が報いて、後生にサルの身を受け、この社の神になってしまったという（図I−3）。ここには、神が神道から離脱したいなどと希望する件りは語られていないが、前世の行為の報いによって神の世界に堕ちたとされており、先に見た神宮寺関係の説話と同質の思想を持つ話と評価することができる。

奥嶋神宮寺の創建と貞観の疫病流行

次に、奥嶋神宮寺について触れておきたい。『日本三代実録』貞観七年（八六五）四月二日条には次のようにある（原文は第Ⅲ章で示す）。元興寺の僧の賢和が申し上げるには、近江国野洲郡の奥嶋に堂舎を構えて住持してきたが、嶋の神が夢に現われて、「神霊」であっても「蓋纏《がいてん》」（世俗のきずな、俗累《ぞくるい》）から脱することができずにいる。願わくは「仏力」によって神の威勢を増大させ、それによって国家を擁護し、郷邑を安存させたい、と告げたという。そこで賢和は神宮寺の建立を願い出たところ、詔があって許されたという。この創建譚でも、神は迷いの世界で苦しみ、そこから「脱」したいと願っており、神を救うために神宮寺が建立されている。

なお、現在、滋賀県近江八幡市嶋町の地蔵堂に安置される地蔵菩薩立像について、長坂一郎氏は、これはもと奥嶋神宮寺に安置されていた像だろうと推定し、薬師如来像として造立された可能性があると論じている[9]。

貞観七・八年は、深刻な疫病が大流行した年で、多くの人々が亡くなった[10]。神祇官はこれに対処して奏言し、信濃国水内郡の三和神・神部神に対して、また肥後国の阿蘇大神に対して、さらに摂津国の住吉神社に対して〈神前読経〉を行なった。日本の神に対して仏法の経典を読んだのである。この時、『金剛般若経』『般若心経』が一千巻、一万巻も、さらには三千巻、三万巻も転読された。どちらも全一巻の経典だから、同じ経典が何千回、何万回も転読されたのである。続けて、貞観八年七月十六日、陰陽寮の奏言によって五畿七道の諸神に対して幣が頒《わか》たれ、あわせて『金剛般若経』が転読された。疫病の流行に対処して、全国の社において〈神前読経〉が実施された。これは日本の神仏融合の歴史上、画期的な出来事であったと評価される。私見では、奥嶋神宮寺は疫病流行という社会状況に対処し、〈神身離脱（神道離脱）〉の思想に立脚して、また盛んに実施された〈神前読経〉と連動して創建された寺院であった。

なお、この時代、疫病の原因は鬼神であると考えられた。そして、それに対処するには「般若の力」が有効であると考えられた[11]。病に対しては、この思想に立脚して、『金剛般若経』『大般若経』『般若心経』『仁王般若経』が読誦された。これは中国ですでに説かれていた思想を受容したものである。日本においても、疫病流行に際し、日本の神に対して般若系の経典が読誦された。

〈神身離脱〉概念および用語の再検討

これまで検討してきたように、神宮寺の創建譚でも、『日本霊異記』下巻第二十四でも、神は苦しみの世界におり、仏法による救いを求め、仏法に帰依したとする論理が語られた。こうした思想およびその用語は、かつての論考で指摘したように[12]、日本に先立って中国仏法で説かれたものであり、それが日本に受容、導入されたものであった。その理解に今も変化はない。

旧稿の発表に先立って寺川真知夫氏の論が発表された[13]。寺川論は、〈神身離脱〉の思想が中国の説話に見られることを指摘し、それと日本の史料との比較を行なったもので、特に安世高伝（後述）の存在を指摘したことは重要な成果であった。筆者は、旧稿発表にあたり、校正中に寺川論文に接し、その旨を付記に記したが、全面的に言及することはできなかった。しかし、関係史料をあらためて一覧するに、寺川論には賛同しがたい部分があり、ここで氏の論と私見との差異についてあらためて説明し、その上で現時点における私見を再説したいと考える。論点は二点ある。

第一は、日中の思想の比較の方法とその差異についてである。寺川氏は安世高説話を詳細に読解し、廬山の湖廟の神が神の身を離脱して少年に転生したことに注目し、この説話はまさしく〈神身離脱〉の思想を示していると論じた。これに対し、日本の関係史料では、神は〈神身〉を離れたいと願うものの、実際に神身を離れるわけではなく、〈神身離脱〉の思想は願望にとどまっているとして、日本の場合は〈神身離脱願望〉伝承になっていると論じた。

しかしながら、旧稿で述べたように、中国には安世高説話以外にも同様の思想を語る説話が複数あるが、それらでは神は必ずしも神身を離脱してはおらず、神の身にとどまりつつ仏法世界に参入している。中国においても神が神の身を離れて転生したと述べる説話は多くはなく、むしろ神のまま仏法に帰依、参入していく話が少なくない。寺川論は、安世高説話の一点に注目して日中比較を行なったため、〈神身離脱〉と〈神身離脱願望〉という中日対比的な理解になったが、しかし中国の複数の説話と比較するなら、こうした対比的理解は導き出せない。北條勝貴氏も指摘するように[14]、〈神身離脱〉と〈神身離脱願望〉の対比的理解は疑問である。筆者は旧稿において、「釈法聡伝」や山神の山譲り説話について紹介し、中国においても神は神のままに仏法世界に参入する事例が見られることを指摘した。本章ではそれらに加え、旧稿で紹介しなかった「釈法度伝」を取り上げてより詳細に論じたい。

第二の論点は、神身離脱の思想の概念構成の問題、および用語の問題である。「神身離脱」という言葉は、前述のように史料に見える語をつなぎ合わせて構成した学術用語である。寺川論は、この用語を文字通りに、あるいは狭義に解釈して、神が「神身」を離脱するところにその本質があると理解した。その上で日中比較を行なって、神が転生したのか否かを比較の根幹に据えた。しかしながら、神が神の身を離脱する型の話は、複数存在する型の中の一つと評価しなければならない。私見では、中国においても日本においても、この思想の本質は神が転生するところにあるのではなく、神が仏法に帰依し、仏法世界に参入して、これによって神が仏法世界の周辺部分に位置づけられるところにあると理解する。旧稿でも述べたように、しかるがゆえに、この思想は〈護法善神〉の思想と同類の思想と見るべきなのであって、両思想は同じ考え方の二つの表象だと見ることができる。だとするなら、次なる問題として〈神身離脱〉という学術用語が妥当なのかどうかが検討課題になるだろう。筆者は、この用語に代わって、〈神道離脱〉の用語を使用することを提起したい。これについて詳しくは後述する。

二　中国の仏書の記述

中国の仏書に見える〈神道離脱〉の思想

ここで中国の史料を見ておこう。僧祐『出三蔵記集《しゅつさんぞうきしゅう》』、慧皎『高僧伝』、道宣『続高僧伝』『集神州三宝感通録』には、苦悩する在地の神が、仏法に救いを求め、仏法に帰依したい、経典の講説を聞きたい、受戒したいなどと願ったとする話が見える。仏法は、神たちの要請に応えるという形で神々を救済、教化し、神の住む地に寺院や塔を建立していったという。最初に旧稿でも指摘した「釈法聡伝」と「安世高伝」からあらためて見ていきたい（原文は第Ⅲ章で示す）。

道宣『続高僧伝』の「釈法聡伝」には次のようにある。法聡（五八六〜六五六）は慧思に従って得度した人物で、民衆教化の活動をしていた。貞観十九年（六四五）、嘉興県の高王神は「祝」に降りて、我は聡法師を請じて菩薩戒を受けたいと告げ、その言によって菩薩戒が授けられた。すると、神は再び祝に降りて、今後は酒・肉・五辛を断つことにする。また、福を祈る時は衆僧を招いて「廟」にて設斎、行道せしめよ、と告げたという。同二十一年には、海塩県鄱陽府の「君神」が恒例の祭の時に「祝」に降りて、聡法師を請じて『涅槃経』の講説を聞きたいと告げ、これによって講説が実施された。神は再び祝に降りて、法師の講説を聞いて仏法の言説をうけることができた。「神道」の「業障」は「苦悩」が多くあるが、仏法を聞いてから苦しみが軽減された。さらに『大品般若経』の講説を聞きたいと告げたという。

法聡は、嘉興県や海塩県（どちらも現在の浙江省嘉興市）を巡歴して神を教化する活動を行なった。彼は神に菩薩戒を授け、また神をまつる「廟」で仏法の設斎や行道を実施した。さらに「神道」には「業障」「苦悩」が多くあるとする思想を説き、神に対して般若系の経典を講説した。これは日本の神仏融合の原型になる論理・用語を持つ史料として注目される。あわせて注目されるのは、嘉興県の高王神は仏法に帰依した後も廟にて酒・肉・五辛を断ちつつまつられ続けていることである。この地においては仏法進出後も廟が存在し続けた。また、海塩県の君神も仏法に帰依した後も神としてまつられ続けており、般若系経典が神前にて講説されている。これは日本の〈神前講経〉と共通する。

次に、『出三蔵記集』「安世高伝」（『高僧伝』「安世高伝」にも同じ話あり）には次のような話が見える。安世高（生没年不詳）は廬山を通過した時、昔の同学を済度せんと述べて廬山の邦亭《きょうてい》の湖廟に行った。この廟は「霊験」があることで知られていた。神は「祝」に降りて船中の沙門を呼ぶように告げ、これによって安世高が廟に入ると、神が身の上を語った。自分は前世、外国においてあなたとともに出家、学道し、好んで布施を行なったが、瞋怒の心が多く、今、邦亭の湖神となって、この「神中」に堕ちた（『高僧伝』はここを「神報に堕ちた」と記述する）。後生は地獄に堕ちるに違いない。我には絹千匹および雑物があるから、これで我のために塔を建ててほしい、と。安世高に促されて神が床の後ろから頭を現わすと、それは「大蟒蛇」であった。安世高は雨のように涙を流した。安世高は絹物を取って別れて去り、船で進むと、神は蟒（大蛇）の身を出して山頂に登って手を挙げ、やがて死滅した。安世高は廟物を財源に東寺を造立した。安世高が去ると神は命が尽きた。暮れて一人の少年が現われ、船の上で安世高に跪いて呪願を受け、忽然と姿を消した。安世高は船の人たちにあの少年は邪亭の廟神が「悪形」を「離」れた姿なのだと告げた。のち、山中で一つの蟒の死骸が発見されたという。

この話では、廬山の湖の神が神であることに苦しみ、仏法に救いを求めたとあり、神は蛇の姿をしていたが、仏法の力によってその身を離れて少年に転生することができたとある。先に述べたように、寺川真知夫氏は、この説話で神が少年に転生することに注目した。もちろん、神の転生という結末は、この思想を表現する説話の一つのあり方として注目されるものだと筆者も考える。ただ、ここで留意したいのは、少年が出現した後に山中で一つの蟒の死骸が発見されたことで、それをこの説話では、神が「悪形」を「離」れたと表現していることである。だから、この説話で少年に転生したのは、神ではあるが、蛇の姿の神が転生したという要素があわせ存在することを無視することができない。これは蛇なる神の転生の物語というところに話の中核があると読解すべきで、この要素を勘案しながら考察すべき説話だと理解される。

なお、「釈法聡伝」「安世高伝」[15]がともに、「廟」で神の言葉を伝える人間を「祝」と表現していることが注目される。この語は日本においても神職の名称の表記として受容され、「はふり」を表記する時に用いられている。

以上、中国では、このような論理によって、神が住み、神の廟がまつられる地に、神の廟に並立するようにして寺塔が建立された。それは中国で仏法が進出する際に語られた論理だった。この思想が日本に受容、導入され、日本でも同様の論理・用語が用いられて神仏融合が語られるようになった。そして、日本でも神の社に並立するようにして神宮寺が建立されていった。

釈法度伝

次に、旧稿では触れなかった、『高僧伝』巻八の「釈法度伝[16]」を紹介したい。次のような注目すべき伝が語られている。

釈法度、黄龍人。少出家、遊㆒㆑学北土㆒備綜㆓衆経㆒、而専以㆓苦節㆒成㆑務、宋末遊㆓于京師㆒。高士齊郡明僧紹抗㆓迹人外㆒、隠㆒㆑居瑯琊之嶓山㆒、挹㆓度清徽㆒待以㆓師友之㆑敬㆒。及㆑亡捨㆓所㆑居山㆒為㆓栖霞精舎㆒、請㆑度居之。先有㆓道士㆒欲㆘以㆓寺地㆒為㆖㆑館、住者輒死。及㆓後爲㆒㆑寺、猶多恐動、自㆓度居㆒㆑之群妖皆息。住経㆓歳許㆒、忽聞㆓人馬鼓角之声㆒、俄見㆔一人持㆓名紙㆒通㆑度曰㆓靳尚㆒。度前㆑之。尚形甚都雅羽衛亦厳。致㆑敬已乃言、弟子、王有㆓此山㆒七百余年。神道有㆑法物不㆑得㆑干。前諸栖託或非㆓真正㆒、故死病継之。亦其命也。法師道徳所㆑帰、謹捨以奉㆑給。并願受㆓五戒㆒、永結㆓来縁㆒。度曰、人神道殊無㆓容相屈㆒。且檀越血㆒㆑食世祀㆒、此最五戒所㆑禁。尚曰、若備㆓門徒㆒輒先去㆑殺、於㆑是辞去。明旦度見㆔一人送㆓銭一万香燭刀子㆒、疏云、弟子靳尚奉供。至㆓月十五日㆒度為設㆑会、尚又来同㆑衆、礼拝行道受㆑戒而去。嶓山廟巫夢神告曰、吾已受㆒㆑戒於度法師㆒、祠祀勿㆑得㆓殺戮㆒。由㆑是廟用薦止菜脯而已。(後略)

法度は黄龍(現在の遼寧省朝陽市)の人で、若くして出家し、経典を学び、のち京師《みやこ》(建康)に出て活動した。明僧紹という人がおり、琅邪の嶓山に隠遁し、法度と師友の交流をした。亡くなるにおよび、この山が喜捨され、栖《せい》霞精舎《かしょうじゃ》が造立されて法度を招いて住持せしめた。かつて道士がこの地に道観(道教寺院)を造ると、住持する者は死んでしまった。寺院になってからも恐ろしいことが起こったが、法度が住持してからは妖怪たちは息をひそめるようになった。一年ほど経った頃、人馬や鼓や角笛の音が聞こえ、にわかに一人の男が名紙を持って出現し、自分は靳尚であるという。そして敬って言うには、弟子(自分)は王としてこの山にあること七百余年、「神道」には法があり、他からの干渉は許さない。以前にここを栖《すみか》とした者たちは「真正」ではなかったので「死病」が相継いだ。それは運命だった。しかし、法師(法度)は道や徳を有する者が帰依する方であり、謹んでこの山を捨てて奉りたい。あわせて法師から五戒を受けて永く来世の縁を結びたい、と。法度は、人（の道）と「神道」には異なるところがあり、互いに曲げることはできない。また廟では檀越によって代々血食（生贄）を捧げる祭祀が行なわれているが、それは五戒の禁じるところであると述べた。これに対し、斬尚は、自分を「門徒」に加えていただけるなら、真っ先に殺生はやめますと述べて去っていった。翌朝、法度は、銭一万・香・灯明・刀子が一人の男から送られるのを見たが、そこには弟子の斬尚の供えものであるとの説明が書いてあった。その月の十五日に法度が法会を設けると斬尚が来て衆とともに礼拝、行道し、受戒して去っていった。神は巤山の廟の巫の夢に現われ、吾は法度法師から受戒した。祠廟の祭祀において殺戮をすることはまかりならぬと告げた。これにより、廟の捧げものは野菜と干し肉になったという。

この話で注目されるのは、第一に、この山を七〇〇年余も支配する神が、仏法に帰依して法度の弟子となり、受戒をして、自ら行道、礼拝したとすることである。神の山であった巤山は、こうして僧に奉られ、仏法の寺院がそびえたつ山になった。この論理は先に見た「釈法聡伝」「安世高伝」と同様であり、日本の神宮寺創建説話にも共通するものと言える。

第二は、神の住む山が仏法に奉られたのちも、神が仏法に帰依しつつ山に存在し続けたことで、廟には殺生禁断ののちに野菜や干し肉が供物として奉られた。このようにして、巤山は仏法の進出以後は仏法の寺院と神の廟とが並立する山になった。神仏まします山になったのである。

第三は、この山の神（山の王）である斬尚の性格である。吉川忠夫氏・船山徹氏によれば、斬尚は屈原を迫害した人物として知られ、『六朝事跡編類』(17)では、天にとがめられて「一大蟒」となってしまい、摂山（巤山）に廟が立てられてまつられたという。(18)そうした悪あるいは罪の要素を持つ人物が蟒蛇（大蛇）の姿を持つ山の神になり、廟にてまつられた。だから神は時として人に「病」や「死」を与え、あるいは「群妖」を従えるような存在であり、道士たちは道教による神の祭祀をした。だが、道士の力では十分に鎮めることができなかったという。それを仏法が済度し、帰依せしめ、神の災いを止めたとするのである。だから、ここの神は仏法で言う〈鬼神〉に当たり、時として人々に病・死などの災害をもたらす存在であった。それを仏法の力によって鎮め、その地に寺院を建立したのだという。この話には、日本の若狭神願寺や香春神宮寺の創建説話とも共通する、災害を起こす神を鎮めるという論理が見られる。また、神の姿が蛇であったとするのも、山自体が神である三輪山の神が蛇身であったことをはじめとして日本の神観念と共通するところがあり、強い連関性が感じられる。

なお、安世高説話では湖廟の神は実は蟒であり、それが仏法の力によって悪形を離れることができ、少年に転生したと語られている。しかるに、こちらの釈法度伝では、𡸣山の神は実は蟒であったのだが、転生は遂げず、神のまま山に存在し続けている。山において仏法に従いつつ、仏法と並立する神になったのである。

第四は、こうした山神が僧に山を奉ったとする話が、中国仏法でしばしば語られたことである。これについては旧稿で複数の事例を指摘したので、ここでは限定的に触れることにするが、たとえば天台山地域では、『高僧伝』によると、竺曇猷が石城山の「石室」で坐禅していると猛虎・壮蛇が現われたが、それは実は山神で、山神は山を彼に奉って寒石山へと転居していったという。竺曇猷はその後、天台山でも山神に出会い、山を譲ってもらったという。また支曇蘭は赤城山を神に奉られたといい、帛僧光も石城山を山神から奉られたという。なお、天台山にしても、赤城山にしても、その後も神は山でまつられており、寺院内に伽藍神としてまつられ、あるいは山内の道観でまつられた。こうして天台山地域では、神の住む山々に寺院が建立され、山々は神の山であると同時に仏法の山になっていった。他の名山でもしばしば類似の思想が語られた。こうした思想は、日本における山岳寺院の成立・展開に影響を与えたと考えられる。

「神道」の二つの語義

次に、中国および日本における「神道」の語[19]について考察したい。中国の「釈法聡伝」に見える「神道」の語と

「釈法度伝」に見える「神道」の語は同義と見てよく、それは日本の多度神宮寺・若狭神願寺・香春神宮寺で語られた「神道」とも同義である。それはすでに見たように、神々の世界、神という存在類型の生きる世界を意味しており、六道の「天道」と共通する意味を持つ語として用いられている。神たちはそれを苦しみの世界であると告げ、そこから脱したいと希望したという。また、「釈法度伝」で語られる「人神道殊」という表現と、気比神宮寺の創建史料で語られる「神人道別」という表現は同じ意味で、どちらも「人道」と「神道」は別の道だということを述べている。「安世高伝」の「神中」に堕ちた、「神報」に堕ちたという文言も、この語義の「神道」を前提とした表現と読解され、多度神宮寺の縁起で語られる「神道」の報いという表現とも共通性を持つ。以上より、この語義の「神道」は、中国・日本双方の史料で用いられており、中国の仏法の影響を受けて日本の仏法が用い始めた語であることが判明する。

一方、中国の仏書にはこれらとは語義を異にする「神道」の用例が見える。たとえば、『法華伝記』巻八第十一の「満州虞県不信男」を見てみよう。満州虞県に一人の男があり、偏えに「神道」につかえ、「仏法」を信じず、もし仏像や僧を見たら目を洗い、もし説法や誦経を聞けば耳を洗ったという。この話では、この男はその後死んで炎魔王宮に行くのだが、仏法に関わる功徳がほんの少しだけあったおかげで、『法華経』の一文字に救われて生き返ることができ、出家して写経し、名山を巡礼するようになったと話が展開していく。このストーリー展開は『日本霊異記』所収の複数の説話と共通するところがあり、興味深い。それ以上に注目されるのが、この男は「偏事神道、不信仏法」だったと記されることである。ここでは「神道」の語は、神をまつり信奉する宗教という語義で用いられており、また「仏法」の語と対比的・対句的に用いられている。ここの「神道」は今日の日本でいう「神道」の語義に近く、これまで見てきたような「神道」とは語義が異なる。中国の仏書では、このように二つの語義の「神道」が用いられている。

こちらの、神をまつり信奉する宗教という語義の「神道」の使用例も、もちろん日本の史料に見られる。ただちに想起されるのが、『日本書紀』の「天皇不信仏法、而愛文史」（敏達前紀）、「天皇信仏法、尊神道」（用明前紀）、「尊仏法、軽神道」（孝徳前紀）という記述で、後二者に「神道」の語が用いられている。これら『日本書紀』の用例では、「神道」の語は神をまつり信奉する宗教という語義で用いられており、「仏法」の語と対比的・対句的に用いられている。

以上の考察から次のことが判明する。「神道」の語は、すでに中国において二つの語義で用いられており、どちらの語義の「神道」も中国仏法の世界で用いられていた。日本はその影響を受け、「神道」の語の二つの語義をともに受容し、二つの語義を使い分けて用いた。『日本書紀』に記述される「神道」の語は、中国の仏法で用いられた表現を受容、模倣したものだと理解される。[20] 日本の八・九世紀の史料に記述される「神道」の語は、中国仏法で用いられていた「神道」の語の二つの語義を導入、受容して使用されたものだと理解される。

〈神身離脱〉と〈神祇衆生観〉と〈神道離脱〉――用語の適切性

先にも述べたように、〈神身離脱〉という学術用語については、再検討、修訂の必要がある。中国でも日本でも、これまで見てきたように、この思想に関係する史料では、必ずしも神が神の身を離脱するとばかり説かれているわけではなく、多様な論理展開でこの思想が説かれている。〈神身離脱〉の用語ではその全体が包含しきれない。では、どのような用語を用いるべきなのか。

脊古真哉氏は、この思想を「神祇衆生観（実類観）の思想」と呼んでいる。[21] これは村山修一氏らによる用語を継承したものである。[22] それは、神祇を私たちと同じ迷いの世界の住人と見る観念という意味の用語で、もちろん正しく妥当な用語である。しかし、私見では、用語としてやや物足りなさを感じる。その理由は、史料の言葉ではないので、抽象的・概念的であるという長所を持つ反面、奈良平安時代の思想の色合いを必ずしも十分には伝えられていないところにある。特に、この用語は静的なイメージを伴っていて、仏法が神々の世界に進出し、神々を仏法世界に取り込んでいく動的側面（ダイナミズム）が十分に伝えられていないところが気にかかる。筆者としては、史料の言葉が持つ力がほしいように思う。

ここで、先に触れた若狭の神願寺の創建について記す『類聚国史』天長六年（八二九）三月乙未〈十六日〉条を再び見てみよう。今回は原漢文を書き下し文にして示す。

（前略）大神之に感じて人に化して語りて宣りたまはく、此の地は是れ吾の住処なり、神の身を稟けて苦悩甚だ深し。仏法に帰依し、以て神道を免れむと思ふ。斯の願ひを果たすこと無く、災害を致すのみと（後略）。

ここで、大神は「神身」をうけたことを「苦悩」であると述べ、その上で仏法に帰依して「神道」を免れたいと語っている。ここでは、大神の願いは「神身」ではなく、「神道」を離脱することだと語られている。大神の願いは〈神道離脱〉であった。

「多度神宮寺伽藍縁起并資財帳」では、神は「神道」の報を受けたので「神身」を離れるために三宝に帰依したいと述べる。だから、多度神宮寺の思想については〈神身離脱〉と表現しても問題ないが、若狭の神願寺の記述を重視するなら、むしろ〈神道離脱〉と表現する方が適合性が高い。しかも、こちらの用語ならば「多度神宮寺伽藍縁起并資財帳」の記述とも矛盾しない。

先にも述べたように、この思想の中核は、神自身が、神の世界を苦しみの世界であると述べて、仏法に帰依することによって、その苦しみの世界から救われたいと語るところにある。だから、神が離脱を願うのは、「神道」からだとするのが適切だと筆者は考える。そして、〈神道離脱〉としたなら、「願望」の語を付すか否かという問題は消滅する。仏法の論理では、神は仏法に帰依し、仏法世界に参入したとするからである。

中国でも日本でも、「神道」の語には二つの語義があった。だが、その二つの語義にはまた重なり合う部分があると見るべきで、二つの語義を全くの別物と見るのは妥当性を欠く。あくまでも同じ言葉の二つの語義なので、両者は一つの言葉の二つの現われ方なのである。〈神道離脱〉の用語は、直接的には、神という存在類型が所在する

「神道」の世界から神自身が離脱したいと願うことである。だが、同時に神をまつり、神を信奉する宗教である「神道」から神が離脱したいと願うことも間接的に含意されている。この思想においては、神が「神道」の世界から仏法の世界へと参入することが説かれた。神仏融合の思想は仏法の側が説いた仏法の思想であり、そこには仏法の立場から神信仰を吸収しようとする論理が単刀直入に表現されている。

以上、筆者は、これまで広く用いられてきた〈神身離脱〉という用語ではなく、〈神道離脱〉という用語を用いる方が、学術用語としてより明確性と適合性を確保できると考える。本書では、この思想を表わす言葉として、新たに〈神道離脱〉という概念・用語を提起したい。

なお、誤解なきようここで付言しておきたい。ここまで説明してきたのは、仏法が説いた仏法本位、仏法上位の思想についてであって、仏法を流通、発展せしめるために仏法が説いた思想である。だから、その主張そのままに、中国の神仏融合が進展して中国の神信仰がすべて仏法に吸収されてしまったとか、日本の神仏融合が進展して日本の神信仰が仏法に吸収されてしまったというわけではない。思想の歴史と実態の歴史とは区別して理解しなければならない。しかし、ではこれらの思想による仏法の流通・浸透が全く不成功に終わった、あるいは人々の信心とは全く無関係だったのかと言えばそうではない。やはり、一定の成果を得たと筆者は理解している。

かつて津田左右吉は、こうした思想について、「仏家がかう考へたのは、仏家だけの見解であつて、一般の信仰とは関係が無い」と結論したが、[23]筆者は少し考えが違う。これについては旧稿でも私見を述べたが、今もその考えに変わりはない。日本において、この思想が語られることによって神信仰（神道）がすべて仏法に吸収されてしまったとか、神信仰が全く存在感をなくしてしまったということはなかった。日本の神信仰はその後も発展した。だからこの思想を過大評価することはできない。しかし、全く一般の信仰と関係なかったのかと言えば、それも違う。それは過小評価であると考える。日本においては、この思想が語られることによって、

①神宮寺の建立：神をまつる地に、神まつりの施設に併設して仏法の寺院が建立された。

②神前読経の実施：神に対して経典の読経や講説が実施された。
③神仏の山の成立：神の住む山の山中または山麓に仏法の寺院が建立された。

といったことが確実に実施された。だから、この思想は全く無力な絵空事であったわけではなく、その巧妙な論理によって一定の有効性を発揮し、それによって神仏の融合が一定程度進展したことは歴史的事実として認めなければならない。こうした思想が一〇〇％達成されたと評価することはできないが、また〇％の達成だったと評価することも妥当ではない。一方の神信仰の側も、こうした思想を部分的に受け入れ、仏法と共存あるいは融合し、さらには仏法を活用することによって自らを発展させていった。〈神前読経〉の実施、神仏の聖地としての山の宗教の発達には、そうした側面が見られる。

仏法は哲学体系としての教義を持ち、構造的な神話を持ち、宗教施設の在り方や聖職者のシステムが確立していた。対して、日本の神信仰は哲学体系としての教義を持たず、神話は非体系的であり、散在的、断章的であった。宗教施設や聖職者組織の整備も未発達であった。仏法が伝来すると、仏法は日本列島の広い範囲に急速に流通し、神信仰は仏法との複合・融合をせまられた。私見では、日本の神信仰が体系的な教義・神話を持たないことは逆に強みでもあった。この特質によって、神信仰が仏法と対峙して敗北し、消滅してしまうというようなことはなく、仏法と融合することで神信仰は保持され、むしろ発達していったと考える。これについては、後節で〈護法善神〉の思想を分析しながらさらに考察していきたい。

三　八・九世紀における神宮寺の建立

伊勢神宮の神宮寺

ここで、〈神道離脱〉の思想に基づいて建立されたと明記されてない神宮寺についても、建立の諸相を検討しておきたい。最初に伊勢神宮の神宮寺である「伊勢大神寺（伊勢大神宮寺）」について考究する。伊勢神宮は、七世紀末に日本の新しい政治制度として天皇制度が開始されると、それを理念的に支える国家最重要の神社として創祀された。その神宮寺の初見史料は、『続日本紀』天平神護二年（七六六）七月丙子〈二十三日〉条で、

遣㆑使造㆓丈六仏像於伊勢大神寺㆒。

とある。ただ、この条については本文校訂の問題がある。この条の「伊勢大神寺」のところの本文は、版本や国史大系本では「伊勢大神宮寺」に作っている。しかしながら、蓬左文庫本『続日本紀』（金沢文庫旧蔵本、重要文化財）には「伊勢大神寺」とあり、これを底本とした新日本古典文学大系『続日本紀』はこれに従って本文を作っている[24]。蓬左文庫本は現存最古の写本で、十三世紀後期の書写と推定され、信頼できる貴重な写本である。ここではこれに従って本文を引用した。この記事から、

①伊勢神宮の神宮寺が当初は「伊勢大神寺」と呼ばれたこと。
②この寺は、天平神護二年までに成立し、この年に「丈六仏像」が造立されたこと。
③「丈六仏像」とあるように大型の仏像がまつられたこと。
④この仏像の造立に政府の意志が関与していたこと。

が知られる。しかしながら、光仁天皇の宝亀年間になるとこの寺院に変化が訪れる。同宝亀三年（七七二）八月甲寅〈六日〉条には、この日異常な風雨があったため卜ったところ、「伊勢月読神」の「祟」であることが判明した。

そこで、毎年九月に実施される「荒神祭」に准じて馬を奉った。あわせて、度会郡にあった「神宮寺」を飯高郡の度瀬《わたらせ》山房に移したとある。また、同宝亀十一年二月朔日条には、神祇官が言上して、「伊勢大神宮寺」では先に「祟」があったので他の場所に遷し建てたところであるが、今なお「神郡」に近く、「祟」がやまない。そこで、飯野郡を除いて、便地に移したいと願い出た。政府はこれを許したとある。

この二つの記事から、

図Ⅰ-4　逢鹿瀬寺址（伊勢大神寺址）　三重県多気郡多気町相鹿瀬

⑤伊勢大神寺は「神宮寺」であるとされており、「伊勢大神宮寺」とも呼ばれていたこと。

⑥この寺院は、「祟」を理由に度会郡から飯高郡に移転され、さらにそこからも排除されてさらなる外側の地（ただし飯野郡を除く）に移転せしめられたこと。

が知られる。

ここから判明するのは次のような一連の出来事である。伊勢神宮において、当時の動向に従って神宮寺が建立され（図Ⅰ-4）、天平神護二年には丈六の仏像が安置された。それは「伊勢大神寺」あるいは「伊勢大神宮寺」と呼ばれた。しかしながら、伊勢神宮においては神宮寺を外部に排除したいとの意向が一方に存在し、あまり時間を置くことなく、「祟」を論拠にして神宮寺を度会郡から飯高郡に移動させ、さらにその後に飯高郡からも外部に移動させた。[25] この排除の動きの背後には神祇官の意志があった。この間、政権の変化（光仁朝の成立）があったから、あるいはそれが影響しているのかもしれない。

日本では、この時代、盛んに神宮寺が造立されたが、伊勢神宮では神宮寺に反対する意志が一方にあり、神宮寺が神宮に近い地から遠い地へと移動せしめられた。こうした事態は同時代の他の神宮寺には見られない、伊勢神宮に特有の現象である。その理由は、他の神社とは異なる伊勢神宮の特別性に求められるだろう。伊勢神宮では、仏法に関する語に関しては、直接その言葉を発語せずに、言い換えて発語する「忌詞《いみことば》」が用いられた。(26)「仏」を「中子《なかご》」、「経」を「志目加弥《しめがみ》」、「塔」を「阿良々支《あららぎ》」、「法師」を「髪長《かみなが》」などと言い換えて表現するのである。伊勢神宮のこうした反仏法的あるいは忌避仏法的な心性が神宮寺に関しても影響している可能性が高い。以上より、伊勢神宮において神宮寺の忌避・疎外が行なわれたのは、奈良時代後期の宝亀年間のことだったことが知られる。

大神神社の大神寺

次に、伊勢神宮以前に大和の政治権力と密接な関係を築いていたと推定される大神神社（奈良県桜井市三輪）はどうだろうか。その神宮寺については、『延暦僧録』の「沙門釈浄三菩薩伝」に次のように記述が見える。沙門釈浄三は、俗姓は「文屋真人」で天武天皇の子孫であるが、皇室から分かれて活動し、正二位、大納言に登って政治の世界で活動した。ただ、心は三宝にあり、東大寺の大鎮を務め、兼ねて法華寺の大鎮や浄土院の別当を務め、さらに「唐寺」（唐招提寺）の別当も務めた。そして、大和上鑑真の菩薩戒の弟子となり、後に「大神寺」において『六門陀羅尼経』を講じたという。

ここの浄三は、天武の孫の智努王《ちぬ》（六九三〜七七〇）で、天平勝宝四年（七五二）に文屋真人《ふんやのまひと》の姓を賜り、文屋真人智努（珍努）として活躍し、さらに名を浄三とした。また、ここの「大神寺」は「おおみわでら」で、大神神社の神宮寺である。『六門陀羅尼経』は、玄奘が貞観十九年（六四五）に漢訳した密教経典である。ここの記述から、八世紀中期までには大神神社にその神宮寺である大神寺が成立していたことが知られる。

大神神社の神宮寺としては『今昔物語集』巻二十に「三輪寺」が見える。これが大神寺と同一かどうかについては検討の余地があるが、同一の可能性が高いと推考される。大神神社の神宮寺は平安時代末期頃までに衰退したが、鎌倉時代になって叡尊（一二〇一～九〇）が再興し、これを西大寺末とした。弘安八年（一二八五）、寺号は新たに「大御輪寺」とされ、本堂には後に聖林寺に移される十一面観音像が移安された。[27] 中世において、大神神社では両部神道、三輪流神道など神仏の融合が進展した。能の「三輪」では、中世後期における同社の神仏融合思想が芸能として表現されている。[28]

だが、幕末維新期の神仏判然令、廃仏毀釈によって大御輪寺は廃寺とされ、僧たちは還俗させられ、本堂は社殿に改造されて現在の大直禰子《おおたたねこ》神社とされた（図Ⅰ-5）。仏像類は法隆寺、正暦寺、玄賓庵、長岳寺など他の寺院に移され、十一面観音立像は大神神社にほど近い聖林寺に移された。[29] これが名品として知られる聖林寺十一面観音立像である。大御輪寺跡では、昭和六十二年（一九八七）に発掘調査が行なわれ、七世紀後期および奈良時代後期の寺院遺構が検出された。文屋浄三が経典を講じたのはその奈良時代後期の寺院だったろうと考えられる。

宇佐八幡宮と弥勒寺

ここで、奈良時代の神仏融合の事例としてよく知られる、豊前国の宇佐八幡宮（宇佐神宮、大分県宇佐市南宇佐、図Ⅰ-6）とそれに並立する弥勒寺の活動について検討する。宇佐の八幡神は八世紀前期に世に知られるようになった神で、当初から神仏融合的な色彩を色濃く持っていた。この神の国史上の初見は『続日本紀』天平九年（七三七）四月乙巳〈九日〉条で、この日、伊勢神宮、大神社、筑紫の住吉、八幡二社、香椎宮に使を派遣して奉幣し、新羅の無礼を告げたとある。ここの八幡の「二社」とは、八幡神をまつる社と比咩《ひめ》神をまつる社の二社のことで、比咩神は八幡神の配偶神である。また、同天平十三年閏三月甲戌〈二十四日〉条には、八幡神宮に秘錦冠一頭、金字の『最勝王経』『法華経』各一部、度者十人、封戸、馬五疋を奉り、三重塔一区を造らしめた。それは祈禱に対する報賽だと記される。これは、藤原広嗣の乱に際し、同宮に鎮圧を祈願したところ、平定が成就されたので、それに対して報賽を行なったという記事である。ここでは、「神宮」に対して経典・度者・三重塔を施入するという仏法に関する褒賞が行なわれており、八幡神宮の神仏融合的な性格がよく示されている。次いで、同天平十七年九月甲戌〈二十日〉条には、聖武天皇の不予により、阿倍虫麻呂をして八幡神社に奉幣せしめ、また京・諸国にて『大般若経』百部を写経させ、さらに薬師仏の像七躯の造立と経典の書写七巻を行なったとある。

図Ⅰ–5　現在の大直禰子神社とその内部　奈良県桜井市三輪

現在の大直禰子神社は，明治の神仏分離・廃仏棄釈まで大御輪寺であったことにより，寺院建築であり，瓦葺の礎石建造物である。内部もかつて寺院だった様相をそのまま残している。

この時期、八幡宮の中枢に立っていたのは大神氏だった。同天平二十年八月乙卯〈十七日〉条には、「八幡大神祝部」の従八位上大神宅女、従八位上大神杜女《もりめ》に外従五位下を授けたとある。これは異例の特進であった。さらに、同天平勝宝元年（七四九）十一月朔日条には、「八幡大神祢宜」の外従五位下大神杜女と「主神司」の従八位下大神田麻呂の二人に「大神朝臣」の姓を賜ったとある。

図I−6　現在の宇佐神宮　上宮本殿　大分県宇佐市南宇佐

よく知られているように、八幡神は、この年、九州から京に上り、都において華々しい活躍をした。『続日本紀』同年十一月己酉〈十九日〉条には、八幡大神は託宣して京に向かったとあり、これを石川年足、藤原魚名が「迎神使」となって迎え、大神は十二月十八日に平城京に入京した。そして、宮の南の梨原宮に新殿を作って神宮とし、僧四十人を請いて七日間にわたって悔過を行なった。さらに、同十二月丁亥〈二十七日〉条には、

> 八幡大神禰宜尼大神朝臣杜女〈其輿紫色、一同乗輿。〉拝東大寺。天皇、太上天皇、皇太后、同亦行幸。是日、百官及諸氏人等、咸会於寺。請僧五千礼仏読経。作大唐渤海呉楽、五節田舞、久米舞。因奉大神一品、比咩神二品。

とある。この日、「八幡大神禰宜尼」の大神朝臣杜女は天皇と同じ紫色の輿に乗って東大寺を拝し、天皇・太上天皇・皇太后がこれに同行して行幸した。百官や諸氏の人たちもみな東大寺に集まり、僧五千人が招請されて礼仏、読経をし、諸々の楽や舞が奉納された。八幡大神には一品、比咩神には二品が叙されたという。この記事では、杜女のことを「禰宜尼」と表記していることが注目される。『続日本紀』では、杜女はこれ以前には

「八幡大神禰宜」と記されているが、この時は「八幡大神禰宜尼」と記されている。「禰宜尼」とは独特の言葉であるが、これは仏法の「尼」の姿を取り入れた、神祇の「禰宜」の姿を表現している可能性が高く、その具体的な姿形については未詳の部分があるとはいえ、神仏融合的な女性宗教者の表現と理解される。

図I–7　弥勒寺跡に立つ石碑　大分県宇佐市南宇佐

現在は諸々の堂塔は失われ，礎石ばかりを残している。

　宇佐八幡宮に並立する寺院は弥勒寺である。この寺は、『宇佐八幡宮弥勒寺建立縁起』（平安時代初期成立か、『神道大系四七　宇佐』所収）によると、最初、「弥勒禅院」という名称で「菱形宮の東の足林」である日足の地（現在宇佐神宮がある小椋山の東南東）に建立され、それが天平九年四月九日の大御神の発願によって現在の宇佐神宮の宮の西に遷され、翌十年に「弥勒寺」として成立したという。宇佐神宮では、昭和二十九（一九五四）〜三十五年と、昭和五十八〜六十三年に弥勒寺跡の発掘調査が行なわれ、南大門、金堂、講堂、二基の東西の塔、回廊からなる寺院の遺構が確認されている（図I–7）。すでに飯沼賢司氏が指摘しているように[30]、天平九年といえば、天然痘が大流行した年である。天平七年と九年、日本では「豌豆瘡〈俗に裳瘡〉」「疫瘡」が大流行し、多くの人が亡くなった。天平九年の時には、藤原氏をはじめ、多くの貴族・皇族が死去した[31]。弥勒寺の成立と疫瘡の流行とは深く連関していると見るべきである。

　その後の弥勒寺であるが、『類聚三代格』巻二、天平勝宝元年六月二十六日の太政官符「豊前国八幡神戸の人を出家せしむ事」によれば、八幡宮では「神戸人」を「毎年一人」得度させて弥勒寺に入れることが勅によって決定されている。これ以後、弥勒寺では、神戸の人が出家得度して入寺していった。九世紀になると弥勒寺はさらなる発展を遂げる。これも飯沼賢司氏が指摘しているように、奈良時代にはまだ整備が十分ではなかった弥勒寺は、奈良時代末期から平安時代初期に伽藍の整備が本格化し、封戸からの封物も充実し、藤原良房が政権の中枢に立った貞観時代には国家の有力寺院に成長していった[32]。

次に、『続日本紀』神護景雲元年(七六七)九月乙丑〈十八日〉条には、はじめて八幡比売神宮寺を造るとある。先に述べたように、八幡宮には八幡神(八幡大神)と比咩神をまつる二社があった。この時、比咩神(「比売神」とも表記)をまつる社に神宮寺が造立された。その「夫」(造営担当役夫)には、「神寺」の封戸が役されたという。

なお、宇佐神宮では、江戸時代末期まで長く神仏融合的形態が継続、発展していたが、幕末維新期の神仏判然令、廃仏毀釈によって、弥勒寺は廃寺とされ、鐘楼・経蔵などは破壊され、鐘は鍋商人に、経典類は紙屑屋や他寺に売却された。伝来の文書は川に投げられ、仏像類は極楽寺や大善寺など他寺に売却された。僧たちは神主・社人になった。こうして宇佐神宮からは仏法的なものが失われ、今日に至っている。

以上、宇佐八幡宮と弥勒寺の歴史を見てきたが、八幡宮は他の神社とは異なり、歴史に登場する初期の頃から神仏融合の性格を強く持っていた。弥勒寺は八幡神のために建立された神宮寺と見るよりは、八幡宮と弥勒寺はその最初期から神仏並立の施設として活動したと理解すべきだと考える。また思想的に見ても、八幡宮における神仏融合は他の神仏融合とは異なる要素を持つと考える。旧稿で、筆者は宇佐八幡宮のみは思想流入の経路が別であった可能性があると述べ、宇佐には中央経由で神仏融合思想がもたらされたのではなく、中国もしくは朝鮮半島から神仏融合思想が直接流入し、独自に思想的発展を遂げた可能性があると述べた。この考えに今も変わりはない。というのは、中国では神が受戒したという話がしばしば語られたのに対し、日本ではほとんど語られなかったが、八幡信仰では僧形八幡神像が制作、安置されるなど、神が出家、受戒するという思想が例外的に見られるからである。大神杜女の「禰宜尼」というのも独特の姿である。これらには他の日本の神仏融合の様相と差異が見られる。日本には、遣唐使などの入唐僧によって中国から神仏融合思想が中央にもたらされ、それが地域社会に展開していった。だが、宇佐のみはそれとは異なり、神仏融合の思想やあり方を中国もしくは朝鮮半島から直接受容した可能性があるように思われる。

八世紀における神宮寺の諸相

続けて、八世紀に創建された神宮寺で注目されるものを見ていきたい。まずは常陸国の鹿島神宮（茨城県鹿嶋市宮中、図I-8）の神宮寺である。関係史料として『類聚三代格』巻二、①嘉祥三年（八五〇）八月五日太政官符と、同巻三、②天安三年（八五九）二月十六日太政官符がある。①は次のようなものである。

太政官符

応三随レ闕度二補鹿嶋神宮司僧五人一事

右撿二案内一、太政官去承和三年六月十五日下二治部省一符偁、得二常陸国解一偁、神宮司従八位上大中臣朝臣広年解偁、去天平勝宝年中修行僧満願到二来此部一、為レ神発願始建二件寺一、奉レ写二大般若経六百巻一、図二画仏像一住持八箇年、神以感応、而満願去後年代已久、無レ人二仕持一伽藍荒蕪、今部内民大部須弥麿等五人試二練読経一、良堪レ為レ僧、望請、特令三得度住二件寺一者、権中納言従三位兼行左兵衛督藤原朝臣良房宣、奉 レ勅、依レ請者、今被二右大臣宣一偁、奉 レ勅、件僧等若有レ闕者、国司并別当僧簡下定百姓之中堪レ為レ僧者上、随レ闕度補、但度縁戒牒一准二国分寺僧一。

嘉祥三年八月五日

また、②は次のようなものである。

太政官符

応レ修二理鹿嶋神宮寺一事

右得二常陸国解一偁、講師伝灯大法師位安璟牒偁、撿二案内一、去天平勝宝年中始建二件寺一、承和四年預二定額寺一、須二依レ格国司講師相共撿校一、而今此寺雖レ預二定額一無レ有二田園并修理料一、因レ茲三綱檀越等不レ堪レ修二造破損物一者、国司熟撿二旧記一、件寺元宮司従五位下中臣鹿嶋連大宗、大領中臣連千徳等与二修行僧満願一所二建立一也、今所レ有禰宜祝等是大宗之後也、累代所レ任宮司亦同氏也、望請、 官裁令下二神宮司并件氏人等一永修理撿校上、謹請二 官裁一者、右大臣宣、依レ請、但令下二国司一且加中撿校上、若氏人等無レ力二修理一者、以二三宝布施一充二用其料一、事須下随レ損即加二修理一、其所二修用一物数附二朝集使一言上上。

天安三年二月十六日

図Ⅰ-8 現在の鹿島神宮 社殿 茨城県鹿嶋市宮中

鹿嶋神宮寺は、①によると、天平勝宝年中（七四九～七五七）に修行僧の満願がこの地に到来し、神のために発願してはじめてこの寺を建て、『大般若経』六百巻を書写し、仏像を図画して八年間住持したという。②によると、この寺は天平勝宝年中にはじめて建てたもので、「旧記」を撿ずるに、元宮司の従五位下中臣鹿嶋連大宗と大領の中臣連千徳らが修行僧の満願とともに建立したものであるという。また、今の禰宜と祝は大宗の子孫で、累代にわたって宮司は同氏（中臣鹿嶋氏）が務めてきたとある。

ここから、鹿島神宮の神宮寺は、宮司を務めた従五位下の中臣鹿嶋連大宗と、地域の有力者で郡司の大領を務める中臣連千徳が主体となって創建された寺院であることが知られる。また、大宗の子孫は代々神宮の宮司や祝を務めてきたというから、鹿嶋神宮寺は鹿島神宮の宮司家が建立し、同氏の氏寺のように機能して九世紀半ばに至ったものと推定される。一方の満願という修行僧は、すでに触れたように、多度神宮寺の創建にも関わった僧である。また、箱根の神宮寺の創建にも関わったと理解されており、諸国を遍歴しながら、神宮寺を造立する活動を行なった僧だと理解される。この時代に、満願のような僧が活動したことは大変重要なことで、日本の仏法の歴史上特筆されるべきことと評価される。ここで想起されるのが、先に見た唐の法聡の活動である。彼は嘉興県で、そして海塩県で神に菩薩戒を授け、また神に対して経典の講説を行なった。唐において、処々をめぐって神を教化する活動を展開していた僧が存在し、そこで同じ思想が語られた。満願の活動は、それと同質の活動と見ることができる。

次に、越前国の劔神社（福井県丹生郡越前町織田）の神宮寺である劔御子寺について見ておきたい。同社が所蔵する梵鐘には、「劔御子寺鐘、神護景雲四年九月十一日」とある。ここから、神護景雲四年（七七〇）までに同社に「劔御子寺」という名称の神宮寺が建立されていたことが知られる。北陸地方では、九州地方と並んで早くから神宮寺が複数建立されており、神宮寺の宗教文化が流布していた。なお劔神（剣神）については、『続日本紀』宝亀二年（七七二）十月戊辰〈十六日〉条に、「詔、充二越前国従四位下勲六等剣神食封廿戸、田二町一」とあり、封戸と田が施入されたことが知られる。また、『日本文徳天皇実録』斉衡二年（八五五）五月壬子〈五日〉条には、

詔、越前国気比大神宮寺、御子神宮寺、置二常住僧一、聴レ度二五人一。心願住者亦五人、凡一十僧永々不レ絶。

とある。この記事については、やはり本文校訂の問題があり、国史大系本は「越前国気比大神宮寺。御子神宮寺」と作るが、脊古真哉氏によれば、『日本文徳天皇実録』および『類聚国史』の写本に従うなら「越前国気比大神御子神宮寺」と作るべきだという。これは的確な校訂と考えられる。ここの「気比大神御子神宮寺」は劔御子社（劔神社）の神宮寺のことで、同社の祭神が気比大神の御子であることからこう呼ばれたものと理解されるという[33]。ここから劔御子寺が気比大神御子神宮寺とも呼ばれたことが知られ、また斉衡二年までに五人の常住僧があり、斉衡二年にさらに五人が追加されて十人の僧が常住する寺院となったことが知られる。

次に、気多社（石川県羽咋市寺家町ク、図Ⅰ-9）の神宮寺である気多神宮寺はどうだろうか。これについては『日

図Ⅰ-9　現在の気多大社　石川県羽咋市寺家町

本文徳天皇実録』斉衡二年五月辛亥〈四日〉条に、

　詔、能登国気多大神宮寺、置㆓常住僧㆒、聴㆓度三人㆒。永々不㆑絶。

と見える。ここから気多神社に斉衡二年までに神宮寺が造立されており、この時度僧が与えられたことが知られる。この神宮寺については、近年、関係する木簡が出土し、注目されている。(34) これは富山県高岡市の東木津遺跡から出土したもので、表に「気多大神宮寺涅槃浄土幣米入使」、裏に「□暦二季九月五日廿三枚入布師三欠□」の記載が見える。ここの「□暦二年」は、伴出遺物から見て延暦二年(七八三)と判断されるという。川崎晃氏、脊古真哉氏は、この木簡について、ここの「気多大神宮寺」は能登国の気多神社の神宮寺と見ることができ、そうだとすると気多神宮寺は延暦二年までには創建されていたということになると述べている。(35) 従うべき理解と思われる。

　次に、補陀洛《ふだらく》山(二荒山、栃木県日光市山内)の神宮寺について見ておきたい。空海『性霊集』巻二所収の「沙門勝道歴山水瑩玄珠碑并序」は、補陀洛山の神宮寺を創建した勝道という僧を顕彰した碑文である。これによると、勝道は人跡未踏の山である下野国の補陀洛山に何回か登山を試み失敗するが、ついに「善神」の加護を得て山頂に至ることができた。延暦三年に登った時には湖を遊覧し、勝地に伽藍を建立し、「神宮寺」と名づけたという。こうして補陀洛山の神宮寺が開創されたという。なお、善神の加護については後にまた触れる。

九世紀における神宮寺建立の継続

九世紀になっても神宮寺建立の動向は継続した。ここでは、それらの中で注目されるものを見ていきたい。上賀茂神社（賀茂別雷神社、京都市北区上賀茂本山）の神宮寺については、『続日本後紀』天長十年（八三三）十二月朔日条に、

道場一処、在二山城国愛宕郡賀茂社以東一許里一。本号二岡本堂一。是神戸百姓奉三為賀茂大神一所二建立一也。天長年中、検非違使尽従二毀廃一。至レ是、勅曰、仏力神威相須尚矣。今尋二本意一事縁二神分一。宜三彼堂宇特聴二改建一。

とある。賀茂社の東に「道場」があり、神戸・百姓が賀茂大神のために建立したもので、もとは岡本堂といった。この堂は一度検非違使によって廃毀せしめられたが、この時に堂宇の再建が許されたという。岡本の地名は上賀茂神社の東に確認されるから、ここの賀茂社は上賀茂神社を指している。この記事が述べる岡本堂は、この社の神宮寺の始まりになるものと理解される。それは、神戸・百姓が大神のために建立した堂（道場）として始まったという。[36]

岡本堂について、嵯峨井建氏は、岡本堂は神宮寺成立の有力な母胎であり、岡本堂が神宮寺に直接発展したことを示す史料はなく、別個のものと考えねばならないが、のちの神宮寺を成立せしめる先駆的な地ならし効果をもたらしたと論じている。[37] 嵯峨井氏の論は賀茂両社の神宮寺の歴史を詳細に跡づけており、学ぶところが多い。ただ、私はこの点に関しては見解が少し異なり、岡本堂をのちの神宮寺の母胎になったとは理解せず、これ自体を神宮寺の成立だと評価している。右の記事が、岡本堂のことを神戸と百姓が賀茂大神のために建立したものだと明記するからである。先に見た鹿島神宮の場合、宮司の家が神宮寺を造立し、その発展に関わったが、上賀茂神社の場合はそれとは異なり、神戸・百姓が造立した堂（道場）が最初の神宮寺になった。

なお、上島享氏は、当初は神宮寺は神社と距離が離れた位置に所在したが、平安時代後期に両者の距離は縮まり、十一世紀前期には神社と神宮寺は隣接するように大きく変化したと論じている。[38] 従うべき妥当な理解だと考

える。

次に、石上神宮（奈良県天理市布留町、図Ⅰ−10）の神宮寺はどうだろうか。石上神宮は『日本書紀』において伊勢神宮と並んで「神宮」と呼ばれる神社である。その神宮寺については、『日本三代実録』貞観八年（八六六）正月二十五日条に、

勅、以二大和国田廿八町一借施二入石上神宮寺一。須下待二造レ寺畢一還収上。


と見える。「造寺」とあるから、この時が神宮寺の創建である可能性が高いと読解される。先に述べたように、貞観七・八年は疫病が流行した年で、そうした情勢の中で、盛んに〈神前読経〉が実施され、また奥嶋神宮寺が創建された。石上神宮寺もそうした状況下で造立された神宮寺と考察されよう。

次に、東北地方の神宮寺として出羽国飽海郡神宮寺について触れておきたい。『日本三代実録』仁和元年（八八五）十一月二十一日条には、「去六月廿一日、出羽国秋田城中、及飽海郡神宮寺西浜雨二石鏃一」とあり、出羽国の飽海郡に神宮寺があったことが知られる。この時の現象について、神祇官は「彼国飽海郡大物忌神、月山神、田川郡由豆佐乃売神、倶成二此恠一」と述べ、神が起こした「怪」だとする理解を示している。飽海郡の大物忌神は現在の山形県と秋田県にまたがる鳥海山の山の神で、山上に「社」があり、そこでまつられた。鳥海山は活火山であり、弘仁年中（八一〇〜八二四）および貞観十三年四月に噴火があっ

図Ⅰ−10　現在の石上神宮　奈良県天理市布留町

図Ⅰ−11　現在の石清水八幡宮　京都府八幡市八幡高坊

たことが『日本三代実録』に明記されている。時として怒りを示す神だった。月山神は出羽三山の一つ月山の神で、月山神社にまつられた。この記事の神宮寺は大物忌神の神宮寺、もしくは二つの神の神宮寺として建立されたものと推定される。なお、出羽国の神宮寺は『延喜式』「主税寮」の「諸国出挙正税公廨稲」にも「神宮寺料一千束」と見える。このように東北地方にもすでに九世紀に神宮寺が成立していた。なお、同式の「越後国」の項目には「神宮寺観音院料四千束」の記載が見える。ここの神宮寺が越後国のどこの神宮寺であるかは未記載であるが、北陸地方に流布していた神宮寺の文化が現在の新潟県におよび、そこからさらに山形県・秋田県県境域にまで展開していたことが知られる。

この項の最後に、石清水八幡宮護国寺と石清水八幡宮（京都府八幡市八幡高坊、図Ⅰ−11）について言及しておきたい。『日本三代実録』貞観十八年八月十三日条には、

石清水八幡護国寺申牒。故伝灯大法師位行教、去貞観二年奉㆓為国家㆒、祈㆓請大菩薩㆒、奉㆑移㆓此間㆒。望請准㆓宇佐宮㆒、永置㆓神主㆒。即以㆓従八位上紀朝臣御豊㆒為㆑之。勅従㆑之。

とある。これによると、石清水八幡宮は国家のおんために貞観二年に行教によって創祀されたもので、この時点までに石清水八幡宮護国寺が成立していた。この記事で、八幡神は宇佐八幡宮と同様に「大菩薩」と呼ばれ、またこの時に宇佐宮に準じて「神主」が置かれることになった。なお、石清水八幡宮護国寺および石清水八幡宮について

は、他に「貞観五年正月十一日」の日付を持つ『石清水八幡宮護国寺略記』(『朝野群載』巻十六所収)があるが、史料批判の問題があり、ここでは『日本三代実録』の記述を中心に考察を進める。

石清水八幡宮は、大安寺僧の行教によって平安京南南西の男山の地に開創されたもので、最初から護国寺なる寺院が並立し、安宗という僧がそれを修治した。「神主」の設置はこの記事にあるように、寺院の存立より後になって行なわれている。なお、石清水八幡宮成立の政治的背景については、藤原良房の意志、和気氏との密接な関係、行教・安宗の出自氏族といった観点から分析され、多くのことが明らかにされている。(39)

筆者は、石清水八幡宮の寺院と宮の関係は、他の神社・神宮寺の関係とは差異があり、護国寺は一般の神宮寺とは別種の寺院と見るべきだと考える。神社が先にあって、そこの神のために後から寺院が造立されたというのではないからである。石清水八幡宮護国寺と石清水八幡宮は、最初から神仏融合の施設として一体的に設置されている。しかも、それを造ったのは神祇祭祀関係者ではなく、仏法の僧だった。その後、石清水八幡宮および護国寺は中世を通じて大きな力を持ち、幕末維新期の神仏判然令、廃仏毀釈によって仏法に関するものが破却されるまで、神仏融合施設として活動した。

明治の神仏分離まで、石清水八幡宮の正式名称は「石清水八幡宮護国寺」あるいは「石清水八幡宮寺」だった。(40)なお、石清水八幡宮では、近年、四カ年にわたる詳細な遺跡調査が実施され、絵図類・文献史料を勘案して往時の様相を復元図示する「石清水八幡宮境内測量図と遺跡調査位置図」が発表された。また大塔跡・護国寺跡・瀧本坊跡の発掘調査が実施され、護国寺と本殿が一体の施設であったことなど堂社の配置が明らかになった。(41)

神宮寺の思想

ここで神宮寺に関するこれまでの考察をまとめておきたい。次の七点を指摘したい。

①日本の主要な神社の多くに神宮寺が建立された。

②八幡信仰に関する寺院は、一般の神宮寺とは少し異なる性格を持つ。
③伊勢神宮においては神宮寺の忌避・疎外が行なわれた。
④〈神道離脱〉の思想が明記された事例はもとより、明記されていない事例についても、同様の思想によって建立された可能性が高い。
⑤〈護法善神〉の思想が語られる神宮寺がある。
⑥満願のような諸国を遍歴して神宮寺を建立する活動を展開した僧が存在した。
⑦疫病の流行に対処して建立されたと考えられる神宮寺がある。

日本では、伊勢神宮、大神神社をはじめとして、主要な神社に神宮寺が建立されていった。本章で取り上げたものの他、住吉大社、熱田社、松尾社、下賀茂神社、北野社、平野社、愛宕社、春日社、香取社、南宮神社、熊野三山などにも神宮寺が造立されていった。これは神仏の融合を端的に示す宗教現象と考えられ、例外的な神社、特定の神社に限ってこの動向が進展したと見るべきではない。神宮寺の建立は、八・九世紀に大きな潮流となって進展した宗教現象であり、それが十世紀以降に継承されてさらなる発展を遂げていった。

ただし、神仏融合の宗教施設としてよく知られる宇佐の八幡宮と弥勒寺、それを平安京近くに勧請した石清水八幡宮と護国寺は、他の神宮寺とは少し異なり、当初から神社と寺院が融合した宗教施設という性格を持っていたと評価される。

また、伊勢神宮においては、他と異なり、一度神宮寺が成立した後に、神宮寺を神宮に近い地から遠い地へと移動せしめるという忌避・疎外が行なわれた。こうした在り方は伊勢神宮のみに見られる現象である。それは伊勢神宮の性格に起因する現象であると理解される。

さて、神宮寺に関する史料を順次検証していくと、造立にあたって〈神道離脱〉の思想が記された事例に複数出会うが、一方この思想が記されない事例もまた多くある。では、それらはどのような思想に立脚して造立されたのか。だが、筆者はまだ〈神道離脱〉の思想とは別の思想が記された事例には出会っておらず、史料上は、造立の考え方の部分に全くと言ってよいほど踏み込んだ記述がない。「鎮護国家」などに言及するものはあるものの、肝心の神仏関係について多くを語らないのはどういうことなのか。筆者は、造立の思想を語らない神宮寺は、神宮寺が多数造立されていった時代思潮の中で、他の神宮寺と同様の思想に基づいて造立されたと見るよりないと理解しており、したがってそれらも〈神道離脱〉思想の流通という思想動向の中で造立されたと考える。

また、神宮寺造立の関係史料には、〈神道離脱〉の思想と〈護法善神〉の思想がともに記される事例が見られる。先に見た香春神宮寺の場合、〈神道離脱〉の思想が語られているが、同時に最澄の渡海の無事を護るという守護神の思想が語られている。後者は〈護法善神〉の思想に包含されるものである。ここから〈神道離脱〉の思想と〈護法善神〉の思想は別々の二つの思想ではなく、基底部で浸潤し合う同質の思想と理解され、一つの思想の二つの表現と見るべきだと考える。勝道の補陀洛山神宮寺創建に関する史料でも「善神」の加護について言及がなされていた。〈護法善神〉の思想の様相と特質については次節で詳細に検討する。

さらに、満願の活動が注目される。彼は諸国名山を経巡って神を済度し、寺院を建立した。それはすでに中国の僧に見られる教化活動であり、東アジアにおける仏法の展開という視座から歴史に位置づけられるべき活動の一つと考えられる。

次に、もう一つ考えなければならないのが病と仏法の問題である。若狭の神願寺の事例では、神は念願がかなえられず、ために「災害」を致し、「疫癘」と干ばつを起こしたと記される。宇佐八幡宮の弥勒寺は天然痘が流行した天平九年（七三七）に建立された。奥嶋神宮寺、石上神宮寺は疫病が流行した貞観八年（八六六）に建立された。この時代、疫病は〈鬼神〉のしわざと考えられていた。だから、〈鬼神〉をまつり、あるいは鎮圧し、あるいは慰撫しなければならない。あるいは噴火も〈鬼神〉のしわざと考えられた。その〈鬼神〉をまつり、鎮め、慰撫しなければならない。その時に仏法の力を頼んだものが〈神宮寺〉であり、〈神前読経〉であった。仏法では山の神や川の神などの自然の神、あるいは地域（土地）の神を鬼神とみなしており、特に密教ではこの神観念が大いに進展している。本書第Ⅴ章で役小角説話を分析してこの問題について論じたので参照されたい。

日本では神仏融合思想の展開の中で、中世になると、実社の神と権社の神という概念が語られるようになった[42]。存覚（一二九〇～一三七三）の著作である『諸神本懐集』によると[43]、存覚は権社の神のことを「権社の霊神」といい、これは神でありながらその本質（本地）が実際には仏・菩薩であるような神のことで、崇敬の対象とすべき神だとする。これは〈本地垂迹思想〉の進展の中で理論づけられた神観念だった。これに対して、実社の神は「実社の邪神」であるといい、神そのもので、仏・菩薩とは異質の存在であり、崇敬の対象にならない神だと論じる。これは仏法の鬼神の思想によって理論づけられた観念で、本地仏を持たない一般の神は〈鬼神〉であり、邪神だと位置づけるのである。山の神、川の神などの自然の神や、土地の神などを〈鬼神〉と見る仏法の思想は、早く八・九世紀の日本に受容され、中世になると実社の神という位置づけへと発展していった。

仏法の神観念は神々を〈鬼神〉と見るものであり、その〈鬼神〉には仏法に帰依して仏法世界の護り神となった〈善神〉と、仏法に帰依せず、時に仏法に敵対する〈悪神〉の二種があった[44]。後者は、だから、教化もしくは排除の対象だった。一方で前者は、奈良平安時代、中国仏法の思想によって〈護法善神〉だと位置づけられた。そして鎌倉時代になると、〈本地垂迹思想〉の展開によって〈権社神（権神）〉となっていった。次節では、インド、中国、日本における〈護法善神〉の思想を検討し、この問題についてさらに考察を深めよう。

四　〈護法善神〉の思想の受容

『続日本紀』に見える〈護法善神〉

八世紀、日本には〈神道離脱〉の思想とともに〈護法善神〉の思想がもたらされた。「護法」とは仏法を護ること、「善神」とは善い神のことで、〈護法善神〉とは仏法を守護する善い神という概念である。この思想によって在来の神は仏法の護り神（守り神、守護神）とされ、仏法世界の中に取り込まれ、位置づけられた。それは言うまでもなく仏法を上位に位置づける思考に立つものだった。

インドにおいて仏法は原始仏教から部派仏教、そして大乗仏教へと進展し、その歩みに応じるようにインドの神々が仏法の中に取り込まれていった。さらに密教が成立すると、多数のヒンドゥー教の神々が仏法の世界に包摂された。インドの神々は仏法の護り神とされた。その過程は、しかし見方を変えれば、ヒンドゥー教が仏法を吸収、包摂する道筋とみなすことも可能である。それは、仏法の側から見ればヒンドゥー教の神々の包摂であり、ヒンドゥー教の側から見れば仏法の包摂であった。それが融合の姿であった。両者は時間の進展の中で融合の濃度を高めていった。

中国では、仏法を受容するにあたってインドの護り神の思想を受容し、それを「護法神」「護法善神」「護塔護法諸善神」などと訳出した。この概念は中国在来の神の位置づけにも影響を与え、〈護法善神〉思想は中国に定着し、精緻化されていった。中国文献には、神が仏法に帰依し、「善神」として僧や寺塔を守護したという話が多数見える。日本が受容した〈護法善神〉の思想は、系譜的にはインドの仏法まで遡るものであるが、直接的には中国の仏法で説かれていた概念・用語を導入したものである。

日本では、『続日本紀』神護景雲三年（七六九）五月丙申〈二十九日〉条に「護法善神」の語が見える。これは縣犬養姉女《あがたいぬかいのあねめ》らを「巫蠱《ふこ》」の罪で配流に処したことを述べる記事で、宣命体の詔が発せられ、姉女らの企ては「盧舎那如来・最勝王経・観世音菩薩・護法善神・梵王・帝釈・四大天王の不可思議の威神力」、および「挂《かけ》まくも畏《かし》こき開闢已来の御宇天皇の御霊」、さらに「天地の神たちの」「護り助け奉つる力に依って」防御されたと述べられている。姉女らは天皇の髪を髑髏に入れて「厭魅《えんみ》」を行なったが、仏法の仏・菩薩・天と、天皇の霊と、天地の神たちの力によってこの悪だくみは防がれたのだという。その列記の一つに「護法善神」が掲げられている。

また、同天平宝字元年（七五七）七月戊午〈十二日〉条に見える「護法」も同義と見てよい。こちらは橘奈良麻呂の変に対して発せられた宣命体の詔で、「天地神」「天皇大御霊」および「盧舎那如来・観世音菩薩・護法・梵王・帝釈・四大天王の不可思議威神之力」によって、悪だくみは防がれたと述べられる。この二つの史料では、仏・菩薩・天や天皇霊や神々の力によって敵の攻撃から護られたと述べられ、その一つに「護法善神」「護法」が掲げられている。なお、「護法善神」を「護法」と縮めて表現することがあったこともここから知られる。

『日本霊異記』に見える〈護法善神〉

『日本霊異記』には、中巻第一、第三十五、下巻第十、第十八、第二十九、第三十三に「護法」「善神」「護法神」が登場する。そこで、〈護法善神〉は、僧尼を迫害したり、仏法に敵対する人物に厳罰を加える存在として、あるいは僧尼が難に遭いそうになった時に護り助ける存在として描かれている。今、その様相を確認しておきたい。中巻第一は長屋王の話である。元興寺で法会が行なわれた時、長屋王はある一人の沙弥の頭を牙冊《げしゃく》で打ち、頭が切れて血が出るほどであった。すると、長屋王は二日後に彼を嫉妬する人物から讒言され、悪死を遂げてしまった。沙弥を打った一件を「護法」がよくないことだと思い、「善神」が憎み嫌ったからだという。ここでは、「護法」「善神」は、仏法に敵対する人物に制裁を加える存在として描かれている。次に、中巻第三十五は宇遅《うじ》王の話である。この王は三宝を信じない人物で、ある時、下毛野寺の諦鏡という沙門に路上で出会うと、諦鏡を打ち、逃げるところを水田の中まで追いかけてさらに打った。また彼が背負っていた経典を入れた笈《おい》を壊した。追い詰められた諦鏡が、どうして「護法」はいないのかと叫ぶと、王はたちまち重病になり、三日後に亡くなってしまったという。話末には、「護法罰を加ふ。護法无きに非ず」と記される。この話でも、「護法」は仏法を攻撃する人物に制裁を加える存在として描かれている。

次に、下巻第十は、火事があったが、火の中で写経した『法華経』が焼けることなく保持されたという話で、そのことを「護法神衛りて、火に霊験を呈す」と述べている。だから、ここの「護法神」は災難から経典を護る神として描かれている。下巻第十八は「邪淫」の罪を犯した経師と一人の女がたちまち悪死を遂げてしまったという話で、それは「護法」の「刑罰」によるのだという。下巻第二十九も仏法に敵対する愚痴の人に対して「護法」が制裁を加えたという話である。下巻第三十三も仏法に敵対する悪性の人が賤しい沙弥を迫害したところ、たちまち悪死を遂げてしまったという話で、これも「護法」が「罰」を加えたことによるという。

『日本霊異記』において、「護法」「善神」「護法神」は、第一に仏法に敵対する人物に「罰」「刑罰」を与える存在として描かれている。それは強い力、とりわけ戦う力を備えた神であった。第二に知られるのは、その制裁は「病」という形で与えられることがあったことである。仏敵が罹患する死に至る病は、護法善神による刑罰である場合があった。第三には仏法を護る神として機能することがあった。これは〈護法善神〉の語義からすると本来の性格と考えられる。しかし、『日本霊異記』では第一の性格、すなわち仏敵に制裁を与える神という側面が前面に出ており、それは次項で述べるように、インド、中国以来の性格を継承するものと理解される。

インドの〈護法善神〉の様相

「護法善神」およびそれに類する語は密教経典に多く見られる。ただ、それ以前に成立した経典にもこの語が見られる（SAT大正新修大蔵経テキストデータベース参照）[45]。ここでは密教以前の経典から検討していこう。

まず参照したいのが、『阿毘達磨大毘婆沙論』（『大毘婆沙論』とも）である。これはインドの部派仏教のカシミール有部の正統説を伝える文献で、説一切有部の論師（「毘婆沙師」と呼ばれる）たちの議論を集成したものである。全二百巻。二世紀後期〜三世紀頃の成立と考えられている。漢訳は玄奘訳である。その巻一二五に「即自化二現殊勝女身一、佇立二其前一。彼王見已尋二生貪染一。護法善神遂得二其便一、殺二王及軍并悪神衆一」（大正蔵No.1545, 655bc）とあって、「護法善神」の語が見える。昔、「補沙友」という婆羅門の王があり、仏法を憎んで、経典を焼き、卒塔婆を壊し、伽藍を破壊し、比丘衆たちを害する廃仏を行ない、悪魔がこの王に味方した。これによってまさに仏法が滅びようかとするとき、菩提樹に至ると、「諦語」という名の菩提樹の神が、悪王の大愚暴および悪魔軍を破って妙なる覚りを得たいと念じ、自ら「殊勝女身」になって化現して、軍勢の前に佇み立った。王はそれを見て「貪染」の心（欲望）を生じた。これによって「護法善神」は便を得て、王および軍ならびに悪神衆たちを殺すことができたという。ここでは、「護法善神」は仏敵に対抗する神として描かれている。樹神が仏法の覚りを得たいと願って仏法に味方したというところも重要である[46]。またこの神は美しい女身になって出現した。この『大毘婆沙論』の記述から、すでに部派仏教の段階において〈護法善神〉の思想が存在したことが判明する。

次に、密教経典に目を転じると、初期密教経典の一つである『陀羅尼集経』（大正蔵No.901）に、「護法神」（同830b）、「護塔護法諸善神」（同787b）の語が見える。ここの「護塔護法諸善神」は、「十方一切仏、一切般若波羅蜜、一切観世音菩薩、一切諸菩薩、一切金剛蔵菩薩、天龍八部、護塔護法諸善神等」のように、仏・菩薩・鬼神などの多数の尊格を連ねるように列記する中に登場している。これと全く同じ表現は、金剛智訳『薬師如来観行儀軌法』（大正蔵No.923, 24b）や菩提流志訳『一切仏頂輪王経』（大正蔵No.953, 247a, 249b）に見え、いずれも同様の文脈で、多数の尊格を連ねるように列記する中の一つとして記される。これらの経典は密教関係のものであり、密教においてしばしばこれらの表現が用いられたことが知られる。〈護法善神〉は、密教においても重視される概念であった。「護法善神」の語が見える密教経典としては、他に輪波迦羅（善無畏）訳『蘇婆呼童子請経』（大正蔵No.895）、善無畏訳『阿吒簿倶元帥大将上仏陀羅尼経修行儀軌』（大正蔵No.1239）、伝一行撰『梵天火羅九曜』（大正蔵No.1311）、不空訳『金剛頂超勝三界経説文殊五字真言勝相』（大正蔵No.1172）などがある。このうち、『阿吒簿倶元帥大将上仏陀羅尼経修行儀軌』には、「一切鬼神、阿修羅、四方鎮守護法善神、将軍護世持国天王、金剛力士、般若善神、天龍八部、人及非人。悉来集会結誓言、同心護仏法蔵并及汝等衆生」とあって、仏法を守護する神たちが連なるように多数列記される中に「四方鎮守護法善神」（同188a）という概念が見える。ここで「護法善神」は、「四方」を「鎮守」する神だとされている。こうした「鎮守」と「護法善神」とが同格的に記載される表現は大変興味深く、重要だと考える。

さらに注目されるのは、『梵天火羅九曜』に「敬白大梵天王、帝釈天王、閻羅天子、五道大神、太山府君、司命、司禄、十二宮神、七曜、九執、二十八宿、薬叉薬叉女、毘舎遮毘舎支、歩多、那天等。殊別当所鎮守護法善神」とあって、「当所鎮守護法善神」（同462b）という概念が見えることである。ここには、インドの梵天、帝釈天から中国の五道大神、太山府君、二十八宿、そしてインドの鬼神である薬叉（ヤクシャ）・薬叉女（ヤクシニー）、毘舎遮（ピシャーチャ）・毘舎支（ピシャーチー）、歩多（ブータ）、さらに古代オリエントで生まれ、インドに入って密教で重視された十二宮神など、諸々の神々が連ねるように多数列記されている。こうした諸宗教複合の思想の中で、この経典は、「護法善神」を「鎮守」であると述べ、それも「当所」を「鎮守」する神であると表現している。この記述は大いに注目される。

ただし、この経典は一行撰とされるが、一行（六八三〜七二七）に仮託されて日本で撰述された疑偽経典と見られ、日本撰述経典である可能性が高いことが田中文雄氏によって指摘されている。[47] この経典は、「九曜曼荼羅」[48]に関係する経典として日本で作成されたものと推定される。そうだとすると、密教、道教の神観念が日本の仏法に影響を与え、それらの思想を吸収しつつ一行に仮託して偽作された経典だということになる。それは日本における諸宗教の融合を考察する上で絶好の題材になるだろう。[49]

さて、右に見た『陀羅尼集経』は、東大寺の修二会の十一面観音悔過の典拠経典の一つとされるなど、奈良時代の密教で重視された経典である。(50) また、不空（七〇五～七七四）は、よく知られるように空海が心酔した先人であり、師の恵果の師に当たる。一行、善無畏（六三七～七三五）、金剛智（六七一～七四一）は真言七祖に数えられる祖師たちで、空海をはじめとして日本の真言密教が重視した密教僧である。彼らの訳した経典に「護法善神」の語が見え、またそれが「鎮守」の概念と一体的に語られることは重要である。もろもろの尊格を連ねるように多数列記する中に「護法善神」を記すことは『続日本紀』の用例とも共通する。密教の「護法善神」そして「鎮守」の思想は日本の神仏融合に大きな影響を与えている。

中国の〈護法善神〉

次に、中国の仏書に記される〈護法善神〉を見ていきたい。法琳『弁正論』（大正蔵 No.2110, 535c）、道宣『広弘明集』（大正蔵 No.2103, 185c）は、『魏書』を引用して「護法善神」に言及する。ここから「護法善神」の概念がしだいに中国社会に定着していったことが知られる。

中でも注目されるのは慧祥『弘賛法華伝』の記述である。著者の慧祥（慧詳）は唐代の僧で、七世紀後期～八世紀初期に活動した。『弘賛法華伝』十巻は神竜二年（七〇六）以降の成立で、これ以後まもなくの完成と考えられている。その巻七「釈霊侃伝」に次の話が見える。霊侃は『法華経』の誦経者であったが、ある時「悪疾」を感じた。それは、『法華経』を誦する時、手を洗わずに、片はだ脱いで、また足をくずしながら（伸ばしながら）、寝そべりながら誦したため、「護法善神」に罰せられたのだという。そこで霊侃は大いに懺悔し、自責した。そうして三年がたったある夜明け頃、一人の「老公」が現われ、手に杖を取って霊侃を連打し、汝今より去れ、さらに『法華経』を「軽慢」することのないようにと言った。すると身の「瘡」が除き癒えたという。老公は実は普賢菩薩であって、彼のもとに来降して「滅罪」してくれたのだという。

ここで「護法善神」は、仏法修行に真面目さを欠き、「軽慢」の心を持つ霊侃を罰した。それは具体的には「悪疾」すなわち「瘡」の病にするという罰の与え方であった。だが、三年後に普賢菩薩が滅罪してくれ、病は癒えたという。ここの「罰」を与える、病を与えるという考え方は、先に見た『日本霊異記』の「護法」「善神」の思想と共通しており、日本が受容した唐の〈護法善神〉思想の一つの姿を示す説話と位置づけられる。

自然をつかさどるのは神

先に触れた空海「沙門勝道歴山水瑩玄珠碑并序」では、勝道は「善神」の加護を得て前人未到の山である補陀洛山に登ることができたという。また、最澄の香春神宮寺の話でも、香春（賀春）の神は託宣して、海を渡る時に海中に急難があったら、我が必ず助け守護しようといい、光が現われて験があれば我が助けであると知れと告げている。そして、そのお告げの通り、急難のあるごとに光があり、助けてくれたという。補陀洛山の神、渡海の神が勝道や最澄を守護したのである。

ここで参照したいのは、『続日本後紀』承和五年（八三八）三月甲申〈二十七日〉条である。ここには、

勅曰、遣唐使頻年却廻、未レ遂二過海一。夫冥霊之道、至信乃応、神明之徳、修善必祐。宜レ令下大宰府監已上、毎国一人率二国司講師一、不レ論二当国他国一、択二年廿五以上精進持経心行無レ変者一、度中之九人上。香襲宮二人、大臣一人、八幡大菩薩宮二人、宗像神社二人、阿蘇神社二人。於国分寺及神宮寺、安置供養。使等往還之間、専心行道。令レ得二穏平一。

とある。意味をとっておこう――勅していうには、遣唐使はしばしば却廻を余儀なくされ、未だ過海を遂げることができないでいる。冥霊の道は信じればすなわち応じ、神明の徳は善を修めれば必ず祐けてくれる。大宰府の監《じょう》（三等官）以上の者は、国師・講師とともに、所管の国ごとに一人ずつ、当国の者でも他国の者でもよいから、年二十五歳以上で精進、持経にして精神も修行も不変の者を択んで九人を得度させよ。香襲宮に二人、大臣に一人、

八幡大菩薩宮に二人、宗像神社に二人、阿蘇神社に一人とし、国分寺および神宮寺に安置、供養せしめ、遣唐使の往還の間、専心に行道させ、平穏を得せしめよと、という。

承和の遣唐使は承和三・四年の二度の出航に失敗し、三度目の承和五年の出航でようやく唐に至ることができた。遣唐大使は藤原常嗣《つねつぐ》で、人事の混乱もあって、政府はこの遣唐使の成功を強く願っていた。また、一行には常暁、円行、円仁、円載、戒明、義澄などの僧が加わっており、天台宗、真言宗、南都の仏法界はこれらの僧たちの求法に期待を寄せていた。それが博多の津を出発するのは承和五年六月のことで、この記事はそれに先立って三月に神々に往還の無事を祈願したことを記すものである。西海道（九州）には九国三島があり、大宰府がそれを管轄していた。

ここで興味深いのは、国ごとに一人ずつ、合計九人の僧を新たに得度させ、神に過海（渡海）の無事を祈願させたことである。僧たちはそれぞれ国分寺および神宮寺に安置せしめられた。そして香襲宮（香椎宮）に対しては二人の僧、大臣（香椎宮に付随する武内宿禰か）に対しては一人の僧、宇佐八幡大菩薩宮、宗像神社、阿蘇神社に対しては各二人の僧が、それぞれの神に過海の無事を祈願した。僧たちが祈願する対象は仏法の仏菩薩ではなく、神であった。この記事は、九世紀における神仏融合の一局面を示す重要記事と評価される。山や海を統治するのは神であり、だから過海の無事・平穏をつかさどるのは神だった。自然をつかさどるのは神だと考えられていたのである。

円仁の渡海中の祈願、帰国後の神前読経

円仁（七九四〜八六四）の入唐求法の日記（日誌）である『入唐求法巡礼行記』には、彼の渡海の様子が詳しく記されている。承和の遣唐使は承和五年（八三八）七月に中国に到着、大使らは十二月に長安に至り、翌年一月に唐の文宗に拝謁、のち長安を出発して二月に楚州に戻った。円仁には天台山巡礼の許可がおりず、遣唐使一行ととも

に九隻の船で帰国の途につくことになった。以下、同書の神仏に関わる記述、特に神に関する記述を見ていきたい。

開成四年（承和六年、八三九）三月二十二日、円仁は解除《はらえ》して船に上り、住吉《すみのえ》大神を祭った（船に住吉大神が設置されていた）。二十八日、順風を得るために住吉大神を祭った。四月一日、大使以下は陸に上がって天神地祇を祭祀した。しかし、波浪は激しく、諸船は踊るようだった。四月十三日、円仁が乗る第二船が出発した。この時、解除して住吉大神に礼し、その後渡海を開始した。四月十四日、『灌頂経』によって五方竜王を祠り、経と陀羅尼を誦した。四月十五日、卜部が風を占った。夜には『般若』『灌頂経』を誦した。神に祈り、仏に帰して順風を乞うた。四月十八日、請益僧（自分）が早く本国に帰れるよう卜部をして神寺に祈禱させた。また火珠一箇を住吉大神に奉り、水精の念珠一串を海竜王に施し、剃刀一柄を船の神に施して、平らかに本国に帰ることを祈った。五月二日、船上にて天神地祇を祭り、絹・纐纈《こうけつ》・鏡を船上の住吉大神に奉った。五月五日、船を下りて翌日より三日間の日程で転経して順風を祈願した。五月六日、同行の戒明が担当僧になって五方竜王を祭った。五月二十一日、同船していた卜部が病になって下船し、翌日死去した。五月二十七日、雷によって帆柱が折れ、亀甲を焼いて卜ったところ、卜部を当地の神前に葬ったことが神の怒りをかったのだという。解除を行なった。六月五日、共に発願し、また解除して、船上に霹靂神を祈り祠り、船上の住吉大神を祭り、本国の八幡などの大神および海竜王ならびに登州の諸山島の神のために誓願した。

以上見てきたように、円仁たちの船には航海の神である住吉大神が設置されており、しばしば祭祀が行なわれた（図I-12は住吉大社の本宮）。円仁もそれに加わった。また、竜王に関する経典や般若系の経典が読誦された。さらに、卜部が船に乗っており、亀甲を焼く卜占が行なわれた。円仁は神に祈り、仏に帰し、また本国の八幡神、海竜王、さらに現地の山の神や島の神に誓願した。このように円仁は仏法の祈願とあわせて神々に渡海の無事を祈願した。海をつかさどるのは神であった。仏法の経典としては五方竜王[51]について記す『灌頂経』（中国撰述の疑偽経典）

や、鬼神に有効性があると考えられていた般若系の経典が読誦された。

その後、円仁は船を下り、唐に留住することに成功して、五臺山などを巡礼し、入唐求法の志を遂げることができた。八年後の大中元年（承和十四年、八四七）九月二日、再び赤山浦から帰国の渡海に臨んだ。出航した船は、新羅の沿岸諸島を進み、九月六日には黄茅島の泥浦に停泊した。九月八日、風がないため、船の衆は鏡を喜捨して神を祭った。僧たちは焼香し、島の土地神、大人神、小人神のために念誦して、『金剛経（金剛般若経）』百巻を転読した。船は夜明けに出発し、順調に進んだ。九月十日、肥前国松浦郡の鹿島に到着した。九月十八日、鴻臚館に到着した。

無事に帰国できた円仁は、その後、十一月二十八日に入唐の時に無事を祈った大山寺にて『金剛般若経』五千巻を転読し、同日、竈門大神のために一千巻を転読した。十一月二十九日には、午前に住吉大神のために五百巻、午後に香椎名神のために五百巻を、十二月一日には午前に筑前名神のために五百巻、午後に松浦少弐（藤原広嗣の霊）のために五百巻を、二日には香春名神のために一千巻を、三日には八幡菩薩のために一千巻を転読したという。

帰国後の一連の〈神前読経〉は、無事に渡海できたことに対する報賽と位置づけられる。ここでは、第一に『金剛般若経』が転読されたことが注目される。この経典は般若系経典を代表するものであり、〈神前読経〉の際に読誦される中核的経典だった(52)。全一巻の経典なので、千巻、五百巻というのは、同じ経典を千回も、五百回も転読したという意味である。第二は、この時に転読の対象となった神たちの顔ぶれが注目される。大山寺はここに記され

図Ⅰ－12　現在の住吉大社　第一本宮　大阪府大阪市住吉区住吉

る通り、円仁が出国する際に無事を祈った寺と理解され、竈門大神に併設される寺院である。最澄は唐に出発する時、竈門大神に渡海の無事を祈り、[53]また香春大神の守護を受けた。円仁自身もこの両神の加護を感じるところがあったのだろう。次の住吉大神は航海の神であり、船中にてしばしば祈願した神である。また筑前名神は宗像神社と考えられ、航海の神であり、香椎神・八幡菩薩（宇佐八幡大神）とともに承和五年三月以来、それぞれに二名の僧が遣唐使の過海の平穏を祈願した神だった。八幡に対しては円仁自身が唐からも祈願した。海をつかさどるのは神だった。円仁はそれらの神々を信奉し、帰国後に〈神前読経〉という形で報賽を行なった。

五　自然災害・疫病と神仏融合

自然災害と疫病の頻発

九世紀は日本において宗教の複合と融合が大いに進展した時代だった。その一つの要因となったのは頻発する自然災害と疫病だった。政府はあらゆる宗教にすがって困難に対処しようとした。そうした思考は中央の政府ばかりでなく、地域社会にも広く共有され、人々の宗教観の発展に大きな影響を与えた。ここでは「貞観」（八五九～八七七）という年号の時代に着目して、その様相を見ていきたい。この時代は政治史、文化史の上で重要な事柄が多く起こったが、それとともに宗教史に関しても特色ある信仰、祈願が行なわれた。

政治史では、才気あふれる政治家、藤原良房（八〇四～八七二）が日本最初の幼帝（幼少の天皇）である清和天皇（八五〇～八八〇）を擁立し、自らは摂政となって政務全般を担当した。〈摂関政治〉の始まりである。文化史では、この時代の文化は「弘仁貞観文化」と呼ばれ、中国文化の受容を特色とする文化が隆盛したことで知られている。だがその一方で、藤原良相《よしみ》（八一三～八六七）の邸宅跡（京都市中京区）から草創期のひらがなが記された墨書土器が発見されるなど、仮名文字が確立した時代であったことも近年判明した。貞観時代は唐風文化ばかりでなく、〈和漢の文化〉が発展した時代と評価される。

九世紀中後期は火山の噴火、地震、津波、疫病が連続して起こった時代で、貞観期はその最頻発期だった。その様相は『日本三代実録』に詳しく記されている。貞観五年（八六三）五月、越中・越後などの国で大地震があり、水泉が湧出し、民の住居が壊れ、圧死する者が多く、余震が長く続いた。六年五〜六月には富士山（当時「浅間大神大山」「富士大山」と呼ばれていた）の大噴火が起こった。駿河国からの報告によると、その勢いは熾烈で、山を焼き、光炎が高くあがり、大音声がとどろき、地震が三度起こり、十余日を経ても火は収まらず、岩を焦し、嶺は崩れ、沙石の雨が降った。また本栖湖《もとすこ》に溶岩が流れて湖を埋めたという。甲斐国からの報告によると、土石流が本栖湖と剗湖《せのうみ》を埋め、水は湯となって魚や亀が死んだ。さらに東の河口湖の方へと進んでいった。百姓（一般民衆）の居宅が多く埋まり、その数は記しきれないという。六年十二月には阿蘇山の神霊池で池の水が空中に沸騰するという異常が発生した。十年七月には、播磨国で大地震があって諸郡の官舎や定額寺の堂塔がことごとく転倒した。七〜九月には都でも連続した一連の地震が起こった。

そして、十一年五月には、よく知られているように陸奥国大地震が起こった。『日本三代実録』によると、人民は叫呼して倒れ、起き上がることができず、建物は倒れて人は圧死し、地は裂けて人を殪《たお》し、城郭の倉庫・門・櫓《やぐら》・垣・壁は頽落、顚覆した。海が吼え、その音は雷のようだった。すると、大津波が押し寄せ、海からはるかに離れた城下まで至り、原野・道路は滄海となり、船に乗るいとまもなく、山に登っても及ばず、溺れ死ぬ者は千人ばかりとなったという。

続いて、十三年四月には鳥海山で噴火が起こった。当時「大物忌神《おおものいみのかみ》」と呼ばれていた鳥海山では山上の「社」で神がまつられていた。出羽国からの報告によると、四月八日に噴火が起こり、その音は雷のようだった。山から流れる川は泥水となり、臭気が充満して人は堪えることができず、魚は死んだ。十丈ばかりの大蛇流（泥流か）が二本流れて海に至ったという。古老によると、この山では弘仁年中（八一〇～八二四）にも噴火があったという。さらに、十六年七月には薩摩半島の開聞岳が噴火した。大宰府からの報告によると、当時「開聞神」と呼ばれていた山の山頂で噴火があり、煙が満天を覆い、砂が雨のように降り、震動の音は百余里にひびいた。百姓たちは大変恐れたという。その他にも貞観年間には「地震」「地大震動」などと記される記事が数多く見える。

この時代は、また疫病が頻発した。貞観三年八月条には、長門国で去年疫癘が発生して多くの死者が出たとの記述がある。また、この月（三年八月）は「赤痢」を患う者が多く、十歳以下の小児が多数死去したという。五年五月には、よく知られているように、神泉苑《しんせんえん》（平安京左京三条一坊にあった庭園）にて「御霊会《ごりょうえ》」が行われた。これは、この春以来、「咳逆」の疫が起こり、百姓が多く亡くなったために実施されたのだという。御霊会については後述する。六年七月には加賀・出雲の両国で疾疫が起こった。

そして、貞観七・八年、深刻な疫病が大流行した。貞観七年二月十三日条には、出雲国から「疫癘数発」のことが政府に言上されている。四月五日条には、去年は天下に「咳逆」の病が流行したが、今年も「疫気」がめばえているとある。翌八年閏三月十四日には、美作国に「飢疫」があって賑給が行なわれた。さらに、五月二十六日条には、伊勢国内で「疫病」が繁くおこり、「百姓病死者」が多いというので、伊勢斎内親王の参宮が中止になったとある。同書の貞観十二年八月五日条には「隠岐国貞観七八両年疫死百姓三千一百八十九人」とあって、七・八年の両年に隠岐国で疫死した百姓（一般人民）は三一八九人であると記されている。今津勝紀氏によれば、これは当時の隠岐国の全人口の約三割と推算されるという。[54]この時の疫病は、多くの人が死に至る悲惨な事態を巻き起こしていた。次々項で述べる貞観七・八年の疫神祭、神前読経、神宮寺建立は、そうした状況の下で実施されたものであった。

疫病と般若系経典――〈般若の力〉の思想

頻発する自然災害や疫病に対し、政府は全力で立ち向かった。サイエンスが発達していないこの時代、対処の中心になったのは宗教的祈願だった。政府は、(i)仏法に祈り、(ii)神々に祈り、(iii)儒教的な徳治政策を実施した。こうした方策は、この時から約百三十年前の、天平七年（七三五）と九年の「豌豆瘡《わんとうそう》〈俗に裳瘡《もがさ》〉」「疫瘡」（今日の天然痘）大流行の時の対処と基本的に大きく変わるものではなかった。その時も、政府は、(i)仏法に祈り、(ii)神々に祈り、(iii)鬼神に祈り、(iv)儒教的な徳治政策を実施した(55)。

ただ天平の時と貞観の時には違いも見られる。それは天平の時は(i)(ii)(iii)(iv)を並列的に行ない、複数の宗教に複合的に祈願していたのに、貞観になると宗教間の融合が進展していることである。それを象徴する出来事が仏法と神信仰とが融合した〈神前読経〉の実施だった。陰陽寮や神祇官が提案して、仏法の経典が神に対して読誦されたのである。注目されるのは、その際に読誦された経典の多くが般若系の経典だったことである。

なぜ般若系経典だったのか。少し説明しておこう。『日本三代実録』貞観七年（八六五）正月四日条には、

> 去年陰陽寮奏、明年可レ有二兵疫之災一。近日天文博士奏、応レ警二兵事一。於レ是　勅二僧綱一曰、防二災未萌一、延二慶将来一、誠是仏法之力、経王之功也。宜下一七日間令中二十五大寺一奉上レ読大般若経一。其所レ摂諸寺、金剛般若経。

とある。昨年、陰陽寮《おんみょうりょう》から明年は兵疫の災があるだろうとの奏がなされ、天文博士も同様の奏をした。そこで、僧綱《そうごう》（僧尼の管理職）に勅があって、災を未然に防ぐには「仏法之力」「経王之功」によるべきであるとして、十五大寺等において七日間にわたって、『大般若経』と『金剛般若経』の読経が行なわれたという。ここで注目されるのは、一つは陰陽寮からの提案によって仏法の経典が読経されたことである。陰陽寮は中央官僚機構（二官八省）の中務省《なかつかさ》に所属する官司で、『養老令』の規定では、カミ（頭）一人、スケ（助）一人、ジョウ（允）一人、サカン（属）二人の他、陰陽師《おんみょうじ》六人、陰陽生《おんみょうしょう》十人、暦博士、天文博士、漏刻博士などを擁する部署であった。所管したのは、天文、風雲、気色、暦数、占筮、相地、漏刻などのことで、中国伝来の陰陽思想に従って、何か変異が

あればそれを察知し、密封して奏上することをその職務の一つとした。
この時は、陰陽寮の奏上に対応した政府が、僧たちに『金剛般若経』と『大般若経』（図Ⅰ-13）を読誦させた。そこでは、この二つの経典は「経王」と呼ばれている。同書の貞観五年三月十五日条にも、陰陽寮の卜筮では天行の疫があろうと予測されるから、善を修めるべきだとして、諸国に対して「経王」の講説が命じられ、「疾疫之災」がなく、「豊稔」になることが祈願されたとある。こちらの条には「経王」としか記されず、経典名が記されないが、やはり般若系経典が講説されたものと推定される。

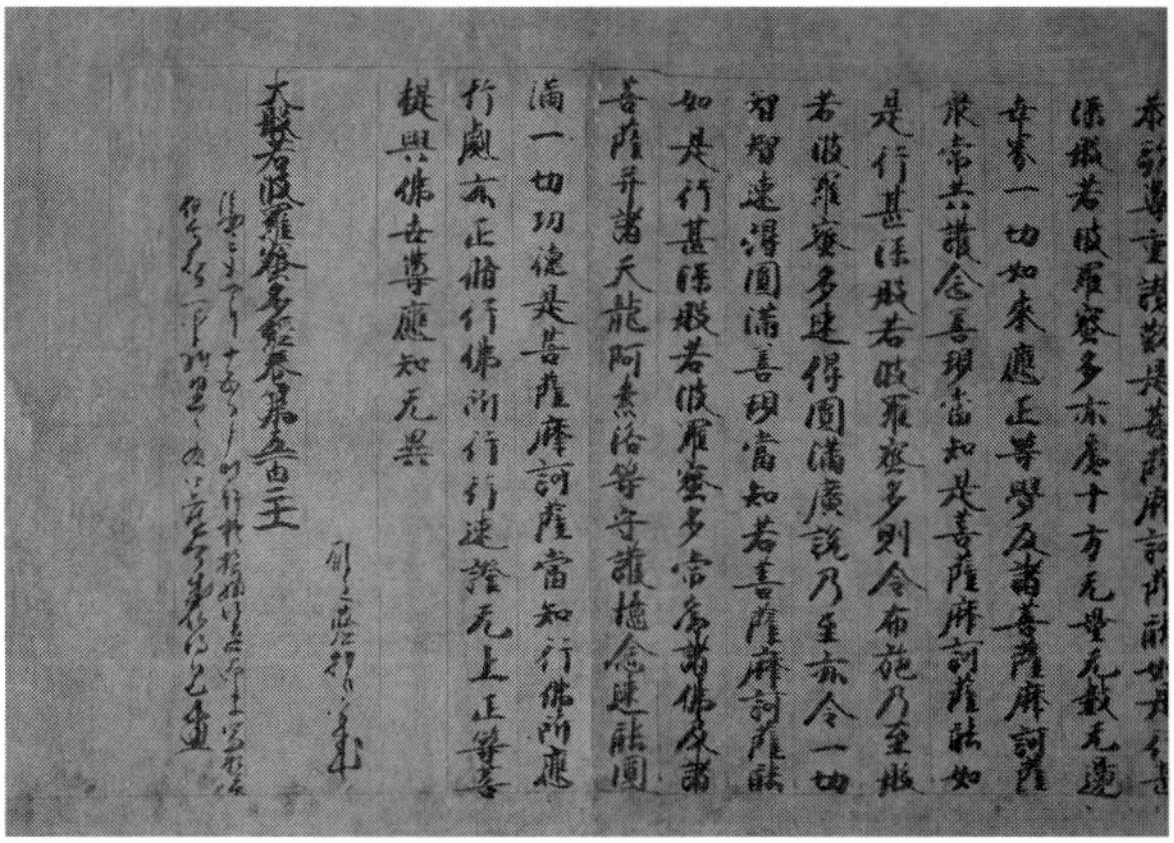

図Ⅰ-13　『大般若経』巻第五百二十一（巻末）　菟足神社蔵　愛知県豊川市小坂井町

実は、天平の豌豆瘡の時も『金剛般若経』と『大般若経』とが読経された。なぜなのか。その答えは『続日本後紀』承和二年（八三五）四月丁丑〈三日〉条にある。そこには、

勅曰、如聞、諸国疫癘流行、病苦者衆。其病従二鬼神一来。須二以祈祷治一レ之。又般若之力不可思議。宜レ令三十五大寺転二読大般若経一。拯二夫沈一レ病兼防二未然一焉。

とある。ここに病は鬼神より来たれりとあるように、この時代、病は「鬼神」がもたらすものだと考えられていた。そして、「般若之力」は「不可思議」なものであり、鬼や病に有効性があると考えられていた。つまり、般若系経典は、〈般若の力〉を持つ特別の経典であり、それゆえに人々から「経王」と位置づけられたのである。

これらに見える「鬼神」は、中国の民間信仰、儒教、道教、仏法で語られていた観念を受容したものに他ならない(56)。この〈般若

の力〉が有効だとする考えに基づいて、『金剛般若経』『大般若経』『般若心経』『仁王般若経』が病に対処して読誦された。『般若心経』も病に対して特別の力を持つ経典として広く信仰された。「鬼神」の思想については次節でさらに検討する。

なお、貞観八年は著名な応天門の変が勃発した年でもあった。この年の閏三月十日の夜、応天門が炎上、焼失した。しばらくのちに発覚したことの真相によると、これは伴善男《とものよしお》（八〇九〜八六八）・伴中庸《なかつね》（生没年不詳）の父子による犯行であった。応天門が炎上すると、政府は二十一日に会昌門の前で大祓を実施し、あわせて『大般若経』を転読した。それは「災変」を消すためであると『日本三代実録』は述べている。その後も『金剛般若経』『般若心経』、あるいは『仁王般若経』が転読された。般若系経典の持つ力は、こうしたいまわしい災変に対処する時も有効性があると考えられていた。

〈神前読経〉——宗教の融合

貞観五年（八六三）の富士山噴火と十一年の陸奥国大地震のちょうど中間に当たる貞観七・八年は、疫病が大流行し、それに対処して種々の宗教的祈願が行なわれた。貞観七年二月には、先に触れたように、出雲国から「疫癘数発」という言上があって、「護国安民」のために「般若之力」「経王之助」に祈願すべきであるとして、春秋二回、『仁王般若経』の講演が行われることになった。次いで、四月五日には、内裏および諸司の諸所に名僧一人を配置して『般若心経』を読経させた。去年天下に「咳逆病」が流行したので、疫気を払うためだという。ここでも般若系の経典が活用されている。そうした情勢下で、宗教の複合のみならず、宗教の融合が進展した。

『日本三代実録』の貞観七年五月十三日条には、

延二僧四口於神泉苑一、読二般若心経一。又僧六口、七条大路衢、分二配朱雀道東西一、朝夕二時読二般若心経一。夜令下二佐比寺僧恵照一、修二疫神祭一以防中災疫上。預仰二左右京職一、令下二東西九箇条男女一人別輸二一銭一、以充中僧布施供養上。

欲レ令下二京邑人民一頼二功徳一免中天行上也。

とあって、神泉苑に四人の僧を、七条大路の衢《ちまた》の朱雀道の東西に六人の僧を配置して、朝夕二時に『般若心経』を読ましめ、夜は佐比寺の僧の恵照に災疫防止のために「疫神祭」を修めさせたとある。ここでは、僧に疫神をまつる「疫神祭」を行なわせている。疫神祭は『続日本紀』宝亀元年（七七〇）六月条に見えるのが初見で、その後、国史に実施例が散見されるが、僧が挙行するというのはこれ以前には記録に見えない。

さらに、貞観八年になると、神祇官の奏言によって〈神前読経〉が実施された。神のために仏法の経典が読まれたのである。『日本三代実録』の同年二月七日条には、

神祇官奏言、信濃国水内郡三和、神部両神、有二忿怒之心一、可レ致二兵疾之災一。勅、国司講師虔誠潔齋奉レ幣、并転二読金剛般若経千巻、般若心経万巻一。以謝二神怒一、兼厭二兵疾一。

とあって、神祇官の奏言によって、信濃国水内《みのち》郡の三和・神部の両神に忿怒の心があるというので奉幣がなされ、あわせて『金剛般若経』一千巻と『般若心経』一万巻を転読して神の怒りに謝したという。『金剛般若経』も『般若心経』もどちらも全一巻の経典だから、同じ経典を一千回、一万回も転読したのである。ここでは、神祇官の提案によって、神に対する奉幣と神に対する読経とが一緒に行なわれている。

次いで、同二月十四日条には、

神祇官奏言、肥後国阿蘇大神懐二蔵怒気一。由レ是、可下発二疫癘一憂中隣境兵上。勅、国司潔齋、至誠奉幣、并転二読金剛般若経千巻、般若心経万巻一。大宰府司於二城山四王院。転二読金剛般若経三千巻、般若心経三万巻一。以奉レ謝二神心一消二伏兵疫一。

とあり、やはり神祇官の奏言によって、肥後国の阿蘇大神《あそのおおかみ》に怒りの気があるというので奉幣が行なわれ、あわせて『金剛般若経』一千巻と『般若心経』一万巻が転読された。さらに大宰府司が城山四王院《しわいん》において『金剛般若経』三千巻と『般若心経』三万巻を転読して神の心に謝した。続けて、同二月十六日条には、

勅、遣㆘十一僧㆒、向㆓於摂津国住吉神社㆒。転㆗読金剛般若経三千巻、般若心経三万巻㆖。以奉㆑謝㆓神心㆒消㆓伏兵疫㆒。

とあって、勅によって十一人の僧を摂津国の住吉神社に派遣して、『金剛般若経』三千巻と『般若心経』三万巻を転読して神の心に謝した。

　さらに同七月十六日条には、

　陰陽寮言、天下可㆑憂㆓水疫㆒。是以令㆘㆓五畿七道㆒、頒㆓幣国内諸神㆒、転㆗読金剛般若経㆖。

とある。これは大変重要な記事である。この日、陰陽寮の言上によって、天下の水疫を憂えて五畿七道の国内の諸神に幣が頒《わか》たれ、『金剛般若経』が転読された。ここに至って、ついに全国の社に一斉に奉幣と『金剛般若経』転読が行なわれた。その理由は疫病封じだった。これは日本の神仏融合の歴史上、画期的な出来事と評価される。これらの〈神前読経〉が、神祇官や陰陽寮の提案に基づいて実施されていることは注目される。

　なお、第一節で触れたように、この間の貞観七年四月二日、元興寺僧の賢和の奏言によって、近江国野洲郡の奥嶋に神宮寺が建立された。嶋の神が夢の中で「神霊」の身であっても「蓋纏」から解脱することができないと自らの身の上をなげき、仏法の力によって威勢を増して、国家を擁護し、郷邑を安存させたいと願ったからだという。この時代、神宮寺の建立も継続して実施されていた。

御霊会の成立――〈冤魂〉の思想

　先にも触れたように、貞観五年（八六三）五月二十日、神泉苑において「御霊会」が行なわれた。『日本三代実録』同日条には、

　於㆓神泉苑㆒修㆓御霊会㆒。勅遣㆘左近衛中将従四位下藤原朝臣基経、右近衛権中将従四位下兼行内蔵頭藤原朝臣常行等㆒、監㆗会事㆖。王公卿士赴集共観。霊座六前設㆓施几筵㆒、盛㆓陳花果㆒、恭敬薫修。延㆓律師慧達㆒為㆓講師㆒、

演三説金光明経一部、般若心経六巻一。命二雅楽寮伶人一作レ楽、以二　帝近侍児童及良家稚子一為二舞人一。大唐高麗更出而舞、雑伎散楽競尽二其能一。此日宣旨、開二苑四門一、聴二都邑人出入縦観一。所謂御霊者、崇道天皇、伊予親王、藤原夫人、及観察使、橘逸勢、文室宮田麻呂等是也。並坐レ事被レ誅、寃魂成レ厲。近代以来、疫病繁発、死亡甚衆。天下以為、此災、御霊之所レ生也。始レ自二京畿一、爰及二外国一、毎レ至二夏天秋節一、修二御霊会一。往々不断。或礼レ仏説レ経、或歌且舞、令下童貫之子一靚粧馳射、膂力之士袒裼相撲、騎射呈レ芸、走馬争レ勝。倡優嫚戯、遞相誇競上。聚而観者莫レ不二塡咽一、遐迩因循、漸成二風俗一。今茲春初咳逆成レ疫、百姓多斃。朝廷為祈、至レ是乃修二此会一。以賽二宿禱一也。

とある。この日、崇道《すどう》天皇（早良《さわら》親王）、伊予親王、藤原夫人（吉子）、観察使（藤原仲成）、橘《たちばなのはやなり》 逸成、文室宮田麻《ふんやのみやたま》呂《ろ》の霊魂が「御霊」としてまつられた。これによると、事に坐して誅せられた人物の「冤魂《えんこん》」が「厲《れい》」となっている。近代以来「疫病」がしきりに起こって多くの人が亡くなるのは、これらの「御霊」が原因になっているからだという。それ故、「咳逆」の疫を封じるために経典の講演と芸能の奉納が実施されたという。この日、神泉苑には六人の「霊座」が設けられ、その前に「几筵」が設置されて「花果」（花と果物）が供せられ、律師の慧達（七九六～八七八）を講師に招いて、『金光明経』一部と『般若心経』六巻が演説された。また、雅楽寮による楽、天皇近侍の児童および良家の雅子による舞、大唐の舞、高麗の舞、雑伎、散楽などが供されて、「冤魂」を慰撫する営みが行なわれた。ここでも疫病封じのために般若系の『般若心経』が読経された。

ここで語られる「冤魂」とは無実の罪で怨恨を抱いて死んだ人の魂のことで、政界で敗北してうらみ死にした六人の魂が「厲」となって疫病を起こしたと考えられている。中国では、松本浩一氏によれば、人が死者の霊魂（「鬼《き》」）に対処するには、①神としてまつること、②鎮圧すること、③慰撫すること、の三つの方法があると考えられていた。特に、厲鬼（横死したりうらみを持って死んだ霊魂）、孤魂（まつってくれる子孫がいない霊魂）などのたたりやすい霊魂に対しては、神としてまつることが重要で、たとえば王爺《おうや》などは疫病神としてまつられたという。(57)

厲鬼・孤魂はしばしば病をもたらす恐ろしい存在だと考えられていた。松本氏は、日本の御霊信仰と台湾の王爺信仰を類似の信仰と位置づけて論じている。

また、早く、南北朝時代末期の顔之推『冤魂志』には、「冤」で死した人の魂が復讐を遂げるという説話が多く収められており、小南一郎氏、池田恭哉氏による詳細な分析がなされている。(58) こうした中国思想が、日本には、九世紀初期頃に伝播、受容され、その思想に基づいて九世紀中期に「御霊会」が実施された。

なお、政府が実施する御霊会はこの時がはじめてだったのだろうが、『日本三代実録』のこの条によると、これに先立って、京畿から外国《げこく》に至るまで、地域社会ですでに「御霊会」が実施されていたという。そこでは、仏法の礼仏や説経が行なわれ、歌舞・相撲・騎射・競馬などの芸能が奉納されているとある。だから、「御霊」の思想は、中央のみならず、地域社会ですでに受容され、流通していた。このことは日本の地域社会における宗教の流通や、のちの時代の地域の祭の起源の一つを考える上で、私たちに重要な題材を与えている。

鬼気祭の成立——陰陽思想の発展と複合

『日本三代実録』貞観九年（八六七）正月二十六日条には、

神祇官陰陽寮言、天下可レ憂二疫癘一。由レ是、令二五畿七道諸国一、転二読仁王般若経一并修二鬼気祭一。

とある。天下の疫癘に対処するため、神祇官と陰陽寮がともに言上し、『仁王般若経』の転読と「鬼気祭」を実施したという。「鬼気祭」はこれが初見史料で、この時初めて実施された祭だと考えられる。山下克明氏によると、鬼気祭は、高山祭などとともに『董仲舒祭法』を典拠として実施された祭祀だという。董仲舒《とうちゅうじょ》は前漢時代の著名な学者で、陰陽説に基づいた災異思想を宣揚したことで知られる人物である。ただし、『董仲舒祭法（董仲舒祭書）』なる文献は、董仲舒に仮託して後世作成された書物であろうという。(59) 九世紀後期には、藤原良房の意向もあって、陰陽道が隆盛したが、その中心にあったのは、陰陽頭を務めた滋岳川人《しげおかのかわひと》（?～八七四）や、あるいは弓削是雄であったという。鬼気祭はそうした情勢下で川人が関与して成立した祭であろうという。[60]

宮崎真由氏が作成した「鬼気祭」事例一覧表によると、「鬼気祭」は続いて、延喜十四年（九一四）十二月三日および天暦元年（九四七）八月十四日に挙行されている（どちらも『日本紀略』）。そこでは、いずれも「疱瘡《ほうそう》」が流行したために、病に対処して建礼門の前で「鬼気祭」を実施したとある。ここから、これが疱瘡などの疫病を除くために行なわれた祭であったことが知られる。また、後者の天暦元年の事例では、鬼気祭とあわせて『大般若経』転読と『仁王般若経』演説がなされている。ここから、鬼気祭が仏教の僧による般若系経典の読誦と一緒に行なわれる場合があったことが知られる。さらに、宮崎氏の一覧表によると、鬼気祭は陰陽寮関係者（陰陽師など）によって実施された事例が多くを占めることが知られる。[61]

以上から、鬼気祭は陰陽寮関係者が疫病封じを目的に実施した祭で、『董仲舒祭法』を典拠としたものであったと理解される。ここに至って、陰陽寮は卜占などの結果を奏上して僧たちに読経させるばかりでなく、自らも疫病に対処する祭祀を実施したことが知られる。貞観期は陰陽道が大いに発展した時代であり、仏法、神祇祭祀、陰陽思想が複合を進め、さらには融合を進めた時代でもあった。日本の神仏融合は九世紀に大いに進展したが、貞観期はそれを象徴する時代になっている。

六　「鬼神」と「神」

中国における鬼神の思想

「鬼神」の観念は中国で早くから発達した。中国において「鬼」とは死者の霊魂を指す概念だった。佐野誠子氏によると、「中国では古来より、人は死ぬと冥界に行き、鬼となって暮らすと考えられていた」という。[62]ただ、「鬼」

は「神」と概念が重なり合う部分があり、あるいは鬼が一方で神としてまつられることもあったから、「鬼神」という表現で語られることが少なくなかった。日本でも「鬼」の概念・用語が受容されたが、それとあわせて「鬼神」の語も受容され、用いられた。

　神塚淑子氏は、中国の鬼神について「鬼神という語は、死者の霊魂という意味、あるいは、神秘的な霊的存在という意味で広く用いられ（中略）、鬼と神がそれぞれ一字で用いられる場合は（中略）、鬼が主として死者の霊魂、神が天の神などの自然界霊的存在を指す。また、鬼は人に危害を加えるというマイナスの要素が含まれるのに対し、神は人に利益を与えるというプラスの側面が強い。しかし、実際には、鬼と神の区別がはっきりしないことが多く（中略）、区別があいまいなまま、鬼神という熟語で呼ばれることが多い」と述べる(63)。これは的確な解説だと考える。「鬼神」は鬼であると同時に神であった。疫病をまき散らす存在も、一方で「疫鬼」と呼ばれて恐れられたが、他方では「疫神」としてまつられた。私たちは、この両義性に注目しなければならない。

　中国において、鬼神は諸子百家の時代に孔子や墨子によって論じられ、後漢の王充による鬼神論もよく知られる。さらに、加納喜光氏によれば、魏の曹植（一九二〜二三二）の「説疫気」（『太平御覧』巻七四二）に病の原因は鬼神だとする言説が見え、曹植は「疫は鬼神の作す所」とされているが、そうではなく陰陽が位を失ったことから起こったと見るべきで、「愚民は符を懸けてこれを厭《おさ》へんとす」るが正しくないと説いたという。ここから、当時の人々が疫は「鬼神」のしわざだと考えており、符（呪符、おふだ）を懸けることによって病の原因になる鬼神からのがれようとしていたことが知られる。六朝時代に発達した志怪小説の中心テーマは「鬼神」であった。小南一郎氏によれば、『隋書』経籍志では志怪小説は史部雑伝類に収められているが、それ以前、梁の阮孝緒『七録』には「鬼神類」に収められていたという(64)。鬼神は、南北朝時代、中国において重要な関心事であり、儒教、仏法、道教、民間信仰の世界で鬼神の信仰が発達した。

鬼神の思想の日本への伝播──呪符木簡と絵画

三世紀頃の日本を描いた『魏志倭人伝』には、「名曰卑弥呼、事鬼道、能惑衆（名づけて曰く卑弥呼、鬼道に事へ能く衆を惑はす）」という記述がある。ここの「鬼道」はこれだけの情報からでは何を指しているのか明確化できないが、当時の中国人から見て、「鬼」の観念に関わる宗教が日本にあり、女王がそれに関わっているとの認識が示された記述と理解される。

次に、「鬼」の文字や呪句、符籙などが記された〈呪符木簡〉が出土していることが注目される。奈良文化財研究所データベース「木簡庫」によれば（二〇二四年十月検索）、「鬼」の文字を含む木簡は、現在一三四例が知られている。増尾伸一郎氏によると、日本の呪符木簡としては、大阪市住吉区の桑津遺跡出土の木簡が古く、七世紀前期に遡るものだという。次いで、奈良県橿原市の藤原京右京五条四坊出土の呪符木簡があり、表裏に符呪が記され、片面に「今戌日死人」、もう片面に「鬼急々如律令」の文言が記されている。また、浜松市の伊場遺跡から「百怪呪符」文言が記された木簡や、符籙および「龍」「戌」「急々如律令」などの文言が記された木簡などが出土している。増尾氏は、木簡や墨書土器に記される呪符の典拠としては道教の経典類が想定されるが、日本への伝播については『仏説七千仏神符経』『仏説益算経』などの仏法の疑偽経典（中国撰述仏典）を通じての受容を重視すべきだと論じている[65]。以上より、日本には、遅くとも七世紀までには中国の鬼神の思想・信仰が伝播していたことが知られる。

鬼神の思想・信仰は、八世紀以降さらに広く流通した。八世紀前期の二条大路木簡の一点に、九頭一尾の大蛇が鬼を食うという文言を記した木簡がある。そこには、「南山之下有不流水其中有一大蛇九頭一尾不食余物但食唐鬼朝食三千暮食／八百　急々如律令」とあって、南山の下に不流水があり、その中に九頭一尾の大蛇がいて、他の物を食べず、ただ唐鬼のみを朝に三千、暮に八百食らう、急々如律令、という呪句が記されている。私見では、この木簡は、平安時代末期成立の『辟邪《へきじゃ》絵巻』（奈良国立博物館蔵）、特にその「神虫」の場面と連関させて理解すべき

図I－14　神虫　『辟邪絵巻』より　奈良国立博物館蔵

だと考えている。(66)『辟邪絵巻』は、現在、(ア)「天形星《てんぎょうせい》」、(イ)「栴檀乾闥婆《せんだんけんだっぱ》」、(ウ)「神《しん》虫《ちゅう》」、(エ)「鍾馗《しょうき》」、(オ)「毘沙門天」の五幅になっており、これら五つの尊格によって病気をまき散らす鬼が退治される場面が描かれている。(ウ)「神虫」の場面には、「瞻部洲《えんぶしゅう》南方の山のなかにすみて、ひとつの神虫あり。もろもろの虎鬼を食とす。あしたに三千ゆうべに三百の鬼をとりてくらふ」という詞書があって、羽と八肢を持つ虫状のものが中央に大きく描かれ、各肢で鬼をつかみ、次々と口に運んで食らう場面が描かれている（図I－14）。また端の方には逃げていく三人の鬼が描かれる。鬼神を制するものは鬼神であり、神虫は、天形星などと並んで、鬼神を制圧する鬼神としてこの絵巻に描かれた。八世紀の二条大路の木簡は、天然痘の流行に対処して作成されたと推定される木簡である。(67)また『辟邪絵巻』は、病気をまき散らす鬼たちを撃退する尊格たちを列記した絵巻であった。(68)だから、この木簡と絵巻は、同一の思想・信仰に基づいて作成されたものと見ることができる。

　陰陽思想は、こうした中国の鬼神をめぐる思想の中から成立、展開したものである。貞観時代には、自然災害や疫病の頻発の中で、陰陽思想、冤魂の思想、鬼神の祭祀が重視され、陰陽道が隆盛する基盤が形成された。

インドの鬼神観念の重層

日本には、それだけでなく、インドの鬼神観念が密教を通じて伝播した。それは時代的には中国の鬼神観念の伝播よりも後のことになり、奈良時代に始まり、平安鎌倉時代を通じて流通した。これによって中国の鬼神観念の上にインドの鬼神観念が重層し、さらにそれらが融合、変容して日本の鬼神観念が形成されていった。中国の鬼は死者の霊魂だった。だが、インドの鬼神はそれとは異なる。

インドでは死者の霊魂がプレータ（餓鬼）など鬼と観念されることがあったが、そればかりでなく、精霊、妖怪、魔物の類もまた鬼とされた。ヤクシャ（薬叉／夜叉）、プータ（歩多）、ラークシャサ（羅刹）、アスラ（阿修羅）などは鬼神であり、あるいはヴィナーヤカ（毘那夜迦）、センナヤカ（扇那夜迦）、さらにはマーラ（魔）など多様な鬼神類があった。[69] それらは仏法を通じて中国に流入し、それぞれが漢字名の表記を持つようになった。

一例として、梵文和訳『孔雀明王経』（岩本裕訳）を見てみよう。そこには、「大地に横行する輩であれ、空中を飛翔下の水中を遊泳する輩であれ、デーヴァ（天）・ナーガ（竜）・アスラ（阿修羅）・マルタ（摩嚕多）・ガルダ（蘖嚕拏）・ガンダルヴァ（彦達嚩）・キンナラ（緊那羅）・マホーラガ（摩護囉誐）・ヤクシャ（薬叉）・ラークシャサ（羅刹）・プレータ（餓鬼）・ピシャーチャ（比舎遮）・プータ（歩多）・クンバーンタ（矩畔拏）・プータナ（布単那）・カタ＝プータナ（羯吒布単那）・スカンダ（塞建那）・ウンマーダ（嗢摩那）・チャーヤ（車耶）・アパスマーラ（阿鉢婆麽囉）・オースターラカ（塢婆怛囉迦）などの鬼神衆は、わたしの言葉を聴け」という記述が見える。経文の後半では、薬叉の大王たち、大薬叉将軍たち、毘沙門大王の法弟たち、ピシャーチャ女たち、ピシャーチーたち、ラークシャシーたち、羅刹女たち、竜王たち、河川の女王たち、山の王者たち、諸宿星、聖仙たち、像物主たち、劇毒あるものたち、大樹たちなどのそれぞれの名や住所が夥しく列記される。[70] いちいちの名、あるいは所在地が記述されるところが印象的である。

平安時代、日本では密教が隆盛した。その曼荼羅にはインドの鬼神の姿が描かれている。たとえば、「孔雀経曼荼羅図」（松尾寺所蔵、本書第Ⅵ章の図Ⅵ-7）には、第二院（内院の一つ外側）の北方に多聞天が描かれ、周囲には諸々の「薬叉衆」六体が配置されている。多聞天は鎧を着して坐し、金色の冠をかぶって右手に宝棒を持ち、左手で宝塔を捧げている。薬叉衆は、赤または青または褐色で、甲冑を着して坐し、宝棒、刀、鉾などを持ち、一体は

図Ⅰ-15　融通念仏縁起絵巻　寛正六年（1465）　禅林寺蔵　京都府京都市左京区永観堂町

合掌している。また、東北方には伊舎那天と諸の「歩多鬼衆」六体が描かれている。伊舎那天は青色で、目は三目、歯は二牙が上向き、髑髏の胸飾りをし、右手に三戟叉、左手に盛血劫波杯を持って坐している。歩多鬼衆たちは、緑青、青、赤の裸形で、刀、鉾、杯などを持っている。ヤクシャ（薬叉／夜叉）もプータ（歩多）もインドの鬼神である。こうしたインドの鬼神の観念は、日本の鬼神のイメージ形成に多大な影響を与えた。

インドの鬼神観念は密教以前にすでに部分的には日本に伝来していたが、密教伝来以後は主として密教を通じて日本社会に受容された。後世につながるような鬼の視覚的なイメージ――すなわち忿怒相で裸身に褌、赤もしくは青色の肌で宝棒、鉞《まさかり》などを持つ――は、密教の夜叉や鬼衆の造形の強い影響を受けて形成されたものである（図Ⅰ-15）。

「神」と「鬼神」

奈良・平安時代、日本では「神」とはどのような存在と認識されていたのだろうか。ここで、『延喜式』を参照したい。この書物は、延喜五年（九〇五）に編纂の着手がなされ、延長五年（九二七）に完成、康保四年（九六七）に施行された法令集である。ただ、この書物に収められた一つ一つの法令は、すでに実施されていた先行法令であり、また先行する法令集である『弘仁式』『貞観式』の内容を吸収しているから、その中身はおおむね九世紀中後期頃の様相を伝えていると見てよい。全五十巻のうち、巻第九・第十は「神名」の上と下になっていて、当時の代表的な神の社が国郡別にずらりと一覧記載されている。そこに列記されたのは「官社」に列せられた社で、巻第九の冒頭には、「天神地祇惣三千一百卅二座／社二千八百六十一処／前二百七十一座」とその総数が記されている。『延喜式』の「神名式」（「神名帳」と呼ぶこともある）の記述は、すでに『貞観式』の段階でほぼ同じような内容になっていたと推定されている。[71] 小倉慈司氏によれば、官社制は八世紀後期〜九世紀初めに大いに整えられ、『弘仁式』までにその八〇％以上が成立し、それ以降に追加されたものはほとんどが貞観式社と見るべきだという。[72] したがって、その記載は、前節までに検討してきた貞観期の神仏関係を考える上でも、同時代性を持つ恰好の史料となる。

『延喜式』の「神名式」を見ていくと、地名プラス「神」「社」と記されるものが多数あることに気づく。地名を名に持つ神の社である。それらはその地域の神がまつられる社だと理解される。それは中国風に言えば「土地神」とも言いうるものであるが、日本ではこの呼び方は当時も今も普及していない。ただ、意味合いとしては中国と類似する土地の神と理解される。

また、「神名式」には、山の神、岡の神、川の神、湖の神、沼の神、嶋の神、水口・水別《みくまり》などの水の神などが見える。これらは、地名を冠する神の延長線上にあるとも言えるが、同時に自然の神と理解することもできる。温泉の神、雷の神のような神も散見する。ただし、「神名式」冒頭の「宮中神」「京中坐神」の部分には、記紀神話に見える神や食物関係の神などが見え、土地の神、自然の神とは少し性格が異なる神がまつられていることには留意する必要がある。

さて、日本では仏法の伝播以前から神々が崇拝、信仰されていた。それらの大部分は土地の神や自然の神だったと推定され、地域社会に根付いた神信仰だったと見られる。しかし、それらの神はインドの仏法の立場からすれば、「鬼神」と位置づけうるものだった。また儒教・道教などの中国思想の立場、あるいはインドの仏法と中国の思想とが融合して形成された中国の仏法の立場からすれば、日本の神には鬼が神としてまつられたものが含まれていると理解できる。自然災害や疫病が起こった時、神が怨の気を示した結果であると解釈するなら、仏法や中国思想の立場に立って、その神を鬼神と位置づけ、般若系経典の読誦をもって対処することが一つの方法になる。〈神前読経〉はこうした思想に基づいて実施された。

七　〈鎮守〉の思想

護法の鎮主

神社があり、そこに寺院が併設されたものが神宮寺である。これに対し、寺院があり、そこに神社が併設される場合はしばしば「鎮守」と呼ばれた。「鎮守」は鎮め守るの意を持つ語で、一つは、①兵を駐留させて敵を鎮め敵から守ることを意味する軍事的概念として用いられた。日本では、早く奈良時代に軍事拠点としての「鎮守府」、およびそれをつかさどる「鎮守将軍」が設置され、平安時代以降に継承されていった。この語義の「鎮守」の『続日本紀』における初見は、神亀元年（七二四）二月乙卯〈二十五日〉条の「陸奥国鎮守軍卒等」である。また、天平元年（七二九）九月辛丑〈十四日〉条には大野東人が「陸奥鎮守将軍」として見え、同十一年四月壬午〈二十一日〉条には「陸奥国按察使兼鎮守府将軍」として見える。八世紀前期、鎮守府は多賀城に置かれ、のち延暦二十一年（八〇二）以降は胆沢城に置かれた。もう一つは、②その所を鎮め守る神または神社という意味の語として用いられた。宗教的概念としての使用法である。本章で取り上げるのはこちらの語義の「鎮守」である。もっとも、②にしても悪しき妖怪、魔物、霊などを鎮めそれから守るということだから、敵を鎮め、敵から守るという点で、①②

には重なり合うところがある。②の語義の「鎮守」は九世紀末から見えはじめ、平安時代中後期以降に広く用いられるようになっていった。

その最初期の事例と思われるのは、『類聚三代格』巻二、寛平九年（八九七）六月二十三日太政官符「応に金勝寺の年分度者二人を試度すべきの事」である。やや長文にわたるが、大事な史料なので引用したい。

太政官符

応レ試二度金勝寺年分者二人一事

一人奉二為甲賀郡飯道名神、坂田郡山津照名神一

一人奉二為野洲郡三上兵主両名神一

可レ試二法花経一部八巻最勝王経一部十巻一並法相宗

右得二近江国解一偁、甲賀野洲両郡解偁、謹尋二金勝寺之古跡一、昔有二応化聖人一、号二金粛菩薩一。朝庭尊崇、黎民帰依。金粛屍解之後、興福寺故伝燈大法師位願安、禅二居此山一、修練無レ比。至二弘仁年中一、奉二為国家一建二立伽藍一。於レ是唱導声価都鄙騰躍、厚沐二朝恩一開二此勝地一。構二造精舎一安二置仏像一、別建二八宗院一、書二写一切経論并一千一百部法花経一、朝講二法花一、夕演二最勝一。号二之長講一、更占二一堂一、殊定二七僧一、始レ従二明旦一至二于晩際一転二読法花一、称二之三昧一。於レ是　承和聖帝殊降二綸旨一、施二入灯分一、即改二金粛一賜二額金勝一、智行者継レ踵、研学者並レ肩、是以二時長講逐レ日無レ缺、終日三昧守レ時匪レ休。今件甲賀郡飯道名神、坂田郡山津照名神、野洲郡三上兵主両名神等、国家所二尊崇一、人民所二帰仰一、感二山門之精勤一、為二護法之鎮主一。吏民之祝必有二感験一。因レ茲彼寺既作二国中部内攘レ禍招レ福之境一亦已久矣。就レ中二箇郡尤是為二近隣一、常蒙二擁護一、故毎レ有二災変一共仰二斯寺一、欲レ使下弥増二威光一以加二冥助一、殊振二神力一而添中鎮護上。望請、速経二言上一奉二為彼四所名神一、被レ賜二件二人度者一、唯両郡例輸之外、毎レ年各加二課丁一人一、令レ有二調庸之益一、所レ試之年分者、専請二京戸之人一不レ度二外土之民一。其年分試業准二諸寺例一於二彼寺一課試、得度之後六箇年間不レ出二山門一、便各転二読本業経一、専誓二願彼名

神一、鎮二衛国家一、覆二護村邑一者、国加二覆審一事非二虚妄一、仍録二事状一謹請二　官裁一者。従三位守権大納言兼右近衛大将行民部卿菅原朝臣道真宣、奉レ　勅、依レ請。

寛平九年六月廿三日

図I–16　現在の金勝寺　滋賀県栗東市荒張

金勝寺は滋賀県栗東市荒張に所在する寺院である（図I–16）。この太政官符は、金勝寺に新たに年分度者二人を設置し、一人は甲賀郡の飯道名神（飯道神社、滋賀県甲賀市信楽町宮町）と坂田郡の山津照名神（山津照神社、滋賀県米原市能登瀬）のために、もう一人は野洲郡の三上名神（御上神社、滋賀県野洲市三上、図I–3）と兵主名神（兵主大社、滋賀県野洲郡五条、図I–17）のために得度させるとしている。金勝寺の地には昔「応化聖人」（人々を教化する聖人）がいて「金粛菩薩」と号して活動し、人民が帰依した。金粛菩薩が「戸解」したのちは興福寺の願安がこの山に禅居して活動し、弘仁年間（八一〇〜八二四）には国家のおんために伽藍を建立した。そして、この勝地を開き、精舎を構え、仏像を安置し、一切経論と一一〇〇部の『法華経』を書写し、朝には『法華経』を読経し、夕べには『金光明最勝王経』を講演してきた。これらの四名神は「国家所尊崇、人民所帰仰、感山門之精勤、為護法之鎮主（国家の尊崇する所、人民の帰依する所にして、山門の精勤を感じ、護法の鎮主たり）」であり、人民が祈ると必ず「感験」がある。それ故、この四名神のために二人の度者を賜り、得度ののちは六箇年間「山門」を出ずに経典を転読させ、国家の鎮衛と村邑の覆護を名神に誓願せしめると述べている。

注目されるのは、ここに「護法の鎮主」という概念が用いられていることである。ここの「鎮主」の二文字目は

「主」で、「守」ではなく、用字が異なるが、語義は同じと見て問題ないと考える。先に見たように、密教経典では「当所鎮守護法善神」「四方鎮守護法善神」のように「鎮守」と「護法善神」が密接に連関、連続する概念として用いられていた。ここも「護法」と「鎮主」が連続しており、密教的な用語法と見ることができる。ここから、②の意味の「鎮守」は、「護法善神」と連関する概念として、仏法とりわけ密教の文脈で用いられるようになった語であることが知られる。「鎮守」の観念はインドに端を発し、中国の仏法で用いられ、日本でもそれを受容して使用されるようになった。それは〈護法善神〉の思想に包含される観念であった。

図Ⅰ-17　現在の兵主神社　滋賀県野洲市五条

この太政官符では、金勝寺の周囲に所在する有力神社四社が「護法の鎮主」だと位置づけられている。この事例は寺院内あるいは隣接地に神を勧請したというのではなく、すでに存在する神社をあらためて「護法の鎮主」と再定義したものである。このような既存の神社を「鎮主（鎮守）」に位置づけることは、私見では、思想的には密教の「四方鎮守護法善神」に立脚するものと評価される。

なお、この太政官符では、人々を教化する金粛が「聖人」であり「菩薩」であるとされ[73]、さらに彼は「尸解」したとも述べられていて、仏法と道教の神仙思想が融合した記述が見られる。山で活動した金粛菩薩は架空の人物である可能性があるが、そうだとしても仙人と重ね合わされてイメージされたことが重要で、この点もこの時代における神仏融合思想の進展の一事例と評価される。

東大寺と東大寺八幡宮（手向山八幡宮）

寺院に神社が併設されることは、〈鎮守〉の名称の受容より前に、まず実際の神の勧請が進展した。よく知られるのは、八世紀中頃に東大寺に八幡宮が併設されたことである。先に述べたように、宇佐の八幡大神は天平勝宝元年（七四九）十二月に平城京に入京し、梨原宮の地に新殿が造営されてここが神宮とされた。これが東大寺八幡宮のはじまりと考えられる。のち、その社地は大仏殿の南東の鏡池の東の地に遷され、さらに千手院岡の地に遷坐となった。

東大寺八幡宮の成立について、十二世紀初頭に成立した『東大寺要録』巻四は、「爰に天平廿年、聖武天皇、東大寺大仏を鋳し奉るの間、右兵衛督藤原朝臣を以て使となし、勧請し奉りて寺の鎮守となす」と述べている。貴重な記事である。しかし「天平廿年」（七四八）というのは実際の鎮座とは一年のずれがあり、何らかの誤解もしくは誤認があると思われる。また、八幡宮を寺の「鎮守」となすと記述するが、「鎮守」の語は『続日本紀』をはじめとして東大寺八幡宮成立期の同時代史料には見えない表現で、『東大寺要録』がまとめられた頃の後世的な表現と理解すべきである。とはいえ、ここの記述から、寺院に併設される神社がやがて「鎮守」と呼ばれるようになっていったことが判明する。寺院に併設される神社は日本では八世紀中頃から設置が開始され、のちに「鎮守」と呼ばれるようになっていった。

東大寺八幡宮の御神体としてまつられたのは僧形八幡神像であった。それは八幡神が出家、受戒して僧になった姿を描いたものであった(74)。同宮がいつから僧形八幡神像を御神体としたのかについては史料を欠く。東大寺に現存する像は、治承四年（一一八〇）の平氏の焼き討ちで八幡宮が焼亡したのを重源が再建した時に、快慶によって制作されたもので、鎌倉時代のものである。ただ、焼亡前にもこれに先行する像が安置されていたと考えられ、それは快慶制作の像のあり方から見て八幡三神像ではなく、独尊像だったろうと推定される。東大寺八幡宮の御神体は、幕末・維新期の神仏分離まで僧形八幡神像であった。

寺院に併設される八幡宮

寺院にあわせまつられる神社としては、東大寺八幡宮に続いて八幡神の勧請が進展した。よく知られているのは、東寺、神護寺、大安寺、薬師寺の八幡宮である。

東寺の八幡宮がいつ成立したのかについては同時代史料を欠き、不明な部分が多い。十四世紀の書物である杲宝・賢宝『東宝記』によれば、平安京遷都に伴って東寺が創建された時に、帝都鎮護のために八幡神が勧請、創祀され、また弘仁年中には空海が勅をうけて重ねて八幡神を勧請したという。この書は後世のものであるから、その記述をめぐっては十分な史料批判が必要になるが、高橋早紀子氏は弘仁期の政治情勢、文化情勢を分析して、空海によって東寺に八幡神が勧請されたことは認めてよいと論じている[75]。東寺の八幡宮は九世紀前期の成立である蓋然性が高いと理解される（図I-18）。

図I-18 現在の東寺 鎮守八幡宮 平成四年（1992）再建 京都府京都市南区九条町

神護寺は和気真綱・和気仲世の兄弟によって建立された寺院である。その創建の由来を述べる『類聚三代格』巻二、天長元年（八二四）九月二十七日太政官符には、八幡大神が「仏力の奇護を仰」いだことに応えてこの寺が建立されたとあり、神が仏力の加護を求める思想に基づいて建立がなされている。これは先に見た神宮寺建立に語られた思想と共通する[76]。また、福山敏男氏が紹介した[77]「承平交替実録帳」（「承平元年十一月二十七日勘解由使奏文抄[78]」）には、金堂内に仏菩薩像とともに「八幡大菩薩像一鋪」が安置されていたことが記されている。神護寺には最初期から金堂内に八幡大菩薩の画像が安置されていたと理解される。

その後、これとは別に山麓に八幡神が勧請された。平岡八幡宮である。先の「勘解由使奏文抄」には「平岡八幡宮」についての記述もあって、同宮は御在殿二宇、中門、内陣鳥居、礼殿、斎殿、中垣鳥居、政所屋、外陣鳥居からなると記されており、注目される。[79]ここから、神護寺の八幡宮である平岡八幡宮が承平元年（九三一）までに創建されたことが知られる。

次に、大安寺の八幡宮と薬師寺の八幡宮については、逵日出典氏による研究がある。[80]大安寺への八幡神勧請には、石清水八幡宮を創祀した大安寺僧の行教が関わっている。逵氏によれば、この寺の八幡神は最初は行教の自坊への勧請、祭祀から開始され、それがしだいに寺が八幡神をまつる形態へと発展していき、「九世紀後半から一〇世紀末までのある時期に鎮守八幡宮が建立されたと考えられ」るという。従うべき見解と思われる。

薬師寺への八幡神勧請は、薬師寺別当を務めた栄紹によって行なわれた。それは九世紀末の寛平年中（八八九〜八九七）のことで、これによって薬師寺の八幡宮（休ケ岡八幡宮）が成立した。

これらの寺院に併設された八幡宮では、僧形八幡神像が御神体としてまつられた。僧形八幡神像は、先に述べたように、八幡神が出家、受戒した姿（比丘形）を描いたものである。神が仏法の僧の姿をとるのだから、これは典型的な神仏融合の像と言える。中国の仏法では、神が仏法に帰依し、受戒を希望したとする話がしばしば語られた。日本は中国の神仏融合思想を受容したが、ただ日本では神が受戒を希望したとする話はほとんど語られなかった。僧形の神は、日本では八幡信仰の世界で特徴的に語られた思想と見るべきで、八幡信仰の特色の一つになっている。そして、それはやがて他の神社にも影響を与え、日本の神像の世界に浸透していった。

津田徹英氏は、僧形八幡神像について、八幡神が「菩薩」を称することで僧形に顕現し得たと私考される」と説き、これは八幡神が菩薩になった姿を描いた像で、それを聖僧像のように僧形で描いた像だと論じる。[81]しかし筆者はこの見解に賛成することができない。その理由は、一つは、神が菩薩になった姿を描くのであるなら菩薩形に描くべきであるが、実際には僧形（比丘形）に描かれており、論理的に整合しないこと。もう一つは、先に述べたように、中国仏法の史料では神が受戒を希望したとする話がしばしば語られており、神の受戒という考え方は東アジアの神仏融合という観点からすればありうるものであったことの二点である。筆者は、古典的理解に従って、僧形八幡神像は神が出家、授戒して僧になった姿を描いた像と見るべきだと考える。

筆者は津田論のこの論点には賛成できないが、しかし、津田氏が八幡信仰が八幡二神への信仰から八幡三神への信仰に展開したことに注目し、それに応じて八幡神像が独尊像あるいは二神像から三神像へと展開していったと論じたことには賛成する。八幡信仰においては、当初は八幡大神とその配偶神である八幡の比咩神がまつられた。しかし、津田氏によると、弘仁十一年（八二〇）に、この二神に「大帯姫」を加えた八幡三神の信仰へと形態が変化、展開し、それに伴って像の形態が八幡三神像へと変化していったという。従うべき見解と思われる。

日本における〈鎮守〉の思想の受容と展開

本節での考察をまとめると次のようになる。日本では、東大寺を端緒に寺院への八幡神の勧請が進展した。そこでは、僧形八幡神像という独特の姿の八幡神像が誕生し、御神体としてまつられた。寺院内あるいは寺院隣接・近接地への神の勧請は、他に先駆けて八幡神の勧請が進展した。旧稿で述べたように、筆者は日本の神仏融合思想は中国から日本の中央に伝えられ、それが地方へと展開していったと考えるが、八幡神およびその神仏融合はそれとは系統を別にするものであり、直接大陸から宇佐の地に神仏融合思想が伝えられ、それが地域内で独自に発展したという可能性が高いと考える。

その後、日本には、インド以来の〈鎮守〉の観念が受容された。それは〈護法善神〉思想を受容する中で、その展開の中で受容されたと考えられる。中国では、旧稿で指摘したように「護寺善神」「護塔善神」「寺神」という概念が発展した。[82] こうした表現は中国の仏書に散見される。「護寺善神」は、『出三蔵記集』中巻「求那跋陀羅伝」

（大正蔵No.2145, 106b）や『高僧伝』巻三「求那跋陀羅伝」（大正蔵No.2059, 344c）などに見える。「護塔善神」は、『集神集三宝感通禄』（大正蔵No.2106, 409c）や『法苑珠林』（大正蔵No.2122, 588b）などに見える。これらは寺院の護り神である。また、「寺神」という概念も『続高僧伝』巻六「釈慧韶伝」（大正蔵No.2060, 471a）に見える。これらは寺院の護り神である。しかしながら、日本ではこれら「護寺善神」「護塔善神」「寺神」の語は用いられず、もっぱら「鎮守」の語が用いられた。日本には、「護寺」よりもやや広く、「四方」あるいは「当所」の「鎮守」の観念が受容されたと理解される。

「鎮守」の観念は、八幡神の寺院への勧請にやや遅れて九世紀末期頃に日本に導入され、まもなく日本社会に流布、定着していった。「鎮守」の語・概念は仏法の中でも密教経典に記され、『梵天火羅九曜』のような密教系の疑偽経典にも記されるから、日本で密教が受容され、流通する過程で導入されたものと考えられる。寺院に勧請される八幡神と、寺の「鎮守」となった神社とは、もとは別の経路から開始せられたものと考えられるが、両者はやがて合流し、思想的に融合し、鎮守八幡宮のように一体の思想、現象となって中世・近世を通じて継承され、発展していった。こうして日本において地域の神社が「鎮守」の観念から再定義されるようになっていった。また、それを端緒として寺院の同一敷地内に、あるいは隣接・近隣地に、神社が設置される現象が広く展開するようになっていった。

〈鎮守〉の思想の導入、展開は、したがって、平安時代における密教の流布、展開に応じた現象と理解される。インドの神観念が密教を通じて日本の神観念に影響を与え、日本の側はそれを取捨選択して受容、活用し、日本社会に適用しうる部分、そして日本の神観念に援用できる部分を受容したと考えられる。

上島享氏によると、中世の在地社会では荘園や村落など住人の生活単位に必ずその鎮守神（土地神）が存在することが特徴になるという。保延三年（一一三七）七月二十九日の草部行元起請木簡（滋賀県塩津港遺跡出土）では、上界の天衆をはじめとするインドの護法神から、下界の日本の王城鎮守・当国鎮守・当所鎮守の神までのすべての神々が列記され、注目されるという。また、永万二年（一一六六）三月二十二日の近江国三尾荘官足羽友包起請文

(『平安遺文』三三八七号)では、王城鎮守・当国鎮守・当郡鎮守・当荘鎮守の神名が列挙され、さらに日本全国すべての神々が記され、注目されるという[83]。平安時代後期には、日本において「鎮守」の観念が大いに発展し、それに伴って神観念が発展し、新たな展開を遂げていった。

八　神仏の聖地としての山——山岳寺院と神信仰

山の神/神仏の山

山に神が住む、あるいは山が神であるとする観念は日本に早くから見られるが、こうした観念は、言うまでもなく、日本だけではなく世界各地に見られる。もちろん、中国や韓国にもあり、インドにもある。中国の名山といえば、五岳が知られている。それは中岳、東岳、西岳、南岳、北岳の五つの名山で、戦国時代には名山としての五岳が観念されるようになり、漢代には五岳への祭祀が行なわれた。仏法は中国に伝来、興起したが、そこで仏法は神が住むような山に進出し、中国の名だたる山々に寺院が建立されていった。朝鮮半島でも山に仏法の寺院が建立されていった。中国における仏法の名山といえば、今日では五臺山、峨眉山、九華山、普陀山が四大名山として著名であるが、平安時代の日本の僧や貴族が憧憬したのは天台山と五臺山だった。

第Ⅳ章で詳論するように、天台山は神の山であった。その神は「王子喬」また「太子晋」と呼ばれる神仙だった。井上以智為氏によれば、王子喬が天台山の神仙だと観念されるようになるのは東晋の頃からで、孫興公(孫綽)の「遊天台山賦并序」(『文選』所収)に見え、梁の陶宏景『真誥』にも王子喬のことが明記されている。やがて、天台山には仏法が進出して興起し、他方で道教もまた興隆した。天台山地域の道教は赤城山からはじまり、桐柏山においても道教が興隆したという[84]。仏法は、先に述べたように、支遁(三一四~三六六)、于法蘭(生没年不詳)、曇猷（?〜三九六）などによっていくつもの寺院が建立され、陳代になると智顗（五三八〜五九七）が天台山に入って修禅寺などで活動した。やがて仏隴山の山麓に晋王によって天台山寺（国清寺）が建立され、以後ここが天台法門の中心寺院になっていった。

宝暦元年（八二五）に道士の徐霊府が著した『天台山記』には、天台山の道教の様相が仏法の興隆の様相をまじえつつ活写されている。[85] 天台山には道教と仏法とが混住、並立していた。その中核は、道教は桐柏観・天台観で、仏法は国清寺・禅林寺であろうが、天台山地域には多くの寺院・道観があり、山全体が道仏融合的な宗教的地だと認識されていた。天台山では、山神はしばしば「山王」と呼ばれた。井上以智為氏が指摘した贊寧『宋高僧伝』巻十六「後唐天台山福田寺従礼伝」（大正蔵 No.2061, 809c）によると、天台山の山の神、すなわち王子喬は俗間でしばしば「山王・土地」と呼ばれていると記される。比叡山の日吉社の「山王」は天台山の山神の呼称に由来する言葉であった（本書第Ⅳ章参照）。

次に、五臺山はどうだろうか。五臺山は山西省北部に所在する高嶺である。この山とそこで興隆した仏法については、慧祥『清涼山記（古清涼伝）』（大正蔵 No.2098）、延一『広清涼伝』（大正蔵 No.2099）、張商英『続清涼伝』（大正蔵 No.2100）などがある。『古清涼伝』によるなら、五臺山はもともと仙者の住む仙居であり、また山神の住む山であった。ここに仏法が進出したのは北魏の時代、五世紀後期のことで、孝文帝によって仏光寺・清涼寺が創建された。その後、五臺山は文殊菩薩居住の清涼山であると観念されて仏法の信仰を集め、南北朝・隋唐時代に数多くの寺院が立ち並び、今日に至るまで中国仏法の中心の一つになっている。特に、唐中期に活躍した不空は五臺山を密教の中心拠点とすべく活動し、五臺山の仏法は彼の時代にさらなる発展を遂げた。その中心になったのは南臺の金閣寺であった[86]（図Ⅰ-19）。

日本の山岳寺院

日本では七・八世紀から山に寺院が建立された。この時期の山岳寺院としては、これまで比蘇寺、壺坂寺、長谷寺、小嶋山寺、室生寺、清水寺などが注目され[87]、近年では各地の遺構の考古学的研究が進展して、文献には全くまたはほとんど記されない山岳寺院の存在が知られるようになってきた[88]。さらに、山岳宗教史という視座からの研究が、遺跡・遺物の詳細な研究に応じるようにして、また文献史料の精査によって進展している[89]。

図Ⅰ-19　現在の金閣寺　中国・山西省忻州市五台県

日本の山岳寺院をめぐっては、近年、呼称の問題がしばしば議論されている。「山岳寺院」と呼ぶべきか、それとも「山林寺院」がよいか、あるいは「山寺」がよいかという議論である。「山岳寺院」というと山の高所に寺院が所在するような語感があるが、実際には山の低所や山麓に所在する寺院が少なくない。また山自体が小さいもので、丘のような場合もある。ここから「山岳寺院」ではなく「山林寺院」と呼ぶべきであるとする見解が説かれ、あるいは両者を包括する概念として「山寺」の呼称がむしろ優れているとする見解が説かれている。

私は、呼称の問題は相対的な課題であり、あるいは語感の問題であって優先的に議論すべき課題になるとは考えない。たしかに七・八世紀のものは、たとえば比蘇寺は山の低所に造立されており、岡寺、長谷寺、清水寺などにしても高嶺に造られた寺院とは言いがたい。しかし、この問題は山に建立された寺院を時間軸の中に整理し、あわせて最澄、空海、宗叡など入唐僧の果たした役割を正面から評価することによって解決しうる課題であろうと考えている。

比叡山寺（のち延暦寺）は神の住む山である比叡山に建立された。伽藍は山頂付近の高所に造営された。金剛峯寺は深山が連なる中の一つである高野山の平地部に造立された。ここも神の住む山であった。平安時代の新しい仏法は、最澄、空海をリーダーに建設された。二人は種々の点でそれまでとは異なる新しい仏法を提示することに腐心した。それは寺院の立地や都城との距離という部分にもあてはまる。比叡山延暦寺および高野山金剛峯寺は、前代とは異なる新しいあり方の寺院として二人によって提示された山岳寺院であった。その歴史的意義を正面から評価する必要があると考える。

比叡山と天台山

最澄は唐の仏法のあり方を参照、模倣して新しい日本の仏法の姿を模索しようとした。第Ⅳ章で詳論するように、最澄が見た天台山は、仏法の寺院と道教の道観が複合的に並立する神仏の聖地として存在しており、一帯には山の低部から頂部まで多くの寺院が造営されていた。最澄は近江国滋賀郡古市郷の生まれで、彼にとって比叡山は子ども時代からよく知る故郷の山だった。比叡山は早くから神の山と観念されていた。『懐風藻』（七五一年）の麻田連陽春「藤江守の『裨叡山の先考の旧禅処の柳樹を詠む』の作に和す。一首」には、「近江は惟れ帝里、裨叡は寔に神山（後略）」とあって、比叡山は「神山」であるとされている。なお、『新抄格勅符抄』によれば「比睿神」（「比叡神」）には封戸が与えられており、『延喜式』の神名帳には「日吉神社」は「名神大」とされている。

その神の山に最澄は寺院を造立した。それは、神の山たる天台山に寺院が造営された様相とよく類似する。比叡山には近江国（滋賀県）側の山麓に日吉社が存在し、伽藍はそこから山を登った頂部に造営された。最澄は、弟子たちに十二年間山を出ずに山中にて修学せよとする修行方針を示したから、この立地は彼のコンセプトによく適合している。天台山では、南側の山麓に国清寺があり、山中には修禅寺をはじめとして頂部に至るまで諸寺院が点在した。最澄はそのあり方を参照して伽藍を造営していったものと考えられる。天台山にはまた道観が点在した。最澄は入唐にあたり、香春岑の神のために神宮院を建立しており、神仏融合に熱心だった。そして、唐で自らが体験した天台山のあり方、その神仏まします聖地としての山というあり方を意識して、比叡山寺（延暦寺）を築いていったと理解される。

高野山と五臺山

空海（七七四〜八三五）はどうだろうか。『続日本後紀』承和二年（八三五）三月庚午〈二十五日〉条の空海の卒伝には「自有㆓終焉之志㆒、隠㆓居紀伊国金剛峯寺㆒」とあって、晩年、彼が金剛峯寺に隠居したことが知られる。それは天長九年（八三二）のことであった。高野山はそれ以前に空海に与えられており、彼はこの地に寺院を造営していた。では、空海がこうした峻厳な山嶺地帯のわずかな平地部に寺院を造営した意図はどこにあったろうか。

空海は不空に心酔していた。空海の『請来目録』（大正蔵No.2161）には、彼が日本に請来した二一六部四六一巻の経典類が記されるが、密教関係以外はわずか二四部にすぎず、ほとんどが密教関係の経典類である。密教はすでに奈良時代の日本に伝えられていたが、空海はそれまで伝えられていなかった、つまり未請来、新訳の密教経典を選択して日本にもたらした。そのうち不空訳のものが一一八部一五〇巻を占めており、最大の分量になっている。ここから、空海が不空の密教を日本に伝えることを入唐の最大の目的としていたことが知られる。

空海が仰ぎ見ていた不空は、五臺山の金閣寺を拠点とした。五臺山は神々の住む深山であり、文殊菩薩の聖地でもあった。空海は唐で五臺山を巡礼してはおらず、情報は間接的なものだったろうが、不空の寺院ということで金閣寺に強い関心を持っていたと推定される。

承暦三年（一〇七九）に済暹《さいせん》（一〇二五〜一一一五）が編集した『続遍照発揮性霊集補闕抄』巻九に収める弘仁七年（八一六）六月の空海「紀伊国伊都郡高野峯に於て入定の処を請乞せらるる表」を書き下し文で示すと、

空海、少年の日に好みて山水を渉覧し、吉野より南行一日、更に西に向ひて去ること両日の程に平原の幽地有り。名《なづ》けて高野と曰ふ。

とあり、また、

空海聞く、山の高きは則ち雲雨物を潤し、水の積らば魚龍産化す。是の故に耆闍《ぎじゃ》の峻嶺には能仁《のうにん》の跡《あと》休まず、孤岸《こがん》の奇峯《きほう》には観世の蹤《あと》相続す。其の所由《しょゆう》を尋ぬれば地勢自ら爾《しか》るなり。又臺嶺《たいれい》の五寺に禅客比肩し、天山《てんせん》の一院に定侶《じょうりょ》袂を連ねること有り。是則ち国の宝、民の梁《はし》なり。

とあって、空海の山岳寺院への憧憬が直截に表現されている。[90] ここの「耆闍の峻嶺」は耆闍崛山で、霊鷲山ともいい、シャカが説法した山。「孤岸の奇峰」は補陀落山で、観音（観世音）が衆生を済度した山。「臺嶺」は五臺山、「天山」は天台山である。ここに「臺嶺」が登場することは重要である。空海は五臺山を凝視していた。また、遠くはシャカを仰望し、近くは天台山と最澄を意識していた。

不空は五臺山の金閣寺を拠点とした。ここに注目した佐和隆研氏は、高野山の金剛峯寺と五臺山の金閣寺を比較した。[91] 両者は山岳寺院であるという点で共通する。しかし、その伽藍の構成には差異があった。金剛峯寺の草創期の伽藍がどのようなものであったかについては史料が乏しいが、佐和氏は『性霊集』巻八から、空海は塔二基および胎蔵・金剛界両部曼荼羅を建立しようと計画しており、他に講堂の造立が計画されていたと論じた。福山敏男氏は、金剛峯寺は草庵からはじまり、二基の宝塔が建築されたが、それが完成したのは空海入滅の直前のことだったと論じている。[92] 一方の金閣寺について、佐和氏は『入唐求法巡礼行記』の記述から、不空三蔵建立の塔は三層の構造のもので、第二層・第三層にも仏像が安置されるものであったことを指摘し、それは二基の塔が建立された金剛峯寺とは異なるし、また塔の形も異なるとした。千葉照観氏は、金閣寺について、やはり『入唐求法巡礼行記』の記述から、「閣九間三層、高百尺余」で、第一層には文殊、第二層には金剛界五仏、第三層には頂輪王五仏がまつられており、「金閣そのものが、仏頂輪王曼荼羅」になっていると論じている。[93] 千葉氏はこの建造物を塔とは呼ばず、

「金閣」と表現しており、「閣」だと理解している。『入唐求法巡礼行記』には、「閣は九間三層」というように「閣」とあるから、千葉氏の理解は妥当なものと考えられる。中田美絵氏は、金閣の三層の各層に安置された仏像の意味、特に代宗との関係について分析している[94]。

佐和氏は金閣寺と金剛峯寺を比較して、両寺の塔（佐和氏は金閣寺の閣を塔と表現している）は一基と二基で違いがあり、塔の形も異なるとして、その差異を強調している。もちろん両者に差異があることは無視できない。しかし、私はむしろその共通性に注目したい。すなわち、①両者とも高嶺に造立された山岳寺院であること、②一基と二基という差異はあるが、両者とも閣あるいは塔と呼ばれる高層建造物が伽藍の中心になっていること、③その閣ないし塔はそれ自身が曼荼羅でもあったこと、の三点である。金剛峯寺の伽藍の中心は金堂ではなく、また一般的な塔でもなく、密教の塔だった（図I-20）。二基の塔は胎蔵界・金剛界の曼荼羅でもあった。これは金閣寺のあり方を強く意識したものと理解することができる。

以上の考察から、金剛峯寺は五臺山の金閣寺の影響を受けて構想されたものだと理解される。ただし、両者には差異もあった。空海の密教は不空とは異なり、恵果が構築した『金剛頂経』系の教説と『大日経』系の教説とをペアにする「両部」の教説を継承するものだった[95]。だから、これに従って一基を二基に改変したものと理解される。二基の

図I-20　現在の高野山金剛峯寺壇上伽藍の根本大塔　和歌山県伊都郡高野町

塔は両界曼荼羅に対応するものであった。また閣と塔の形にも大きな差異があった。しかし、そうした差異は認められるものの、共通性もまたあり、金剛峯寺は金閣寺の影響を受けたものだと理解される。

さて、先に述べたように、五臺山はもともと仙者の住む仙居であり、また山神の住む山であった。一方の高野山も神の山であった。高野山のほど近くにまつられる丹生都比売神は、『日本三代実録』貞観元年（八五九）正月二十七日条に見え、従五位下勲八等から従四位下に昇叙している。脊古真哉氏が述べるように、この神はこれ以前から中央で認知されており、おそらく官社とされていたと考えられる。ただし、金剛峯寺と丹生明神・高野明神との結び付きは空海の死後ある程度の時間を隔ててのことだという[96]。従うべき見解だと思われる。

和多昭夫氏が論じたように[97]、空海は、金剛峯寺創建にあたって一切の悪鬼神等を結界の七里の外に去らせ、一切の善神鬼等を意のままに任せしめた（『続遍照発揮性霊集補闕抄』「高野に壇場を建立して結界する啓白文」）。これは、私見では、密教経典たる『陀羅尼集経』に基づく結界の作法であったと理解される[98]。空海は、神が所在する山である高野山を選択し、密教の作法に基づいて悪神たちを放逐し、善神たちをとどまらせて、金剛峯寺を創建した。

白山の開創

白山は、伝承では泰澄の開山だと伝える。だが、本書第V章で詳論するように、確実な歴史史料からいうと、白山を開創したのは入唐八家の一人として知られる宗叡（八〇九～八八四）と見るべきである。『日本三代実録』元慶八年（八八四）三月二十六日条の宗叡卒伝には、次のようにある（原文は第V章で示す）。

僧正法印大和尚位宗叡卒す。（中略）時に叡山の主神、口を人に仮りて告げて曰く、汝の苦行、我まさに擁護す。遠く行かば則ち双つの烏を相随はしめむ。暗夜には則ち火を行なひ相照らしむ。此を以て徴験となすべし。厥の後、宗叡、越前国白山に到り、双つの烏飛び随ひ、先後に在り。夜中に火有りて自然に道を照す。見る者之を奇とす。久しくして東寺に移住す。（後略）

宗叡は比叡山延暦寺で活動していたが、やがて「叡山主神」が人の口を借りて彼にお告げをし、汝の苦行は私が擁護する。二羽の烏を随わせ、暗夜においては火で照らすから、これを徴験だと理解せよという。その後、宗叡は越前国の白山に至った。二羽の烏が飛び随って先と後にあり、夜中には火があって自然に道を照らしてくれた。見る者はこれを奇《くす》しきことと理解したという、とある。宗叡は白山で久しく活動すると、その後、東寺へと移っていった。

ここでは、宗叡の白山進出は比叡山の主神のお告げによるものとされており、それ自体が神仏融合の思想に立脚する営みであったとされている。それは神の住む山（比叡山）から別の神の住む山（白山）への仏法の展開であった。また、ここには「双烏」が重要なモチーフとして登場する。道世『法苑珠林』巻八十四の「僧慧融伝」には、終南山で慧融が進退できなくなってしまった時、一匹の虎が彼を背負って助けてくれ、また「常有㆓双烏㆒於㆓山林中㆒前行引㆑路」とあって、常に「双烏」が山林の中で彼の道案内をしてくれたという（大正蔵 No.2122, 907b）。宗叡の白山開創の記述は、こうした中国の僧の故事を重ね合わせて記されているものと思われる。

この宗叡卒伝では、続けて、宗叡は入唐求法し、五臺山によじのぼり、天台山に至ったことが明記されている。五臺山では「聖跡」を巡礼して、西臺の維摩詰の石の上に五色雲を見、東臺の那羅延窟の側で聖灯および吉祥鳥を見、聖鐘を聞いたという。五臺山にはさまざまな聖跡があり、それにまつわる説話があった。宗叡はそれらについての情報を日本で、また唐において収集し、それらを実際に見学して、説話に連関するあれこれを追体験したものと思われる。

以上を勘案するなら、宗叡の白山開創は、唐における山岳仏法の展開、とりわけ五臺山と天台山の神仏のあり方の影響を受けたものだと理解される。

日本では、九世紀以降、比叡山、高野山を皮切りに山岳仏教が大いに進展し、それは山の神に対する信仰と融合して日本列島に広く展開していった。これによって、各地において神仏まします山に対する信仰が発達し、聖なる山に所在する寺院、神社に対する信奉が相並んで進展した。その歴史を理解するには、①奈良時代以来の山岳仏法の発展の視座から考究することが一つ必要になるが、それ以上に重要になると思われるのが、②比叡山、高野山以降に広く展開した中国の山岳における神仏信仰からの影響である。神仏の聖地としての山は、〈日本古来の山の信仰〉という視座のみならず、むしろ中国において展開した神信仰と仏法が並立する山に対する信仰、そして東アジアに展開した神信仰と仏法が並立する山に対する信仰という視座から位置づけ直す視座が必要になると考える。

むすび

第Ⅰ期から第Ⅱ期への神仏融合の進展

以上、本章では、日本で神仏融合が開始された奈良時代の八世紀中期から、平安時代の十一世紀後期に至る〈神仏融合史〉の展開を叙述した。終章で述べるように、筆者は、日本の〈神仏融合史〉を第Ⅰ期から第Ⅳ期の全四期に時期区分して捉えている。本章では、そのうちの第Ⅰ期の神仏融合の様相――その成立と展開――について述べた。

やがて、時代の進展の中で、日本の〈神仏融合史〉は、第Ⅰ期から第Ⅱ期へと進展していった。その契機になったのは、〈本地垂迹説〉の成立である。〈本地垂迹説〉は日本の〈神仏融合史〉に大きな変化をもたらした。〈本地垂迹説〉は密教の思想の中から生まれたものである。仏法の中から、しかも日本の仏法の中から創生された思想であった。「垂迹」はもともと中国仏法で用いられていた思想で、僧肇（三八四～四一四もしくは?～四一四）の『注維摩詰経』の序に、「非㆑本無㆓以垂㆒㆑跡、非㆑跡無㆓以顕㆒㆑本、本跡㆑雖殊而不思議一也」（大正蔵No.1775, 327b）とあるのに淵源する用語である。こちらは密教の用語ではない。それが八世紀の日本にもたらされ、最初は仏法の教学書に用いられ、やがて九・十世紀になると、しだいに寺院社会・貴族社会へと普及していった。

一方、十一世紀後期には、「本地」の思想が登場する。「本地」の用語の淵源は、『大日経疏』の「薄伽梵即毘盧遮那本地法身」（大正蔵 No.1976, 580a）にあると理解され、ここの「本地法身」のタームが真言密教で用いられ、そこから「本地」の語が使用されたと論定される。したがって、「本地」の語は日本の真言密教から生まれた密教の概念・用語と見ることができる。そして、この二つの別系統の仏法語が日本で接合されて〈本地垂迹説〉の思想が成立した。それは十一世紀後期のことであり、さらにこの思想が確立するのは十二世紀前期のことと理解される（本書第Ⅷ章参照）。〈本地垂迹説〉は、系統の異なる二つの仏法語である「垂迹」と「本地」を、組み換えによって接合させて成立した思想で、日本で生み出された思想と評価される。

〈本地垂迹説〉は日本の仏法から生まれ、その後の日本の仏法に大きな影響を及ぼした。だが、それにとどまらず、神社や神信仰にも大きな影響をおよぼした。〈本地垂迹説〉を活用することによって、神社の信仰圏が拡大し、また末社が生み出されるようになったのである。つまり、神社はこれによって大いに発展した。〈本地垂迹説〉の成立とその特質については、本書第Ⅶ章・第Ⅷ章において詳論する。

日本の第Ⅰ期の〈神仏融合史〉

日本における仏法と神信仰との融合は八世紀中期に開始された。日本に仏法が伝来してから、およそ二世紀を経てのことになる。その直接の契機になったのは、遣唐使で入唐した僧たちによる中国仏法の受容であった。これによって、中国の仏法で説かれていた〈神道離脱〉や〈護法善神〉の思想が波状的に導入され、この思想に立脚して日本に〈神宮寺〉が建立された。

中国の仏法では、仏法が神の住む山や湖へと進出するのを正当化する論理がしばしば語られた。それが、〈神道離脱〉の思想や〈護法善神〉の思想であった。それは、僧たちによって説かれた仏法を上位とする思想であり、仏法流布のための思想であった。これによって、神の住む山や湖に仏法の寺院が創建されていった。それは、理念的には、在来の神を退去させて仏法がその地の主催者になるという論理を含んでいるが、実際には、神をまつる廟や祠に並立するようにして仏法の寺院が建立されることが多かった。仏法は、この論理を掲げて中国社会に広く流通していった。日本では、八世紀、中国仏法の思想が積極的に導入されるようになり、それによって神社に並立する神宮寺が創建された。こうして日本の〈神仏融合史〉の第Ⅰ期が開始された。この神仏融合の動向は、九世紀以降も発展的に継続され、平安時代を通じて多数の〈神宮寺〉が建立され、さらに鎌倉時代へと継続していった。こうして、日本の主要な神社には〈神宮寺〉が建立されていった。

この間、入唐・帰国した最澄、空海は、中国の仏法に倣って、神が住む山に寺院を建立した。比叡山の延暦寺、高野山の金剛峯寺がそれである。比叡山寺（延暦寺）は、中国の天台山における道観と寺院の並立を模倣して、神の住む山に創建された寺院であった。同じく入唐・帰国した宗叡も、それまで人跡未踏の神の山であった白山に進出し、白山の仏法の端緒を拓いた。これによって、神仏が並び信仰される聖地としての山が日本に成立した。

また、これらとあわせて〈護法善神〉の思想が導入された。〈護法善神〉の思想は、系譜的には、インドの部派仏教まで遡る。『大毘婆沙論』によるなら、説一切有部の論師である「毘婆沙師」は〈護法善神〉の教えを説き、関係の説話を語った。インドの仏法において、すでに仏法を上位とする思想が語られ、それが仏法の布教に活用されていた。その思想が、インドから中国へ、そして中国から日本へと伝えられ、日本で語られ、活用された。

その後、日本では、〈鎮守〉の思想が受容され、語られるようになった。〈鎮守〉の思想は、〈護法善神〉の思想の連続線上にあるもので、密教経典に見え、日本では九世紀最末期に語られ始め、以後、密教の流通・隆盛とともに、平安時代中後期に多く語られるようになっていった。これも密教の思想に基づく概念と言ってよい。神社に併設される寺院が神宮寺であるのに対し、寺院に併設、あるいは隣接地・近接地に設置されるのが鎮守である。〈鎮守〉は、以後、日本の中世社会において、重要な役割を果たしていった。

これらの諸思想は、一つが生まれると他が消滅してなくなるというものではなかった。先に導入されたものと後から導入されたもの、さらには後から生まれたものとが併存し、複数の思想が上へ上へと積み重ねられて重層していった。

他方で、中国の儒教、仏法、道教、民間信仰で説かれていた〈鬼神〉の思想の受容が進展した。七世紀には中国の「鬼」の思想・信仰の受容が木簡から確認され、八世紀には鬼神をまつる祭祀が実施されていたことが確認される。さらに、九世紀になると〈冤魂〉の思想が導入され、これによって「御霊会」が実施された。また陰陽思想を管轄する陰陽寮の活動が活性化して、陰陽博士や陰陽師が文化の表舞台で活躍するようになっていった。そうした動向は、自然災害や疫病の頻発という時代状況と呼応して進展し、鬼神・冤魂に対処するために〈神前読経〉が実施され、僧が疫神祭を執り行なうなど、神仏の融合は九世紀に大いに進展した。神仏融合の場で用いられた経典は多くが般若系経典で、それは鬼神に対して有効性を持つ「不可思議」の「力」を有していると考えられた。

インドで誕生した仏法は、やがてインドから他の地域と流通していった。各地域では、仏法の流通と展開に伴って神仏の複合・融合、あるいは仏法と他の宗教との融合が進展した。日本においては、奈良時代に神仏の複合・融合が開始され、平安時代にそれが大いに進展した。それは、アジアの諸地域において巻き起こされた宗教現象の一つと見るべきものであり、アジア東部における神仏の複合・融合の一地域的局面、日本列島における局面を示すものと理解される。

第Ⅱ章　神仏習合学説形成史の批判的考察

はじめに

本章では、神仏の融合をめぐる学説史を検証し、その特質を明らかにしたい。これによって、今日の研究水準を確認するとともに、将来の研究の方向性を展望する。それは、同時に前著や本書の学説史上の位置づけを明確化することにもなるだろう。[1]

日本では宗教の複合・融合は、長く「神仏習合」という概念・用語から考察されてきた。それはさまざまな豊かな研究成果をもたらした。[2]筆者も「神仏習合」概念が構成する学問枠組の中でこの問題の考察を開始し、また「神仏習合」の用語をしばしば使用してきた。しかし、序章で触れたように、この概念・用語にはいくつかの問題がある。そこで、本書では「神仏融合」の用語を提起した。

「神仏習合」の用語がどのように使用され、学術用語として定着したのか、また「神仏分離」の用語とどのように関係するかについては、林淳氏、[3]鈴木正崇氏[4]の研究がある。これについてはのちほど紹介・論究することとし、それに先立って、本章では、まず「神仏」の語が包含する問題について二、三の考察を行ない、その後に辻善之助にはじまる学説史をあらためて検証していく。

「神仏習合」の「神仏」は、「神道」と「仏教」を指しており、日本における宗教の融合を、仏法と神信仰の融合から考察するという問題設定に立つ用語である。では、歴史を振り返るに、いつから、またどのような経緯によって仏法と神信仰が日本の宗教の中心的構成要素になったのか[5]、またそれはその後、歴史の展開の中でどのように変化していったのか。ここでは、この点について確認し、その上で中国、韓国、ベトナムなどのアジアの国々の状況と比較したい。

一　宗教の構成

仏法と神信仰

東アジアに展開した宗教にはどのようなものがあるか。中国では、早く諸子百家の時代から儒教が興起し、また一世紀に仏法が伝播して四世紀頃から広く流通を開始した。さらに諸々の神信仰が道教という形で体系化されていった。それ以外にも種々の民間信仰があった。その後も外から祆教、景教、回教が伝播し、一定の流通を遂げた[6]。中国社会の宗教といえば、このうち儒教、仏法、道教、民間信仰が歴史の展開の中で中核的位置を獲得したと見ることができる。

中国周辺の国や地域には、これらが流入し、地域による濃淡を伴いながら、種々に受容され、浸透していった。朝鮮半島でも、ベトナムでも、そして日本でも、在地の神に対する信仰があり、そこに儒教、仏教、道教などが流入して、複雑な複合、あるいは融合を遂げていった。

日本はどうか。日本には六世紀に仏法が百済から伝えられ、それと前後するようにして儒教や道教が伝播したと考えられる。七世紀の木簡には、在地の神信仰を示すものや仏法の信仰を示すものがある他、論語木簡があり、あるいは道教的な符籙や鬼神の祭祀を記したものが見られる[7]。だから、日本には六・七・八世紀には仏法、儒教、道教が伝えられ、一定の受容がなされたと言ってよい[8]。しかしながら、そうした様相はある段階で変化を遂げる。仏法と神祇祭祀の二つが中核的宗教として突出していくのである。

日本は七世紀末に新しい国家体制として天皇制度を開始した。そこでは、君主号が「大王」から「天皇」へと変更され、新たな王朝名として[9]「日本」が称され、中国の皇帝制度が改変を伴いながら模倣・導入された。これにより、時間と空間の支配の理念、法と経済の支配の理念に基づいた国家統治が開始され、二官八省の行政システムが構築されて、新しい宗教政策が打ち出された[10]。

新しい宗教政策とは、仏法と神祇祭祀の重視であり、この二つを日本の宗教の中核に位置づけるものであった。逆に言うと、儒教と道教は重視しない方針が採られた。日本は、天皇制度を開始するにあたり、中国の皇帝制度に包含される天命思想を注意深く排除し、君主を天の命を受けた存在だとはせず、天上の神の血筋を引く存在だと位置づけた。そして、そのことを明示するために『日本書紀』に神話を叙述して天皇制度の思想を表現した。儒教については、国家統治の技術として一部を取り入れたものの、その根幹となる天命思想については受容しない選択をした。あわせて皇帝祭祀の中核となる郊祀と宗廟祭祀[11]を受容せず、代わりに天皇家の祖先として天照大神を造型し、伊勢神宮を創祀してまつった。また、儒教と連動した科挙制度を受容せず、貴族たちが世襲的に政治権力を構成する政治制度を設計した。

もう一つの道教はどうか。道教的な信仰については、政府レベルでも、また民間レベルでも受容がなされた。だが、政府は集団としての道教は受容しない方針を採り[12]、ために日本に道士・女冠は存在せず、また道観も建設されなかった。こうして、天皇制度を開始した新生日本国は、仏法と神祇祭祀の二つをその宗教の中核とした。それは、後世に大きな影響を及ぼし、長くこの二つが日本の宗教の中心になっていった。

仏法は、この時代、国際標準となる宗教であり、またその文明としての開明性、論理性、美意識などが政権上層部のみならず、地方豪族層の心をも惹きつけた。神信仰については、新しく創祀した伊勢神宮を中心に位置づけ、伝統的な神信仰を組み替えて、新たな神祇祭祀システムを構築した。ただ、その後の歴史の展開を見るに、仏法と神祇祭祀では仏法の方が優位であった場面が多い。神祇官は太政官と並び立つ官庁として創設されたが、実際には、長官、次官などの官位は低く設定されており、政治権力内部における発言力は限定的であった。対して仏法は、政治権力からしばしば神祇祭祀以上に重視され、また奈良時代には道慈、玄昉、道鏡のように大きな権力を持つ僧が出現した[13]。聖武天皇は退位とほぼ当時に出家し、称徳孝謙天皇は、出家したのち重祚して尼姿の天皇となった[14]。平安時代になっても仏法の優位は継続し、さらに平安時代後期になると有力寺院による荘園支配が進展し、また摂関家出身者が中核寺院のトップの地位に就任するなどして権門の一角を構成していった。

仏法と神信仰の二元論を越えて

日本における宗教の融合は、だから、歴史のある時点までは仏法と神信仰の融合を考察すれば主要な論点の多くの部分を覆うことができる。対して、中国には儒仏道の三教があり、また在地の神が廟でまつられた。それらは時に対立し、排斥や弾圧が行なわれることもあったが、一方で複合ないし融合が進展し、融和・結合した姿が形成されていった。序章に写真を掲げた四川省の円覚洞摩崖造像は五代の道仏融合を、牛角寨石窟の壇神岩は唐代の道仏儒三教の融合や道仏融合を示しており、石篆山摩崖造像や妙高山摩崖造像は、宋代の仏道儒三教の複合の姿を示している（前掲図序-1〜6）。したがって、中国における諸宗教の関係は多元的で複雑であり、宗教の融合は「神仏」二元の関係に収まるものではない。

朝鮮半島では、神信仰や巫俗信仰が発達した。仏法は三国時代に伝来し、まもなく優勢になったが、道教、儒教も伝えられた。新羅、高麗の時代は仏法が中核的宗教となったが、李朝時代には儒教が中核的宗教になった。なお、朝鮮半島の道教は仏法と融合したものであり、在地の神信仰とも融合したものであったという[15]。そして、近代になるとキリスト教が多くの人々からの支持を得るようになった。したがって、朝鮮半島における諸宗教の関係も多元的で複雑であり、「神仏」二元の関係に収まるものではない。

ベトナムの宗教には、大西和彦氏が詳述したようにシャーマニズムと仏法と道教があり、さらに儒教があるから、やはり多元的で複雑である。[16] さらに、十六世紀以降になるとキリスト教が流布し、大きな支持を得ている。

多元的な構成要素への展開

日本においても、時代が進展すると、「神仏」二元の理解では収まらない情勢が進展してくる。かつて東洋史の内藤湖南（一八六六～一九三四）は、日本の歴史は応仁の乱の以前と以後とで二分できるとする時期区分論を説いた。[17] この説は、その後、日本史家からも支持者が出て、一つの有力な学説になっている。筆者は、この理解を支持しており、日本宗教史に関してもこの時期区分が有効であると考えている。[18]

応仁の乱以降、日本の仏法は、旧仏教（顕密仏教／古典仏教）の時代から新仏教の時代へと大きく転換した。[19] 新仏教の経済基盤は荘園ではなく、門徒・檀家であり、いわゆる「葬式仏教」を発達させて民衆世界に浸透していった。[20] 新仏教の中で最大勢力を形成した一向宗（浄土真宗）は、教団と呼ぶべき大きな団体を組織し、[21] 一向一揆を行なうなど、戦国時代の一つの極となる宗教団体として活動した。本書のテーマである神仏融合について言えば、旧仏教と新仏教には大きな差異が認められ、この点でも新仏教の流通は日本の仏法に変化をもたらした。

神信仰の世界では、吉田兼倶（一四三五～一五一一）によって吉田神道（唯一神道）が構築され、神道史をそれ以前と以後に区分する画期を形成した。[22] また、十六世紀に日本に到達したキリスト教は、日本社会に急速に流布、展開し、国際政治とも連動して大きな旋風を起こした。さらに、江戸時代になると、それまで停滞していた儒教が興起し、政治的・社会的に大きな影響力を持つようになった。

だから日本に関しても、応仁の乱以降の時代に関しては、「神仏」二元の理解では収まりきらない宗教状況が形成された。このうちキリスト教は政治的弾圧によってほぼ姿を消し、人々の意識下に沈潜していったが、潜在下でなお大きな影響力を持った。儒教は、江戸時代、政治権力からの支持を得て大きな存在感を持ち、教育を通じて社会に浸透していった。神道は、儒教の影響を受けて儒教の教説を自らの中に取り込んだ。また神道は、道教についてもあらためて自らの中に取り込み、教説の内容を増補、強化していった。近世日本では、中国の儒仏道三教論を援用して神儒仏三教論が説かれ、三教一致論がしばしば唱えられた。[23]なお、儒者によって説かれた排仏論の中には神儒一致論に立つものがあり、国学者から説かれる時には儒仏二教排撃論になる場合があった。

したがって、日本に関しても、応仁の乱以降の時代については、「神仏」の二元から考察するのではなく、諸宗教の関係という多元的視座から考察すべきであり、宗教の融合という概念から再考すべきだと考える。

二　辻善之助の学説の成果と問題点

辻善之助説の四つの特色

日本の近代歴史学において、「神仏習合」の研究は辻善之助（一八七七～一九五五）から始まる。辻説の特色と評価については、かつて拙稿「多度神宮寺と神仏習合」[24]（以下、本章ではこれを「旧稿」と呼ぶ）において私見を述べたが、今回はさらに議論の枠を広げて増補・再論したい。

辻は、明治四十年（一九〇七）、『史学雑誌』に六回連載の雄編「本地垂迹説の起源について」[25]を発表した。この論文は、のちに辻の論文集である『日本仏教史之研究』[26]に収められ、また、大著『日本仏教史』全十巻の第一巻第五章「平安時代中期」の第五節に「本地垂迹」[27]と題してほぼ同内容で再説された。[28]筆者は、辻の学説には、次の四点の特色があると考える。すなわち、①明治初年の神仏分離・廃仏毀釈を批判して説かれる、②「神仏習合」の用語を用いて説明する、③神仏融合を日本一国内の思想史として理解する、④神仏融合の到達点を「本地垂迹説」であるとし、それに至る歴史を内在成立発展的に跡づける。以下、辻説の特色についてより詳細に説明し、その上で私見による批判を述べていきたい。

神仏分離・廃仏毀釈への批判

辻善之助は、村上専精（一八五一〜一九二九）が主導する明治維新期の神仏分離・廃仏毀釈に関わる史料の調査に参加した。その成果は著名な『明治維新神仏分離史料』正続編五冊[29]となって刊行された。辻は、その解説論文「神仏分離の概観」[30]の「諸言」で、「村上専精博士は夙くより、この材料蒐集の急務なることを唱へられ、三上博士とも相談して、予にその調査に従ふべきことを慫慂せられた。即ち、両博士の斡旋により、大正九年以来帝国学士院の推薦を以て、東照宮三百年記念会より研究費を支弁せられ、村上専精博士指導の下に、鷲尾順敬君と共に調査研究のことに従ひ、以て今日に及んだ」とその経緯を述べる。また、「神仏習合」と「神仏分離」について、「この神仏習合といふことは、我国史の上に於て、殊に思想史の上に於て、国民的特色の現はれたるものとして、我国文化の世界における地位を考へる上にも、最も重要なる事項の一として、研究を要すべきものである。然るに明治初年に、神仏分離の令が一たび出でゝより、千有余年民庶の信仰を支配したる神即仏といふ形式は、一朝にして破壊せられ、之について廃仏毀釈の議が盛に行はれ、歴史に富み由緒の深き神社仏閣が、この破壊的蛮風に荒されたるものが少くないのである」と述べている。辻には、他に関連論文として「明治維新の廃仏問題と政府の態度」や「廃仏問題による僧侶の覚醒」があり、[31]『岩波講座　日本歴史』に「廃仏毀釈」[32]がある。

これらにおいて、辻は、「神仏分離」を誤りとして批判する姿勢の下に論を立てている。対して神仏分離以前の「神仏習合」の文化については、日本思想史の上で「国民的特色」が現われた重要な事項であり、「我国文化の世界における地位」を考察する上で重要であると説いている。辻の研究は、「神仏分離」を批判し、「神仏習合」を日本の伝統文化・思想として評価する観点から行なわれている。

「神仏習合」の用語の使用

辻の「神仏分離の概観」では、「神仏分離」の用語と並んで「神仏習合」の用語が用いられている。辻はそれに先立ち、「本地垂迹説の起源について」においてすでに「神仏習合」の用語を用いている。今、末尾の「綜括」の部分から引用すると、「神仏習合の現象は奈良前期（天武持統の頃）より徐々にあらはれてくる」「弘法大師及び伝教大師の時代に於ける神仏習合の思想は、まだ本地垂迹説を考へるまでに発達して居らぬ」というようである。

鈴木正崇氏は、「神仏分離」「神仏習合」の用語の使用について検証し、「神仏習合」の用語は明治維新から四十年以上時間が経過した段階で「遡及的」（retrospective）に現われた概念で、足立栗園（一八六八〜一九三五）の『近世神仏習合辨』[33]（一九〇一年）が初見であると指摘した[34]。そして、辻善之助が「本地垂迹説の起源について」で「神仏習合」の用語を用い、この論考が同『日本仏教史之研究』に収録されたことでさらに大きな影響力を持ち、広まっていったと論じている。一方の「神仏分離」の用語は、修多羅亮延「神仏分離と神官僧侶」[35]（一九一二年）が初見であり、この論考が『明治維新神仏分離史料』に再録されて、同書とともに広まっていったという。鈴木氏は、「神仏分離」と「神仏習合」の用語は対概念となり、二項対立概念となって世に広まっていったと説いている。

林淳氏は、幕末維新期の長州藩の史料や、慶應四年（一八六八）の太政官布告などの政府系の史料には「神仏混淆」の語が用いられていることを明らかにした。アカデミズムの世界では、小中村清矩（一八二二〜九五）が「古代宗教論」（一八八八年）で「神仏混淆」とともに「神仏習合」の語を用いており、これが「神仏習合」の語の早い用例だと指摘している。ただ、小中村は「神仏混淆」「神仏習合」「本地垂迹」の三語をほぼ同じ意味で用いているという。次いで、足立栗園が「神仏習合」の語を用い、さらに辻善之助が用いたという[36]。林氏は、辻以前には、「神仏混淆」「神仏習合」「神仏調和」などの語が使われていたが、辻論文によってそれが「神仏習合」の用語に収斂していったと説いている。林氏によるなら、「神仏混淆」は法令など政府系で用いられた用語であり、「神仏習合」は辻善之助によって普及したアカデミズムの用語ということになる。

両氏の研究を参酌するなら、「神仏習合」の語は、辻善之助が最初の使用者ではないにせよ、彼によって用いられて学界に広く流布し、定着していった用語だと考えられる。その学説史上の存在感は大変大きい。

内在成立発展説――国史学の立場

辻論文の最大の特色は、神仏習合の「思想」を日本一国内で成立し、発展したものだと跡づけるところにある。よく知られるように、辻は論文の最末尾に、

神仏習合思想発展の跡について、その要を摘示すれば、左の通りである。

神明は仏法を悦ぶ、……神明は仏法を擁護する、……神明は仏法によりて苦悩を脱する、（神明は衆生の一である、）……神明は仏法によりて悟を開く、……神即菩薩となる、……神は更に進んで仏となる、……神は仏の化現したものである。

と自説の結論をまとめている。辻は、本地垂迹説の歴史的形成について、奈良前期（天武持統朝）から奈良時代にかけて芽を萌だし、藤原時代に教理的組織が行なわれ、その後に大成がなされて、鎌倉時代に教理的著述が生まれたと説いているから、その理解は、神仏習合思想の内在成立発展説と評することができる。神仏習合思想が「我国史」「我国文化」の中で芽生え、成長・発展して本地垂迹説として大成されたと考えたのである。それは、辻が「国史学」の枠組の中で問題を考究したことに制約された結論だったと思う。しかし、旧稿で指摘し、本書でも詳論したように、辻の結論には二つの点で事実誤認が見られる。

第一は、神仏融合の思想は、天武持統朝に日本国内で芽生えたものではなく、八世紀前期に中国仏法の思想が日本に導入されて開始されたものである。このことは旧稿において辻説を批判しつつ詳論したが、さらに前章で議論

の枠組を拡大して増補・再論した。〈神道離脱〉〈護法善神〉の思想は中国文献に見られ、それが日本に受容された。一国史の枠組で問題を考察するのではなく、宗教・思想をめぐる文化交流の実態をふまえた考究が求められる。

「本地垂迹説」へと至る思想史の過程の妥当性

第二は、本地垂迹説の成立過程である。辻は、奈良時代の神仏習合思想が、その後日本国内で成長し、平安時代に本地垂迹説へと発展していったと論じた。しかし、これも事実誤認である。こちらについても別に論じたことがあり[37]、本書第Ⅷ章でさらに詳論するが、今その要点を述べるなら、〈神道離脱〉〈護法善神〉の思想と、〈本地垂迹説〉とは別系統の思想であって、前者が成長して後者になったというのではない。文化の交流は一回にとどまるものではなく、複数回にわたる。複数の思想がそれぞれの時期に日本に伝えられた。「垂迹」の思想はもともと中国仏法で説かれた思想であった。それが別の時点で日本に伝えられた。だからこの思想も日本に伝えられた中国思想に端緒がある。中国の「垂迹」の思想が日本に伝えられ、それが変容を受けつつ神仏関係を説明する概念へと展開していった。それが別系統の思想である「本地」の概念と接合されて〈本地垂迹説〉として成立し、確立するのは、さらに時代が下る。

そのことを筆者は、日本の神仏融合の「第Ⅰ段階」「第Ⅱ段階」という構図で説明してきた。中国から入ってきた思想を日本で受容して最初の段階が生まれ、次にやや遅れて中国から入ってきた別の思想が日本で変容されて第Ⅱの段階が生まれたと説明した。その考えに今も変化はない。

三　津田左右吉の学説の成果と問題点

『日本の神道』の構想

津田左右吉（一八七三～一九六一）の『日本の神道』[38]は、もと『日本の神道に於けるシナ思想の要素』と題して昭和十二年（一九三七）から同十四年まで、『東洋学報』誌に七回連載された論稿を補訂して一書としたものである。津田は、「まへがき」で、わが国で神道といわれているものの「成り立ちと変化とには、シナ思想をとり入れることによつて、むしろシナ思想にもとづいて考へることによつて、行はれたところが多いため」、題目のような観点から神道について考察したと述べている。それをのちに『日本の神道』という題目で刊行したのだから、彼にとって神道とは何かを考察するための最重要の論点（少なくともその一つ）は、中国思想の要素だったということになる。また「まへがき」では、「神道には仏教の要素も含まれてをり」、「シナ思想との交渉という面」からではあるけれど、仏教との関係も考慮に加えるとしている。

津田は、まず「神道」の語がどういう意味の言葉として用いられているかについて、中国における用例を参照しながら日本上代の文献の用例を検証する。その上で、上代の文献から徳川時代の末期まで、時代をおって神道をめぐる思想について考察を進める。そして、最終章となる第八章「概括と余説」では、「上つ代の道を復活するものと思はれた維新政府の神道政策には、後世になつて始めて生じた神道説から出たもののあること、従つてまた其の由来を儒教思想（または仏教思想）に求むべきものが多く含まれてゐることが」知られると論じている。

以上から知られるように、津田は、日本一国史の枠組からではなく、中国思想の伝播・交流を視野に入れた研究を行なっている。しかも、神道という、一見すると「日本固有」「神つ代の道」と思われる宗教を対象にして中国思想の影響を分析している。日本の神道は中国思想の影響を受けており、それによって豊かなものになったと構想しているのである。これは文化交流史の視座に立脚する研究と評価されるだろう。それは辻善之助説とは大きく異なる津田説の特色になっている。

中国仏法における神仏融合思想の存在を指摘

津田は、同書第二章の末尾で、神の性質について考察するには、「仏家の神の取扱ひかたをも一顧する必要があらう」と述べて、奈良時代の神仏融合について次のように論説する。すなわち、奈良朝の初期から、仏家は日本の神を輪廻の苦に悩むものとし、仏法に帰依して解脱を得たいと希望しているとし、この思想によって所々の神社に寺を建て、神に対して読経し、神のために度者を設けた。神が僧の前に現われて法を聴いたとか、済度を乞うたという話は中国の『高僧伝』などにも記されているから、日本の仏家の思想は「一つは、それから示唆せられたところもあらう」と述べている。

私見では、津田説は辻説への根本的な批判になっていると考える。すでに山折哲雄氏は、津田説は辻説の「批判」であると説いており[39]、筆者もその通りだと考える。辻説の学説史上の位置を考えるなら、津田説の学説史上の意義は大変大きいと考える。ただ、津田説には問題もある。二点述べたい。

第一は、その指摘が「高僧伝などにも記してあるから」の一句で説明終わりになっていることである。本来なら、ここで『高僧伝』をはじめとして中国史料の中で注目されるものを引用、紹介し、相互の史料の比較をすべきであろう。他の津田の論著では、そうした史料への具体的言及がなされることが少なくない。しかし、ここではそれが省略されている。筆者は、旧稿を執筆した時、中国の『続高僧伝』「釈法聡伝」の記述に出会って驚き、『続高僧伝』の他の記述や『高僧伝』『出三蔵記集』などの史料を検索していった。そして、それらを用いて論文執筆を開始した後に、津田の著書に短いが重要な指摘があることにようやく気づいた。この記述になかなか気づかなかったのは筆者だけではなかったろう。津田の記述はあまりに短文で後進の研究者に気づかれず、ために後続の研究は進展せず、長く眠ってしまった。

一般の信仰とは関係がないのか

第二の問題は、津田が「仏家がかう考へたのは、仏家だけの見解であつて、一般の信仰とは関係が無い」としたことである。津田のこの評価については、旧稿で論及し、前章でも言及したが、あらためてここで私見を述べておきたい。

津田がこうした議論を展開した文脈は、「神の性質」（神観念）を考察する件りである。津田は、日本の神はもともと霊物や精霊であるのが一般だったが、しだいに人の形態を具えた神や人格を有した神が登場してくると述べて、いくつかの具体的事例について説明する。その後に仏家の神観念を検証して、神を輪廻の苦しみの世界の住人とし、仏法に帰依して済度を求める存在だとするのは、神を人格を有する存在だと見ており、また輪廻するのだから神に生死があると見ていることになる。だが、一般の見解としては、神に生死はなく、神は永遠に存在するものと観念されていたから、仏法の神観念はそれとは異なる「仏家だけのもので」あり、「一般の信仰とは関係がない」とするのである。そして、それに続けて、神前読経は一般からは神に祈願するのと同じように見られていたろうと推測し、神が苦しみの世界におり、読経を求めているとする思想は、特殊の知識人の思想にすぎず、一般の民間信仰とは離れたものだとする。

しかし、そうだろうか。前章でも述べたが、仏法のこの思想によって、①〈神宮寺〉が建立され、②〈神前読経〉〈神前講経〉が実施され、③神仏の聖地としての山が成立した。その事実は重いと考える。津田は、それは特殊知識人の思想であり、民間の信仰とはかけ離れたものだったと断じたが、多度神宮寺にしても、若狭の神願寺にしても、地方の豪族層が神宮寺の建立に関わっている。鹿嶋神宮寺も地方豪族によって建立されたものだが、それは鹿島神宮の宮司を務める家であった。神祇祭祀の人々も仏法の思想の大きな影響を受けているのである。また賀茂社の岡本堂は、賀茂大神のために「神戸・百姓」が建立したものだった。たしかに、こうした思想を中国から受容したのは都の学僧をはじめとする知識人階層だったろう。だがその思想は、満願のような地方遍歴の僧の活動などによって地域社会に少しずつ浸透していった。

また、〈神前読経〉の事例を見ていくと、たとえば、『日本三代実録』貞観八年(八六六)二月七日条には、信濃国の三和神と神部神に対して『金剛般若経』一千巻、『般若心経』一万巻の転読がなされたとあるが、それは神祇官の奏言によるものだった。同二月十四日条には、阿蘇大神に対して、同様の神前読経がなされたが、それも神祇官の奏言によるものだった[40]。だから、中央においても、地方においても、仏法の思想は神祇祭祀を挙行する側に届いており、影響を与えていた。

しかし、だからといって、民衆を含む一般の人々が、神も死ぬとか、神も輪廻の世界で生死をくり返して苦しんでいると考えるに至ったとは筆者も推定しない。そこまで全面的に仏法の思想の影響下に至ったわけではないだろう。前章で述べたように、仏法の〈神道離脱〉の思想や〈護法善神〉の思想は、一〇〇%達成されたと評価することはできないが、しかし〇%の達成だったと評価することもまた妥当ではない。一方の神信仰の側も、仏法のそうした思想を部分的に受け入れ、それを活用することで自らを発展させていった。つまり、両者は融合していったのである。

四　「神仏習合」説の展開と研究の現段階

辻善之助パラダイムとその克服

辻善之助の学説は、その後、大方の支持を得て日本の「神仏習合」「本地垂迹説」の基本的理解となった。山折哲雄氏は、辻善之助説は「定説」になったと説いている。[41] 辻論文を承けて、日本では「神仏習合」の研究が隆盛し、多くの注目すべき研究が発表された。ただ、それらは全体として見れば、辻が設定した枠組の中での研究だったと言えるように思う。「神仏習合」をめぐる辻説は、〈辻善之助パラダイム〉とでも呼ぶべき研究の枠組を構成した。

辻論文は明治四十年（一九〇七）の発表だから、拙論の旧稿を発表した段階で発表からすでに九〇年近くが、今日から見れば一一〇年以上の時間が経過している。だが、旧稿発表の時点で、辻説は未だ定説の座を譲っていなかった。旧稿は、発表後、辻論文を批判したものとして一定の評価を得たが、しかしそれで十分というわけではなかった。〈辻善之助パラダイム〉は強固であり、さらなる研究が必要であった。今日の段階でも、〈辻善之助パラダイム〉は大きく揺らいでいるとはいえ、未だその枠組の骨格は残存している。

私は、〈辻善之助パラダイム〉を真に克服し、新しい研究地平を切り拓くには、次の四つの作業が必要になると考えている。

①日本一国史の枠組を脱却して国際的視座からの神仏融合の研究をさらに推進する。
②国際的視座からの研究においては、国や地域の相互の影響関係を解明するとともに、それを国際比較研究の段階へと発展させる。そして、それによって、日本の宗教の歴史と文化をアジアの歴史と文化の中に位置づける。
③〈本地垂迹説〉の成立過程をより実証的に明らかにし、辻説に代わる本地垂迹説成立論を再構築する。
④〈辻善之助パラダイム〉とともにある「神仏習合」の概念・用語を批判し、それに代わる用語を提示する。

前著および本書では、ここに掲げた課題に取り組んできた。これでそのすべてが達成できたというわけではないが、①②③④にわたっていくばくなりとも研究を前進させることができたと考えている。

アジアにおける神仏融合の比較研究と用語

ここで再び、先に紹介した林淳氏、鈴木正崇氏の研究を参照したい[42]。林氏は、論文の末尾で、「従来の神仏習合の研究は、アジアの他地域と比較可能な重厚な研究史を有しながらも、比較研究の俎上にのりにくかった。神仏習合の比較研究の必要性は提唱されているが、それを阻んでいるのは神仏習合という用語である」と述べている。これはずっしりと重い言葉である。

鈴木氏は、「「神仏習合」は近代概念で、「不均等二分法」であり、「仏神習合」と呼ぶべきであった」と述べる。新しい用語の提示である。その上で、「時代や文脈の異なる中世の研究や修験道の研究に近代言説の「神仏習合」を安易に用いたり、東アジア全体に「神仏習合」の概念を拡大して適用することは慎重さを要する」と述べる。この後段の部分には注が付されており、拙論[43]が引用されている。筆者は、引用された論文で、辻説を批判して、神仏習合は日本にだけ見られる現象ではないこと、日本の神仏習合思想は中国の神仏習合思想の影響を受けて形成されていることなどを説いている。しかし、「神仏習合」の用語を継承・保持しており、ために「神仏習合」の概念・用語を東アジアに拡大させるようにして論を進めている。それは確かに慎重さを欠く用語の使用であったかもしれず、鈴木氏が指摘するように、用語の問題について再考の必要がある。

では、どのように考えればよいか。大隅和雄氏も、「神仏習合」の用語は疑問であり、神道は仏法と対等にあるものではないと述べている[44]。これらの諸氏が述べるように「神仏習合」の用語は変更する必要がある。鈴木氏は、「神仏」ではなく「仏神」とすべきで、「仏神習合」とすべきだったと論じている。確かに「神」を先とせず、「仏」を先として「仏神」とするのは一案かもしれない。しかし、第一節で述べたように、「神仏」だろうが「仏神」だろうが、仏法と神道の二元論に変わりはない。それでは、アジアの他の国・地域と比較する時や、戦国時代以降の日本の宗教史を考究する時、不都合が生じる。「神仏」を「仏神」に変えるだけでは問題は解決しないように思う。前著および本書では、種々熟慮の上、「神仏融合」の用語を提起することにした。これは、「習合」の語を「融合」

に変更したものである。諸賢のご理解が得られれば幸いである。

なお、言葉の一般化を進めて「宗教融合」とすれば、用語として使用範囲が広がるし、客観性が増す。しかし、「宗教融合」では一般的すぎて今度は何を論じているのかがわからなくなってしまう。特に、筆者は、次に述べる理由で、仏法を表現する語を学術用語の中に残すべきだと考えている。そう考えて、「宗教融合」の語は行文の中で一般語として用いることはあるとしても、「神仏習合」に代わる用語としてたてることはしなかった。

むすび

〈神仏融合史〉を東アジアの中で、そしてアジアの中で考察することは、次のような意義があると考える。第一は、仏法とは何かをそれぞれの国や地域の差異に留意しつつ考察できることである。仏法はインドで生まれ、その後インドを飛び出し、アジアの各地へと流通していった。その過程で各地の神信仰と融合し、種々の宗教と融合した。これによって世界宗教となった。仏法の基本的性格の一つとしてこの親和性を指摘することができる。このことを実態にそくして明らかにするには、神仏融合の比較研究が有効性を持つだろう。用語の中に仏法を表現する語を入れたいと考えたのはこのことによる。

第二は、神信仰の歴史の比較研究に有効性を持つことである。神信仰は世界の各地にあり、アジアの各地にあり、日本にある。それぞれの地域で展開してきた神信仰の歴史と文化の比較研究は、人文学の大きな研究課題であり、日本の神信仰についてもそうした方法で研究することによって、その特質を明確化することができる。かつての津田左右吉の研究は、こうした発想による研究を進展させることによって今日に活かすことができるだろう。だが、神信仰の比較研究といってもその対象は巨大で茫漠としており、どこから手をつければよいのやら切り込む方法に苦慮する。その時に、神仏融合の歴史の比較研究は、一つの方法論として有効なのではないかと考える。仏法とどのように融合するのか、あるいは対立するのか。種々の関係性がありうるだろう。その解明によって、その地の神信仰の特質を比較の中で明確化することができると考える。

第三は、日本の文化とは何か、さらに文化とは何かを明らかにする研究の方法として有効性を持つことである。日本の神仏融合の歴史は、日本の宗教史、思想史、文化史の中枢にある研究課題である。これを解明することは、日本の宗教史、思想史、文化史そのものを明らかにすることでもあると考える。その時、日本一国史の枠組の中で考察を進めると、見えるものも見えなくなり、時に独善的となり、また実態と遊離するなど、研究方法上の欠陥が生じる。比較の視座が必要である。それは豊かな研究成果をもたらすだろう。この作業によって、辻善之助以来の豊かな研究の蓄積を今日に活かすことができる。

第二部　各論

第Ⅲ章　多度神宮寺と神仏融合

——中国の神仏融合思想の受容をめぐって——

はじめに

三重県桑名郡多度町多度に所在する多度大社は、古代に起源を持つ古社で、現在も多くの参詣者を集めている。祭神は、天津彦根命《あまつひこねのみこと》（正殿）と天目一箇命《あまつまひとつのみこと》（相殿）であるが、背後にそびえる多度山を神体山としてまつる信仰にはじまる神社と考えられる。『延喜式』巻九「神名上」には、伊勢国桑名郡の一五座の一つとして「多度神社名神大」と記されている。

この神社に、八世紀中頃に神宮寺が建立されたことは、延暦二十年の年紀（ただしこの年紀には問題がある、後述）を持つ「多度神宮寺伽藍縁起并資財帳」の記すところであり、また延喜玄蕃式にも、

凡伊勢国多度神宮寺僧十口、度縁戒牒准二国分寺僧一、勘二納国庫一。補替之日、副二解文一進官。

とあって、同寺の存在が確認できる。『続日本後紀』によれば、多度神宮寺は、承和六年（八三九）には天台宗の一院となっていた。しかし、嘉祥二年（八四九）には真言宗の別院に転じ、寺号を法雲寺と称したという。同寺はその後、真言・天台両宗の争いの中にその歴史を歩み、東寺、延暦寺はそれぞれ多度神宮寺を自分の末寺であると主張して相争ったが、長治二年（一一〇五）に真言別院であることが一応確定された。中世の同寺は、多くの末

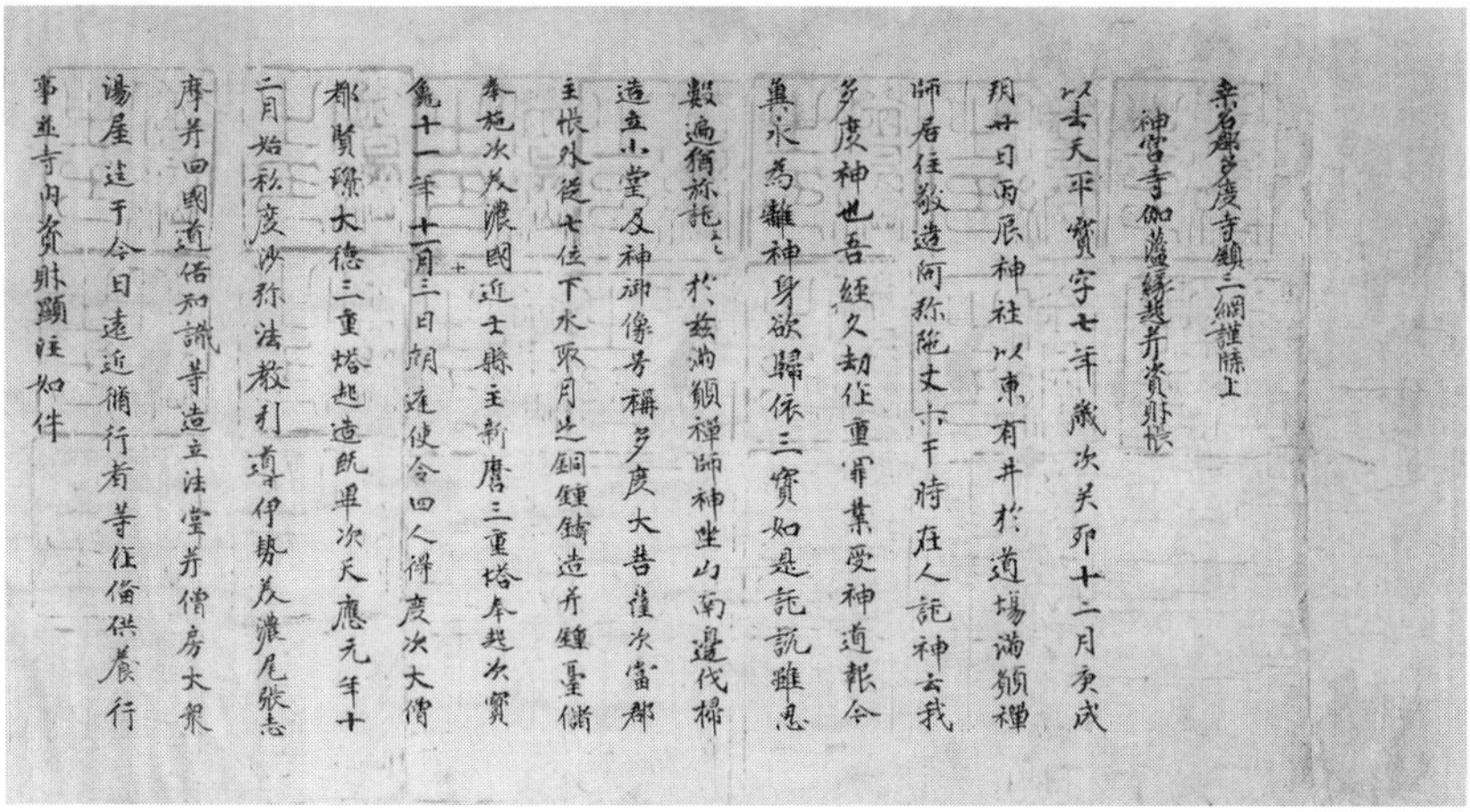
桑名郡多度寺鎮三綱謹牒上
神宮寺伽藍縁起并資財帳
以去天平寶字七年歳次癸卯十二月庚戌
朔廿日丙辰神社以東有井於道場満願禅
師居住敬造阿弥陀丈六于時在人託神云我
多度神也吾経久劫作重罪業受神道報今
冀永為離神身欲帰依三寶如是託訖雖忍
数遍猶弥託云於茲満願禅師神坐山南邊伐掃
造立小堂及神御像号称多度大菩薩次當郡
主帳外従七位下水取月足銅鍾鋳造并鍾臺儲
奉施次美濃国近士県主新麿三重塔奉起次賓
亀十一年十一月三日朝廷使令四人得度次大僧
都賢璟大徳三重塔起造既畢次天應元年十
二月始私度沙弥法教引導伊勢美濃尾張志
摩并四国道俗知識等造立法堂并僧房大衆
湯屋迄于今日遠近修行者等作備供養行
事並寺内資財顕注如件

図III-1　多度神宮寺伽藍縁起并資財帳　巻頭　多度大社蔵　三重県桑名市

寺・坊、また多数の僧を有して一定の勢力を保持していたが、元亀年間（一五七〇～七三）に織田信長軍の攻撃を受けて社寺ともに焼亡してしまった。のち、桑名藩主となった本多忠勝は神社の復興を開始し、子の忠政もこの事業を継承して、神社は往時の姿を回復した。また、寛永年間（一六二四～四四）には、桑名藩主の松平定行によって、神宮寺の跡地と伝える地に掛川の愛宕社が移され、あわせて法雲寺も再興されて、愛宕社の別当寺とされるに至った(1)。

さて、現在多度神社が所蔵している「多度神宮寺伽藍縁起并資財帳」は、古代の寺院縁起・資財帳で今日に残る数少ない遺品の一つであって重要文化財に指定されている。これは、八世紀の神仏融合の様相を記す貴重な文字史料であり、同時に古代の地方仏法の姿を伝える好個の史料となっている。本章では、これを題材として、古代の神仏融合や地方仏法の特色について検討してみようと思う。

ところで、神仏融合というと、日本文化史・日本宗教史の特質の一つとして論じられることが多く、日本固有の宗教観念から発生した現象のように捉える見解も少なくないように思われる。しかしながら、宗教がさまざまの形で融合することは広く世界的に見られる一般的現象であって(2)、東アジア世界においても普通に見

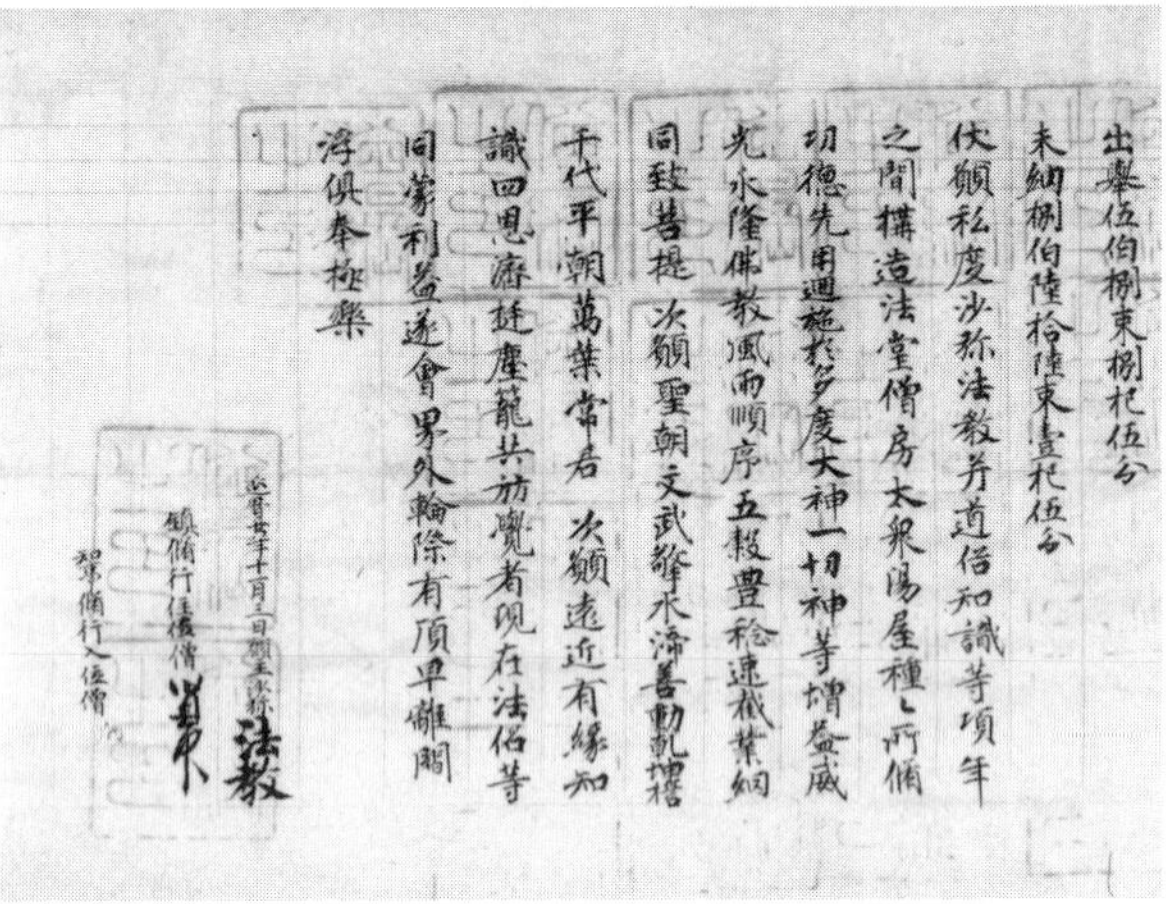
出挙伍佰捌束捌把伍分
未納捌佰陸拾陸束壹把伍分
伏願私度沙弥法教并道俗知識等頃年
之間構造法堂僧房太衆湯屋種々所修
功徳先用廻施於多度大神一切神等増益威
光永隆佛教風雨順序五穀豊稔速截業網
同致菩提 次願聖朝文武并水渧善動乾禮
千代平朝萬葉常君 次願遠近有縁知
識四恩済抜塵籠共前覺者現在法侶等
同蒙利益速會界外輪除有頂早離閻
浮倶奉極樂
延暦廿年十一月三日願主沙弥法教
鎮修行住位僧
知事修行入位僧

図III-2 同 部分

られると言ってよい。日本のみの固有の宗教現象ではないのである。在来の神々と外来の仏法との融合も、すでに中国において広く展開していた。中国仏法では、仏法と神々とが融合するにあたって、これを説明し、正当化する論理が創出され、しばしば説かれていた。私見では、日本古代の神仏融合は、中国の神仏融合の強い影響を受けたものと理解してよく、神宮寺建立や神前読経などの際に語られた説明・用語は、中国仏法で説かれていたそれをそのまま借用したものと考えてよい。古代日本は、朝鮮半島や中国から仏法を受容したが、その際、あわせて神仏融合のあり方やその論理も受容・模倣したのではないかと考えている。それ故、日本の神仏融合を考えるには、中国仏法圏全体で進展した神仏融合を視野に入れて考察する必要がある。本章においては多度神宮寺の縁起などに語られる、神が仏法に帰依するロジックを、中国仏法におけるそれと比較しながら、この問題を考察してみようと思う。

一　多度神宮寺伽藍縁起并資財帳

具体的検討に入る前に、史料として用いる「多度神宮寺伽藍縁起并資財帳」の史料批判について触れておきたい。というのは、この文書にはいくつかの改竄・追記があり、押捺されている僧綱印にも問題がある。そのためかつては、この文書を後世のものと見る偽文書説[3]も唱えられたことがある。しかし今日では、偽文書説は否定され、改竄・追記はあるが、当時の文書と見てよいとする説が大勢を占めるに至っている[4]。

いくつかある改竄のうち、年紀の問題は重要なのでここで触れておこう。現在、この文書には「延暦廿年」と記されている。しかし、ここの「廿」は上から別筆で重ね書きしたものであって、もとは「七」もしくは「十」であったらしい。すでに何人かの論者によって指摘されているように、おそらくは「七」であった可能性が高く、本章ではこの文書の年紀を延暦七年（七八八）と考えておくこととしたい。その他にも、追記や書きかえ（墨をけずって上から別筆）があり、また僧綱印も二種類の印が押捺されている（一種類は宝亀・延暦期の印と考えてよいが、もう一種類は後代のもの）。こうした点も看過できない重要論点であるが、すでに先学の研究に論じられているので、ここでは省略させていただきたい。

なお、この文書は長く東寺に伝来した。おそらく、多度神宮寺が東寺末となったことに関係して、東寺に伝わったものと推測される。近世には、藤原貞幹や伴信友もこれを東寺で閲覧している。だが、近世末に東寺から寺外に流出、その後、柏木貨一郎所蔵となったが、明治二十九年（一八九六）に多度神社がこれを買得し、同社所蔵となるに至った。筆者は、平成三年（一九九一）四月二十六日に、皆川完一氏、脊古真哉氏による調査・写真撮影に同行させていただき、この文書を実見することができた。多度大社の御高配に感謝申し上げる次第である。

本章では、主として冒頭の縁起の部分（図Ⅲ-1）および末尾近くの願文の部分（図Ⅲ-2）を取り上げて検討を進めるが、この部分は改竄・追記の見られない部分であって、延暦七年の文章と理解してよい。今、考察に必要な部分を引用しておこう。

桑名郡多度寺鎮三綱謹牒上

神宮寺伽藍縁起并資財帳

以二去天平宝字七年歳次癸卯十二月庚戌朔廿日丙辰一、神社以東有レ井、於二道場一満願禅師居住、敬二造阿弥陀丈六一。于レ時在レ人託レ神云、我多度神也、吾経二久劫 作二重罪業一、受二神道報一、今冀永為レ離二神身一、欲レ帰二依三宝一。如レ是託訖。雖レ忍数遍、猶弥託云々。於レ茲満願禅師神坐山南辺伐掃、造二立小堂及神御像一、号称二多度大菩薩一。次当郡主帳外従七位下水取月足銅鐘鋳造、并鐘台儲奉施。次美濃国近士縣主新麿三重塔奉起。次宝亀十一年十一月十三日、朝廷使二令四人得度一。次大僧都賢璟大徳三重塔起造既畢。次天応元年十二月始私度沙弥法教、引二導伊勢美濃尾張志摩并四国道俗知識等一、造二立法堂并僧房大衆湯屋一、迄レ于二今日一。遠近修行者等作二備供養一行レ事、並寺内資財、顕注如レ件。

（以下資財帳の部分を中略す）

伏願、私度沙弥法教并道俗知識等、頃年之間、構二造法堂僧房太衆湯屋一。種々所レ修功徳先用、廻二施於多度大神一切神等一、増二益威光一、永隆二仏教一、風雨順レ序、五穀豊稔、速截二業網一、同致二菩提一。次願、聖朝文武、擎水渧善、動乾坤誓、千代平朝、万葉常君。次願、遠近有縁知識、四恩済挺、塵籠共枋覚者、現在法侶等、同蒙二利益一、遂会界外輪際有頂、早離二閻浮一、倶奉二極楽一。

延暦廿年十一月三日願主沙弥「法教」
鎮修行住位僧「賢中」
知事修行入位僧　病

（後略）

多度神宮寺は、天平宝字七年（七六三）十二月、満願禅師によって建立されたという。はじめ「多度神」は人に憑いて神託を告げ、自分は久しい年月を経る中に重い「罪業」をなしてしまったので、今、「神道」の「報」を受けているのだと述べ、「神身」を「離」れるために「三宝」に帰依したいとくり返し希望した。そこで満願は、「神坐山」である多度山の南辺を伐り掃って小堂を造立し、あわせて多度の神の神像も造立してこれを「多度大菩薩」

と号したという。のち、桑名郡の主帳が中心となって銅鐘および鐘台が造立され、宝亀十一年（七八〇）には四人の官度が与えられて官度僧が常住するに至った。さらに大僧都賢璟によって三重塔も造立され、天応元年（七八一）十二月には、私度沙弥法教が中心となって、道俗の知識らの尽力で諸堂が整えられたという。本文書にはこの私度沙弥法教が署名している。おそらく、この文書が作成された延暦七年の頃、彼は多度神宮寺の中心人物の一人であったのであろう。こうした私度沙弥が何ら禁圧されることなく活躍していたこと、また公文書にそのまま「私度沙弥」として署名していることは大変興味深い。筆者は、古代社会において私度は、法の規定（戸婚律私度条）にもかかわらず、ほとんど容認され、禁圧されることなく活動していたと考えているが、これについては別稿[5]で論じた。ここでは、多度神宮寺という寺院の僧・沙弥たちが、神と仏教との関係を語る際に用いた独特の論理および用語に注目しておこうと思う。

二　神宮寺の論理

日本古代の神仏融合を論じる際にしばしば取り上げられてきたのは、神宮寺の建立、神前読経の問題であった[6]。そこには、神を迷える衆生の一人と性格づけ、仏法の力によって神を救済しようという論理が見られる。仏法に触れた神たちは、〈神道離脱〉して神であることの苦しみから脱却しようとしたり、仏法を守護する「護法善神」に転化して、仏法の世界の中に一定の位置を得たりした。こうした様相の神仏の融合は、平安中期以降盛んに説かれるようになる本地垂迹説の一段階前の融合の姿として注目され、八・九世紀の神仏融合の特色としてさまざまに論じられてきた。

本章もまた、先学の成果に学びながら、この問題をあらためて検討しようとするものである。こうした神仏融合の論理立ては、言うまでもなく、神祇信仰の側から唱えられたものではなく、仏法の側から説かれたものであった。ただ筆者は、こうした論理は日本固有の宗教観念の中から自生的に生まれたものではなく、中国仏法で説かれていた論理・用語がほぼそのまま受容されたものであろうと考えている。ここではまず、日本古代において、神宮寺建立や神前読経などの際に、どのような説明がなされていたかをあらためて一瞥しておきたい。

神宮寺は、八・九世紀に盛んに建立された[7]。今日、気比神宮寺、若狭比古神の神願寺、宇佐八幡神宮寺（弥勒寺）、鹿嶋神宮寺、多度神宮寺、伊勢大神宮寺、八幡比売神宮寺、三上神社の神宮寺（堂）、補陀洛山の神宮寺（二荒山神宮寺）、比叡山の神宮禅院、大神寺、高雄神願寺（神護国祚真言寺）、香春神宮寺、竈門山寺（大山寺）、賀茂社の神宮寺（岡本堂）、熱田神宮寺、気多大神宮寺、御子神宮寺、奥嶋の神宮寺、石上神宮寺、石清水八幡神宮寺、出羽国飽海郡の神宮寺、などが知られている。

気比神宮寺の創建について伝える『家伝』下「武智麻呂伝」には、霊亀元年（七一五）の話として、次の記述が見える。

公嘗夢遇二一奇人一、容貌非レ常。語曰、公愛二慕仏法一、人神共和、幸為レ吾造レ寺、助二済吾願一。吾因二宿業一、為レ神固久、今欲レ帰二依仏道一、修二行福業一、不レ得二因縁一、故来告レ之。公疑二是気比神一、欲レ答不レ能而覚也。乃祈曰、神人道別、隠顕不レ同、未レ知二昨夜夢中奇人一、是誰者、神若示レ験、必為樹レ寺。於レ是神取二優婆塞久米勝足一、置二高木末一、因称二其験一、公乃知レ実、遂樹二一寺一。今在二越前国一神宮寺是也。

藤原武智麻呂は、夢で一人の奇人に出会った。その容貌は常人とは異なるもので、実は彼は気比神であった。神は、自分のために寺を造立してほしい、自分は「宿業」によって神の身となって久しいので仏道に帰依したい、と希望を告げたという。こうして気比神宮寺が建立されるに至ったとこの話は伝える。ここでは、神が自らの身の上をなげき、仏道に帰依したいと願ったこと、および、神が自らの意志を「夢」[8]で伝達したこと、またその姿が常人とは異なるものであったこと、に注目しておきたい。

次に、若狭の神願寺の創建については、『類聚国史』巻百八十、天長六年（八二九）三月乙未〈十六日〉条に、

若狭国比古神、以二和朝臣宅継一為二神主一。宅継辞云、拠二検古記一、養老年中、疫癘屢発、病死者衆、水旱失レ時、年穀不レ稔。宅継曾祖赤麿、帰二心佛道一、練二身深山一。大神感レ之化レ人語宣、此地是吾住処、我稟二神身一、苦悩甚深、思下帰二依仏法一、以免中神道上、無レ果二斯願一、致二災害一耳。汝能為レ吾修行者。赤麿即建二道場一、造二仏像一、号曰二神願寺一、為二大神一修行。厥後年穀豊登、人无二夭死一云々。

と見える。養老の頃、この地域に疫病・災害・凶作が多発した。そこで和赤麿なる者が仏道に帰依して深山で修行を行なったところ、比古神（大神）が人に化して託宣を告げた。この地は自分のすみかである。自分は「神身」をうけてしまい、その「苦悩」ははなはだ深い、「仏法」に帰依することによって「神道」を免れたい、と。この神託をうけた赤麿は、道場を建て、仏像を造り、これを「神願寺」と名づけた。以後、災害はなくなり、人が夭死することはなくなったという。この話では、神が「神道」の「苦悩」をなげいたこととあわせて、神の住処が「深山」であったこと、神が人に化してその意志を伝達したことにも注意しておきたい。

日本古代の神仏融合関係の史料には、神が自分の意志を伝達する時、①夢に現われて伝える、②人に憑いて託宣をもって伝える、のどちらかと記されている場合が多い。のちに述べるが、こうした意志伝達の仕方は、中国の仏法文献に見える神の意志伝達の仕方と全く一致する。おそらく、こうした意志伝達の仕方は、中国のそれを受容したものと理解してよく、大いに注目されるところである。

次に、空海の『性霊集』巻二に収める「沙門勝道歴山水瑩玄珠碑并序」を見よう。ここには、沙門勝道による日光の補陀洛山の神宮寺建立について、次のように記されている（原文は長文のため省略）。——勝道は下野国にある「補陀洛山」に何回か登山を試みた。この山は、青い嶺が銀河をさし、白い峰が青空をつきさす、人跡未踏の山であった。山はけわしく、神護景雲元年（七六七）、天応元年（七八一）の試みは失敗に終わった。そこで同二年、「諸神祇に奉為し」、また写経・造仏して神に誓願をたてて、「善神」の加護を求めて登ったところ、ようやく山頂に至

ることができた。山頂には「神窟」があった。山の形は、東西は龍が臥したようであり、南北は虎がうずくまったようであった。この時は、小さな庵を結んで二一日間の勤めを行なって下山した。次いで延暦三年（七八四）に再び登山した。今度はいくつかの湖を遊覧し、ついに勝地に伽藍を建立、これを「神宮寺」と名づけた。さらに延暦七年には北涯に移り住んだ。「霊仙」はどこに去ったかわからないが、「神人」はさながらそこにいるかのようであった。餓えた「虎」が出て来ないかと思ったが、遇うことはなかった。勝道の評判は桓武天皇にも聞こえ、上野国の講師に任ぜられた。大同二年（八〇七）の旱害の時は、国司の要請に応じて、山上で雨を祈る祈禱を行なった。するとたちまち甘雨が降った、という。――空海のこの修辞に満ちた美文は、中国仏法に関する豊かな知識に基づいて記されており、中国の山岳仏法や山の神、神仏融合を念頭に置いて書かれている。ここに見える「善神」「神窟」「龍」「虎」「霊仙」「神人」などは、中国の山岳仏法や神仏融合を前提とした表現であるが、それについてはのちに述べるであろう。

次に最澄であるが、『叡山大師伝』によれば、彼の出生は次のようであった。最澄の父三津首百枝は熱心な仏教徒であったが、子が無かったので、男子が授かるように祈願して山に登った。すると比叡山中の「神宮」の右脇のあたりで、「名香」のすばらしい香りがただよった。その香の源を求めたところ、「験地」を得ることができ、そこに庵を結んだ。こうして最澄が誕生したが、この庵が今の「神宮禅院」であるという。

また最澄による香春神宮寺の造立について、『続日本後紀』承和四年（八三七）十二月庚子〈十一日〉条は次のように記している。

大宰府言。管豊前国田河郡香春岑神、辛国息長大姫大目命、忍骨命、豊比咩命、惣是三社。元来是石山、而上木惣無。至二延暦年中一、遣唐請益僧最澄躬到二此山一祈云、願縁二神力一、平得レ渡レ海。即於二山下一、為レ神造レ寺読経。尓来草木蓊鬱、神験如レ在。毎レ有二水旱疾疫之災一、郡司百姓就レ之祈禱、必蒙二感応一。年登人寿、異於二他郡一。望預二官社一、以表二崇祠一。許レ之。

最澄は渡唐に際し、香春岑（賀春山）の神に航海の安全を祈願した。そして山下に、神のために寺を造って読経した。この山はもともと木のない石山であったが、以後草木が生い茂るようになり、災害の時に地域の人々が祈禱すると必ず感応を示してくれたという。この話については、『叡山大師伝』にも次のように見える。

昔大師臨二渡海一時、路次寄二宿田河郡賀春山下一、夜夢梵僧来到。披レ衣呈レ身而見、左半身似レ人、右半身如レ石。対二和上一言、我是賀春、伏乞、和上幸沐二大悲之願海一、早救二業道之苦患一、我当下為二求法助一、昼夜守護上。竟レ夜明日見二彼山一、右脇崩巌重沓、無レ有二艸木一、宛如二夢半身一。即便建二法華院一、講二法華経一。今呼二賀春神宮院一是也。開講以後、其山崩巌之地、漸生二艸木一、年年滋茂、村邑翁婆無レ不二歓異一。又託宣曰、海中急難時、我必助守護。若欲レ知二我助一、以レ現レ光為レ験。因レ茲毎二急難時一、有レ光相助。託宣有レ実、所レ求不レ虚。乃大師本願、始二登山朝一、終二入滅夕一、四恩之外、厚救二神道一、慈善根力、豈所レ不レ致哉。

最澄の夢に現われた賀春の神は「梵僧」の姿をしていたが、左半身は人に似るも右半身は石のようであった。神は最澄の渡海を守護し、助けることを約束し、早く「業道」の「苦患」から救済してほしいと告げた。そこで最澄は、法華院（賀春神宮院〈寺〉）を建てて『法華経』を講じたという。そのことをこの文では、「神道」を救うと述べている。この記事では、神が「夢」に現われたこと、常人とは異なる姿（梵僧、半人半石）をしていたこと、験を示す時には「光」を発したこと、などにも注目しておきたい。

また奥嶋神宮寺について記す『日本三代実録』貞観七年（八六五）四月二日条には、

元興寺僧伝灯法師位賢和奏言、久二住近江国野洲郡奥嶋一、聊構二堂舎一。嶋神夢中告曰、雖レ云二神霊一、未レ脱二蓋纏一。願以二仏力一、将下増二威勢一、擁二護国家一、安中存郷邑上。望請、為二神宮寺一、叶二神明願一。詔許レ之。

とある。ここでも、奥嶋神は「夢」で自らの意志を告げ、神霊であっても蓋纏（世俗のきずな、俗累）から解脱することができないと身の上をなげき、仏力によって神威を増大させてほしいと願っている。

次に、神前読経について触れておきたい。熊谷保孝によれば[9]、神前読経は、奈良時代にすでに行なわれていたと考えられるが、国史の上での初見記事は、『類聚国史』巻五、延暦十三年三月戌寅〈三日〉条の、「遣㆓少僧都伝灯大法師位等定等於豊前国八幡、筑前国宗形、肥後国阿蘇三神社㆒読経、為㆓三神㆒度㆓七人㆒」であるという。ここでは神に対して度者が与えられている。神に対する度者は、中井真孝が説いたように、[10]注目されるところである。

神前読経の考え方を示した記事としては、『日本霊異記』下巻第二十四に見える次の話がしばしば取り上げられてきた。

近江国野州郡部内御上嶺有㆓神社㆒。名曰㆓陀我大神㆒。奉㆑依㆓封六戸㆒。社辺有㆑堂。白壁天皇御世之宝亀年中、其堂居住大安寺僧恵勝、暫頃修行時、夢人語言、為㆑我読㆑経。驚覚念怪。明日小白猴、現来言、住㆓此道場㆒、而為㆑我読㆓法華経㆒云。僧問言、汝誰耶。猴答言、我東天竺国大王也。彼国有㆓修行僧従者数千所㆒。農業怠。（本注略）、因我制言、従者莫㆑多。其時我者、禁㆓従衆多㆒、不㆑妨㆑修㆑道。雖㆑不㆑禁㆑修㆑道、因㆑妨㆓従者㆒、而成㆓罪報㆒。猶後生受㆓此獼猴身㆒、成㆓此社神㆒。故為㆑脱㆓斯身㆒、居㆓住此堂㆒。為㆑我読㆓法華経㆒。（後略）

近江国御上嶺には神社があり、陀我大神といった。社辺には堂があって、そこでは大安寺の僧が修行していた。ある時、この僧の「夢」に、自分のために読経してほしいというお告げがあった。翌日、小さい白い猴《サル》が現われて『法華経』を読経してほしいという。自分の前生は東天竺国の大王であった、その時、僧の従者の人数を制限してしまった、仏道修行自体は禁圧しなかったが、従者の数の制限が「罪報」となってサルの身を受けてしまい、この社の神となってしまった、読経によってこの身を脱したいのだ、という。しかしながら、サル（神）は僧に供する「供養」を準備することができず、結局、経を読んでもらえなかった。そこでサルは、今度は『六巻抄』を読む「知識」に参加しようと考えた。この願いも簡単にはかなえられなかったが、ついに知識への参加が認められ、『六巻抄』を読むことができたという。

ここに見える『六巻抄』とは、唐の道宣の『四分律行事鈔』（『四分律删繁補闕行事鈔』、大正蔵No.1804）六巻のことである。道宣は日本古代の仏法に大きな影響を与えた僧であり、[11]次節で検討する『続高僧伝』の著者でもある。

筆者は、神が仏法に帰依する話を語る『日本霊異記』下巻第二十四に、道宣の著作が大きく取り上げられていることは、はなはだ示唆的であると考える。道宣は日本古代の仏法に大きな影響を与えたが、神仏融合という側面でも、またかなりの影響を及ぼしているのではないかと思われる。これについては後節で考えることとしたい。

その他、神宮寺や神前読経に関する記事ではないが、関連する二、三の史料も見ておきたい。『日本三代実録』貞観三年正月二十一日条は、東大寺大仏の修理完成にあたって無遮大会を行なおうという記事であるが、ここに「然則使三八幡大菩薩、別得二解脱一、令二諸余名神々力自在一」という一句が見える。また、同三月十四日条はその無遮大会の記事であるが、その呪願文（文章博士菅原是善による）には、「於レ是神霊致レ感、奔為二知識之先一、外道帰レ心、還為二恭敬輩一、何況施身童子、忍辱仙人、天女持レ花、山神献レ菓」「先分二功徳一、救二済神祇一、早脱二威怒之煩一、速趁二慈善之果一」「天神帰依、地霊来集」「部類神祇、或幽或顕、倶乗二梵筏一、早脱二煆宅一」などとある。また、同貞観十六年三月二十三日条は貞観寺の大斎会の記事であるが、その願文にも、「一切神祇、一切霊鬼、雨師風伯、水怪山精、摂二此芳縁一、倶脱二苦業一」と見える。これらにも、神宮寺建立や神前読経の際に語られたのと同質の論理がうかがえると言ってよい。

さて、以上見てきた史料やそこで語られていた思想については、すでに諸先学によってくり返し論じられてきた。その最初は、辻善之助が明治四十年（一九〇七）に『史学雑誌』に六回連載で発表した雄篇「本地垂迹説の起源について[12]」であって、辻は右に引用した史料を含めて多くの史料を逐一掲げて、

扨当時における神仏習合思想については前にも述べた如く、神は仏法を悦び仏法を擁護するといふのにあるのであるが、神は何に由りて仏法を悦び之を護るのであるか。之れは、当時の思想に於て、神も衆生の一なりと考へられたるに由るのである。この神は仏教でいふ諸天善神即それであつて、その諸天は、即人間と同じく、迷界の中の一つであり、猶煩悩を脱せぬものであるが、仏法を尊ぶによりて、之を護衛するものである。

と説いている。そして最後に、論じるところを総括して、日本の「神仏習合」の思想の進展について、

神明は仏法を悦ぶ、……神明は仏法を擁護する、……神明は仏法によりて苦悩を脱する、(神明は衆生の一である。)……神明は仏法によりて悟を開く、……神即菩薩となる、……神は更に進んで仏となる、……神は仏の化現したものである。

と結論づけたのである。

これはまことに見事な立論であって、山折哲雄氏が述べた[13]通り、辻説はゆるぎなき「定説」の位置を占めて今日に至っている。この分野に関する辻以降の研究は、辻説をさらに精緻に展開し、あるいはこうした神仏融合の思想をいくつかの類型に分解して理解を深めようとしてきたが、基本的には辻の設定した枠組を踏み出すものではなく、これを継承してきたと理解してよい。

だが山折氏が整理したように、辻説に対しては、かつて根本的な批判が提起されたことがあった。それは津田左右吉による批判[14]である。津田は、「日本の神を輪廻の苦に悩むものとし、仏法に帰依して解脱を得たいといふ希望を有つてゐるものとしたのは」、仏家の説に他ならないと言い、

神が僧の前に現はれて法を聴いたとか、戒をうけたとか、また済度を乞うたとか、いふ話はいろいろに作られてゐて、高僧伝などにも記してあるから、日本の仏家のかういふ説には、一つは、それから示唆せられたところもあらう。この思想の由来は、いふまでもなくインドにあるが、日本の仏家の考としてはかう見られよう。

と説いている。すなわち津田は、こうした思想を中国仏教の思想を輸入したものと理解しているのである[15]。そしてこうした思想について、

仏家がかう考へたのは、仏家だけの見解であつて、一般の信仰とは関係が無い。

とも断じている。

この津田説は、今日では全くと言ってよいほど顧みられることなく、これを継承する論も管見では見受けないが、筆者は津田説に共感を覚える。ただ津田は一点も史料を掲げず、結論のみを短文で記したので、その論は必ず

しも明快ではなく、説得性にやや欠けていた。しかしながら、筆者は、津田が説いたように、こうした思想は中国仏法の思想を受容したものであると考える。ただ津田は、こうした思想は「一般の信仰とは関係が無い」としたが、筆者は少し考えが違う。確かに当初は一般の信仰・思想とは関係がなかったかもしれないが、やがて仏家以外の人々の信仰にもさまざまな影響を及ぼしていったのではないかと考えている。もちろんこうした思想を展開したのは仏家なのであるが、それが日本でかなり受容されたのではないかと考えるのである。だがそのことについて論じる前に、まず中国仏法で説かれていたこうした思想について、史料にそくして見ておくこととしたい。

三　中国仏法における神

中国仏法においては、神はどのような存在として説明されていたのであろうか。ここでは梁の慧皎（四九七〜五五四）の『高僧伝』[16]、唐の道宣（五九六〜六六七）の『続高僧伝』[17]を中心にこの問題を考えてみたい。両書が中国仏教史研究の基本文献であることは言うまでもない。

まず最初に、注目すべき記事を一つ掲げよう。『続高僧伝』巻二十五（巻三十五とするテキストもある）の「釈法聡伝」である。そこには、

貞観十九年、嘉興県高王神、降二其祝一曰、為レ我請二聡法師一受二菩薩戒一、依レ言為授。又降レ祝曰、自今以往酒肉五辛一切悉断、後若祈レ福可レ請二衆僧一、在レ廟設レ斎行道。又二十一年、海塩県鄱陽府君神、因レ常祭会、降レ祝曰、為レ我請二聡法師一講二涅槃経一、道俗奉迎幡花相接、遂往就レ講、余二数紙一在。又降レ祝曰、蒙二法師講説一、得レ稟二法言一、神道業障多有二苦悩一、自レ聴レ法来、身鱗甲内細蟲噉レ苦已得二軽昇一。願道俗為レ我稽二請法師一、更講二大品一遍一、乃不レ違レ之。

と見える。法聡（五八六〜六五六）は、慧思に従って得度をした人物で、『大品般若経』を誦経し、諸州諸山を遊行して教化を行なっていた僧であった。貞観十九年（六四五）、嘉興県の高王神は「祝」に神がかりして、法聡法師を請じて菩薩戒を受けたいと告げ、受戒がなされた。これ以後、廟では衆僧を招いて設斎や行道がなされたという。また同二十一年、今度は海塩県鄱陽府の君神も「祝」に神がかりして、法聡法師を請じて『涅槃経』の講説を聴聞したいと告げ、講経が行なわれた。そして神は再び祝に憑いて、法師の講説によって「神道」の「業障」による「苦悩」から脱することができたと告げたという。この記事には、神が神道の業障を苦悩であると告げたこと、祝に神がかりしてその意志を伝えたこと、神が経典の講説を聴聞したこと、など日本古代の神仏融合思想と同質の様相がうかがえ、日本のそれの原型を示すものとして極めて注目される。

　この話と同質のロジックを持つ記事は他にいくつも指摘できるが、そうした史料の最初にまず掲ぐべきは、安世高（生没年不詳）が廬山に赴き、䢼亭の湖廟の神を済度したという説話であろう。この話は、『高僧伝』巻一の「安世高伝」に見えるが、僧祐（四四五〜五一八）の『出三蔵記集』(18)の僧伝の部の冒頭に収める「安世高伝」にもほぼ同内容・同表現で見える。ここでは『出三蔵記集』巻十三から引用しておこう。

我当下過二廬山一度中昔同学上、行達二䢼亭湖廟一。此廟旧有二霊験一、商旅祈禱乃分二風上下一、各無二留滞一、嘗有下乞二神竹一者上、未レ許輙取、船即覆没、竹還二本処一。自レ是舟人敬憚、莫レ不レ懾レ影。世高同旅三十余船、奉レ牲請レ福。神乃降レ祝曰、船有二沙門一、可二便呼上一。客咸驚愕、請二世高一入レ廟。神告二世高一曰、吾昔在二外国一、与レ子倶出家学道、好行二布施一、而性多瞋怒。今為二䢼亭湖神一。周廻千里並吾所レ統。以二布施一故珍玩無数、以二瞋恚一故堕二此神中一。今見二同学一悲欣可レ言。寿尽二旦夕一而醜形長大、若於レ此捨レ命、穢二汚江湖一、当レ度二山西空沢中一也。此身滅恐堕二地獄一。吾有二絹千匹并雑物一、可二為レ我立レ塔、営レ法使レ生二善処一也。世高曰、故来相度、何不レ見レ形。神曰、形甚醜異、衆人必懼。世高曰、但出、衆不レ怪也。神従二床後一出レ頭、乃是大蟒蛇、至二世高膝辺一、涙落如レ雨、不レ知二尾之長短一。世高向レ之胡語、傍人莫レ解。蟒便還隠。世高即取二絹物一、辞別而去。舟侶颺レ帆、神復出二蟒身一、登二山頂一而望二衆人一、挙レ手然後乃滅。倏忽之頃、便達二予章一、即以二廟物一造二立東寺一。世高去後、神即命過、暮有二一少年一、上レ船、長二跪世高前一、受二其呪願一、忽然不レ見。世高謂二船人一曰、向之少年、即䢼亭廟神、得レ離二悪形一矣。於レ是廟神歇没、無二復霊験一、後人於二西山沢中一、見二一死蟒一、頭尾相去数里、今尋陽郡蛇村、是其処也。

なお、『高僧伝』では、右の「堕此神中」の一句は「堕此神報」となっている。大意に差はないが、「神報」という表現が注目されるので付記しておく。また『高僧伝』には、別伝に云くとして、「度二䢼亭廟神一、為立レ寺竟」という一句も見える。

さて、安世高は言うまでもなく、初期中国仏法の代表的人物で、中国仏法史を語る際には必ず言及される重要人物である。右の記事によるなら、彼は昔の同学を済度せんと述べて廬山に赴いた。ここの湖廟の神は霊験があることで有名であった。神は「祝」に神がかりして、船中の沙門を呼ぶように告げた。廟に入った安世高に対し、神は次のように身の上を語った。自分の前生は外国の出家者で、布施をよく行なったが、瞋怒の心がやまず、そのため神に堕してここの湖神となった、後生は地獄に堕ちるにちがいない、絹や雑宝物を布施するから、自分のために塔を建立してほしい、と。この神が姿を現わすと、それは長大な大蛇であった。安世高が布施を受け取って舟で進むと、神は再び蛇の姿を現わし、山頂に登って手をあげ、やがて死滅した。安世高は絹などの廟物を財源に東寺を建立した。去ろうとしたところ、一人の少年が現われ、ひざまずいて呪願を受けた。神が悪形（蛇）を離れて転生したのがこの少年であった。のち、山中で蛇の死骸が発見されたという。

この話には注目すべき点が数多く見られる。まず基本的な話の構成として、神を仏法の済度の対象と位置づけていることが何と言っても重要であろう。「神報」という表現も、多度神宮寺の縁起に見える「神道報」や、『日本霊異記』下巻第二十四の「獼猴報」と近似している。次に、この神は仏法の力によって悪形を「離」れて少年に転生することができたが、これは〈神道離脱〉そのものと理解してよかろう。また「神宮寺」「神願寺」といった語句表現は見えないが、神のために寺を建立するという考え方が存在していたことも確認できた。また神が祝に憑いてその意志を伝えていることも、日本古代のそれと同じである。以上の様相は日本古代の神仏融合の考え方に類似しており、その原型を示すものとして注目される。

次に、神が語った前生譚や布施の話も興味深い。湖廟の神は、前生では外国で僧として仏道修行をしていたという（安世高〈あるいはその前生〉はその時の同学であったのだろう）。だが、三毒（貪・瞋・癡）の一つたる瞋の心を克服することができず、蛇の身をうけて神となってしまった。しかし布施をよく行なったという善根もあったので、珍玩には恵まれたという。しかして、『日本霊異記』下巻第二十四の陀我の神も、前生は外国（東天竺）の王であった。彼は僧の従者の人数を制限したためにサルの身をうけて神となってしまったが、一方で僧の修行を妨げなかったという善根もあったので、それで済んだのだという。筆者は、この二つの前生譚は、ほぼ同構造であるように思う。

また陀我の神には読経の供養料が要求されたが、それは社に朝廷から与えられた籾であった。これは、廟物たる絹・雑宝物を布施として提供したこの話と近似している。そもそも済度には布施が必要であるという論理自体が両話同一と言わなくてはならない（なお『高僧伝』巻十二の曇邃伝では、白馬塢の「神祠」の神が曇邃に説法を請い、講説ののち「白馬一匹・白羊五頭・絹九十匹」が布施として提出されたという。大正蔵No.2059, 406c）。『日本霊異記』の諸説話に中国仏法・中国思想の影響が見られることは、これまでも指摘されてきたが、この下巻第二十四も中国仏法の影響を斟酌して理解する必要がある。

さらに、廟の神が蛇の姿をしていたということがまた注目される。『高僧伝』『続高僧伝』では、神はしばしば蛇（もしくは龍）や虎の姿をして現われる。それは枚挙に遑がないほどである（なおサルの場合も一例ある、『続高僧伝』巻二十一慧主伝。大正蔵No.2060, 612b）。蛇や虎は山神である場合も多い。この話でも、蛇は湖廟の神であったが、山頂・沢といった話の展開から考えて、同時に廬山の神でもあったと理解できる。しかして、日本古代において、神あるいは山の神が蛇の姿をしていたことが少なくなかったことは、ここにあらためて述べるまでもないことであろう。神は蛇の姿をしているという日本古代の神観念は、中国の宗教思想の影響を受けているのではないかと筆者は考えている。

また廟の神の属性として瞋（いかりの心）が語られていることも大変興味深い。日本の神もしばしば荒ぶる神としていかりをあらわし、制裁を下すことがあった。こうした神の属性は、中国のそれと共通すると考えられる。なお、荒牧典俊氏によれば[19]、安世高のこの話は慧遠の『廬山略記』にすでに言及されており、東晋以前に成立していたと考えてよいという。この説話は早くに成立し、以後の中国仏法界で書き継がれ、語り継がれていったと考えてよいだろう。

続いて、『高僧伝』からいくつか注目すべき記事を見ていきたい。巻四の「于法蘭伝」を見よう。于法蘭は山で修行をしていた。そこに虎が現われて彼の房に入ったが、虎はさからうことなく、よく馴れた。そして「山中の神祇、常に来りて法を受」けたという（大正蔵No.2059, 349c）。

また巻四の「竺法崇伝」では、竺法崇が麓山で修行していると、「山精化して夫人と為り、崇に詣りて戒を請ひ、所住の山を捨てて寺と為」したという（同350c）。ここでは、山の精は女性に化して出現している。

次に巻六の「釈曇邕伝」も興味深い。曇邕は、廬山の西南に「茅宇」を造って、弟子の曇果とともに修行をしていた。ある日、曇果は「夢」に「山神」が五戒を受けたいと求めるのを見た。少したって、「邕、一人の単衣帽を着け、風姿端雅なるが、従者二十許人にて、五戒を受けんことを請ふを見る。邕、果の先の夢を以て、是れ山神なるを知り、乃ち為に説法授戒」をなしたという（同362c）。ここでは「山神」は「夢」でその意志を伝え、また現前に出現した時は、常人とは異なる特別の姿をしていた。

また巻十一の「帛僧光伝」も注目される。帛僧光は石城山に赴いた。山民が言うには、この山中には「猛獣の災」があり、「山神」がほしいままに暴れるので人跡が久しく絶えているという。しかし帛僧光は恐れることなく山に入った。大風雨があり、群虎が号鳴した。山の南には「一石室」があった。三日を経て、「夢に山神を見る。或は虎形と作し、或は蛇身と作し、競い来って光を怖れしむ。光、一に皆恐れず。三日を経て、又夢に山神を見る。自ら言ふ、移って章安県の寒石山に往きて住す。室を推して以って相奉ず」という(同395c)。ここでも、「山神」は虎や蛇の姿をして現われている。また「石室」は山神の居所であるが、山神は帛僧光にこの室を奉ると「夢」で告げ、寒石山に去っていった。のち、この山には「寺舎」が建立されたという。

このような、神が僧に山を奉ったという話は、他にもいくつか見える。同巻の「竺曇猷伝」は、右の「帛僧光伝」とほぼ同工異曲である。竺曇猷は赤城山に行き、「石室」で坐禅をしていた。そこに猛虎や壮蛇が現われ出てたが、危害を加えることはなかった。のち「神形を現し、猷に詣りて曰く、法師の威徳既に重く、来りて此の山に止る。弟子輙ち室を推して以って相奉ぜん」と告げて、この山を彼に奉って去っていった。この神は、この山に二千余年ほど居住するものであったが、「家舅」が寒石山にいるので、そちらに移るのだという。また竺曇猷は天台山にも登ったが、そこで彼は一人の「鬚眉皓白」なる者を見た。彼は「山神」であった。竺曇猷が「一石室」を発見して中で休息していると、再び神が来て、これは自分の居所であると告げた。竺曇猷が譲ってほしいと願うと、神はこれをきき入れ、「請ふ、留りて住せしめよ」と告げたという(同396ab)。

また同巻の「支曇蘭伝」もほぼ同様の話で、神は自身が居住する山である赤城山を支曇蘭に奉ったという。なおこの話でも、神は戒を受けたのち、布施として銭一萬、蜜二器を提出したという(同396c)。

ところで、先に見た空海作の「沙門勝道歴山水瑩玄珠碑并序」には、勝道は苦労して人跡未踏の山に登り、そこで「神窟」を発見したとあった。また山の偉容を龍や虎にたとえて形容し、「霊仙」「神人」「餓えた虎」などを修辞に用いていた。空海は、中国仏法に関する豊かな教養に基づいてこの一文を草したと見てよく、勝道自身の活動にも、またそれを記述した空海の文章にも、中国仏法の影響が色濃いと考えてよい。

さらに、『高僧伝』巻五の「釈曇翼伝」もまた興味深い。曇翼は、巴陵の君山に入って木を伐った。この山は

「霊異」に満ちており、人々のはばかる山であった。彼が進むと、「白蛇数十」が現われて進路をさえぎった。そこで居所に還って「山霊」を請じ、神に対して自分は寺を造立するために木を伐ったのであると告げた。すると夜、「夢」に「神人」が現われて、「三宝」のために用いるのであれば自分は随喜するところである、ただし余人がみだりに木を伐ることはこれを認めない、と告げたという（同355c）。この話でも、神は蛇の姿で現われ、「夢」でその意志を伝えている。またここで語られる木の伐採の話が興味深い。神は木の伐採を容易には認めなかった。なぜだろうか。木はもちろん山の一部であるから、神の一部でもある。実際、中国の聖なる山には山神とあわせて「樹神」も存在していた。すなわち、『高僧伝』巻九の「単道開伝」に「樹神或は異形を現して」（同3987b）と見え、『続高僧伝』巻十六の「釈僧稠伝」に「樹紳、道を遮ぎれば」（大正蔵No.2060, 555a）と見え、同巻二十七の「釈静藹伝」に「天人修羅、山神樹神、道を求むる者有らば」（同627b）などと見えるのがそれである。

さらに『続高僧伝』巻十九の「釈智晞伝」では、「香鑪峯の山巌峻嶮にして林木の秀異なる有り。然るに彼の神祇、巨に霊験ありて、古より已来、敢て其の峯崖を視ること無し。況んや登践して而も採伐する者有らんや」という、「其の香鑪峯の檉柏は、木中の精勝なり」という。智晞は経の台に用いる材木を必要としていたのだが、「山神護惜す、造次にすべからず」と述べて採伐をやめることとした。するとその夜の「夢」に、「香鑪峯の檉柏樹、尽く皆経台に捨給す」という神のお告げがあり、ついに山に入って採伐したという（同582b）。ここに見える「檉柏」は「びゃくしん」で、檜の類の樹木である。この樹は、山神の住むこの聖なる山の中の最も聖なる木であった。右に見てきたように、山の樹木は聖なるものと考えられており、神そのものと認識されていた。それ故、みだりにこれを伐採することは許されなかったが、中国仏法では、仏法のため、寺院造立のために伐る場合は神もこれを喜び認めると説いていた。

ここで再び、多度神宮寺の縁起を想い起こそう。そこには、多度神が三宝に帰依したいと告げたので、満願禅師が「神坐山」の「南辺」を「伐掃」して小堂および神像を造立したとあった。ここに中国仏法の思想の影響を感じる。多度神宮寺は、神の坐す山の聖なる木を伐採して造立された寺院であったが、それは日本独自の思想に基づく寺院建立ではなく、中国仏法の思想の系譜を引く寺院建立と理解すべきである。なお日本には、聖なる山の領域、あるいは山岳寺院の領域内の樹木をみだりに伐採することを禁じる考え方が見られるが、この考え方の源流は中国仏法に遡ると理解しなければならない。

そもそも中国仏法には、山岳仏法という色彩が色濃い[20]。中国には、仏法受容以前から聖なる山に対する信仰があり、「名山大川[21]」に対する祭祀が重視されていた。こうした山に対する信仰は、中国に仏法が受容された後も、中国仏法に継承され、あるいは道教の世界で独自の展開を遂げていった。中国の僧の中には、「名山」を歴巡って修行につとめる者が少なくなかった。たとえば、『高僧伝』巻十一の竺僧顕は「名山を歴」た（大正蔵 No.2059, 395b）といい、『続高僧伝』巻六の曇鸞は「名山に往」った（大正蔵 No.2060, 470b）といい、同巻十六の智遠も「名山を歴」た（同556a）といい、また巻二十五の法安も「名山に仕」った（同652a）という。『高僧伝』『続高僧伝』では、多くの僧がさまざまの山に入って活動している。寺院も山に多数建立された。これまで見てきたような、神をめぐる説話は、そうした状勢の中で仏法側から語られた話であった。そこでは神たちは、仏法に帰依することによって、神道の苦悩からのがれたり、神という身を脱したり、あるいは他の山に転居していったりした。一方、仏法に帰依した後もそのまま神として山に残り、「善神」として寺や僧を守護するものもあった。

『高僧伝』巻三の「求那跋陀羅伝」を見てみよう。彼は「鬼神」たちに対して、「汝が宿縁此に在り。我、今、寺を起て、行道礼懺、常に汝等が為にす。若し住せば護寺の善神と為れ、若し住すること能はずんば各安んずる所に随へ」と呼びかけたという（大正蔵 No.2059, 344c）。ここに見える「宿縁」「護寺善神」という表現および概念は大いに注目されるところである。また同巻十一の「釈慧明伝」では、「一女神」が現われ「常に護衛を加へん」と称して慧明を守護したという（同400b）。

さらに『続高僧伝』を見ると、巻十五の「釈智徽伝」には「まことに善神の送る所なり」（大正蔵 No.2060, 541c）

とあって「善神」が僧を守護しているし、巻十六の「天竺僧仏陀伝」にも「善神常に随ひて影護することを感じ、亦食を設けて之を祠饗せしむ」とある（同551b）。あるいは巻六の「釈慧韶伝」では、神が慧韶の講経を聴聞したのち、「願はくは法師常に此に在りて法を弘めよ。当に相擁衛すべし」と述べて法師を守護することを宣言し、のちに流行病が鎮静した際には「寺神の護る所」であると理解されたという（同471a）。また巻二十五の「釈慧瑱伝」では、彼が「深山」に隠ったところ、異形の「山神」が現われて弟子となり、「弟子も亦能く師を護らん」と告げて彼を守護したという（同649c）（なお「深山」という表現は前掲の若狭の神願寺の史料にも用いられていた）。

このように、中国仏法には、神を「善神」「護寺善神」「寺神」「護塔善神」[22]、あるいは「護法神」[23]などと称して、僧や寺さらには仏法を守護する存在と位置づける思想が見られる。日本古代の神仏融合を語る際にしばしば論及される〈護法善神〉の思想は、系譜上はもちろんインド仏法まで遡るものであるが、直接的には中国仏法で説かれていた思想を受容したものと理解すべきだと考える。

次に神像についても興味深い記述が見られる。多度神宮寺の縁起には、「神御像」を造立す、とあった。これは日本の神像の文献上の初見であって、日本の神像が神仏融合の潮流の中から発生してきたことを示す重要な記述と位置づけられている[24]。しかして、先にも引用した『続高僧伝』「天竺僧仏陀伝」には、「善神常に随って影護することを感じ、亦食を設けて之を祠饗せしむ。後報終らんと欲して、房門の壁に在りて手づから神像を画き、今に于て尚存す」（同551b）とあって、善神の「神像」（画像である）が「手づから」造立されたことが知られる。中国においても、神像はこうした神仏融合の展開の中で造立されていた。しかも高僧が自ら画いたというモティーフが語られていることも注目される。日本古代の神像造立の思想もまた、中国の融合思想の影響を受けたものと理解してよいと考える。

本節の最後に、その他の二、三の事柄について言及しておきたい。一つは神に対する読経である。『続高僧伝』巻十六の「釈僧達伝」では、僧達は「山神」のために弟子を遣わして『金光明経』を読経せしめている（同553b）。

神に対しては、経典の講説と並んで読経も行なわれていた。もう一つは、最澄が夢に見た「梵僧」についてである。『高僧伝』でも巻八の「釈慧基伝」や巻十一の「釈玄高伝」では、夢に梵僧が現われている（大正蔵 No.2059, 379b, 397a）。最澄はおそらく、中国仏法のこうした夢に関する知識を十分に持っており、それが前提となって夢に梵僧を見たのだろう。さらに、『叡山大師伝』の山中の名香の話や賀春神の光の話であるが、『高僧伝』『続高僧伝』には、何らかの奇瑞が示される時、異香がただよったとか常ならぬ光が発せられたとする件りが数多く見える。こうしたモティーフもまた、中国仏法のそれを受容したものと考えられるのである。

以上、筆者は日本古代の神仏融合に見られる〈神道離脱〉や〈護法善神〉の思想、また神宮寺建立や神前読経の際の説明・用語は、中国仏法で説かれていた融合思想をほぼそのまま受容したものであると考える。中国では、仏法伝来以来、仏法と他の宗教・思想とがあるいは対立し、あるいは融和しながら、複雑な緊張関係をもって宗教史が進展していった。そうした中で、仏法はしだいに中国社会に定着し、インド仏法とは少しく色合を異にする中国仏法が形成されていった。もとよりインド仏法においても、在来の神々との融合は広く見られるが、中国仏法もまた、在来の神祇信仰と折合をつける論理を展開していった。そうした論理は、中国に仏法が浸透する上で必要なものであった。それ故、中国仏法にとって、神仏融合思想は決して副次的な思想ではなく、中国仏法の中核を担う思想の一つと評価すべきだと考える。それは「教義」ではないのかもしれないが、重要な思想であった。

古代の日本は中国仏法を受容したが、その際、その中核的思想の一つである神仏融合思想も除外することなくこれを受容した。もっとも津田が正しく指摘したように、中国仏法で説かれていた神仏融合思想の中にはインドに起源をもつものもある。しかし、古代の日本が受容した仏法はインドの仏法ではなく中国の仏法であった。それ故、日本古代の神仏融合を考察するには、まず中国のそれと比較することが第一なのであって、津田が述べたように、日本古代の仏家は中国からこれを学んだのである。では、日本古代の仏家たちは、いかようにそれを受容し、実践したのであろうか。

四　神仏融合思想の受容と実践

中国仏法で説かれていた神仏融合思想の受容をめぐっては、次の二つの問いを考察する必要があろう。一つは、日本はこの思想を中国から直接受容したのか、それとも朝鮮半島を経由して朝鮮仏法を通じて受容したのか、という問いである。もう一つは、日本がこの思想を受容した時、中央で受容してそれが地方に展開したのか、それとも地方が直接これを受容したのかという問いである。

朝鮮半島においても、山に対する信仰は顕著に存在していた。『三国史記』祭祀志によれば、新羅の祭祀は、大祀の三山をはじめとして、中祀の五嶽、小祀の諸岳など、名山に対する祭祀がその中心となっていた。そして仏法受容以後は、仏法と山岳信仰とが結びついて、山岳仏法が発達していった。朝鮮半島の宗教のこうした様相は、中国の影響を受けたものと考えてよく、朝鮮独自の個性を軽視することはもちろんできないが、中国文明圏に共通する特色と理解することができる。神仏関係に関しても、朝鮮仏法には中国のそれと類似した様相がうかがえる。史料は後年のものであるが、『海東高僧伝』『三国遺事』を見ると、山中で僧と神とが問答をしたとか、神が僧に済度を求めたとか、戒を受けたとか、経典の講説を聴聞したとか、あるいは神が僧を護衛したといった話が散見する。ただ、神が自分の身の上について、「神道」の「報」を受けて「苦悩」しているので、神の身を「離」れたいと希望するというような記事は、管見では発見していない。また神の姿についても、龍や虎と並んで熊が見られるなど、中国とはやや異なる個性が見られることも軽視できない。だが、そうした差異はもちろん見られるのだが、全体としては、中国仏法で説かれていた神仏関係は朝鮮仏法にも及んでいたと理解してよい。

では、日本はそれを朝鮮仏法を通じて受容したのか、それとも中国から直接受容したのか。もとよりそれを確定できるような史料はないから推測に頼らざるをえないが、中国から直接受容したのではないかと考えている。六、七世紀の日本の初期仏法に朝鮮仏法の影響が著しいことはすでに指摘されている通りであろう[25]。だが八世紀になると、朝鮮仏法との交流ももちろん継続したが、その一方、中国仏法との交流が前代よりも深まり、中国仏法にこそ範を求めたいとする気運がしだいに高まっていった。大宝の遣唐使は久方ぶりに再開された遣唐使であったが、これによってさまざまな人的交流や文物の伝来がなされたことは、こうした潮流を一層加速させた。しかして、日本で〈神道離脱〉や〈護法善神〉の思想、また神宮寺建立や神前読経のロジックが語られるようになるのは、まさしく八世紀前半からであった。しかもそれは前史なしに[26]、一気に語られはじめたと考えてよい。筆者は、こうした思想はおそらく、中国から直接もたらされたのではないかと推測する。

ここで考うべきは、『高僧伝』『続高僧伝』といった書物の日本伝来の問題である。「正倉院文書」によれば『高僧伝』は天平十四年（七四二）、『続高僧伝』は天平十一年の日本に存在していたことは確実である[27]。だが、より注目すべきは、津田左右吉[28]や井上薫[29]が指摘したように、『日本書紀』の潤色の材料に『高僧伝』が用いられていることである。たとえば欽明十三年紀の仏法初伝記事は、『金光明最勝王経』などとあわせて『高僧伝』によって潤色されているが、井上薫によれば、この作業は道慈の手によると考えてよいという。すなわち、道慈は大宝二年（七〇二）に入唐して、長安の西明寺にて留学生活を送り、養老二年（七一八）十二月に帰国した。以後同四年の『日本書紀』奏上までの間編纂作業に関わり、仏法関係記事の叙述に関与したという。これは支持すべきすぐれた見解だと考える。ところで彼が唐で学んだ西明寺は、『続高僧伝』の著者である道宣が活躍した寺であった。道慈は『高僧伝』とあわせて『続高僧伝』にも通じていたと考えてよいと思う。以上、遅くとも養老二年までには少なくとも『高僧伝』は日本に伝来しており（おそらく『続高僧伝』も）、『日本書紀』奏上の頃には、日本の中央仏法界で一定程度は読まれていたと考えてよい。両書を日本に伝えたのが道慈であるかどうかは史料を欠くが、少なくとも両書の普及に彼の力が大きかったことはほぼまちがいない。

ただ、書物の伝来・流布と思想の伝来・流布とは区別して考えねばならない事柄なのかもしれない。中国的な神

仏融合の思想を、道慈が中心となって宣揚・実践していったかどうかは、史料を欠く。ただ、『日本書紀』仏法初伝記事の、

我国家之、王㆓天下㆒者、恆以㆓天地社稷百八十神㆒、春夏秋冬、祭拝為ㇾ事。方今改拝㆓蕃神㆒、恐致㆓国神之怒㆒。

という部分は、『高僧伝』巻九の「竺仏図澄伝」の、

夫王者郊㆓祀天地㆒、祭㆓奉百神㆒、載在㆓祀典㆒、礼有㆓嘗饗㆒。仏出㆓西域㆒、外国之神、功不ㇾ施ㇾ民、非㆔天子諸華所ㇾ応㆓祠奉㆒。　（大正蔵 No.2059, 385c）

による潤色（もしくは造作）である。これは神仏関係に関する記述である。とするなら、この部分を記述したと推定される道慈が神仏関係に関心が薄かったとは考えにくい。むしろ大いに関心を持っていたと理解すべきであろう。筆者は、奈良時代の仏法界で唱えられた神仏関係の説明には、道慈の見解が多大な影響を与えていたのではないかと推測している。

次に第二の問題であるが、第一の問題を右のように理解するなら、神仏融合思想はまず日本の中央にもたらされ、それが地方に展開していったと理解するのが妥当であろう。〈神道離脱〉の思想が説かれて神宮寺が建立されたのは、気比、若狭、多度といったようなそれぞれ別々の地域であり、また神前読経が行なわれたのは三上神社というまた別の場所であった。しかしながら、そこで示された論理や用語は同質のものであって、極めて類似している。別々の地域で、これほど類似度の高い思想および用語が、それぞれ独自に受容され展開したとは考えにくいから、この点から考えてみても、中央で受容されてそれが地方に展開していったと理解するのが自然であろう。また「武智麻呂伝」の作者の延慶は、中央で活躍したと考えられる僧である。(30) 彼のような僧が〈神道離脱〉や神宮寺建立の思想を書き記していることを考えるなら、こうした思想を地方から発生したもの、下からのものと理解することは疑問である。筆者は、〈神道離脱〉の思想もまた〈護法善神〉の思想も、ひとまとめに中国から日本の中央にもたらされ、それが地方に展開していったのではないかと考える。

かつて田村圓澄氏[31]は、神身離脱の思想と護法善神の思想とを別系列の思想として区別すべきことを提起した。すなわち、前者は地方神を信仰する場、つまり地方で、国家的観点とは別の次元から、民衆を通じて下から発生した神仏関係であるのに対し、後者は、伊勢・賀茂・八幡などの中央神を対象に、国家が上から規定していった神仏関係に他ならないとしたのである。また速水侑氏も[32]、高取正男氏の説を吸収・発展させて、後者は律令国家の官僧によって称えられた思想であるのに対し、前者は在地の勧進僧によって称えられた別の思想であると理解した。一方、逵日出典氏[33]は、習合現象は地方から発生し、やがてそれが中央にも及んだと理解している。しかしながら、こうした論は、このようなスタイルの神仏融合が日本の内部で自生的に発生し、また内在的に発展・展開していったという前提に立った論であって賛成することができない。

むしろ考うべきは、こうした思想がどのような経路で受容されたのか、中央の受容と地方の受容とに差異はあるのか、という点であろう。また、〈神道離脱〉の思想と〈護法善神〉の思想とを別系統の思想とするのが妥当かどうかも再考する必要がある。『続日本紀』天平神護二年（七六六）七月丙子〈二十三日〉条「遣レ使造二丈六仏像於伊勢大神寺一」によるなら、この時点で伊勢大神寺（伊勢大神宮寺）が存在していたことは確実である。また『日本高僧伝要文抄』所引『延暦僧録』の「沙門釈浄三伝菩薩伝」（文室真人浄三、智努王）によれば、彼が死去する宝亀元年（七七〇）以前に大神神社に「大神寺」が存在していたことは確実である。両寺ともその創建はもう少し遡るのであろう。これら両寺の創建に関する史料は残されていないから、そこで〈神道離脱〉や〈護法善神〉の思想が語られたのか、語られなかったのかは、不明としなければならない。伊勢神宮、大神神社といった政府にとって重要な神社に、どのような思想に基づいて神宮寺が建立されたのかは、史料は何も語らない。筆者には、中央神に関わる神宮寺を、気比、若狭、多度などと対照的に捉える見解には、さしたる論拠があるとは思われない。むしろ、政府にとって重要な神社にも、多度神宮寺などとほぼ同時期に、相前後して神宮寺が建立されたということを、一系列の動向の中に捉える方が自然なのではないかと思う。

また、最澄や空海という入唐経験があり、かつ中央で活躍した僧に関連する史料ではあるけれど、補陀洛山神宮寺や香春神宮寺といった地方の神宮寺でも、「善神」が「守護」するという思想が語られていたことも軽視できない。おそらく、この二寺に限らず、地方の神宮寺でも「善神」、「守護」神、「護法善神」の思想が広く語られていたと見るべきではないだろうか。景戒のような地方で活動した人物の著作『日本霊異記』に、神が仏法の済度を願った話（下巻第二十四）と並列して、護法・善神・護法神が語られる話がいくつか見られること（中巻第一、第三十五、下巻第十、第十八、第二十九、第三十三）も看過できない。そもそも中国仏法では、〈神道離脱〉の思想と〈護法善神〉の思想とがことさらに区別されていたわけではなく、同系列の文脈の中で語られていた。日本においても、この両思想を別系列の思想と見る必要はないと考える。

また、日本の神仏融合は地方からはじまったとする見解も筆者は採らない。伊勢大神宮寺や大神寺の創建年代が確定できない以上、中央が地方より遅れてはじまったのかどうかは確定できない。日本における神仏融合は、八世紀前半頃にはじまり、中央・地方を通じてほぼ同時に、並行して進展していったと理解するのが穏当だと思う。

以上、筆者は〈神道離脱〉〈護法善神〉といった神仏融合思想は、中国から日本の中央にもたらされ、それが地方に展開していったと考えるが、ただここで二、三言及しておかねばならぬ問題がある。一つは宇佐八幡神宮寺（『日本霊異記』下巻第十九では「大神寺」と称している）の問題である。本章では、八幡神の問題に触れることができなかったが、宇佐のみは思想流入の経路が別であった可能性を考えておく必要があるかもしれない。宇佐の場合は他とは異なり、中央経由で融合思想がもたらされたのではなく、中国もしくは朝鮮半島から直接こうした思想が流入し、独自に融合思想が発展していったという可能性があろう（本書第I章参照）。

もう一つは、国家の関与の問題である。神宮寺の建立に関しては、政府が積極的に推進して全国に展開していったという様子はうかがえない。全体として国家の関与はあまり見られない。伊勢については丈六仏の造立など関与がうかがえるが、多度にしても鹿嶋にしても、建立に関与したのは郡司クラスの地方豪族層であった。すなわち多度神宮寺の場合、桑名郡の主帳が銅鐘および鐘台の造立を行なったというし、鹿嶋神宮寺の場合、『類聚三代格』巻三、天安三年（八五九）二月十六日太政官符によれば、「元宮司従五位下中臣鹿嶋連大宗」「大領中臣連千徳」らが「修行僧満願」とともに寺院を建立したという。なお同巻二、嘉祥三年（八五〇）八月五日太政官符によれば、それは天平勝宝年中（七四九～七五六）のことで、満願がこの郡に到来し、神のために発願して建立したのだという（本書第Ⅰ章参照）。一方、気比神宮寺の場合は、『家伝』「武智麻呂伝」によれば、藤原氏がその建立に関わったことが知られる。

このように、神宮寺の建立には国家が関与することもあったが、国家とは別に「地方豪族の仏法」や「貴族の仏法」の場でも実践活動が展開していた。ここで注意しておきたいのは、政府が地方のこうした動向に対し、警戒的抑圧的な姿勢をとったという様子が全く見られないことである。むしろ、地方の神宮寺に対して度者を与えるなど好意的な姿勢を示したという記事がいくつか見える。のちには定額寺となった神宮寺もある。多度神宮寺にしても、中央仏法界で僧綱の要職を務めた賢璟が訪れて活躍している。地方の神宮寺は国家によって建立されたものではなかったが、しかしまた反国家的な存在であったわけでもない。度者・定額寺という点から考えるなら、何らかの形で中央とのパイプを持っていた寺が少なくなかったのではないかと考える。

そこで最後に、満願[34]をどう理解するかについて述べておこう。満願は、鹿嶋神宮寺や多度神宮寺を建立した遊行の僧であったが、『筥根山縁起并序』によれば、箱根山の中興の開山（事実上の開山と見てよいと思う）も彼であったという。万巻上人について記すこの史料は、建久二年（一一九一）七月二十五日の奥書を持つが、その述べるところは、後代的潤色が著しく、すべてを信じるわけにはいかない。だが、彼が天平宝字頃に箱根山に入り、神仏をまつり、おそらくは神宮寺を建立した[35]ということは、諸先学が述べた通り、おおむね事実と認めてよいであろう。満願は、諸国諸山を精力的に歴巡って、神宮寺を建立するという営みを実践した僧であった。

ここで筆者は、『高僧伝』『続高僧伝』に見える高僧たちを想起する。彼らは、「名山」を歴巡り、「深山」に入り、神たちを済度し、寺を建立した。満願の活動は、そうした中国の僧たちの活動の模倣、実践なのではないかと考える。聖なる山、山神の住む山、そうした山に入り、神たちを済度し、あるいは善神に転化せしめて、そこに寺院を造立する――これは中国仏法で盛んに行なわれていた営為そのものである。補陀洛山神宮寺を建立したという沙門勝道も、空海の文章が中国仏法的レトリークに満ちているという点を割引いて考えねばならないが、勝道自身に満願と同質の性格を認めてよい。また勝道のような人物の伝を、中央の僧たる空海が書き記したということ自体にも注目する必要がある。満願にして、勝道にしても、中国仏法に関する知識を十分に持った上で、その実践活動を展開していったにちがいないと考える。

津田左右吉は、神仏融合思想について、「仏家がかう考へたのは、仏家だけの見解であつて、一般の信仰とは関係が無い」とした。津田の指摘した通り、こうした思想は仏家による仏家の思想に他ならない。こうした思想が日本に伝来した当初は、仏家だけのものであったことは指摘の通りであろう。しかし、満願や勝道などによる実践活動が進展していくと、それは日本の風土にもよくなじみ、多くの人々の支持を獲得していった。やがて、このような思想や実践は「一般の信仰」と大いに関係を持つようになっていったと考える。多度神宮寺では、私度沙弥法教が中心となって、「伊勢美濃尾張志摩并四国道俗知識等」が引導されて、諸堂が造立されるに至ったのである。

むすび――同一性と差異

日本固有の神信仰と外来宗教たる仏法、この内なるものと外なるものとを一つに融和させた「神仏習合」は、わが国独自の特異な宗教文化であり、日本宗教史の最大の特質の一つである――従来、神仏融合をめぐっては、しばしばこうした見解が説かれてきた。その上で、古代史の分野では、その発生や初期の特質がさまざまに議論されてきた。しかし、これまで考察してきたように、こうした見解には疑問がある。日本古代の神仏融合を語る時に必ず取り上げられる〈神道離脱〉の思想や〈護法善神〉の思想、あるいは神宮寺建立や神前読経のロジックは、中国仏法で広く説かれていた思想であって、日本古代のそれは中国仏法の思想を受容したものに他ならないと考える。

最後に、日中の差異について若干触れてむすびとしたい。宗教や思想の受容はしばしば変容を伴う。神仏融合思想にもそうした側面はあって、筆者は日本古代の神仏融合が中国の神仏融合と全く同一であるなどと主張するつもりはない。もとより、中国の神祇信仰と日本の神祇信仰とには小さくない差異があるし、中国仏法と日本仏法とにもまた差異がある（ただし日中の神祇信仰にはまた同一性も少なくなく、両者を比較検討することは大きな課題だと考える。日本の神祇信仰を「固有信仰」「日本固有の神信仰」と見る考えには従えない）。日中の神仏融合にも差異が見られるのは当然のことである。

大切なのは、両者を比較して、また朝鮮半島のそれとも比較して、同一性と差異とを明らかにすることであろう。日中の同一性については本章で多々考察してきた。だがその一方、注目すべき若干の差異もまた見られる。日本古代の神仏融合には見られるが、中国には見られないものとしては、

(a)神宮寺・神願寺という呼称
(b)神に対する菩薩号の付与
(c)神もしくは神社に対する度者の付与[36]

の三点が指摘できる[37]。

中国では、神などをまつる施設は、「祠」「廟」「神祠」「仁祠」などと呼ばれることが多く、「神宮」「神社」などと呼称することはほとんどなかった[38]。前川明久氏によれば[39]、「神宮」と称したのは新羅であった。しかしながら、新羅においても「神宮寺」という呼称となると、管見の限り見当たらない。「神宮寺」という呼称は、日本で神宮という呼称が定着した後に、独自に生み出された呼称である可能性が高い。ただ注意すべきは、日本の初期の神宮

寺がすべて「神宮寺」という呼称で統一されていたわけではないことである。それらは多く「神宮寺」と称したが、一方、「神願寺」「大神宮寺」「神宮院」「大神寺」などと称することもあった。日本古代においては、「神宮寺」という呼称が普遍的であったわけではなく、さまざまな呼び方があり、やがてそれらが多く、「神宮寺」という呼称に収斂していったと理解すべきであろう。なお「神願寺」という呼称もまた、中国や朝鮮(40)には見られないものと考えられる。

以上、(a)(b)(c)は注目すべき日中の差異であるが、ただ中国史料は厖大であるから、検索が不十分なため重要な史料を見落としている可能性もなおある。この点、中国仏教史の専門家ではない筆者は不安を覚える。これら三者に関するさらなる検討(41)、および次の時代に流行する本地垂迹説に関する検討は、今後の課題とさせていただきたい（本書第Ⅰ章・第Ⅶ章・第Ⅷ章参照）。

八世紀の中頃、天平宝字六年（七六二）、都から離れた伊勢国桑名郡多度の地に諸国諸山を巡歴する僧満願によって神宮寺が建立された。多度神宮寺である。この神宮寺建立を理解するには、多度という一地方で内在的に進展した宗教上の諸問題を考慮に入れることがもちろん大切であるが、それのみでは不十分な理解にとどまると考える。これを正しく把握するためには、中国の仏法文化を熱心に吸収しようとした都の仏法の動向を考慮に入れる必要があり、都の仏法文化との交流という視点が欠かせない。またさらに視野を広げて、中国・朝鮮・日本という中国を中心とする東アジア世界において、どのように仏法が受容され、定着していったのかという観点も重要になる。多度神宮寺の建立は、中国仏法圏全体の中で進展していった神仏融合の動向の中で捉える必要があり、そうした中で、多度の場合、さらには日本の場合、他の諸地域あるいは国家とどのような共通性が見られ、どのような差異（個性）が見られるのか、という点を明らかにしていく必要があると考える。(補注)

第Ⅳ章　最澄の神仏融合と中国仏教

はじめに

最澄（七六六／七六七〜八二二）は日本の仏法に巨大な足跡を残した人物である。天台宗の将来、密教の受容、得度制度の改革、宗派制度の確立、一乗仏教の主張、戒壇の設置など、彼の思想と活動はその後の日本の仏法の展開に大きな影響を及ぼした。本章は、そうした最澄の多方面にわたる活動のうち、その神仏融合について、中国の神仏融合思想の受容という観点から考察し、あわせて山岳寺院の建立という側面についても論及しようとするものである。

日本の神仏融合については、かつては、外来の仏法と在来の神信仰とが日本列島において独自に混合、融合した現象で、日本の宗教文化に個性的に見られる日本的な特質であると説かれてきた。早く、辻善之助は、「神仏習合」が日本において開始され、それが内在的に展開していく道筋を跡づけ、後学に大きな影響を与えた[1]。神仏融合の研究は、以後、多くが辻が設定した枠組の中で進められてきた[2]。

しかしながら、前章などで論じたように[3]、そうした内在成立展開説には疑問がある。筆者は、日本の神仏融合は、中国の神仏融合思想の受容、導入という観点から考察する必要があり、広くアジアにおける文化交流の歴史の中で捉えることが肝要だと考えている。最澄の神仏融合を検討する上でも、そうした観点が不可欠のものになる。

宗教の融合は世界の各地に見られる。ミルチア・エリアーデが明らかにしたように、[4]宗教は混じり合って歴史を歩むのが一般的であって、混じらずに歴史を歩むのは例外的とすべきである。アジアにおいても宗教の融合は広範に見られ、中国においても、仏法と在来の神信仰との融合が日本に先立って展開していた。

日本の神仏融合は、中国の神仏融合思想を受容、導入して開始された。入唐僧たちは中国の神仏融合思想やその具体的な様相を波状的に日本にもたらした。最澄が訪れた天台山では、神が僧に従い、仏法に帰依して山に寺院が建立されるという話が語られていたし、仏法の寺院と道教の道観との並立・融合が進展していた。本章では、最澄の神仏融合について、中国の神仏融合、なかんずく天台山における神仏の融合形態の受容・導入という観点から考察したい。

一　最澄の神仏融合思想の系譜

『叡山大師伝』の記述

釈一乗忠の『叡山大師伝』[5]には、最澄の神仏融合に関する記述がいくつか見える。最澄は、弘仁五年（八一四）、筑紫国に赴き、「八幡大神のおんために神宮寺において自ら法華経を講」じたという。大神は託宣して、自分は仏法を聞くことなく長い年月を過ごしてきたが、幸いにも和上に遇い、「正教」を聞くことができたと随喜し、自ら斎殿を開いて手に紫袈裟一つ、紫衣一つを捧げて和上に奉ったという。

『叡山大師伝』には、それに続けて、賀春の神宮寺における活動のことが記されている。原文は前章で示したので、概略のみ再述すると次のようである。最澄は、豊前国田河郡の賀春の「神宮寺」において『法華経』を講じて神恩に報謝した。その時、紫雲の瑞相が出現したという。昔、最澄は、渡海の時に賀春山の下に寄宿した。夜、夢に梵僧(6)がやって来たが、その姿は左半身は人のようなるも、右半身は石のようだった。彼は最澄に対して、「私は賀春の神である。私を業道の苦患から救ってほしい。そうしたら、私はあなたの求法を助けるため日夜守護するだろう」と告げた。明日その山を見ると、右脇が崩れ落ちていて草木がなく、夢に見た半身のようだった。最澄は法華院を建立し、『法華経』を講じた。今、賀春神宮院と呼ばれるのがそれである。以後、山の崩れたところにも草木が生い茂るようになり、村の翁婆も驚かない者はなかった。神が託宣して言うには「海中で難がある時は必ず私が助け、守護しよう。その時光を現わすから私の助けと知れ」と。以後、難時には必ず光があって助けられ、託宣が本当だったことがわかった。大師は神を「神道」から救った、という。

この話は、『続日本後紀』承和四年（八三七）十二月庚子〈十一日〉条にも記されている。前章に原文を引用したので、ここでは書き下し文を示すと、

大宰府言す。管する豊前国田河郡の香春岑神は辛国息長大姫大目命、忍骨命、豊比咩命の惣て是れ三社なり。元来是れ石山にして上に木惣て無し。延暦年中に至りて、遣唐請益僧最澄躬ら此山に到りて祈りて云く、願はくは神力に縁りて平らかなる渡海を得むことをと。即ち山下において、神のために寺を造りて読経す。尓来、草木蓊鬱として神験在るが如し。水旱、疾疫の災のある毎に郡司百姓就きて祈禱するや必ず感応を蒙りて年ごとに人寿登ること他郡に異なれり。望むらくは官社に預かりて、以て祠を崇むことを表はさむと。之を許す。

とある。最澄は渡海にあたり、その平安を香春の神に祈願し、神のために寺を造り、読経をしたという。

『叡山大師伝』には、また、諏訪大神の話も見える。最澄の『法華経』書写の計画に応えて、信濃国大山寺の正智禅師が二百部の『法華経』の書写を助け、それを馬で上野国に送ろうとしたところ、馬は食べず、眠るがごとくになってしまった。その時、諏訪大神が託宣して、自分は千部の知識に加わりたいと願ってこの怪異を起こした。今は経典を助け送ろうと告げて、誓願して知識に加わるや、馬は進み、経典は上野国の千部法華経院に送られて

いったという。

最澄の融合思想の系譜

これらの話は、神が仏法に帰依して読経や講経を聞き、仏法の信徒になっていく、あるいは僧や仏法を守護する善神になっていくという筋立てになっている。こうした思想は、日本では奈良時代から見られる。僧が神を「業道の苦患」から救った、「神道」から救ったという用語も、そうした話にしばしば見られるもので、経典の講説を聞いた神が随喜したという筋立てや、神のために寺院が建立されたという展開も、この思想に立脚する話に典型的に見られるものと言ってよい。

『叡山大師伝』は、最澄の死後に弟子によって著わされた伝記だが[7]、他の僧伝に比べると情報の確度が高く、一部に誇張や事実の再構成が見られるものの、全体として最澄の事跡・思想をよく伝えるものになっている。ここに記される神仏融合関係の記述も、最澄の思想を伝えるものと評価してよい。前章で論じたように、〈神道離脱〉〈護法善神〉の思想は、中国の仏法において盛んに説かれていたもので、日本には入唐僧たちによって導入された。日本においては、史料的には八世紀前期から確認され、中期、後期と進むほどにしだいに流通して、各地に神宮寺が建立され、また神前読経が行なわれるようになっていった。

以上より、最澄の神仏融合思想は、奈良時代以来の〈神道離脱〉〈護法善神〉の思想の系譜に連なるものであったことが知られる。最澄は入唐以前からこの思想に親しんでおり、一定の知見を有していたと見てよい。それが入唐によってより明確化し、確固たる思想へと熟成していったものと思われる。

二　最澄が見た天台山

天台山の仏法

最澄は、延暦二十三年（八〇四）遣唐使の船に乗って入唐し、明州の鄮県に到着した。使節団はその後長安に向かったが、最澄は一行と別れて義真（七八一～八三三）とともに天台山に向かっていった。では、最澄が訪れた頃の天台山はどのような様相だったか。ここでは、天台山における仏法、および神信仰・道教の両面について検討したい。(8)

まず仏法。天台山に仏法が入ったのは四世紀中頃のことで、北方から入ってきた。慧皎『高僧伝』(9)によれば、支遁（支道林、三一四～三六六）は、その晩年、石城山に入って活動したという。石城山は現在の新昌の大仏寺のあたり（浙江省紹興市新昌県）で、天台山の一つ北側の山に当たる。また、于法蘭や帛僧光も石城山に入って活動したという。石城山には、その後、斉の僧護～梁の僧佑によって大石仏像（弥勒像）が造立され、南朝仏教の代表的聖地となっていった。また、竺曇猷も、四世紀中頃、石城山に入って活動し、さらに南下して天台山地域の一つ赤城山に入って活動したという。支曇蘭も赤城山に入って活動したという。

『高僧伝』では、石城山や天台山の仏法草創にあたって、「山神」が仏法に帰依して僧に山を譲渡したという説話が語られている。(10)山神たちは、しばしば「猛獣」「虎」「蛇」の姿をして現われるが、のち「神形」を現わして、仏法に帰依したといい、また「山中の神祇」が法を受け、山が僧に譲り渡されていったという。たとえば、竺曇猷が赤城山の「石室」で坐禅していると猛虎・壮蛇が現われるが、それは実は山神で、山神はこの山を彼に譲って寒石山へと転居していった。竺曇猷は、その後、天台山でも山神に出会い、山を譲ってもらった、という（図Ⅳ-1）。支曇蘭も同様に赤城山を神に譲られたという。帛僧光も石城山を山神から譲られたという。こうして寺院が建立され、天台山は神の山であると同時に仏法の山として発展していった。

やがて六世紀になると智顗（五三八～五九七）が登場する。[11] 彼は天台山のさらなる奥地を開拓し、陳の宣帝は彼のために銀地嶺に修禅寺を建立せしめた。智顗の天台宗の中心はこの修禅寺周辺の仏隴地区であった（なお修禅寺はのち禅林寺、さらに大慈寺と改号した）。智顗の死後には、晋王広（のちの煬帝、五六九～六一八）によって、山のふもとの方に天台寺が建立され、のちこれが国清寺と改号されて、天台山の仏法の中心になっていった（図IV－2）。なお、智顗は玉泉山（湖北省宜昌市当陽市）も仏法化して玉泉寺を建立したが、灌頂『隋天台智者大師別伝』には玉泉山について、「その地は本来荒険にして神獣蛇暴る、諺に三毒の藪と云う」と記されていて、神の山を開いたという認識があったことが知られる。

天台山の神と道教

天台山は神の山であった。よく知られているように、その神は「王子喬」また「太子晋」と呼ばれる神仙であっ

図IV-1　天台山の石梁飛瀑　中国・浙江省台州市天台県

天台山中深くの石梁景区にある滝。『高僧伝』「竺曇猷伝」によると，赤城山からは天台山の瀑布，霊渓，四明へと峯とが連なっており，古老の伝えでは，山上には佳い精舎（寺）があって谷川には石橋がかかっているという。竺曇猷は普通の人には渡れない石橋を渡り，精舎と神僧に出会うことができたと記される。なお，滝の傍らに建つ寺院である方広寺は，唐代にはその前身寺院の存在が確認できる。

た。王子喬は、劉向『列仙伝』巻上に「王子喬は周の霊王の太子晋なり。好みて笙を吹き、鳳凰の鳴を作す。（中略）三十余年の後、これを山上において求むるに、桓良に見えて曰く、我が家に告げよ、七月七日、我を緱氏山巓にて待てと。時至るに、果たせるかな白鶴に乗りて山頭に駐む」と記されている。[12] 王子喬（王喬）は笙を吹き、鶴に乗る神仙で、しばしば赤松子と対で語られた。

吉原浩人氏が詳論したように、[13] 王子喬は中国の文人たちによく知られた神仙で、詩文の題材とされ、日本でも葛

図IV–2　現在の国清寺　大雄宝殿と塼塔　中国・浙江省台州市天台県

野王「遊龍門山」(『懐風藻』所収)をはじめ、奈良平安時代の詩文にしばしば取り上げられた。王子喬は、『列仙伝』にあるように、「緱氏山」と関連深い神仙だった。それがやがて天台山の神仙も彼だと観念されるようになったが、井上以智為氏によれば、それは東晋の頃からで、孫興公(孫綽)「遊天台山賦并序」(『文選』所収)に「王喬鶴を控きて以て天に沖し、応身錫を飛ばして以て虚を躡む」と見えるのが最初期の事例だという[14]。梁の陶宏景『真誥』には、「桐柏真人王子喬也」「桐柏真人右弼王領五岳司侍帝晨王子喬」とあって、天台山の神仙である桐柏真人が王子喬だとはっきり述べられている[15]。

図IV-3　赤城山　中国・浙江省台州市天台県

やがて、天台山では道教が興起した。井上氏によれば、天台山の道教は、仏法の浸透・振興より少し遅れて始まったもので、宋末〜梁初に赤城山を五嶽の一つの南嶽とみなす思想がおこり、赤城山(図IV-3)から道教が展開していったという。また、天台山地域の一つである桐柏山において、王子喬および葛玄に対する信仰が高まり、ここも道教信仰のもう一つの中心になっていったという。唐代には、天台山の道教は一層隆盛し、睿宗は、景雲二年(七一一)、白雲先生(司馬承禎)のために桐柏観を建立せしめた。この桐柏観は、伝説的な桐柏観(葛玄の遺跡と観念された)を復建した新桐柏観だというふれこみであったが、井上氏によれば、これ以前に桐柏観の姿は確認できず、これを初造と見るべきだという[16]。

そうした唐代の天台山の様相を知るに格好の史料がある。徐霊府『天台山記』[17]である。徐霊府は九世紀前期に活動した道士で、天和元年(八一五)に天台山に入って活動した。『天台山記』は宝暦元年(八二五)の成立で、道教を中心に、一部仏法のこともまじえて、当時の天台山の姿を活写する

図IV-4　現在の赤城山の第六洞天　中国・浙江省台州市天台県

ものになっており、最澄が訪れた頃の天台山の状況を知るに絶好の史料と言わなくてはならない。同書は、天台山について、『真誥』を引用しながら「桐柏真人」の治めるところだとし、彼は周の霊王の太子喬で、字は子晋、笙を吹くことを好み、鳳凰の鳴くようだったと説き、「桐柏真人右弼王領五岳司侍帝」だと述べている。また、赤城丹山の洞は十大洞天の第六洞（図IV-4）だとも述べている。同書には、天台観、柳史君の宅、丹霞洞、瀑布寺、桐柏観、天尊堂、王真君壇およびその小殿（真君殿）（真君儀像を安置、真君は桐柏真人）、醴泉、正殿、古八角壇、三井、仏窟院（道元観）、白巌寺、赤城山、飛霞寺、中巌寺、国清寺、同寺の普明禅師の錫杖泉、禅林寺、歇亭、石橋などのことが記され、あわせて、白雲先生、葛仙公、法順、白道猷、智顗などの活動が述べられている。

　天台山には道教と仏法とが混在、並立していた。その中核は、道教は桐柏観、天台観で、仏法は国清寺、禅林寺であろうが、華頂峰を「極高処」とするこの山全体が道仏融合的な宗教的山だと認識されていた。

山王と地主

　天台山の山神は、また「山王」と呼ばれた。「山王」なる呼称は山神を指す言葉として仏典・仏書に散見するが、天台山では智顗の頃から山神をこの名で呼ぶことがあった。すなわち、野本覚成氏が指摘したように[18]、灌頂『国清百録』巻一「敬礼法」に「天台山王、王及び眷属、峰麗林野の一切の幽祇が、伽藍を冥祐し、大利益を作すことを願はんがために、常住の諸仏を敬礼す」とある[19]。ここには「天台山王」という表現が見え、また天台山王およびその眷属をはじめとして一切の幽祇が伽藍をたすけ、大利益をもたらすことを願うという論理構成が見られる。これは〈護法善神〉の思想に立脚した言説で、神たちは仏法を擁護する存在として位置づけられている。なお、『国清百録』は、智顗没後すぐに弟子の智寂、次いで灌頂（五六一〜六三二）によって編纂されたもので、隋代の七世紀初頭の成立である。天台山で山の神が「山王」と呼ばれるようになったのは、『法華経』巻九に「諸の山王」という表現が見えることから考えて、天台宗がこの山で興起して、『法華経』風の表現が用いられるようになったことによるものと推察される。

次に注目されるのは、井上以智為氏が指摘した、賛寧『宋高僧伝』巻一六「後唐天台山福田寺従礼伝」の次の記述である。[20] 書き下し文で示す。

釈従礼は、襄陽の人なり。善く父母に事へ、頗る郷里の誉を揚ぐ。偏親を喪ふに迨び、乃ち果決して家を捨つ。時に年すでに壮なり。（中略）梁の乾化年中天台に遊ぶ。乃ち錫を平田精舎に挂け、後に推されて寺の上座たり。（中略）時に夏、亢陽あり。主事の僧来り告げ、将に羅漢斎を営まむとすに、園蔬の枯悴するをいかにせむ。請ふらくは、闍黎、祈禱せよと。礼曰く、ただ香を真君堂に焚けと。真君は周の霊王の太子なり。久しく聞く、仙去るに、仙官の任を受くを以て、桐柏真人右弼王領五獄司侍帝晨たり。王子喬来りてこの山を治むと。この故に天台山の僧房、道観は皆、右弼の形像を塑り、薦むるに香果を以てするのみ。これより俗間に号して山王土地となすは非なりと。時に主事、仙祠に向かひて呪して曰く、上座は雨を要め、もって枯悴を滋らせむとすと。夜に至りて雲起こり雨霏り、三日にして止む。（後略）

従礼（八五六〜九二五）は、五代の後梁の乾化年中（九一一〜九一五）、天台山に入り、平田寺（今日の万年寺）の上座となった。夏の「亢陽」（ひでり）の時、主事の僧に祈禱を依頼されると、「真君堂」で香を焚くべきだと主張した。真君とは周の霊王の太子の王子喬で、この山を治めるものである。それゆえ、天台山の「僧房」「道観」では、みな右弼の形像を塑造しているのであって、俗間に「山王土地」というのは誤りであると述べた。そこで仙祠に雨を祈ったところ、はたせるかな雨が降ったという。

ここから、十世紀初頭の天台山に、王子喬をまつる「真君堂」が存在していたことが知られる。ここの「真君堂」は、あるいは『天台山記』に記される「真君殿」の系譜を引くものかもしれないが、詳細は不明である。また「僧房」「道観」で彼の像がまつられていた。従礼は、しかし、この神を「山王」あるいは土地神[21]などと俗間に言うのは誤りで、周の霊王の太子であり、王子の神であることを強調している。以上より、十世紀初頭においても、天台山では山の神を「山王」あるいは「土地」と呼ぶならわしがあったことが知られるし、「亢陽」の際に雨を祈る神だとの認識があったことが知られる。

次に参照すべきは、著名な成尋『参天台五臺山記』[22]である。成尋[23]（一〇一一～八一）は一〇七二年（延久四年、熙寧五年）五月十三日、赤城山を横に見て国清寺に到着すると、寺主に挨拶し、その後いくつかの堂舎を参堂、焼香、礼拝した。翌五月十四日は、寺主の院である「智者大師懺堂」（教跡院）を訪ねて礼拝し、次いで「三賢堂」に参って礼拝した。次に普明禅師が錫杖で突き出したという「普明泉」という井戸を拝見して礼拝、焼香した。これは「大仏殿」の艮（北東）の南、「深沙大将堂」の乾（北西）の角のところにある。次に豊干禅師の「斎堂」にて三賢などに礼拝、焼香した。

そして次に「地主山王元弼真君」を礼したという。これについて、

> 真君は是れ周の霊王の子の王子晋なり。寺は王子の宅なり。仙と成りて数百年を経て智者大師に謁し、受戒して地を付属するなり。宛たかも日本の天台山王の如し。（後略）

と記されている。ここの一連の参拝は、「大仏殿」「普明泉」など国清寺の内部を巡っていると読むべきだから、成尋が訪れた時には、国清寺内に「地主山王元弼真君」をまつっているところがあったことが知られる。[24]真君（王子喬）は、「山王」また「地主」と呼ばれている。寺は王子の宅だとあるから、国清寺が王子喬の宅だと認識されており、智顗はこの神に戒を授け、この神からこの地を付嘱されたとの認識があったことも知られる。成尋はこれに

ついて、あたかも日本の天台山王のようだという感想をもらしている。

なお、現在は国清寺の内に「伽藍堂」があり、そこに「伽藍神」として王子喬がまつられている。だが、智顗の時代、また従礼の時代、成尋の時代において、天台山で「伽藍神」の言葉・概念が用いられたことは確認できない。「伽藍神」概念が天台山で用いられるようになるのは、もう少し後の時代のことと思われる。

天台山の寺院と神

最澄が訪れた天台山はどのようなところだったか。そこは、仏法と道教とが共存、並立する宗教的聖地であった。仏法では、国清寺と修禅寺（禅林寺）がその中心で、最澄は修禅寺座主の道邃（生没年不詳）から付法を受け（台州の龍興寺において）、また仏隴寺におもむいて、行満（生没年不詳）から付法を受けている。国清寺を訪れたことも確実で、義真は国清寺で受戒している。なお、現在、行満が元和六年（八一一）十一月十二日に建立した「台州隋故智者大師修禅道場碑銘并序」が真覚寺（智者塔院、図Ⅳ-5）に保存されている。他方、道教の中心は桐柏観・天台観で、赤城山は第六洞天として道教信仰のもう一つの中核となっていた。王真君壇の小殿（真君殿）には真君（桐柏真人）の儀像がおごそかに安置されていた。

国清寺など寺院の内部で王子喬（桐柏真人）がまつられていたかどうかはわからない。約百年後の従礼の時代には、寺院の「僧房」で右弼の像がまつられていたが、最澄が訪れた頃どうであったのかは残念ながら不明である。しかし、智顗の頃から「山王」という表現があり、最澄が訪れた頃もこの表現が存在したことは確実と言ってよい。また、仏法を擁護する神という〈護法善神〉の思想が存在したことも確実である。

三　比叡山の神仏融合

比叡山は神山

比叡山もまた神の山であった。『懐風藻』（七五一年）の麻田連陽春《あさだのむらじやす》「藤江守《とうのおうみのかみ》の『裨叡山《ひえの》の先考の旧禅処の柳樹を詠む』の作に和す。一首」には、

図IV-5　天台山の真覚寺（智者塔院）と智者肉身塔　中国・浙江省台州市天台県

> 近江は惟れ帝里、裨叡は寔《まこと》に神山。山静けくして俗塵寂《しず》み、谷間《しず》けくして真理専らにあり。於穆《ああうるわ》しき我が先考、独り悟りて芳縁を闢《ひら》く。宝殿空に臨みて構へ、梵鐘風に入りて伝ふ。（後略）

とあって、[25]比叡山は「神山」とされている。最澄以前から、比叡山は神の山と認識されていた。[26]

その神は、漢字のあて方はいろいろあるが、地名（山名）をとって、ヒエの神と呼ばれていた。『新抄格勅符抄』「神事諸家封戸　大同元年牒」には「比睿神　二戸近江」とあり、同書の「諸神新封　本封之外合加私注付」には「比叡神　十戸年加」とあって、この神に大同元年（八〇六）までに封戸が支給されていたことが知られる。その戸数はわずかであるが、封戸を有していたのだから、神をまつる何らかの施設や神まつりを行なう何らかの組織が存在していたということになる。それは大規模なものではなく、むしろ軽易、簡略なものと見るべきだろうが、最澄による比叡山寺建立以前に、すでに何らかの神まつりの施設、組織が存在していたことは注意されてよい。『延喜式』の神名帳にも「日吉神社名神大」と記されていて、日吉神社が近江国の名神と位置づけられていたことが知られる。

やがて比叡神には神階が叙位された。『日本三代実録』貞観元年（八五九）正月二十七日条に「近江国従二位勲一等比叡神に正二位、（中略）小比叡神に並びに従五位下」とあるのがその初見で、従二位から正二位に昇叙したという記事である。二位はかなりの高位だから、これ以前から位階が叙され、それがしだいに昇叙して従二位、正二位へと至ったのだろう。次いで、元慶四年（八八〇）五月十九日条に「正二位勲一等比叡神に正一位、従五位上小比叡神に従四位上を奉り授く」（新訂増補国史大系本は底本である谷森健男氏旧蔵本の「比叡神」に松下見林校印本から「大」字を補って「大比叡神」に作っている。今は底本に従う）とある。比叡神はついに正一位に昇叙した。ところで、この二つの記事には「小比叡神」なるものが見えるが、これは何か。実は比叡神は、ある段階から大比叡神、小比叡神の二神になって史料上に姿を現わす。仁和三年（八八七）三月十四日条の円珍の上表文（『類聚三代格』にも見える）には、はっきり「大比叡神」「小比叡神」の二神の名が記されている。

大比叡神と小比叡神をどう理解するか

この二神をどう理解するか。伝承では、三輪の神が勧請されたものが大比叡神で、これが日吉社の大宮（今日の西本宮）に当たり、小比叡神は二宮（東本宮）で、在地の比叡神であるとする。三輪の神が比叡山に勧請された時期については、中世以来二説があり、一つは天智朝に勧請されたとし、もう一つは最澄の時期に勧請されたとする。天智朝勧請説は、近代では、辻善之助が説き[27]、次いで岡田精司氏が詳論した[28]。岡田氏は、天智が近江大津宮を建設した時に、三輪の神を近江大津宮近くの比叡山に鎮守神として勧請したものが大比叡神だと論じた。だが、この説には疑問があり、支持することができない。

早く、天智朝勧請説を否定したのは福井康順氏であった[29]。福井氏は、この説を述べる『日吉社禰宜口伝抄』[30]は平安後期（永承二年、一〇四七）の成立というが、とてもその時代のものと見ることはできず、また三部長講会式や「相輪樘銘」は最澄の真作とは言えないと述べて、この説を退けた。その後、佐藤真人氏は『日吉社禰宜口伝抄』を詳細に検討し、この書が幕末維新期に書かれた偽書であることを明らかにした[31]。野本覚成氏は、大比叡神が三輪の神だとする説は、最澄没後約四百年の文献に初めて記されるもので、内容も不確定な説だと論じ[32]、佐藤真人氏は、大宮の鎮座が天智朝であるとする説の確実な初見史料は、永保元年（一〇八一）官宣旨所引の日吉社解文であり、他方、最澄勧請説も後世に作り出された偽説にすぎないことを説いた。

では、どう考えたらよいか。筆者は、大比叡神は三輪の神が勧請されたものだとする説は奈良〜平安前期の史料に見えず、後世に生み出された付会の説として退けるべきだと考える。そうであるなら、三輪の神が勧請されたのはいつのことなのかとか、誰によって勧請されたのかなどを考えるのは無意味になる。大比叡神は三輪の神と切り離して理解しなければならない。では、この二神は何なのか。

先に述べたように、古い確実な史料では、比叡山の神はヒエの神と表記されている。それがある段階で、大比叡神・小比叡神の二神に展開した。その時期は九世紀後期のことで、「小比叡神」の確実な初見史料は前述の『日本三代実録』貞観元年（八五九）条であり、二神そろっての確実な初見史料は仁和三年（八八七）の円珍の上表文であった。ならば、比叡神が大比叡神・小比叡神の二神に展開したのはその時期のことと見るべきだろう。そのキイパーソンは円珍である。

円珍（八一四〜八九一）は、天安二年（八五八）に唐から帰国、藤原良房、良相などの庇護を得て中央仏教界で大いに活躍し、貞観十年には延暦寺座主になり、天台宗の筆頭の僧となった。天台宗では、すでに最澄以来、円珍の時まで、四回にわたって二人ずつ、計八人の年分度者が獲得されていた。そのうち貞観元年のものは恵亮（八〇二／八一二〜八六〇）が表請して、賀茂神のために一人、春日神のために一人の年分度者を得たというものであった。円珍は、『日本三代実録』仁和三年三月十四日条の上表文によれば、早く貞観二年に、他の神ではなく、比叡山の神のために年分度者を配置すべきだと考えていたが、果たすことができず、仁和三年になってようやく表請に及んだという。長文の記事であるが、一部書き下し文にして引用すると、

勅すらく、延暦寺年分度僧二人に加試して、その一人は大毘盧遮那経業にして、大比叡神の分となし、その一人は一字仏頂輪王経業にして、小比叡神の分となさむと。是れより先、彼の寺の座主前入唐尋経釈法眼和尚位円珍、表を上りて言す。（中略）円珍伏して見るに、仏法の中興は、承和の聖代に過ぎたるはなく、山神は慶びを膺け、偏へに当時の鴻慈を仰ぐ。伏して望むらくは、度者二人を加ふることを蒙り、両神の分となして、地主の結恨を解き、護国の冥威を増さむ。（後略）

となっている。大比叡・小比叡は、円珍以前からすでに峰の名として用いられていた[33]。この上表文にも「受戒の後、毎日金剛般若経各一巻を読みて、両山に誓願し」という一句があるから、円珍自身、そうした峰（山）があることを認識していた。円珍が帰国した翌年には小比叡神に神階が叙位されているから、その頃には小比叡峰の神を「小比叡神」と呼ぶようになっていたのであろう。だが、「大比叡神」が史料に登場するのはそれより遅れ、二神が対になって登場する初見史料はこの上表文である。そうであるなら、大小の峰の名を発展させて、明確に大比叡

神・小比叡神の対の二神としたのは円珍ではないかと思われる。彼は、この上表によって年分度者の獲得に成功したが、その際、一名ではなく、二名の年分度者を確保するため、比叡神を大比叡神と小比叡神の対の二神へと展開させ、それぞれの分の年分度者を表請したと推定したい。なお、この上表文には、「山神」「地主」の語が見え、注目されるが、こうした言葉は、先に述べたように中国仏法的、天台山的な用語であって、天台山に求法した円珍にふさわしい用語法と考えられる。

初期の比叡山の寺院

最澄は比叡山に比叡山寺を建立して活動した。その様相はどのようなものであったか。福山敏男氏によれば[34]、最澄の時代には、未だ一乗止観院・経蔵・法華三昧堂の三つの建物しかなかった。『叡山大師伝』には、延暦二十年（八〇一）に「一乗止観院」に十人の大徳を招いたと記されているが、それは「卑小の草庵」と記される通りの粗末な建物だったろうという。入唐以前には、他に経蔵があるばかりだった。帰国後、最澄は、大同元年（八〇六）、「止観院」で弟子らに円頓菩薩大戒を授けたが、これは当初の草庵を「修造」して面目を改めたものだという。止観院は、また「鎮国道場」とも呼ばれたが、福山氏によれば、こうした名称は、国清寺の「止観堂」（『天台霞標』二編之四に「国清寺止観堂記」の引用あり）や順暁の「鎮国道場大阿闍梨」を模倣したものだという。次いで、弘仁三年（八一二）に「法華三昧堂」が建立された。福山氏は指摘していないが、『天台霞標』二編之四によれば、天台山には「天台山法華三昧堂」があったようだから、これも天台山の施設の名称を模倣したものと言ってよい。

最澄は、比叡山寺の建物に天台山風の名称を付していった。比叡山に天台山を範とした堂舎を建立していくことは、彼の夢であったにちがいない。その後、最澄は、比叡山寺に「九院」（『伝述一心戒文』）あるいは「十六院」（「弘仁九年比叡山寺僧院等之記」）を建立していく計画を策定したようであるが、それについては史料評価が難解で、不明の部分が多く、今後の研究課題になっている[35]。ただ、いずれにせよ、それらは最澄の時代には実現せず、後継者たちによって、計画変更を伴いながら、順次整備されていったと理解すべきである。ならば、最澄の時代には、比叡山寺内に神をまつる施設はまだなかったとすべきだろう。やがて、延暦寺内に神がまつられるようになり、他方、日吉神社内に神宮寺が建立されるようになっていくが、それは後世のこととしなければならない。

「山王」の呼称の導入

日吉神社やその神は、早くから「山王」の名で呼ばれた[36]。今日、日吉神社の宗教法人名称は「山王総本宮日吉大社」となっている。この「山王」という呼称は、これまで述べたところから明らかなように、中国の天台山の神の呼称を導入したものであった。では、それを導入したのは誰か。最澄、義真、円珍のいずれかであることはまちがいないが、そのうちの誰であるかを決定するためには、二、三の史料の検討が必要になる。最澄作とされる史料で、「山王」の語が見えるものには、真偽の判別が問題になるものがあるが[37]、そうした中、筆者は、次に考証する弘仁九年（八一八）の祈雨願文（これまで「六所造宝塔願文」と呼ばれてきたもの）は最澄作としてよいと考える。ならば、「山王」の呼称は最澄によって導入されたと見ることになるだろう。

　この願文の理解について、小論に必要な範囲で私見を述べておきたい。これは園城寺所蔵の「弘仁九年比叡山寺僧院等之記[38]」に収められているものである[39]。同記は一巻四紙で、四つの文書（および記録）からなっている。その第三番目がこの願文で、

比叡山寺
法界地〈東限㆓比叡社并天之塠㆒　南限㆓登美渓㆒　西限㆓大比叡北峯小比叡南峯㆒　北限㆓三津渓横川谷㆒〉
天台法華院　総摂六大宝塔院
安東上野宝塔院　在㆓上野国緑野郡㆒
安南豊前宝塔院　在㆓豊前国宇佐郡㆒

安西筑前宝塔院　在二筑前国一
安北下野宝塔院　在二下野国都賀郡一
安中山城宝塔院
安□近江宝塔院
　已上両宝将在二比叡峯一
住持仏法、為護国家、仰願十方、一切諸仏、般若菩薩、金剛天等、八部護法、善神王等、大小比叡、山王眷属、天神地祇、八大名神、薬応楽円、同心覆護、大日本国、陰陽応節、風雨随時、五穀成熟、百姓安楽、紹隆仏法、利益有情、尽未来際、恒作仏事
　　弘仁九年四月廿一日一乗澄記願

というものである。

このうち第四行目の「安東上野宝塔院」以下は、これまで「六所造宝塔願文」[40]として知られてきた。また第一、第二行目は『三宝住持集』[41]の「内地清浄結界〈亦名六即結界〉」が類似する内容のものとして知られていた。だが、これによるなら、両者は一つのものであった。「六所造宝塔願文」は、『伝教大師全集』本には鎌倉時代の『延暦寺護国縁起』から抜粋されたものが掲載されている。そこには、「安中山城宝塔院」の下に「在比叡山西塔院」、また「安総近江宝塔院」の下に「在比叡山東塔院」の文言があるが、こちらにはそうした文言はなく、代わりに「已上両宝将在比叡峯」の一句がある。こちらの方が、弘仁九年にふさわしい記述と言えるだろう。末尾の願文も文言に出入りがあり、「王子」は「山王」となっていて、「大小比叡、山王眷属」なる表現が見える。

薗田香融氏は、かつて、光定『伝述一心戒文』[42]上に収める弘仁九年四月二十一日付の藤原冬嗣書状に注目した。これは、藤原冬嗣（七七五〜八二六）が最澄に祈雨を依頼した書状だが、薗田氏は、最澄はこれをうけて、同日付でただちに山門を結界し、六所宝塔の造立を発願、二一—六日の五更には九院を定めて、三日間の転経を開始したと

論じた。[43] これは大変すぐれた考察であったが、園城寺のこの文書が広く知られる以前の考察であったため、二つが一つの願文であったことがわからなかった。

筆者は、この願文は、全体として雨を祈願する祈雨願文と読解すべきだと考える。この願文が目的とするのは六所宝塔の造立ではない。「比叡山寺」のすべてが、そして天台法華院が総摂する全国の六大宝塔院のすべてが（将来建立されるものも含めて）、一切の諸仏ともろもろの神々に、大日本国[44]を覆護するために、「陰陽応節、風雨随時、五穀成熟、百姓安楽」と「紹隆仏法、利益有情、尽未来際、恒作仏事」とを祈願した願文と読解すべきである。なお、『伝述一心戒文』上には、転経を開始した四月二十六日付の長文の願文も掲載されているが、そちらでも、雨乞いは仏菩薩とともにもろもろの神に対してなされている。

すでに見たように、『国清百録』には「天台山王、王及眷属」という文言があったが、ここの「大小比叡、山王眷属」はそれとよく類似する。また、天台山の従礼は「亢陽」の時に雨を真君に祈らしめたが、最澄も「亢陽」（冬嗣書状）にあたって「山王」に雨を祈っている。両者の共通性は大いに注目される。なお、法界地の四至の記載を見ると、「大比叡」「小比叡」が峯の名として記されており、願文の「大小比叡」も峯の名に由来する記載であることが知られる。また、六つの宝塔はこれまで『延暦寺護国縁起』の表記に従って「六処宝塔」と呼ばれてきたが、これは「六大宝塔院」と称すべきものであることが知られる。以上、弘仁九年（八一八）の祈雨願文は最澄のものと認めてよく、そうであるなら、「山王」の語も最澄が天台山から導入した語と理解してよいだろう。

「山王」の意味

かつて国学者の前田夏蔭は、山王という号は天台山国清寺に山王祠があるのに擬えて、最澄が比叡神に山王という名を奉ったものだと説いた。[45] これに対し、吉原浩人氏は、最澄は比叡神を山王の名で呼んだのではなく、天台山の山王神＝王子晋を坂本の地に実際に勧請したのではないか、とする一歩進めた考えを述べた。[46] しかし、筆者はそこまでは言えないように思う。日吉神社でまつられる神は中国の神仙だとする言説が存在しないからである。これは赤山明神や新羅明神と全く異なる。やはり、前田夏蔭が説いたように、比叡神を天台山風に「山王」の名で呼んだとするのが妥当な理解だと考える。

むすび

最澄の神仏融合は、奈良時代以来の〈神道離脱〉〈護法善神〉の思想の系譜を引くものであった。最澄は入唐以前からそうした思想に親しんでいたが、入唐によってさらにそれが明確なものになり、帰国後には神仏融合の方面でも積極的な活動を展開していった。神の山である比叡山に寺院を建立するという考え方は、奈良時代以来の神宮寺の系譜に連なるものであり、大神神社のある三輪山の山麓に建立された大神寺や、多度神社のある多度山に建立された多度神宮寺などの延長線上に理解すべきものである。ならば、最澄の神仏融合は、前代と同質のもので、ほとんど新味のないものとなろうが、はたしてそう評価すべきものなのか。そうではないと筆者は思う。では一体、どこに新しさがあったのか。

比叡山寺（のちの延暦寺）は、日本最初の本格的な山岳寺院と評価すべきものだと考える。神仏並立・融合の本格的な山岳寺院を日本にも建立すること、これこそが最澄の神仏融合の新しさだったと考える。最澄以前の日本にも、山岳寺院はいくつか存在していた。比蘇寺、室生寺、長谷寺などである。だが、それらは、大神寺、多度神宮寺を含め、山岳寺院といっても、山麓地域に、あるいは小型の山に建立された寺院であって、深山幽谷に立地する本格的な山岳寺院とは言いがたいところがある。(47) それらに対し、比叡山寺は、近江国と山城国の国境にそびえる大型の山の深所に建立された本格的な中国風の山岳寺院であった。それは、天台山の寺院に強い憧憬の念をもって建立されたものであり[48]、神仏の並立・融合という側面に関しても天台山の強い影響を受けたものであった。

奈良時代の神仏融合は、中国の仏法で説かれていた思想を受容して開始されたものであり、神宮寺もそうした中国仏法の思想に立脚して建立されたものであった。これに対し、比叡山寺は、思想としては同様の考え方に立脚したものであったとしても、思想的というよりも、むしろ実態的に中国の宗教的聖地のあり方を模倣し、それを範として創建された寺院であった。最澄の神仏融合の特質は、以上のように考えるなら、入唐体験に基づいて、中国の宗教的聖地の神仏並立・融合のあり方を直接模倣して日本に展開しようとしたところにあり、それは日本最初の本格的山岳寺院という形で具現化することになった。比叡山延暦寺成立の歴史的意義はここにあるとしなければならない。以後、日本では、本格的山岳寺院が各地に展開するところとなり、それらの中には神仏融合の聖地になっていったものが少なくなかった[49]。

天台山は神の山であった。そこでは、仏法と道教とが並立・融合し、やがて寺院内に神がまつられるようになっていった。比叡山も神の山であった。最澄はその神の山に寺院を建立し、神を天台山風に「山王」の名で呼び、雨を祈る時には諸仏とともに神々に祈願をした。最澄の時代は、しかしながら、堂舎の整備は十分ではなく、神仏の並立・融合も部分的にしか進展しなかった。それは彼の死後、義真、円仁、円珍をはじめとする後継者たちによって成し遂げられていくことになる。あわせて、思想的には、「垂迹」の思想が積極的に宣揚され、やがてその再解釈が進展していく（本書第Ⅶ章・第Ⅷ章参照）。延暦寺では、しだいに寺院内に神がまつられるようになり、また日吉神社が寺院の隆盛に呼応するようにして発展し、社内にも神宮寺が建立されるようになっていく。そうした中世に向けての展開は、彼の後継者によって成し遂げられたものであるが、その方向性の出発点は、最澄の最初の比叡山寺建立の理念の中に包含されていたと理解されよう[50](補注)。

第Ⅴ章　宗叡の白山入山をめぐって

――九世紀における神仏融合の進展――

はじめに

九世紀は、日本において神仏の融合が大いに進展した時代であった。日本の神仏融合については、これまで〈神道離脱〉の思想や〈護法善神〉の思想がどのように成立し、展開していったのか、また〈本地垂迹説〉がどのように成立し、展開していったのかという問題がしばしば論じられてきた。前者については、中国の仏法で説かれていた〈神道離脱〉や〈護法善神〉の思想が日本にどのように受容されたのかという観点から私見を述べたことがある（本書第Ⅲ章参照）。また、後者については、中国仏法の教学において説かれていた「垂迹」の概念が日本にどのように受容され、それがどのように〈本地垂迹説〉へと進展していったのかについての見通しを述べたことがある（本書第Ⅶ章参照。なお、本書では第Ⅷ章でさらに詳論する）。

日本の神仏融合の歴史と文化について考察するには、もう一つ重要な論点がある。それは、仏菩薩と神々とがともにまつられる宗教的聖地としての山が、日本においてどのように成立し、あるいはどのように認識され、どのように発展していったのかという問題である。これについては、前章において、最澄が入唐して中国の神仏の聖地であった天台山を実見し、それを模倣するようにして比叡山に寺院を建立し、やがて比叡の山が寺院と神社が並び立つ聖地になっていったとする論を述べた。日本では、その後そうした宗教的聖地としての山が各地に展開し、寺院が建立され、神社が設置されて、仏菩薩と神々とがまつられるようになっていった。そうした宗教的聖地の一つに白山があるが、本章はその開創について、従来とは少し異なる観点から二、三の私見を述べんとするものである。

その際、鍵になる人物として注目したいのが宗叡という僧である。宗叡（八〇九～八八四）は九世紀を代表する僧の一人であり、真如（高丘親王、七九九～八六五）とともに入唐し、五臺山や長安などを訪れ、多くの経典・曼荼羅などを請来した人物として知られている。また、清和天皇（のち太上天皇、八五〇～八八〇）をよく護持して僧正にまで昇った人物である。これまで宗叡については、経典・曼荼羅の請来や[1]、入唐求法した日中文化交流の活動などが論じられてきた。さらに、近年、川尻秋生氏は、宗叡の活動についての基礎的な考察を行ない[2]、その請来経典の行方を明らかにした[3]。これは大変有益な研究であると考えるが、本章ではやや角度を変え、これまで論じられてこなかった彼の神仏融合の側面について考察してみたい。

白山というと、通常は泰澄による開創の歴史が語られ、日本史学の分野では、泰澄伝の成立年代やその記載内容の評価がもっぱら論議の対象とされてきた[4]。しかし、私見では、泰澄をめぐるさまざまな言説は説話として読むべきものであり、また説話として読解するならば有益な歴史史料として活用しうると考えるが、その記載内容をただちに歴史的事実に結びつけようとする読解には問題があるように思う。本章では、白山における泰澄の存在を相対化し、宗叡の活動を解析することによって、開創期の白山における宗教活動の展開について考察してみたい。

一　宗叡の活動

宗叡についての史料

宗叡について語る史料は後世のものまで含めると多数があるが、第一に挙ぐべきは『日本三代実録』である。同書には、①貞観十一年（八六九）正月二十七日条、②同十六年八月二十四日条、③同十六年十二月二十九日条、④元慶二年（八七八）四月九日条、⑤同三年五月八日条、⑥同三年十月二十三日条、⑦同四年十二月四日条、⑧同八年三月二十六日条、と八回にわたって宗叡が登場する。このうち⑧は彼の死去日に載せる卒伝であるが、かなりの長文で、最重要史料と考えられる。これについては後に文を掲げる。①より彼はこの日に権律師に、③よりこの日に権少僧都に、⑥よりこの日に僧正に任じられたことが知られる。

彼は清和天皇（のち太上天皇）と密接な関係を築いたが、それについては⑤⑥⑦⑧に記述が見られる。⑤には清和太上天皇が落飾入道した時、宗叡がこれに侍したとある。⑥では宗叡は幼少時より太上天皇をよく「護持」して怠りなかったので僧正に任じるという。なお、同時に遍照（八一六～八九〇）が天皇（陽成）を東宮の時からよく「護」ったとして権僧正に任じられている。

このうちの⑦は、清和太上天皇が円覚寺にて死去したという記事で、その崩伝に宗叡のことが言及されている。清和には、降誕のはじめから真雅（八〇一～八七九）が侍して「護」ったが、真雅の遷化後は宗叡がその役割を継いだという。宗叡は入唐求法して真言を受け、天皇に勧めて「香火之因」を結び、清和が太上天皇となって山庄に遷御して落飾入道した時には侍した。この山庄（粟田山荘）が今の円覚寺だという。天皇は名山仏隴を歴覧することを望み、山城国の貞観寺、大和国の東大寺、香山寺、神野寺、比蘇寺、竜門寺、大滝寺、摂津国の勝尾山の有名所を経廻って礼仏あるいは留住し、勝尾山より山城国の海印寺に戻った。その後、丹波国の水尾山に入ってここを終焉の地に定めたという。

元慶四年八月二十三日条によれば、太上天皇は水尾に仏堂を造営するため水尾山寺から嵯峨の棲霞観に移動したといい、十一月二十五日条によれば、この日太上天皇は棲霞観（左大臣源融の山庄）から円覚寺（右大臣藤原基経の山庄）に移動したという。そしてこの十二月四日条では、病が重篤になり、ついに申二刻に死去したという。臨終の間際には禅念という僧がつかえていたが、最後、太上天皇は近侍の僧たちに命じて金剛輪陀羅尼を誦せしめ、西方を向いて結跏趺坐して手に定印を結んで崩じた。遺体は威厳があって、なお生きているようであり、手の念珠は死後も懸かったままであったという。ここに登場する禅念は、すでに指摘されているように[5]、宗叡の弟子であって、宗叡とともに真如の入唐に随行した僧であった。
⑧では、宗叡は清和が皇太子になった時に選ばれて東宮に入って近侍し、入唐帰国の後は清和天皇に「金剛界大毘盧遮那三摩地法」「観自在菩薩秘密真言法」を授け、「胎蔵金剛両部大曼荼羅」を造って宮中の修法院持念堂に安置し、譲位後には華厳経・涅槃経などの大乗経を勧めて聴学せしめたという。太上天皇が落飾入道すると、灌頂法壇を設けて「仏性三摩耶秘密乗戒」を受けしめ、太上天皇が衣服・臥具・珍宝・車乗を施したところ、彼はそれらをすべて東寺、東大寺、延暦寺などに分け喜捨し、一つも自分のものにしなかったという。太上天皇が山城、大和、摂津等の名山仏寺を巡覧したおりにはそれに従って引導したという。このように、宗叡は清和と密接な関係を築いた人物で、それにより僧正に任じられた僧であった。
次に、元慶七年九月十五日の⑨「観心寺縁起資財帳」の末尾に「判収　僧正　「宗叡」」と彼の署名が見える。これは、川尻秋生氏によると、この文書を僧綱が監査した時に僧正として記した署名と見るべきではなく、観心寺の長が宗叡から恵淑へと継承される時に観心寺の長として記した署名であるという[6]。従うべき見解と思われる。

次に、『入唐五家伝[7]』には、⑩「頭陀親王入唐略記」が収められている。これは真如の入唐のことを記したものであるが、そこに随行者の一人として宗叡のことが記されている。この記は同じく入唐の一行に加わった伊勢興房の手になるもので、信憑性が高く、重要史料と考えられる。なお、『入唐五家伝』には「禅林寺僧正伝〈宗叡〉」として宗叡の伝が掲載されているが、これは『日本三代実録』の卒伝⑧を収録したものである。

次に、宗叡が請来した経典・曼荼羅、およびその目録がある。目録は、大正新修大蔵経に、⑪「新書写請来法門等目録」、⑫「禅林寺宗叡僧正目録」、⑬「録外経等目録」として収められている。[8] これらの目録の理解については、⑭「禅林寺入蔵目録」[9]を活用して論じた川尻氏の研究に詳しい。[10] 宗叡が請来した仏教絵画としては、唐の咸通五年（八六四）の奥書を持つ東寺観智院所蔵の⑮「蘇悉地儀軌契印図」一巻、および咸通五年の奥書を持つ石山寺所蔵⑯「理趣経曼荼羅図」が知られている。[11] さらに石山寺所蔵の⑰宗叡・禅念関係聖教七点（うち五点は咸通五年の本奥書を持つ）があるが、それらについては川尻論文に詳しく、また禅林寺に関する史料についても川尻論文に詳しい。[12]

最後に、後年の史料になるが、⑱『扶桑略記』に『日本三代実録』を増補するような記載が見られる。たとえば、清和太上天皇が落飾したという元慶三年五月四日条では、『日本三代実録』の⑤の記事と同文を記した後に、「為㆓出家師㆒、法諱素真〈時年三十〉。同時出家入道殿上人、玄鑑、玄超、玄泰、玄操、玄寂、玄静等六人也」という文を追加している。何らかの歴史的事実を伝える記述である可能性があると考えられるが、その史料的性格についてはなお検討が必要である。

『日本三代実録』の卒伝

『日本三代実録』元慶八年（八八四）三月二十六日条には宗叡の卒伝が記されている。次のようである。

僧正法印大和尚位宗叡卒。宗叡、俗姓池上氏、左京人也。幼而遊学、受㆓習音律㆒。年甫十四、出家入道。従㆓内供奉十禅師載鎮㆒、承㆓受経論㆒。登㆓棲叡山㆒、無㆓復還情㆒。天長八年、受㆓具足戒㆒、就㆓広岡寺義演法師㆒、稟㆓学法相宗義㆒。数年復帰㆓叡山㆒、廻心向大、受㆓菩薩戒㆒、諮㆓究天台宗大義㆒。随㆓円珍和尚㆒、於㆓園城寺㆒、受㆓両部大法㆒。

于レ時叡山主神、仮二口於人一、告曰。汝之苦行、我将二擁護一。遠行則双烏相随、暗夜則行火相照。以レ此可レ為二徴験一。厥後、宗叡到二越前国白山一、双烏飛随、在二於先後一、夜中有レ火、自然照レ道。見者奇レ之。久之移二住東寺一、就二少僧都実恵一、受二学金剛界大法一、詣二少僧都真紹一、受二阿闍梨位灌頂一、自二内蔵寮一、給二料物一焉。清和太上天皇為二儲弐一之初、選入二侍東宮一。貞観四年、高丘親王入二於西唐一、宗叡請従渡レ海。初遇二汴州阿闍梨玄慶一、受二灌頂一、習二金剛界法一。登二攀五臺山一、巡二礼聖跡一。即於二西臺維摩詰石之上一、見二五色雲一、於二東臺那羅延窟之側一、見二聖灯及吉祥鳥一、聞二聖鐘一。尋至二天台山一、次於二大華厳寺一、供二養千僧一。即是、本朝御願也。至二青竜寺一、随二阿闍梨法全一、重受二灌頂一、学二胎蔵界法一、尽二其殊旨一。阿闍梨以二金剛杵弁儀軌法門等一、付二属宗叡一、用充二印信一。更尋二慈恩寺造玄、興善寺智慧輪等阿闍梨一、承二受秘奥一、詢二求幽賾一、廻至二洛陽一、便入二聖善寺善無畏三蔵旧院一。其門徒、以二三蔵所持金剛杵弁経論梵夾諸尊儀軌等一授レ之。八年到二明州望海鎮一。適遇下李延孝、遥指二扶桑一、将上レ泛二一葉一。宗叡同舟、順風解レ纜、三日夜間、帰二着本朝一。主上大悦、遇以二殊礼一。当時法侶皆望二和尚之伝金剛界法胎蔵界法密教一。和尚於二東寺一、教二授之一。学徒有レ数、傾レ懐而説。十一年春為二権律師一、十六年冬転二権少僧都一、奉レ授二天皇金剛界大毘盧遮那三摩地法、観自在菩薩秘密真言法一。又奉二為国家一、造二胎蔵金剛両部大曼荼羅一、安二置宮中修法院持念堂一。十九年、天皇遷二御清和院一、譲二位於皇太子一、帰二念仏道一、深悟二苦空一。宗叡奉レ勧二太上天皇一、令レ聴二学華厳涅槃等大乗経一。元慶三年夏四月、太上天皇遷二御円覚寺一、剃落入道、設二灌頂法壇一、受二仏性三摩耶秘密乗戒一、以二衣服臥具珍宝車乗一、嚫二施於宗叡一。於レ是分二捨東寺東大延暦等諸寺一、一物不レ入レ己焉。是年冬至二僧正位一。太上天皇、巡二覧山城大和摂津等国名山仏寺一。宗叡奉レ従引導、到二丹波国水尾山一、以為二終焉之地一。和尚性沈重、不レ好二言談一。当二於斎食一、口不レ言二濃淡一、未三嘗寝脱二衣装一、念珠不レ離レ手。年七十六、終二於禅林寺一。

ここで本文校訂の問題について考えておきたい。問題になるのは、「随二円珍和尚一、於二園城寺一、受二両部大法一」の十四文字である。この一文について、新訂増補国史大系『日本三代実録』（一九三四年）は、底本（宮内庁図書寮所蔵谷森健男旧蔵本）にはないが、神宮文庫所蔵林崎文庫旧蔵本、國學院大学所蔵淀藩旧蔵本、安田一菴本、そして『扶桑略記』によって補ったとある。また、佐伯有義校訂標注『日本三代実録』（増補六国史、朝日新聞社、一九四一年）も、底本（松下見林寛文十三年版本）にはないが　尾張徳川家本、淀藩旧蔵本、そして『扶桑略記』によって補ったとある。では、この校訂は適切であろうか。

円珍（八一四〜八九一）の入唐は仁寿三年（八五三）、帰国は天安二年（八五八）のことであって、彼による園城寺の復興は貞観年間以降のことである。しかるに、実恵は承和十四年（八四六）に死去している。この卒伝は時系列にそって記述することを原則としていると読解されるから、この一文がここに入ることには疑問がある。ただ、天台宗系統の話を真言宗系統の話の前にまとめて記している可能性もあろうから、なお検討が必要である。この一文が卒伝の文章であり、文の配置が適切なのかどうか、それとも後世の竄入と評価すべきなのか、また歴史的事実を伝えているのかについては慎重な考証が必要になるが[13]、筆者は、『扶桑略記』当該条が史料⑱と同じように『日本三代実録』を増補する記述を含んでおり、その増補部分が『日本三代実録』の写本に竄入した可能性が高いと推定している。この問題については後にまた触れたい。

出家入道と受戒

卒伝によるなら、宗叡は俗姓は池上氏で左京の人。幼くして遊学して音律を受け習い、十四歳で「出家入道」して、内供奉十禅師の載鎮に従って経論を承受し、叡山に登って活動したという。池上氏は、『続日本紀』天平宝字二年（七五八）十二月癸丑〈十五日〉条（同年二月辛亥条にも重出）に「左京の人広野王に姓を池上真人と賜ふ」とあって、広野王からはじまる氏族である。宗叡は死去時の年齢から逆算して大同四年（八〇九）の生まれになるから、十四歳は弘仁十三年（八二二）になる。この年は最澄が死去する年であり、また大乗大僧戒が政府から公認される年でもあった。

宗叡は、比叡山において仏法修行に励み、天長八年（八三一）、二十三歳の時、具足戒を受戒した。しかしその後比叡山には戻らず、南都にとどまって広岡寺の義演という僧について法相宗をうけ学んだという。ここの広岡寺は、大和国添上郡広岡（現奈良県奈良市法蓮町）に存在した寺院（現存せず）と考えられ、『東大寺要録』の末寺章第九には「普光寺〈又広岡寺と云ふ〉／右の寺は大和添上郡に在り。平城後太上天皇のおんために、天平勝宝五年八月廿日を以て正二位広岡夫人公の建立するところなり。天平宝字四年三月六日を以て定額寺に入れり」という記述が見える。これによるなら、広岡寺は法名を普光寺といい、天平勝宝五年（七五三）に広岡夫人すなわち橘古那可智（?〜七五九）が聖武太上天皇のために建立した寺院であり、平安時代のある段階で東大寺の末寺になった寺院であることが知られる。

さて、最澄の『天台法華宗年分縁起』[14]所収の「天台法華宗年分得度学生名帳」には、よく知られているように、大同二年から弘仁九年までに天台宗の年分度者として得度した者たちのその後の動向が記されている（なお、弘仁十年分についての追記も見られる）。それには、僧名の下に「住山」と記されていて、東大寺戒壇での具足戒の受戒後も比叡山で活動を継続した者たちが存在する一方、「不住山　大安寺／止観業　師主律師永忠」「不住山　興福寺／遮那経業　師主比叡山最澄」のように「不住山」と記されている者がいる（なお「法相宗相奪」[15]との記述もある）。ここから、具足戒の受戒後に比叡山に戻って天台僧として活動を継続している者と、比叡山を離れて大安寺・興福寺に住んで活動するようになっている者とが存在していたことが知られる。このことは「上顕戒論表」にも見え、住山の僧が十にも満たないと記されている。

最澄が大乗戒を大僧の戒として政府に公認してもらいたいと望んだ理由の一つに、こうした事態を打開して、天台宗の年分度者として得度させた者を比叡山で受戒させ、そのまま比叡山で天台僧として育成したいということがあったことはすでに指摘されている。[16]そして、弘仁十三年、大乗大僧戒が政府から公認された。しかし、その後も従前の状況はただちには改変することができなかったようで、東大寺の戒壇で具足戒を受戒し、その後山に戻らずに法相宗をうけ学んだ僧が、この宗叡のように存在していたことが知られる。

だが、数年後、宗叡は比叡山に戻り、「廻心向大」して菩薩戒を受戒して天台宗の大義を探求する道を歩むこととなったという。ここの「廻心向大」（回心向大）は最澄の「天台法華宗年分度者回小向大式（四条式）」に見える用語で「小乗の心をひるがえして大乗に向かうこと」[17]を意味しており、具体的には、具足戒を目指して修行していたが、回心して大乗戒の受戒に変えること、あるいは先に具足戒を受戒したが、後にあらためて大乗戒を受戒することを指していた。宗叡は後者である。

最澄の「天台法華宗年分度者回小向大式（四条式）」では、これとは逆に、先に大乗戒を受戒して、十二年間比叡山にて修行した後に、利他のために小戒を仮に受け、仮に大小兼業寺に住むことを許している。いわゆる「仮受小戒」（「仮受小律儀」）である。これは戦略的に採られた活動方針の一つと理解されるが、手島崇裕氏、勝野隆広氏が指摘するように[18]、この後、天台宗内における座次をどうするかという問題、そして他宗の僧との間の座次をどうするかという問題、さらには「仮受小戒」を継続すべきなのかどうかという問題が生じてしまった。具体的に議論になったのは、先に小乗戒（具足戒）を受け、後に大乗戒を受けた者と、先に大乗戒を受け、後に小乗戒（具足戒）を受けた者の座次をどうするかということであった。光定『伝述一心戒文』（巻中「菩薩僧位次官符達天長皇帝申下文」）によるなら、光定はこの問題について伴参議（伴国道、七六八〜八二八）と意見交換した。伴参議は「廻心僧と一乗僧は受戒（大乗戒の受戒）の日に一乗師の下に坐すべし。廻心師受戒の後は、廻心師の位は一乗師の上に坐すべし。他寺の師は東大寺受戒の日を以て延暦寺の僧次に坐すべし。延暦寺の師は延暦寺受戒の日を以て他寺の僧次に坐すべし。この意を以て官符を下すべし」という意見を述べて、他日、この政が実施されたという。宗叡は、光定や伴参議が言う「廻心僧」に当たる僧であった。

二　宗叡と白山

叡山の神のお告げによる入山

宗叡はこうして比叡山延暦寺で活動するようになったが、やがて「叡山主神」が人の口を借りて彼にお告げをした。お告げでは、「汝の苦行、我まさに擁護す。遠く行かば則ち双つの烏を相随はしめむ。暗夜には則ち火を行ない相照らしむ。此を以て徴験となすべし」という。その後、宗叡は越前国の白山に至った。二羽の烏が飛び随って先と後にあり、夜中には火があって自然に道を照らしてくれた。見る者はこれを奇しきことと理解したという。

今、ここの記述の注目点として以下の六点を指摘しておきたい。

第一は、宗叡の白山進出が「叡山主神」のお告げに根拠づけられた営為として記述されており、それ自体が神仏融合の思想に立脚する営みであったとされていることである。それは神の住む山（比叡山）から神の住む山（白山）への仏法の展開であった[19]。後年、白山は神仏融合の聖地として大いに発展していくが、その融合が展開する端緒はこの宗叡の思想および活動に淵源を求めるべきだろう。なお、白山の神の六国史での初見記事は、『日本文徳天皇実録』仁寿三年（八五三）十月己卯〈二十二日〉条の「加賀国白山比咩神に従三位を加ふ」で、この時従三位の神階が叙位されたという記事である。

第二は、「叡山主神」の意志伝達の方法が人の口を借りるというやり方であったことである。かつて論じたように（本書第Ⅲ章参照）、奈良平安時代の神仏融合関係の史料には、神が自分の意志を伝達する時、(ア)夢に現われて伝える、(イ)人に憑いて託宣をもって伝える、のどちらかと記されていることが多い。そうした意志伝達の仕方は、中国の仏法文献に見える神の意志伝達の方法と一致する。この史料でもそれらと同じく、神は人の口を借りて意志を伝えている。

第三は、宗叡の宗教活動が「苦行」と表現されていることである。「苦行」は多様な宗教活動を包含する概念であるから、この卒伝においてこの語がどのような内実を意味して用いられているのかは難解であるが、その後の話の展開では、神は宗叡の苦行を擁護するため、道案内の二羽の烏を随わしめ、夜道を明るく照らしてくれている。そうであるなら、ここの「苦行」は道も明らかでないような未開の山に入っていくという行為自体を指していると理解するのが妥当である。宗叡の行為は、未開の山であった白山にほとんどはじめて進出し、そこで仏法修行を実践することであったと読解される。

第四は、白山の所在地を越前国と表記していることである。よく知られているように、白山は現在の福井県、岐阜県、石川県、富山県に広がる両白山地一帯の山を指しており、その最高峰たる白山（二七〇二メートル）は石川県白山市と岐阜県大野郡にまたがってそびえたっている。中世以来、白山への道は、越前国、美濃国、加賀国からの三ルートが開設され、それぞれに宗教的拠点が築かれてやがて三馬場と呼ばれるようになった。越前国の平泉寺、美濃国の白山中宮長滝寺、加賀国の白山寺白山本宮である。宗叡が入山したのは白山地域のうち越前国に属する部分であったと理解される。

「双烏」をめぐって

第五は、「双烏」が話の重要なモティーフとして登場することである。道案内の烏というと、私たちは『日本書紀』巻三の神日本磐余彦天皇《かむやまといわれびこ》（神武）の東征のところに登場する「八咫烏《やたがらす》」を想起する。八咫烏は天照大神が熊野で道に迷った神日本磐余彦天皇に遣わしたもので、道を案内してくれる烏であった。この八咫烏については、中国でしばしば太陽の中に描かれる聖なる烏との影響関係について考察しなければならないだろうが、ただこの宗叡の話に登場する烏は「双烏」と表記され、彼の先と後にいたとされているから二羽の烏と考えられるし、また仏法の文脈の中で登場するという差異がある。ならば、ここの「双烏」については経典・仏書などの仏法文献を参照して考証していく必要があるだろう。

大正新修大蔵経データベース[20]で「双鳥」および「双鳥」を検索してみると、いくつかの用例に出会うことができる。その中で注目されるのは、道世『法苑珠林』巻八十四「六度篇禅定部」に記される釈慧融の伝である（大正蔵No.2122, 907b）。唐の長安普光寺の僧慧融は、字は円照、俗姓は張氏で南陽の人である。幼くして精進してわずかな悪も犯さず、少年にして落髪して禅に励んだ。泰山に隠居して活動したが、勅によって入京して普光寺で活動した。時々終南山に遊び、山と往き来していたが、ある時登山の際に深く厚い雪に遭い、進むことができなくなってしまった。すると、一匹の虎が前に近づいてきて、耳をたれて伏した。慧融はその意味を察知し、これに乗ると、虎は彼を背負って上っていったという。さらに「常有二双鳥一於二山林中一前行引レ路」とあって、常に「双鳥」がいて山林の中で彼の道案内をしてくれたという。ここに登場する虎は、『法苑珠林』『続高僧伝』などの中国の仏教文献にしばしば登場する神獣で、すでに論じたように、山神が姿を変じて出現したと明記されている用例もある（本書第Ⅲ章参照）。ここも山神の変化と読解すべきであろう。なお、この慧融は、道宣『続高僧伝』巻二十「釈明浄伝」に附載される「慧融」（大正蔵No.2060, 594c）と同一人物と考えられるが、そちらでは、彼は「禅業」「山居、服食、呪水、治病」が顕著で、勅によって召されて入京して普光寺で活動したとある。慧融は、山岳仏法の活動およびその神異が著名な僧であったのだろう。

宗叡が白山で双鳥の道案内を受けたという話は、慧融が終南山で双鳥の道案内を受けたという話と大いに共通性がある。宗叡卒伝のこの話は、宗叡自身から出ている話である可能性があるように考えられるが、それは中国の仏法で語られた話を念頭に置いて語られた説話と読解される。

入山の時期

第六は入山の時期である。卒伝には、宗叡が白山に入山した年次が明記されておらず、前後の文脈から推定するよりない。卒伝では、宗叡は白山での活動の後、山を下りて真言密教に活路を求め、東寺に移り住んで、実恵から金剛界大法を受け学んだとある。実恵の死去は、承和十四年（八四七）十一月十三日（『元亨釈書』）と考えられるから、宗叡が白山で活動していた時期の下限は承和十四年となる。

では上限はどうであろうか。最澄「天台法華宗年分学生式（六条式）」などによれば、大乗の菩薩僧は大戒を受戒後、比叡山にて十二年間、山門を出ずに修学させるとある。宗叡の具足戒受戒は天長八年（八三一）のことで、「数年」後に叡山に戻って菩薩戒を受戒したとあるから『数年」を仮に五、六年と考えれば、菩薩戒の受戒は承和三～四年頃のことになり、それから十二年間というと、嘉祥元～二年（八四八～九）のことになる。それから白山に向かい、白山で活動した後に実恵のもとに向かったとすると、実恵の生存中に間に合わなくなってしまう。だとすると、「数年」を一～二年、あるいは二～三年と理解するか、さもなくば比叡山における十二年間の修行を完成させることなく白山へと向かったと理解とするかのどちらかということになる。はたしてどちらと理解すべきか、決め手はないが、いずれにせよ宗叡の白山における活動は八四〇年代半ば頃のことであったと推定されるだろう。

下山と転身

やがて宗叡は白山を離れ、実恵（七八六～八四七）のところに向かい、金剛界大法を受け、真紹（七九七～八七三）から阿闍梨の灌頂を受けた。そして選ばれて東宮時代の清和天皇（惟仁《これひと》親王）に近侍することになったという。白山へは叡山の主神のお告げで進出したのだから、白山における彼の活動は天台宗の枠組の中の活動であったと理解される。だが、彼は白山から比叡山へは戻らず、東寺へと向かい、真言密教を学ぶ道へと進んでいった。この時代は後世のような強い宗派観念がまだ確立されていなかったと思われるが、それでもこれは転身と言わなければならないだろう。

彼の転身の趣意は史料には明記されていないが、一つはその後の彼の活動から推察して、密教に対する強い関心によるものと思われる。天台宗にも密教は存在したが、まだ不十分なものであった。宗叡は後に入唐すると、唐の密教を精力的に受学し、青竜寺（図V-1）の阿闍梨法全から灌頂を受けて胎蔵界の法を学び、慈恩寺の造玄、大興禅寺の智慧輪阿闍梨から密教の秘奥を承受するなどして帰国している。そうした行動を参照するなら、彼は本格的な密教を学びたいと考えて真言僧の門をたたいたものと思われる。

図V-1　現在の青龍寺　中国・陝西省西安市

なお、ここで先に触れた『日本三代実録』宗叡卒伝の本文校訂の問題に触れておきたい。宗叡が唐で訪れた僧のうち、法全と智慧輪の二人は円珍が入唐中に親しく教えを受けた僧であった。[21] とするなら、宗叡は自らの入唐にあたり、円珍のもとを訪れ、長安の仏法界の様相など、唐の仏法の情勢について情報を得た上で旅立っていた可能性が高い。そうだとすると、先の「随二円珍和尚一於二園城寺一、受二両部大法一」という文は、何らかの歴史的事実を伝えている可能性が高い。その時期は円珍の帰国以後、宗叡の入唐以前のことになるだろう。⑩「頭陀親王入唐略記」によれば、真如の入唐が許可されたのは貞観三年（八六一）三月、真如が池辺院から出発したのは同年六月十九日のことで、真如一行が鴻臚館を出発して遠《とお》値《ち》嘉島《かのしま》に赴いたのは貞観四年七月中旬のことであった。そうであるなら、宗叡が円珍から両部大法を受けたのは貞観三〜四年頃のことになると推定されよう。佐伯有清氏によれば、『寺門伝記補録』など園城寺の記録類ではそれを貞観四年正月二十日のこととしているという。[22] この年月日の伝えがいつの時代にまで遡るものなのかは明らかではないが、それが歴史的事実を伝えている可能性はある。ただ、そうだとしても、先の一文がもともと『日本三代実録』卒伝の一部であったとは確定できず、後世の書物の記述が竄入したものである可能性があると考える。

宗叡が白山を離れたもう一つの理由は、中央の仏法界で活動したいという希望を持っていたからではないかと筆者は推測する。その後の活躍ぶりから推すに、彼は積極的に政治の中枢部に関わっていこうとする意欲を持っていた。卒伝によると、宗叡は惟仁親王（のちの清和天皇）が東宮になると、これに近侍して「護持」の職務を担当するようになったという。これは、彼の山林修行に基づく験力が期待をもって受け止められたからだと考えられる。この時代、神異霊験の能力を持つことの根拠、聖なる力を帯びる源泉としては、持戒と並んで山林修行がその一つになると考えられていた。(23) 彼はその経歴を活かして清和天皇を護持する僧になっていった。

五臺山の説話と宗叡

次に五臺山の説話について検討したい。宗叡は、唐で五臺山によじのぼり（図V-2）、「聖跡」を巡礼して、西臺の維摩詰の石の上に五色雲を見、東臺の那羅延窟の側で聖灯および吉祥鳥を見、聖鐘を聞いたという。五臺山にはさまざまな聖跡があり、それにまつわる説話があった。宗叡はそれらについての情報を日本で、また唐において収集し、それらを実際に見学して、説話に連関するあれこれを追体験したものと思われる。ここでは吉祥鳥、聖灯、聖鐘などについて検証しておきたい。

五臺山の「聖跡」については、慧祥『清涼山記（古清涼伝）』、延一『広清涼伝』、張商英『続清涼伝』に多くの記述が見える。(24)『古清涼伝』によるなら、五臺山はもともと仙者の住む仙居であり、また山神の住む山であった。その山が文殊菩薩の居住する清涼山に他ならないとされて信仰を集め、多数の仏法の寺院が建立されていった。「那羅延窟」は『広清涼伝』に東臺の霊跡の一つとして記されている。この窟の名は、『大方広仏華厳経』「諸菩薩住処品　第三十二」に「昔よりもってこのかた、諸菩薩衆中に止住せり。震旦国に一住処あり。名づけて那羅延窟といふ」（大正蔵No.279, 241c）とあるのに由来するものと思われる。円仁『入唐求法巡礼行記』の開成五年（八四〇）五月二十二日条には「臺頂より東に向かひて直ちに下ること半里の地、峻崖の上に窟あり。名づけて那羅延窟となす。人の云く、むかし那羅延仏この窟に於て道を行なひ、後に西に向かひて去ると」[25]とあって、円仁も五臺山の聖跡の一つとしてここを巡礼している。那羅延窟は、金剛窟と並ぶ五臺山の聖跡の一つであった。

図V–2　五臺山の北臺より山々をのぞむ　中国・山西省忻州市五臺県

吉祥鳥は、五臺山の無著の化寺の説話に見える。『広清涼伝』によると、無著は華厳寺で一老人に出会い、会話をかわしたが、老人は消えてしまった。すると、「二吉祥鳥」が頭上を徘徊、飛翔し、東北の方へ飛んで行った。また房中で白光二道を見た。やがて金剛窟に至ると、また老人と出会い、その後化寺を参詣したが、そこを退出すると、寺は消えてしまった。老人と出会った地を見ると白雲が湧起していたという（大正蔵No.2099, 1112a）。ここで吉祥鳥が二羽であったことに注目したい。なお、この話は賛寧『宋高僧伝』巻二十「唐代五臺山華厳寺無著伝」にも見えるが、そちらでは白雲は変じて五色雲になったという（大正蔵No.2061, 836c）。

　次に聖灯は、五臺山の法照の化寺の説話に見える。『広清涼伝』によると、法照は金剛窟を巡礼し、無著が大聖を見たというところで敬礼した。すると、宮殿、文殊、普賢、一万菩薩、および仏陀波利が出現した。その夜、華厳寺の西楼に向かうと寺が出現し、寺の東山の半ばあたりに五盞の「聖灯」が現われたという（大正蔵No.2099, 1115a）。この話は、『宋高僧伝』巻二十一「唐五臺山竹林寺

図V-3　現在の竹林寺　中国・山西省忻州市五臺県

法照伝」（大正蔵 No.2061, 844c）にも見える（図V-3）。なお、『広清涼伝』法照伝には、大暦四年（七六九）六月二日の未の時に五色の祥雲があまねく諸寺を覆ったという記述も見られる（大正蔵 No.2099, 1114a）。聖灯のことは、また、『続清涼伝』にも記されており、五臺山の霊異の一つとして著名であったことが知られる。日本の先人では、円仁（七九四〜八六四）が、『日本三代実録』の卒伝（貞観六年〈八六四〉正月十四日条）や三千院本『慈覚大師伝』によるに、五臺山の南臺にて聖灯を見ている。

次に聖鐘は、長史の斉政の説話に見える。『広清涼伝』によると、彼は聖暦二年（六九九）に家族とともに五臺山を訪れた。清涼寺の北で数人の僧に出会い、文殊菩薩を訪ねるというので、ともに臺頂に登っていくと、僧たちは消えてしまった。下山して清涼寺に近づく頃になると「聖鐘」が山谷にひびきわたるのを聞いたという（大正蔵 No.2099, 1117b）。

このように、宗叡が五臺山で体験したといういくつかの霊異は、五臺山で説話的に語られる著名な霊異であったと考えられる。ただ、五臺山には他にもよく知られる霊異がいくつもある。その中で、宗叡が特に吉祥鳥と聖灯を追体験しているのは注目すべきことだと考える。というのは、山深き白山で彼が体験したという双鳥の道案内の話、および夜の闇を照らす火の話と共通性があるからである。彼が白山で体験したという霊異の話は五臺山の霊異と重ね合わせるように語られていると読解されるだろう。

三　泰澄の相対化

仏教文学としての泰澄

白山といえば、通常は泰澄の開創であると説かれ、宗叡の白山入山に言及するような研究はほとんどなかった。研究史を振り返るに、高瀬重雄氏、山岸共氏が宗叡の白山入山についてごくわずかに触れるものの[26]、それをめぐって詳しい考究がなされることはなく、今日に至っている。だが、ひるがえって考えるに、泰澄の存在ははなはだおぼろげ、不確かなものであって、彼が養老の頃に白山を開創したということが確実な史料で検証しうるかというと、多くの疑義がある。

近代歴史学においては、かつて平泉澄氏[27]が自家に伝わる『泰澄和尚伝記』（平泉寺本〈白山神社本〉）に注目し、同じ内容を持つ伝記として金沢文庫本、尾添本（蜜谷氏所蔵本）、大谷本（大谷寺本〈越知神社本〉）、彰考館本、東京大学史料編纂所本が存在することを指摘した[28]。そして、これらは『元亨釈書』泰澄伝に「幣朽の一軸あり。後に題して云く、天徳二年、浄蔵の門人神興、口授を受けて伝を作ると。蔵公は霊応博究なり。思ふに、神興の聞くところ妄ならじ。今の撰纂はこれを興の伝に采れり」と記される「伝」に該当し、天徳二年（九五八）の泰澄伝に当たると論じた。これらのうち最古の写本である金沢文庫本の末尾近くには「天徳元年丁巳三月廿四日」の作成の年月日が記されており、天徳元年か二年かの違いはあるものの、天徳初年に作成された泰澄の最古の伝記であると平泉氏は説いた。この理解は田中卓氏に継承されている[29]。

だが下出積與氏は、この伝記には、白鳳年号が使用されていること、禅師の敬称が朝廷から授けられる禅師号とされていること、天平九年段階で大和尚位が朝廷から授けられていること、白山にて行基と会見したとされていること、持統天皇期に大化年号が使用されていることなどの多くの疑問があり、七・八世紀の歴史的事実を伝えるものとは評価できないと論じた。[30]下出氏は、またその後の論考において、この伝記には本地仏のことが明記されているが、そうした部分は天徳の記述としてふさわしくなく、平安時代末期以降に後人が追記した増補であろうと説いている。[31]その後、浅香年木氏は、この伝記が天徳元年の成立であるのかどうかについて疑問を呈し、「天徳本」の実在は疑わしく、彼に関する確実な史料は『法華験記』『本朝神仙伝』をその端緒とすべきであると論じた。[32]浅香氏の見解に対しては、飯田瑞穂氏による批判があるが、[33]浅香説の細部には問題があるとしても、大筋としてはなお説得的であると筆者は評価している。

筆者は、『泰澄和尚伝記』に記される、泰澄およびその父母の名や彼が白鳳二十二年壬午六月二十一日の生まれだということ、母が夢に白玉水精が懐中に入るのを見て懐妊したということ、[34]五、六歳の頃に泥土で仏像を作っていたということ、持統天皇七年、十一歳の時に道照が彼を見て父母に神童だと言ったということ、持統天皇大化元年、十四歳の時に夢に自らが聖観音の花の上に坐しているところを見たということ、同年に越知峯で修行し、霊異を示すところを兄の三神安方が目撃したということ、大宝二年、二十一歳の時に勅使伴安麻呂が来て「鎮護国家法師」とされたということ、同年に能登嶋の小沙弥が来て弟子となり、「臥行者」と名づけたこと、和銅五年、三十一歳の時に官庫の税の稲を運ぶ船から臥行者が米を奪い、船中の米俵が雁のように連なり飛んだということ、船頭の浄定も弟子になったということ、養老元年、三十六歳の時に白山麓の伊野原にて観念を凝らすと、貴女が出現して日本が神国であることや国常立尊以来の神々の系譜[35]について教示してくれ、自分は「伊弉諾尊」（諾は冉の誤か）であり、今は「妙理大菩薩」であると告げたということ、白山に登ると「本地」の真身たる十一面観音の玉体が出現したということ、養老六年、四十一歳の時に元正天皇の不予を加持すると病は平復し、天皇は帰依して彼を「護持僧」となし、「禅師位」を授けて「神融禅師」と号せしめたこと、神亀二年、四十四歳の時に白山を参詣した行基と会見したということ、天平八年、五十五歳の時に玄昉を訪ねて将来経論を披閲し、特に『十一面経』を授けられたということ、天平九年、五十六歳の時に疱瘡が流行したのを「十一面法」を修して流行を終わらせ、天皇から

「大和尚位」を授けられて泰澄和尚と号したということ、神護景雲元年、八十六歳の時に三重木塔百万基を造立して勅使の吉備大臣を通じて奏聞したということなどは、七・八世紀の歴史的事実を伝えるものではなく、そのすべてが後世に創作された〈仏教文学〉とすべきだと評価している。

また、この伝記が十世紀中期の天徳初年の成立であるというのも、「護持僧」[36]が役職名として用いられていること、下出氏が説いたように、白鳳元年を辛酉（六六一）とするのは後世の説であること、同氏が説いたように[37]、後年に成立するはずの確立した〈本地垂迹説〉[38]が記述されていること、浅香氏が説いたように、天徳元年三月は改元以前なので正しくは天暦十一年とすべきであることなどから、事実とは異なる虚偽の成立年月日だと考えられる。金沢文庫本には正中二年（一三二五）五月二十四日の書写奥書があり、『元亨釈書』がこの伝記を参照しているから、この伝記は元亨・正中以前の成立となるが、天徳元年に成立したものとは考えられず、十二世紀以降の成立としなければならない。それが天徳元年の成立であると主張するのは、著名な浄蔵（八九一〜九六四）が口授したものであることを標榜せんとするため、彼の活動年代にその成立年代を合わせたことによるものと推考される。

以上のように考証するなら、『泰澄和尚伝記』の記載はそのすべてが後年に創作された〈仏教文学〉ということになるから、泰澄は創作上の人物であり、実在しない、架空の人物ということになる。彼のことがはじめて記される文献は、浅香氏が説いたように、鎮源『法華験記』（一〇四〇〜四四頃の成立）ということになるが、そこでは彼の名は「神融」と記されていて、「泰澄」の名は登場しない。「泰澄」の名がはじめて見える文献は大江匡房（一〇四一〜一一一二）の『本朝神仙伝』ということになる。泰澄は、十一世紀末〜十二世紀初頭頃に語りはじめられるようになる白山の〈開山〉であった。そして、『法華験記』『本朝神仙伝』の段階において、彼についての記載はそのすべてが〈仏教文学〉になっていると考える。

経典奥書の泰澄

宮内庁書陵部が所蔵する古写経に、天平二年（七三〇）六月七日の日付を持つ『根本説一切有部毘奈耶雑事　巻二十一』があり、その奥書には「謹書写畢、泰澄」という記載が見える。平泉氏は、この奥書の泰澄と白山の泰澄とは同一人物であるとし、この写経は白山の泰澄の筆蹟として唯一無二のものであると論じた。これに対し、下出氏は両者を同一人物とする判断に疑問を投げかけ、(39)また本郷真紹氏も両者が同一人物であるかどうかは即断を許さないとして、同一人物説に疑問を投げかけている。(40)筆者は、白山の泰澄という僧名が成立するのは十一世紀末〜十二世紀初頭頃のこととすべきであるから、写経奥書の泰澄と白山の泰澄とを同一人物とみなす説は成り立たないと考える。

白山の宗教の隆盛化

泰澄は架空の人物である。しかし、架空の人物だからといって価値がないというのではない。いや、大いに価値があると言わなければならない。そこには、先人たちの豊かなイマジネーションが横溢しており、(41)日本の宗教文化を考える上で私たちに多くの思考題材を与えてくれる。

本郷氏は、泰澄は実在したかと問うて、奈良時代の史料でその存在を確認することはできないと説いた。だが、後世に創作されたものにも独自の価値があると論じ、仮に泰澄が実在しなかったとしても、奈良時代に人跡未踏の白山に入ってそこを行場として開拓した僧が存在した可能性はあり、それは一人ではなく何人もの、何世代もの足跡であったものが、後世に泰澄という一人の僧に凝縮されて語られた可能性が高いと論じている。(42)筆者はこうした本郷氏の見方に賛同するものであるが、ただ、本郷説と私見とに若干の差異があるとするなら、本郷氏が奈良時代における山林修行の延長線上に白山に入山して活動した僧の存在を想定するのに対し、筆者は平安時代における神仏の融合の進展の中でそれを考えようとするところにある。奈良時代の山林修行と平安時代の山岳仏教とには連続面もあるが、また大きな差異もあり、私はそれをアジア東部における宗教文化の展開という視角から考察すべきだと考える。

泰澄に関するさまざまの説話は、文学的には、平安時代後期以降の神仏融合の宗教的心性を表現する〈仏教文学〉として価値がある。また、歴史的には、白山においていつ頃から僧が活発に活動するようになり、神仏融合の宗教文化が栄えていったのかを知ることができる歴史史料として大きな価値を持つ。十世紀末の源為憲『三宝絵』(九八四年成立)には、熊野の八講会のことは語られているが、まだ白山の仏法や神仏融合のこと、寺院や行事のことなどは語られていない。これが語りはじめられるのは十一世紀の『法華験記』『本朝神仙伝』からであるから、白山において仏法が盛んになり、神仏融合の宗教文化が本格的に展開するようになるのは十一世紀のことと理解してよいと考える。

その際、白山を開山したのは、最初は「神融」なる名の僧のこととして語りはじめられたが、やがて「泰澄」という名の僧のこととして語られるようになり、のちには両者は同一人物であるように語られていった。白山で活動した僧たちにとって、自分たちの祖に当たる〈開山〉はどうしても必要な存在であり、そうした人物を設定する作業は重要な営為であった。〈開山〉の設定は、白山の宗教をより活性化させる働きを持っていた。こうして、十一世紀、白山の宗教文化が活性化する中で、神融、そして泰澄という存在が創出されていったのである。

むすび

白山の歴史というと、これまでは、伝承的であるとはいえ、泰澄からその歴史を語りはじめるのが一般的だった。しかし、以上の考察によるなら、白山の歴史は宗叡から語りはじめるべきである。宗叡は、叡山の主神のお告げによって八四〇年代の中頃に山深き白山に入山して仏法修行を行なった。それは、天台宗の活動の展開の中で実践された営みだったと考えられる。そこでは、中国の山岳仏法において語られた霊異と同じモティーフを持つ説話が語られた。

日本では、最澄が天台山を参詣して中国的な山岳仏法を本格的に導入し、それ以後、神仏融合の宗教的聖地としての山が開創されるようになっていった。空海も高野山に金剛峯寺を建立した[43]。それらは、中国仏法の文化・思想を導入しようとした試みの一つであった。そして、白山もそうした文化・思想の具体的な展開の一つとして開創された。

だが、白山における宗叡の活動は、彼自身の転身によって短期間で終わってしまった。後世の白山の仏法は、宗叡の活動を直接継承するものにはなっていないと理解されよう。白山において仏法が活性化するのはそれから百年以上を経た十一世紀になってからのことと推定されるが、しかしその間も断続的に仏法の進出があったものと考えられる。十一世紀に白山の仏法が栄えるようになると、彼らは自分たちの淵源として、神融、そして泰澄という存在を創出し、それを白山の開山だとする説話を語るようになっていった。筆者は、そこに中国の山岳仏法の文化をそのまま輸入しようとする段階から一歩踏み出した、日本化による差異を看取すべきだと考える。

九世紀は日本において神仏の融合が進展した時代であったが、山岳仏法という側面から言うなら、それはまだ中国的な聖地のあり方を導入、受容しようという段階であった。『日本三代実録』元慶二年（八七八）二月十三日条には、三修（八二九～八九九）が近江国坂田郡伊吹山の護国寺を定額寺に列するよう申請した牒が見える。彼は名山をめぐって仁寿年中に人跡まれなこの山に入り、かつて仁明天皇が建立したという一精舎を発展させて、「霊山」に堂塔を整備していったという。三修は法相宗を学び、のち宗叡の教えを受けて真言宗を学んだ僧で、宗叡の弟子の一人とも位置づけられる人物であった。

日本の神仏融合の聖地は、日本的で素朴な原始信仰の中から発生したようなものではなく、中国の宗教文化を受容するところから開始されたものであり、その後、時間が経過していく中で、しだいに日本的な個性が形成されていったものであると考えられる（補注）。

第Ⅵ章　鬼と神と仏法

——役行者の孔雀王呪法を手がかりに——

はじめに

世界に展開した宗教としての仏法をどう理解するか。仏法はどのような特質を持つ宗教なのか。筆者は、これを考察するには、仏法と地域の神々との関係を明らかにすることが重要になると考える。仏法は柔軟性を持つ宗教で、地域の神信仰と複合、融合することによって自らの信仰圏を拡大し、広い範囲に流通していった。それはこの宗教の根本的特質の一つと見ることができる。本章は、この特質について、日本における一事例を題材に考究を試みるものである。

仏法は、インドにおいて、原始仏教（初期仏教）にはじまり、部派仏教、大乗仏教、密教へと展開していった。仏法と神々との関係はそうした仏法の歴史的進展とともに大きく変化し、大乗仏教、密教の段階になると、種々の神信仰が仏法の中に取り込まれて、仏法と神々との関係は密接なものになっていった。インドには多様な神信仰があり、種々の神々があった。ヒンドゥー教のシヴァ、パールヴァティー、ガネーシャ、スカンダ、ヴィシュヌ、ラクシュミー、ブラフマー、インドラ、マハーカーラ、ターリー、ドゥルガー、ハーリーティなどの神々、地名が冠される各地の土地の神々、固有名を持つ川の神や山の神、デーヴァ、ナーガ、アスラ、ヤクシャ、ラークシャサ、プレータ、ピシャーチャ、ブータなどの鬼霊たち、あるいは人間に危害を加える妖怪たちなど、列記が容易でないほど種々多様な神々が信仰されていた。

仏法において、それら神々はしばしば「鬼神」として位置づけられた。仏法と「鬼神」との関係は、仏法と神信仰との関係を考える時、重要な論点になる。それは、インドばかりでなく、中国における仏法の歴史的展開や、日本における仏法の歴史的展開を考える上でも重要な論点になる。この巨大だがしかし茫漠とした研究課題について、史料に即して実証的に考察できるような切り口はないだろうか。私見では、日本宗教史では、役行者《えんのぎょうじゃ》説話が好個の題材になると考えている。役小角のことは、早く『続日本紀』と『日本霊異記』に記されるが、両者には差異があり、二つを比較することによって、仏法と「鬼神」との関係について興味深い知見を得ることができると考える。

『続日本紀』は、文武三年（六九九）五月丁丑〈二十四日〉条に、役小角《えんのおづぬ》を流刑に処したと記す。そこでは彼は、「呪術」をよく用い、「鬼神を役使」して「呪」をもって「縛」することがあったと記述され、研究史上、道教の要素を持つ呪術者と見るべきだと位置づけられている。[1] 他方、『日本霊異記』には、上巻第二十八に「役優婆塞《えんのうばそく》」の説話がある。そこでは彼は、「孔雀王」の「呪法」を修持して「験力」を得たとされ、その活動が密教の文脈の中に位置づけられている。したがって、役小角をめぐる記述は、『続日本紀』から『日本霊異記』へとかなりの変化が見られ、道教の要素を持つ呪術者たる役小角を、『日本霊異記』は仏法（密教）の「役優婆塞」だとして取り込んでいる。そこで役優婆塞は、葛木峯の「一語主大神《ひとことぬしのおおかみ》」の讒言によって伊豆嶋に流されたが、富士山で修行するなど自在に活動し、やがて「仙」になって天に飛び、一語主大神を呪縛したという。したがって、『日本霊異記』のこの説話では、「一語主大神」が仏法でいう「鬼神」の一つとして取り扱われている。『続日本紀』の役小角の記事では抽象的・一般的に記されていた「鬼神」が、『日本霊異記』になると「一語主大神」という個別の神として描かれる。これをどう理解するか。

本章では、『日本霊異記』の役優婆塞（役行者）を主たる題材にして、日本の初期密教において、「鬼神」がどのように位置づけられていたのかについて考察し、そこからインド、中国、日本における仏法と「鬼神」との関係について一定の知見を得たい。

一　『続日本紀』に記される役小角

役君小角と韓国連広足

『続日本紀』文武三年（六九九）五月丁丑〈二四日〉条には次のようにある。

〈史料1〉

役君小角流二于伊豆嶋一。初小角住二於葛木山一、以二呪術一称。外従五位下韓国連広足師焉。後害二其能一、讒レ以二妖惑一。故配二遠処一。世相伝云、小角能役二使鬼神一、汲レ水採レ薪。若不レ用レ命、即以レ呪縛レ之。

重要な史料なので意味をとっておこう――役君小角を伊豆嶋に流刑にした。はじめ小角は葛木山に住み、「呪術」をもって知られ、外従五位下の韓国連広足《からくにのむらじひろたり》の師であった。しかしながら、後にその能力があだとなって、「妖惑」を行なっていると讒言されて遠処に配流された。世相が伝えて言うには、小角はよく「鬼神を役使」して、水を汲ませ、薪を採らせ、命令に従わないときは「呪」を用いて「縛」ったと。

ここに見える韓国連広足は、『家伝』下巻「武智麻呂伝」の養老六年（七二二）の記述に「呪禁《じゅごん》」として見える人物で、その時点で宮内省典薬寮の呪禁師を務めていたと理解される。また、同書神亀五年（七二八）のところには「呪禁有二余仁軍、韓国連広足一」とあって、余仁軍と並んで呪禁で名の知られる人物として特記されている。『続日本紀』によると、「物部韓国連広足」が天平三年（七三一）正月に正六位上から外従五位下に昇叙し、天平四年十月には、「外従五位下物部韓国連広足」が典薬頭に任じられている。ここから韓国連氏が物部氏の一族であったことが知られる。また、『令集解』の僧尼令第二条（卜相吉凶条）の『古記』には「道術符禁《どうじゅつふごん》は道士法を謂ふ也。辛国連《からくにのむらじ》、是《これ》を行なふ」とある。『古記』は天平十年頃に成立した『大宝令』の注釈書で、この記述から『大宝令』の「僧尼令」同条に「道術符禁」の文言があったことが知られる。辛国連氏は、その頃、「道術符禁」などの「道士法」を行なう氏だと認識されており、その能力によって呪禁師や典薬頭を務めていた。以上から、広足は道教的な「道士法」を行なう人物だったと理解される。(2)

『続日本紀』は、役小角をそうした人物の師だと記す。だから、『続日本紀』編者の理解によるなら、役小角は道士法に連なるような「呪術」を持つ人物で、それによって鬼神を使役し、あるいは鬼神を呪縛することがあったとしている。また役小角は葛木山で活動していたという。

道教思想における鬼神

ここで、中国の道教に目を転じると、たとえば三世紀〜東晋初期頃の成立と考えられる初期天師道の文献『女青鬼律』には、「鬼神」についての具体的な記述が見える。佐々木聡氏の読解によれば、この書物には鬼の姓名を知れば鬼を撃退、使役できるとする却鬼法が説かれ、また冥官としての鬼、鬼の戸籍、人間界に派遣される鬼、病気をまき散らす鬼、悪人を誅殺する鬼などについての豊富な記述が見られるという。(3) さらに『洞淵神呪経』（二十巻、前半十巻は六朝期の成立）には、『女青鬼律』の鬼神観を受容、発展させた思想が見られるという。(4)〈史料1〉に記される「鬼神」および鬼神の役使は、そうした思想に連なるものと見ることができる。

なお、『続日本紀』全四十巻は複雑な成立過程によって完成、奏上された書物で、前半二十巻と後半二十巻が別々に完成している。前半部分は、八世紀中頃の淳仁天皇の時代に編纂が開始され、文武天皇元年（六九七）から天平宝字二年（七五八）に至る歴史が全三十巻にまとめられたが、その後、延暦年間に菅野真道《すがののまみち》らによってそれが再編されて、三十巻が二十巻に圧縮され、延暦十六年（七九七）に完成した。一方、後半部分は光仁天皇の時代に二十巻として編纂されたが、桓武天皇の時代にそれが十四巻に圧縮、再編され、さらにそれに巻三十五から巻四十の六巻分が加えられて二十巻とされて、前半部分二十巻とともに全四十巻が延暦十六年に奏進された[5]。

したがって、役小角の記述を掲載する〈史料1〉は、その素型が淳仁天皇の時代に成立していたのかもしれないが、その後どのような加除編纂がなされて今見る文とされたのかは不明とせざるをえない。私たちが今見る〈史料1〉は、延暦十六年に確定した文章と見るべきものと考える。ただ、次節で見る『日本霊異記』は弘仁十三年（八二二）以降まもなくの成立だから、それより前に『続日本紀』が成立していたことはまちがいない。

以上、〈史料1〉に描かれる役小角の活動は、七世紀末～八世紀の日本における道教的文化の一定の流通の中で理解すべきものであり、そこに記される「鬼神」は道教的文化の文脈から理解可能なものと見ることができる。

二　『日本霊異記』上巻第二十八の役優婆塞

『日本霊異記』の役優婆塞・役行者

『日本霊異記』上巻第二十八では、役優婆塞は次のように記される。

〈史料2〉

修㆓持孔雀王呪法㆒得㆓異験力㆒以現作㆑仙飛㆑天縁　第廿八

役優婆塞者、賀武役公、今高賀武朝臣者也。大和国葛木上郡茅原村人也。生知博学得㆑一。仰㆓信三宝㆒、以㆑之為㆑業。毎庶挂㆓五色之雲㆒、飛㆓仲虚之外㆒、携㆓仙宮之賓㆒、遊㆓億載之庭㆒、臥㆓伏乎蘂蓋之苑㆒、吸㆓噉於養性之気㆒。所以晩年以㆓四十余歳㆒、更居㆓巌窟㆒、被㆑葛餌㆑松、沐㆓清水之泉㆒、濯㆓欲界之垢㆒、修㆓習孔雀之呪法㆒、証㆓得奇異之験術一。駈二使鬼神一、得之自在。

唱二諸鬼神一而催之曰、大倭国金峯与二葛木峯一度レ椅而通。於レ是神等皆愁、藤原宮御宇天皇之世、葛木峯一語主大神、託讒之曰、役優婆塞謀将レ傾二天皇一。天皇勅之遣レ使捉、猶因二験力一、輒不レ所レ捕故捉二其母一。優婆塞令レ免レ母故、出来見レ捕。即流二之伊図之嶋一。于レ時身浮二海上一、走如レ履レ陸。体踞二万丈一、飛如二翥鳳一。昼随レ皇居レ嶋而行。夜往二駿河富坻嶺一而修。然庶下宥二斧鉞之誅一、近中朝之辺上故、伏二殺剣之刃一、上二富坻一也。見レ放二斯嶼一而憂吟之間、至二于三年一矣。於レ是乗二慈之音一、以二大宝元年歳次辛丑正月一、近二天朝之辺一、遂作レ仙飛レ天也。

吾聖朝之人、道照法師、奉レ勅求レ法往二於大唐一。法師受二五百虎請一、至二於新羅一、有二其山中一講二法花経一。于レ時虎衆之中有レ人。以二倭語一挙レ問也。法師問レ誰。役優婆塞。法師思レ之、我国聖人。自二高座一下求之无之。彼一語主大神者、役行者所二呪縛一。至二于今世一不二解脱一。其示二奇表一、多数而繁故略耳。誠知、仏法験術広大者。帰依之者必証得之矣。

これも重要な史料なので意味をとっておきたい——孔雀王の呪法を修持して奇異の験力を手に入れ、現世で仙となって天を飛んだ話、第二十八。役優婆塞は賀武役公《かものえんのきみ》で、今の高賀武朝臣《たかかものあそみ》である。大和国葛木上郡《かつらぎのかみのこおり》の茅原《ちはら》村の人である。生まれつきものを知り、博学の第一であった。三宝を信仰し、仏法の修行をしていた。いつもこい願うことは、五色の雲に乗って大空の外に飛び、仙たちの宮の客人となって連携し、永遠の庭で遊び、花で覆われた苑に伏して養性の気を吸引することであった。晩年となった四十余歳になって、巌窟に住み、葛《かずら》を着て松を食べ、清水の泉で沐浴して欲界の垢を洗い流していた。そして、孔雀の呪法を修習して奇異の験術を手に入れ、鬼神を駆使することが自在となった。

彼は、もろもろの鬼神をうながして、大和国の金峯山と葛木峯の間に橋を架け渡らせよと命じた。神たちは皆これを愁いて、文武天皇の時代、葛木峯の一語主大神が人の口を借りて、役優婆塞は謀反を企て、天皇を傾けようとしていると讒言した。天皇は勅して使いを遣わして彼を捉えようとしたが、験力があるため、たやすく捕らえることができなかった。そこで役優婆塞の母を捉えたところ、彼は母を解放してもらうために自ら出て来て捕らえられた。こうして、彼は伊豆の嶋に流刑とされたが、そこで彼の身は海上を陸を履《ふ》むように走り、体を万丈の山にしゃがませると鳳凰のように飛行した。昼は天皇の命に随って嶋にいて修行したが、夜は駿河国の富士の嶺に往って修行した。極刑をまぬがれて朝廷の地に近づきたいと願い、死刑の刃をまぬがれて富士山に登った。この嶋に追放されてから憂吟の間に三年が過ぎた時、赦免の決定があり、大宝元年（七〇一）正月、天皇の朝廷のあたりに近づくことができ、そのまま仙になって天に飛んでいった。

我が朝の人である道照法師が勅によって唐に求法に行ったとき、法師は五百の虎たちの請願を受けて新羅に行き、その山中で『法花経』を講じた。すると、虎たちの中に人がいて、日本語で問いを投げかけてきた。法師がどなたですかと尋ねたところ、役優婆塞であった。法師は我が国の聖人だと思って高座より降りてその人を探したが、もういなかった。かの一語主大神は役行者に呪縛されて今に至るまで解けないでいる。彼が奇異を示したことは多数あるが、繁多なので今は省略する。まことに知る、仏法の験術は広大であることを。帰依する人は必ずやそれを得ることであろうと。

孔雀王呪法と日本の初期密教

この話でまず重要なのは、表題に明記されるように、役優婆塞の呪法が「孔雀王呪法」だとされていることで、彼は仏法の呪法、なかんずく密教の呪法を身につけた存在だとされていることである。『日本霊異記』では、彼は仏法の世界の人だとされる。それに伴って、彼の名は、実名の「役君小角」ではなく、「役優婆塞」という仏法修行者にふさわしい名として表記され、また末尾近くでは「役行者」とも記され、仏法の行者だと表記されている。なお、後世広く流布する「役行者」という呼称の初見がこの史料であることに注目しておきたい。

さらに興味深いのは、その呪法が「孔雀王」の呪法だとされていて、「孔雀明王」の呪法とはされていないことである。次節で述べるように、マハーマーユーリー、すなわち孔雀王あるいは孔雀明王に関する漢訳経典は六本が――儀軌を含めると七本が――現存しており、「正倉院文書」によると、一番新しい不空訳『仏母大孔雀明王経』および儀軌の『仏説大孔雀明王画像壇場儀軌』以前の五本の漢訳が奈良時代の日本に請来され、盛んに書写されていることが知られる。だから、奈良時代の日本に孔雀王の経典はすでに伝えられていた。

森雅秀氏が指摘するように、マハーマーユーリーを「孔雀明王」と翻訳するのは不空（アモーガバジュラ、七〇五～七七四）による訳からで、それ以前の五つの漢訳では「孔雀王」などの名で訳されている。[6] 今、七つの漢訳仏典を検証してみると、不空訳には「大孔雀明王」「仏母大孔雀明王」「摩訶摩瑜利仏母明王」「仏母明王」などとあって、「明王」の語が用いられている。これに対し、それ以前の漢訳では、「孔雀王」「大金色孔雀王」「大孔雀王」「大孔雀呪王」など「王」の語が用いられている。だから、「孔雀明王」という呼称が不空訳からはじまることは指摘の通りである。

日本では、平安時代、空海（七七四～八三五）や宗叡[7]（八〇九～八八四）は唐の孔雀明王の信仰を日本に伝えた。[8] それは不空訳を依拠経典とする孔雀明王信仰であった。孔雀明王を本尊とする密教修法は、これ以後、平安鎌倉時代を通じて国家の仏法、貴族の仏法などの世界で隆盛し、[9] 祈雨・止雨の祈願、治病祈願、天変祈禳、御悩平癒、御産御祈などを目的に頻繁に挙行された。孔雀明王に対する信仰は、平安時代の仏法の中心的信仰の一つだったと見ることができる。[10]

だが、日本には空海以前にすでに孔雀王への信仰が存在していた。奈良時代の孔雀王信仰については次節でさらに考究するが、今検討している『日本霊異記』〈史料2〉には「孔雀王呪法」と明記されているから、それが不空訳以前、日本では空海請来以前の孔雀王信仰によるものであったことが知られる。空海以前の日本の密教を今、仮に日本の初期密教と呼ぶならば、〈史料2〉は日本の初期密教の様相を今日に伝える貴重な史料と評価することができる。[11]

役行者の宗教的性格の変化

ただし、筆者はここで、役小角が実際に密教の修行者として活躍していたと主張するわけではない。〈史料1〉から〈史料2〉へと役小角の宗教的性格が大きく変わっていることに注目したいと論じているのである。〈史料1〉に記される役小角の「呪術」は、〈史料2〉では「仏法」の「孔雀王呪法」だとされた。それは書き換えによるものと見るべきで、役小角の宗教的性格については、むしろ〈史料1〉の方が歴史的事実をより多く伝えていると考える。もちろん、〈史料1〉にしてもどこまで歴史的事実と評価されるかの判別は容易ではなく、史料批判の必要がある。しかし、〈史料2〉には明らかに新しい要素が認められ、そこに描かれる役優婆塞は書き換えられたものになっている。ただ〈史料2〉は、それによってかえって、日本の初期密教の奈良時代後期〜平安時代初期の様相を示す格好の史料になっていると評価されるだろう。

なお、『日本霊異記』の著者の景戒が『続日本紀』を見ていたかどうかは不明である。見ていない可能性もある。しかしながら、〈史料2〉は、役優婆塞は讒言によって伊豆嶋に遠流に処されたとするストーリーを話の骨子として全体が構成されている。つまり、〈史料2〉と〈史料1〉は「讒」「伊豆嶋」「流」という基本的要素が合致している。また、年代を見ても、〈史料2〉は流刑にされて三年後を大宝元年（七〇一）だとしており、文武三年（六九九）に伊豆に流刑に処されたと記す〈史料1〉と合致する。これを勘案するなら、景戒が仮に『続日本紀』を直接見ていないとしても、〈史料1〉の素材となるような役小角についての言説が存在しており、それをふまえて〈史料2〉を書き、役優婆塞を密教の修業者とする説話に改変して再構成したと理解すべきである。

脊古真哉氏は、〈史料1〉〈史料2〉が今見るような記述になっている時代背景として、道鏡失脚後の宝亀年間以降、一時禁止されていた僧の山林修業が解放、奨励されるようになり、また天皇や貴族の治病にあたる呪術者が呪禁師から仏法の禅師へと転換していったことを指摘して、その中で金峯山における山林修行が活性化していったと論じた。そして、そうした新しい情勢の下で役小角の「名誉回復」が図られて、『続日本紀』には彼の配流が冤罪であったと記され、『日本霊異記』では彼の宗教の内容が仏法の山林修行に引き付けられて物語られるようになったと説いている。[12]この指摘は重要で、筆者も〈史料1〉〈史料2〉ともに役小角の再評価がなされるようになって以後の時代状況の下で記された記述と評価すべきだと考える。特に〈史料2〉は、日本の初期密教や山林仏法が活性化する情勢の下で記された記述と読解すべきで、役小角をそうした山林仏法修行者たちの始祖と位置づける意識が誕生したころの論説と理解しなければならない。

そう考えるなら、〈史料1〉から〈史料2〉への書き換えは、最終段階では景戒が完成させたものであるが、すでに彼が取材した段階で一定の変化が進展していた可能性があると見るべきかもしれない。

「仙」をどう理解するか

ここで、再び〈史料2〉に描かれる役優婆塞の宗教活動を見ていこう。この話の表題には「現に仙と作りて天に飛ぶ」と明記され、本文には、「毎《つね》に庶《ねが》はくは五色の雲に挂《かか》りて、仲虚の外に飛び、仙宮の賓《まろうど》と携わり、億載の庭に遊び、蘂蓋《ずいがい》の苑《その》に臥伏し、養性の気を吸ひ噉《くら》はむとねがひき」「巌窟に居り。葛《かずら》を被り、松を餌《の》み、清水の泉を沐《あ》み、欲界の垢を濯ぎ、孔雀の呪法を修得して、奇異の験術を証し得たり。鬼神を駆使し、得ること自在なり」「遂に仙と作りて天に飛ぶ」とある。だから、〈史料2〉は、役優婆塞は「仙」だと説くことが話の中核とされている。そして、伊豆に流された役優婆塞は空を飛んで富士山まで修行に行き、最後は「仙」になって天に飛んでいったと説かれる。

さて、「仙」というと、私たちは一般に中国の道教の神仙思想を想起する。[13]この話にも、道教の神仙思想から理解すべき表現が見られる。しかし、その一方、仏法でもしばしば「仙」のことが説かれ、特に孔雀王経典には「仙」についての詳細な記述が見られることに注意しなければならない。たとえば、後掲の孔雀王経典のうち、①『大金色孔雀王呪経』、②『仏説大金色孔雀王呪経』には「神仙」のことが詳しく記され、彼らは「呪術成就」であり、

「常修二苦行一、止二住山林一、勢力自在、感変速疾、五通如レ意、遊二歩虚空一」だと説かれ、「大仙」たちの名が多数列記されている。④『孔雀王呪経』、⑤『仏説大孔雀呪王経』にも、「有二五通一飛行自在」「具二大威力一五通自在、飛二行虚空一無レ有二障礙一」など同様の記述があり、「大仙人」「大仙」の名が列記されている。これらにも「呪術」「遊歩虚空」「飛行自在」のこと、あるいは山林での修行・苦行のことが説かれている。

景戒は、〈史料2〉をまとめるにあたって、役行者を道教的文化の世界の人から、密教、特に孔雀王呪法の世界の人として書き換えようと試みたが、両者をつなぐキイ概念として前面に押し出したのが「仙」だった。「仙」の要素を主題に位置づけることによって、彼を孔雀王信仰の世界に引き付けようとした。さらに、両者をつなぐもう一つのキイ概念とされたのが「鬼神」だった。〈史料2〉では、「鬼神」が仏法の文脈に引き付けられ、仏法の世界の中に納まる存在として位置づけられている。〈史料2〉の「鬼神」についてはのちにまた触れる。

このように〈史料2〉の「仙」は密教の孔雀王信仰の文脈から読解すべきだと考えるが、しかし〈史料2〉には密教思想からは説明が困難で、道教思想の要素が払拭しきれていない記述が見られる。たとえば、「葛を被り、松を餌み」は道教思想と見るよりなく、また「蘂蓋の苑に臥伏し、養性の気を吸ひ噉はむ」も道教思想に基づく記述と見るべきである。その一方、「仲虚の外に飛び」「巌崛に居し」「清水の泉を沐み」は、道教思想からも、また孔雀王経典の記述からも、どちらからも理解できる描写になっている。

以上、景戒は役小角を密教の行者、優婆塞として書き直した。これにより、役行者は、鬼神を従える密教の仙(大仙)として記述された。ただ、すべてを密教の要素だけで書き直すことはできず、一部に道教の要素が残存する描写になってしまった。

〈史料2〉は後世の役行者説話の源流となった。これは重要なことだと思う。以後、この記述に加除改変がなされて「役行者」が種々に語られ、『三宝絵』『扶桑略記』『本朝神仙伝』『今昔物語集』の説話、あるいは金峯山や熊野を舞台とする説話などが語られていった。

三　孔雀王経典の翻訳

現存する孔雀王経典

ここで孔雀王関係の漢訳経典にどのようなものがあるのかを確認しておきたい。仏教学の研究成果によれば、孔雀王に関する経典の漢訳には次の六本が現存しており、また儀軌が一本ある。(14)

〈漢訳経典〉

①『大金色孔雀王呪経』一巻　失訳（帛尸梨蜜多羅訳）［大正蔵No.986］

②『仏説大金色孔雀王呪経』一巻　失訳（帛尸梨蜜多羅訳）［大正蔵No.987］

③『孔雀王呪経』一巻　姚秦鳩摩羅什訳　ただし中国撰述の偽経［大正蔵No.988］

④『孔雀王呪経』二巻　梁僧伽婆羅訳［大正蔵No.984］

⑤『仏説大孔雀呪王経』三巻　唐義浄訳［大正蔵No.985］

⑥『仏母大孔雀明王経』三巻　唐不空訳［大正蔵No.982］

〈儀軌〉

⑦『仏説大孔雀明王画像壇場儀軌』一巻　唐不空訳［大正蔵No.983］

また、孔雀王関係の経典には、サンスクリット・テキストがあって、その校訂本が刊行されている。さらにチベット語訳が一本ある。なお、サンスクリット・テキストからの現代日本語訳に次の一本がある。

〈現代日本語訳〉

⑧岩本裕訳『孔雀明王経』（同『仏教聖典選　七　密教経典』読売新聞社、一九七五年）

さて、右の①～⑥のうち、これまでの研究によって、③が偽経であることが判明している。(15)③は漢訳ではなく、

図VI-1　マハーマーユーリ像　エローラ石窟第6窟　インド・マハーラーシュトラ州

図VI-2　マハーマーユーリ像　エローラ石窟　第8窟　インド・マハーラーシュトラ州

中国撰述仏典である。

では、①②④⑤の孔雀王経典には、どのような思想的、歴史的な特質が見られるだろうか。仏教学の研究成果に学びたい。倉西憲一氏の整理によるなら、この経典は〈偉大なる孔雀明王呪〉と呼ばれる守護呪を説くもので、「孔雀王」（孔雀明王）なる存在はその偉大な呪文を尊格化したものであるという（関連図像を図VI-1〜6に掲げる）。サンスクリットでは偉大なる孔雀王およびその呪文はマハーマーユーリという。インドでは毒蛇が大変恐れられたが、孔雀はその天敵で、孔雀王の呪文は蛇の毒に効力を持つと考えられて唱えられた。倉西氏は、この経典は「紀元三世紀頃に非アーリアン系部族出身で根本有部律を保持する出家者たちによって、上座部で用いられていたパリッタ（護呪）ではなくドラーミダ語の呪文が取り入れられ、さらに古くからヒンドゥー教の習俗として伝えられていた呪文を護符として身体に結びつけるという所作をも取り込んで成立」したものだという。

図VI-4　孔雀明王像　石門山石窟　中国・四川省重慶市大足区　大足石窟群

図VI-3　孔雀明王像　北山石窟　1126年　中国・四川省重慶市大足区　大足石窟群

図VI-5　孔雀明王像　宝頂山石窟　中国・四川省重慶市大足区　大足石窟群

図VI-6　孔雀明王像　孔雀洞石窟　中国・四川省安岳県　安岳石窟群

それは時代を追うごとに発展し、やがてインドの初期密教の経典として完成形態に至ったものだという(16)。

四　奈良時代における孔雀王経典と孔雀王信仰

正倉院文書に見える孔雀と園池司

東京大学史料編纂所公開の「奈良時代古文書フルテキストデータベース」(17)で「孔雀」と検索すると、四五例が検出される。うち一例は鳥の孔雀で、他の四四例は孔雀王関係経典である。鳥の孔雀は、「正倉院文書」天平十七年（七四五）四月十六日の「園池司解」（『大日本古文書』〈以下「大日古」と略記〉二―三九九、正集三）に見え、「孔雀鳥壹翼料米漆升弐合伍夕〈日二合五夕〉」とあって、孔雀の飼育料が請求されている。ここから、天平十七年には園池司で孔雀一翼（一羽）が飼育されており、その料として一日あたり米二合五夕が配分されていたことが知られる。

園池司は宮内省被官の司で、『養老令』の「職員令」によれば、もろもろの「苑池」を管理し、「蔬菜」「樹菓」を栽培、供給することがその職掌だった。奈良文化財研究所「木簡庫」(18)によれば、「園池司」と記した木簡は、藤原宮跡東方官衙北地区、二条大路濠状遺構（南）、同（北）、平城宮南面東門内式部省東役所跡、平城宮内裏北方官衙地区から出土している。ここから、園池司は藤原宮、平城宮に存在した司だったことが知られる。その園池司で天平十七年に孔雀が飼われていた。

『続日本紀』文武四年(七〇〇)十月癸亥〈十九日〉条には、佐伯宿禰麻呂が新羅から帰国して孔雀と珍しいものを献上したとある。また、『続日本後紀』承和十四年(八四七)九月庚辰〈十八日〉条には入唐求法僧の慧雲が孔雀一、鸚鵡三、狗三を献上したとある。以上より、奈良平安時代、都の貴族や、僧たちにとって、孔雀は実見する機会のある鳥であったことが知られる。

正倉院文書に見える孔雀王経典

「正倉院文書」には、奈良時代の日本における孔雀王経典の写経に関する記述が多数見える。その初見は、天平八年(七三六)九月二十九日の「写経目録」で、そこに「孔雀王呪経二巻」(大日古七—七二)「大孔雀呪王経二巻」(大日古七—七三)、「大金色孔雀王呪経一巻」(同)が見える。一番目のものはおそらく⑤、二番目のものは④、三番目のものは①と理解される。他にも、「孔雀王呪経一巻」(天平九年、大日古七—一〇八など)、「仏説大金色孔雀王呪経一巻」(天平勝宝三年〈七五一〉、大日古一二—六一など)、「大孔雀呪王経三巻」(同など)が見え、これらは③②⑤と考えられる。以上より、①~⑤のすべてが奈良時代の日本に請来されており、書写されていたことが判明する。あわせて判明するのは、不空訳の⑥⑦に当たるものが見られないことで、「正倉院文書」の時代の日本にはこの二本は請来されていなかったと判断される。

次に興味深いのは、「大金色孔雀王呪病結界文一巻」(大日古一二—四五九、一二—四七〇、二五—一八五)、「大金色孔雀王経并結界庭場法具」(大日古一二—五四九)という記述が見えることである。後者が記されるのは、天平勝宝五年五月七日類収の「未写経律論集目録」で、そこに「孔雀王呪経一巻〈亦名大金色孔雀王経并結界庭場法具〉」とある。これらの記述から、①『大金色孔雀王呪経』一巻がしばしば「孔雀王呪経」と略称されていたこと、この経典の「結界文」が注目されてその部分だけが一巻に記されることがあったこと、この経典に依拠する結界は「病結界」と考えられていたこと、その結界には法具が用いられていたことなどが知られる。

そこで、あらためて①『大金色孔雀王呪経』一巻を見ると、「天速降レ雨周匝二結界一七遍読誦、即説レ呪曰（後略）」と結界のことが記され、後略部分をはじめとして一巻に種々の呪文が記されている。この経典には、くり返し「大孔雀王呪経、擁二護某甲一令下受二百歳一得上見二百秋一」が説かれて百歳の長寿を得られることが強調され、あるいは四天王および大鬼神王そして孔雀呪王による擁護が説かれ、末尾には「擁二護某甲一令下得二寿百歳一得上見二百秋一（中略）救二病苦厄一孔雀王呪除二其怨家一」と記される。そして、結界をしてその周囲を匝《めぐ》って七遍呪文を読誦するなら降雨が得られると説かれ、あるいはその呪文は長寿、病苦救済、怨の除去に効果があると説かれる。そう読解するなら、「大金色孔雀王呪病結界文一巻」は、この経典の呪文の部分（どの呪文かは不明）を一巻にしたもので、結界をして呪文を唱えると、病除けに効果があると考えられていたと理解される。

これらの孔雀王経典を日本に請来したのは誰だろうか。増記隆介氏は、初見の天平八年九月二十九日「写経目録」は、光明皇后発願「五月一日経」に関わるものであり、それが玄昉（?~七四六）請来の経典群をもとに書写がなされた一切経に関わる文書であったことを指摘している[19]。孔雀王経典は玄昉以前から日本に伝えられていた可能性があるが、「正倉院文書」に見られる孔雀王経典は、増記氏が指摘するように、玄昉が請来した経典を基にしたものであったと理解される。

道鏡の密教

「正倉院文書」には、道鏡（?~七七二）の仏法の特質を示すものがいくつかある。とりわけ注目されるのは、次の天平宝字七年（七六三）の「写経料紙充用注進文」（大日古五―四四九、続修後集四十八）である。

孔雀王呪経二巻鬼室石次　用五十四張〈異筆略、以下同〉
大孔雀呪王経三巻鼻乙万呂　一二〈分注略〉　三巻王馬甘　廿八
陀羅尼集経第四巻小橋豊嶋　九十四

又第九巻三努船長　用卅六
大金色孔雀王呪経一巻三野船長　用六十二
仏説大金色孔雀王呪経一巻三　秦家主　六用十二
十一面観世音神呪経一巻三野　用十二
十一面神呪心経卅巻
（中略）
以前、依二弓削禅師去六月卅日宣一、奉写如レ件、
天平宝字七年七月三日請宣判官葛井連

これについては、吉田靖雄氏の優れた研究がある。[20]今、それに導かれながら若干の私見を付加したい。これは、弓削禅師（道鏡）の六月三十日の宣によって、造東大寺司の判官の葛井連《ふじいのむらじ》（根主）が写経事業を行ない、この日までに書写が完了した経典の書写者と料紙の使用状況について報告した文書である。七月三日の報告であるから、道鏡の要請を受けてただちに経典書写が進められたことが知られる。ここで注目されるのは、吉田靖雄氏が述べるように、孔雀王関係経典と十一面観音関係経典の書写が行なわれていることで、指摘の通り、孔雀王法と十一面観音法を実修することを目的とする写経であったと理解される。

ここには、孔雀王関係経典のうち、④⑤①②が見える。また、別稿で詳論したように、[21]『陀羅尼集経』巻四は「十一面観世音神呪経」であり、玄奘訳『十一面神呪心経』とともに東大寺の修二会（お水取り）の典拠経典としても用いられていて、今日なお『陀羅尼集経』の文言がお水取りの儀礼で音読されている。道鏡は、空海以前の時代に密教に関心を持ち、密教経典を用いて儀礼（修法）を行なった僧と位置づけられる。そしてこの文書から、その修法の一つが孔雀王法であった可能性が高いことが知られる。

西大寺の孔雀明王菩薩像

孝謙太上天皇（七一八〜七七〇）の発願によって創建された西大寺には、孔雀王の像が存在した。宝亀十一年（七八〇）十二月二十九日の日付を持つ『西大寺資財流記帳』巻一には、西大寺の「薬師金堂」に安置される「仏菩薩像」の一つとして「孔雀明王菩薩像二躯各高六尺」および「摩訶摩由璃菩薩像一躯高六尺」が記される。ここから、西大寺に孔雀明王像が二躯、マハーマーユーリー像が一躯、合計三躯の孔雀王像が安置されていたことが知られる。両者とも西大寺では「菩薩」としてまつられていた。

ただ、問題なのはここに「孔雀明王菩薩像」とあって「明王」の語が用いられていることである。これをどう理解するか。一つは、(i)宝亀十一年の段階で不空訳の⑥『仏母大孔雀明王経』または⑦『仏説大孔雀明王画像壇場儀軌』が日本に伝来しており、西大寺はその新しい不空訳に基づいて「孔雀明王」の像を安置、礼拝したとする理解である。もう一つは、(ii)現存する『西大寺資財流記帳』は原本ではなく写本であり、全四巻のうち第一巻のみが伝わるものである。たとえば西大寺本は室町時代の書写にかかるものである。ならば書写の過程において後世の知見に基づいて「明」の一字あるいは「明王」の二字が加筆されたのではないかとする理解である。

(i)だとすると、不空訳は空海初伝ではなく、それ以前に請来されていたと見ることになる。(ii)だとすると、現存の『西大寺資財流記帳』は書写の過程で文字の異同があったと見ることになる。筆者は、(ア)道鏡の孔雀王信仰が不空以前の漢訳に基づくものであったこと、(イ)『西大寺資財流記帳』が「菩薩」の語を用いるのは未だ「明王」の語が一般化する以前の時代の表現だったと理解される（「烏《う》枢《す》沙《さ》摩《ま》明王《みょうおう》」も「火頭菩薩」と表現されている）ことの二点から、(ii)の可能性が高いのではないかと考えている。西大寺には、奈良時代、すでに孔雀王の像が安置されていた。

五　役行者と葛城峯一語主大神の関係

鬼神としての一語主大神

『日本霊異記』は、役優婆塞は「葛城峯一語主大神」の讒言によって伊豆嶋に流されてしまったが、最後は役優婆塞が一語主大神を呪縛し、今に至るまで解けないでいると記している。大神が呪縛されてしまったとは何を意味するか。この話の文脈、そして〈史料1〉も含めた役小角説話の文脈からすれば、ここの一語主大神は「鬼神」として取り扱われているというよりない。すでに津田左右吉が指摘しているように[22]、この説話で一語主大神は「鬼神」として位置づけられている。しかしながら、一語主大神（一言主大神）といえば、記紀に登場する由緒正しい神である。それを鬼神と位置づけるとはいかなることか。仏法の論理、密教の思想によるならこれはどのように説明されるのか。

〈神道離脱〉の思想、〈護法善神〉の思想との関係

日本の神仏融合は八世紀にはじまる。その契機となったのは中国の仏法で説かれた神仏融合思想の受容・導入だった。そこで説かれたのは〈神道離脱〉[23]の思想と〈護法善神〉の思想だった。仏法が中国社会に浸透していくにあたって、僧尼たちは独特の論理を主張し、神は神の世界を苦しみの世界だと認識しており、仏法に帰依し、あるいは経典の講説を聞き、あるいは受戒することによって、その苦しみの世界から救われたいと願っているなどと説いた（僧祐『出三蔵記集』、慧皎『高僧伝』、道宣『続高僧伝』など）。こうして山の神が住むような深山や、湖の神が住むような湖畔の地などに、神をまつる廟に並立するようにして寺院が建立されていった。これが中国における仏法進出の論理の一つだった。

奈良時代、日本にこの思想・論理が導入された。入唐した僧たちによって、中国の仏法で説かれていた神仏関係の思想が日本に持ち込まれ、これによって日本でも神まつりの施設に併設するようにして寺院が建立されていった。こうした寺院は「神宮寺」と呼ばれた。気比神宮寺、若狭神宮寺、多度神宮寺などがそれである。それらの神宮寺に関する史料では、神たちは、重い「罪業《ざいごう》」あるいは「宿業《すくごう》」のために神の身となってしまったとか、「神道《じんどう》」の報を受けて苦しんでいると告白して、「神身」ははなはだ「苦悩」が深いので「神身」を離れたい、あるいは「神道」を免れたいと希望し、「仏法」「三宝」に帰依したいと願ったとある。こうした論理・用語はすでに中国の仏法で説かれており、日本でもそれと同一の論理・用語が用いられて神仏関係が語られた。あわせて注目されるのが〈護法善神〉の思想である。「護法」とは仏法を護ること、「善神」とは善い神のことで、在来の神々は仏法の進出に伴って、仏法の護り神（守り神、守護神）とされて、仏法世界の周辺部に取り込まれた。これも中国さらにはインドの仏法で説かれていた思想を導入したもので、神が「善神」として僧や寺塔を守護したという話が中国文献そして仏典に見える。こうした仏法優位の論理は仏法の側が説いたものだった。日本の史料では、『続日本紀』『日本霊異記』などに見える（本書第Ⅰ章・第Ⅲ章参照）。

以上が八世紀に導入された最初期の日本の神仏融合の様相である。これに対し、〈史料2〉には次のような特色が見られる。(A)神は仏法に帰依することを希望せず、むしろ讒言によって仏法の優婆塞（行者）に敵対すること。(B)神は仏法を守護する「善神」としてではなく、仏法に対立する「鬼神」（『陀羅尼集経』の用語によるなら「悪神鬼」）として描かれていること。(C)神は仏法によって救済されるのではなく、仏法の呪法によって従属せしめられていること。こうした論理構造で説明される神仏関係は、日本では必ずしも一般的なものとは言えず、他の八・九世紀の神仏関係の史料に見られるものではない。また、中国の仏法で説かれた神仏関係から見ても一般的とは言いがたく、むしろインドの密教で説かれていた神仏関係に影響を受けたものと考えられる。次節では、それを孔雀王経典を読み解く中で考究していきたい。

一語主大神とはどのような神か

そのことを考察する前に、一語主大神とはどのような神なのかについて簡単に触れておきたい。『日本書紀』には、よく知られているように、雄略天皇四年二月条に一言主神の話が記されている。次のようである――天皇が葛城山に狩猟に行った時、自分に面貌容儀がよく似た「長人」に出会った。それは「現人神」であり、「一言主神」であった。その言葉は恭しく慎みがあって、「仙」に逢ったようだった。神は天皇を来目水《くめのかわ》まで侍り送ってくれた。百姓たちはみな徳のある天皇だと申し上げたという。なお、『古事記』にも類似の話があり、そちらでは神は「一言主大神」と表記されている。

さて、『日本書紀』のこの説話には「仙」とあって神仙思想の要素が見られる。これについて丸山顕徳氏は、葛城山は神仙の山と認識されており、この説話では、天皇は葛城山で神仙と交流することで長寿・不死を獲得しようとしていると読解した[24]。筆者は、この理解は正しく、『日本書紀』が編纂された七世紀末〜八世紀初めの頃に、葛城山を神仙の文化や思想を持つ山と見る観念が存在していたと考える。

ここで〈史料1〉をあらためて見てみると、役小角は初め「葛木山」で活動して「呪術」で知られたとあって、葛木山のことが強調されている。だから、〈史料1〉において、役小角はそうした神仙思想を持つ山で活動した人物として記され、彼の宗教はこの地の道教的文化の文脈から描かれている[25]。対して〈史料2〉はどうか。こちらでも「葛木上郡」「葛木峯」のことが強調されている。しかし、こちらでは、葛城山という神仙の山で活動する役小角は仏法の「役優婆塞」なる行者として描かれており、やがてその地の山の神たる「一語主大神」と対立していく。そして抗争の後、役優婆塞は一語主大神の神仙的な力を凌駕する孔雀王の呪法をもってこの大神を従属せしめてしまった。したがって、〈史料2〉には、仏法なかんずく密教が道教よりも上の宗教だとする主張が含意されている。役行者は、道教的な力を上回る力を有する密教の仙だと説かれているのである。

六　孔雀王経典における仙と鬼神

孔雀王経典における「仙」

〈史料2〉は、表題で、役行者は孔雀王の呪法を修持して験力を得て仙になったと明記する。本文でも「仙」になったと強調する。では、孔雀王の呪法の世界の仙とはいかなる存在か。ここで経典の記述を見ていきたい。

サンスクリット原文を現代日本語に訳した、⑧岩本裕訳『孔雀明王経』には次のようにある――「アーナーンダよ、汝は古代の偉大な聖仙たちの名を学び知れ。これらの聖仙たちは、山野や河川に住んで、激しい苦行を行ない戒行を完遂し、学術の蘊奥をきわめて名声高く、呪力を具えて呪詛を武器とし、五神通を達成して天空を駆るのである。余はこれらの聖仙たちの名を唱えよう。すなわち、アシュタマカ、……クリミラ（中略）……［の七十二名］である。アーナーンダよ、これら古代の偉大な聖仙たちは、ヴェーダの讃歌の作者であり、呪法の執行者である。かれらは激しい戒行を修め、偉大な威光をもつシッダであり、ヴィディヤー＝ダラの長であり、呪詛をかけることのできる人である。かれらもまた、この大孔雀明王の呪文によって、僧スヴァーティを守れ。彼は百歳を生き永らえて、百秋を見よ。すなわち、《ヒリヒリ、キリキリ……（以下略）》」。

ここには、山野や河川に偉大な聖仙が住んでいることが説かれ、彼らは呪詛を武器とする、呪法の執行者であり、孔雀王の呪文を用いるとある。また、彼らは学術を極め、天空を駆けるという。さらに注目されるのは、彼らは孔雀王の呪文で僧スヴァーティーを守ると記されていることで、この経典で、聖仙は僧や仏法を守護する存在として位置づけられている。

では、漢訳経典にはどのように記されているか。①②は、ほぼ同文で、「阿難汝受二是先出神仙名号一。終吉成就志念成就呪術成就。常修二苦行一住二止山林一。勢力自在感変速疾、五通如レ意遊二歩虚空一。吾今説二其名号一、所謂名二八脱

大仙一、名二左大仙一（中略［大仙の名の列記］）。阿難斯等是先出二大仙一、造二四囲陀一所レ為如レ意、苦行厳迅有二大威勢一、所レ作悉弁。斯等亦以二此大孔雀王呪経一、擁二護某甲一令下受二百歳一得上レ見二百秋一。即説レ呪曰、《訶利　訶利　訶利　訶利　絺利　彌利……（以下略）》」（同478b）（同480bc）と述べる。

④には、「阿難汝当レ取二諸仙人名一。成二就諸行光明苦行一、常二住江河山林一、語言術芸為レ伐、有二五神通一飛行自在。我今当レ説二其名一如レ是。藹沙多哿摩訶里史大仙人。（中略［大仙人の名の列記］）。阿難彼先仙人造二四阿韋陀一、常説二呪術一能使二人善悪苦行成就一。亦以二此大孔雀王呪一、願守二護我一令レ寿二百歳一其名如レ是、《訶梨　訶梨　訶梨　欺梨尼梨……（以下略）》」（同457bc）と述べる。⑤は、「阿難陀汝当レ憶二持六十八諸大仙人所有名号一。此諸仙人皆持二禁戒一、常修二苦行一有二大光明一。或住二江河山林池沼一、欲下作二善悪呪願吉凶随言一成中就具二大威力一五通自在上。飛二行虚空一無二有二障礙一。我今説二彼名字一。其名曰、頞瑟吒迦大仙（中略［大仙の名の列記］）。此等諸仙皆是古旧大仙。造二四明論善閑呪術一。衆行備二成自他倶利一。彼亦以二此大孔雀呪王一、擁二護我某甲并諸眷属一、寿命百年離二諸憂悩一。即説レ呪曰、《怛姪他　訶哩　訶哩　訶哩　掲哩　鉢哩……（以下略）》」（同474bc）と述べる。

このように漢訳経典においても、江河、山林、池沼に住むという「神仙」（「大仙」「仙人」「大仙人」とも）の記号として、「呪術」「苦行」「五通」「飛行」「虚空」が記され、彼らが依拠するという孔雀王（大孔雀王／大孔雀呪王）の呪文が記される。これらの記述は〈史料2〉の役行者の造形に直接の影響を与えていると評価される。これは本章の一つの結論である。

なお、孔雀王経典では、これら神仙が抽象的な「仙」として論じられるばかりでなく、固有の名を持つ個別の「仙」として列記されることが注目される。たとえば④には、「藹沙多哿摩訶里史大仙人、婆摩个大仙人……」というように五十八人もの大仙人の名が、⑤には「六十八諸大仙」の名が、⑧には七十二名の聖仙の名が夥しく列記される。〈史料2〉の役優婆塞とこれらの仙との一つの共通性は、それが抽象的な存在ではなく、固有名を持つ個別の仙だというところにある。

孔雀王経典における「鬼神」

また、孔雀王経典にはたくさんの「鬼神」たちが記される。いや、それら数多くの鬼神たちについて記述することが孔雀王経典の一つの目的であり、特色と見ることができる。それら鬼神たちはそれぞれの名を持つ存在であることもまた大きな特色で、孔雀王の呪はこれら多数の分類名もしくは固有名を持つ鬼神たちを従え、幸福を得ることができる呪なのだという。インドの種々の神や精霊や鬼たちはこのような論理で「鬼神」として仏法の世界の中に位置づけられていった。

⑧は、冒頭、「大地に横行する輩であれ、空中を飛翔下の水中を遊泳する輩であれ、デーヴァ（天）・ナーガ（竜）・アスラ（阿修羅）・マルタ（摩嚕多）・ガルダ（糵嚕拏）・ガンダルヴァ（彦達嚩）・キンナラ（緊那羅）・マホーラガ（摩護囉誐）・ヤクシャ（薬叉）・ラークシャサ（羅刹）・プレータ（餓鬼）・ピシャーチャ（比舎遮）・ブータ（歩多）・クンバーンタ（矩畔拏）・プータナ（布単那）・カタ＝プータナ（羯吒布単那）・スカンダ（塞建那）・ウンマーダ（嗢摩那）・チャーヤ（車耶）・アパスマーラ（阿鉢娑麼囉）・オースターラカ（塢婆怛囉迦）などの鬼神衆は、わたしの言葉を聴け」とある。だから、この経典はこうした鬼神たちに経典の内容を説き聞かせることを意図している。そして、経文の後半では、薬叉の大王たち、大薬叉将軍たち、毘沙門大王の法弟たち、ピシャーチャ女たち、ピシャーチーたち、ラークシャシーたち、羅刹女たち、竜王たち、河川の女王たち、山の王者たち、諸宿星、聖仙たち、像物主たち、劇毒あるものたち、大樹たちなどのそれぞれの名や住所を夥しく列記する。

漢訳を見ると、たとえば④は「○○龍王」「神龍」「二十八夜叉」「十二大女鬼」「八大女鬼」「七大女鬼」「五大女鬼」「八大羅刹女」「十大羅刹女」「十二大羅刹女」「十二鬼母」「一大比沙止羅刹婦」「七十一大羅刹女」「龍王」「河王」「山王」「星神」「仙人」などの名を夥しく列記する。そのうち、たとえば「山王」を見ると、「須弥山王、雪山王、乾闥摩陀那山王……」と四十九もの名を記す。〈史料2〉の「葛木峯一語主大神」とこれらの山王との一つの共通性は、それが抽象的な「山王」という存在ではなく、固有名を持つ個別の山の神だというところにある。

鬼神の使役、鬼神の呪縛

鬼神の使役というと、仏法の世界でただちに思い浮かぶのは、中国を代表する神異の僧たる竺仏図澄である。彼は鬼神を使役したことでよく知られており、『高僧伝』の「竺仏図澄伝」には「善誦二神呪一、能役二使鬼物一」（大正蔵No.2059, 383b）とあって、神呪を誦して鬼物を役使したとされている。他に『仏祖歴代通載』『釈氏稽古略』『神僧伝』『法苑珠林』などにも同様の記述が見える。

またインドのアショーカ王（阿育王）は諸鬼神を役して八万四千の塔を作ったとされており、道宣『集神州三宝感通録』や道世『法苑珠林』には、「輿地誌云、阿育王釈迦弟子、能役二鬼神一、一日夜於二天下一造二仏骨宝塔八万四千一、皆従レ地出」（大正蔵No.2106, 404c）、「王閻浮提一切鬼神並皆臣属。且使二空中地下四十里内所有鬼神一、開二往前八塔一、所二獲舎利一、役二諸鬼神一、於二一日一夜一、一億家施二一塔一、広計二八萬四千塔一」（大正蔵No.2122, 585ab）と記される。

中国の神仏融合（道仏融合）の世界では、道教経典『老子化胡経』[26]に「太上皇老君」は「虚空間」に「坐臥」し、「仙」を従えて「飛」び、朝に天の東の頭に登り、暮には天の西に到って「九天」の外に「戯楽」し、また「駆使役百鬼」（敦煌文書スタイン一八五七号、大正蔵No.2139, 1268c）とあって、老子が百鬼を駆使役したとされている。

孔雀王経典では、たとえば⑤は、「若復有レ人作二諸蠱魅一、厭禱呪術飛二行空中一。（中略）駆二使呼二召鬼神一造二諸悪業一（中略）誦二持此呪一悉令二安隠一」（同467c）と鬼神の駆使について記述する。

鬼神の呪縛はどうか。孔雀王経典の④は、末尾部分に「帛尸梨蜜前出」として〈結呪界法〉のことを記しており（同458c）、「従二東北角一至二東南一。角此是東方乾闥婆王所住処。提頭頼将帥官属鬼神大将軍守二護東壁一。（中略）呪竟解レ界」と結界の作法を記し、「此中諸被レ繫二縛鬼神一」と、鬼神の緊縛について記述する。[27]

このように鬼神の使役も、鬼神の呪縛も、仏法の世界、なかんずく孔雀王経典の世界の中に描かれており、〈史料2〉ではそうした観点から役行者による鬼神の使役・呪縛が語られていると理解される。

図VI–7　孔雀経曼荼羅図　松尾寺蔵　大阪府和泉市松尾寺町

鬼神の姿、仙の姿

では、孔雀王経典の世界では、鬼神や仙は、視覚的にはどのようにイメージされたであろうか。これについてはやや時代が下るが、松尾寺所蔵の「孔雀経曼荼羅図」（図VI－7）に描かれる鬼神や仙の姿に注目したい。ここでは神山登氏の研究[28]に学びながら、この曼荼羅について若干の私見を述べたい。これは、中央に内院、その外側に第二院、さらにその外側に第三院を描く三重構造の造形になっており、上が東になっている。内院の中心には八葉蓮華、孔雀明王像が描かれている。

ここで不空訳の儀軌⑦を参照すると、これにはまず内院について記述があり、続いて第二院について、

次第二院画㆓八方天王并諸眷属㆒。東方画㆓帝釈天王㆒、執㆓金剛杵㆒、与諸天衆囲遶。次東南方画㆓火天㆒、左手執㆓軍持㆒、右手施無畏、与五通苦行仙衆囲遶。次南方画㆓焔摩天王㆒、執㆓焔摩幢㆒、与焔摩界鬼衆囲遶。次西南方画㆓羅刹王㆒、執㆑刀、与諸羅刹衆囲遶。次西方画㆓水天㆒、持㆓羂索㆒、与諸龍衆囲遶。次西北方画㆓風天王㆒、執㆓幢幡㆒、与諸持明仙衆囲遶。次北方画㆓多聞天王㆒、執㆓宝棒㆒、与諸薬叉衆囲遶。次東北方画㆓伊舎那天㆒、執㆓三戟叉㆒、与諸歩

多鬼衆囲遶。此皆是第二院（後略）。（同440a）

と記述する。

これによるならこの曼荼羅の北方に描かれるのは多聞天で、周囲には諸々の「薬叉衆」六体が描かれている。多聞天は鎧を着して坐し、金色の冠をかぶって右手に宝棒を持ち、左手で宝塔を捧げている。薬叉衆は、赤または青または褐色で、甲冑を着して坐し、宝棒・刀・鉾などを持ち、一体は合掌している。次に、東北方には伊舎那天と諸々の「歩多鬼衆」六体が描かれている。伊舎那天は青色で、目は三目、歯は二牙が上向き、髑髏の胸飾りをし、右手に三戟叉、左手に盛血劫波杯を持って坐している。歩多鬼衆たちは、緑青・青・赤の裸形で、刀・鉾・杯などを持っている。ヤクシャ（薬叉／夜叉）もブータ（歩多）も、先に見たように、⑧の冒頭に描かれるインドの鬼神である。

日本における「鬼」の視覚的なイメージ形成を考察する時、筆者は中国的な「鬼」「鬼神」のイメージよりも、むしろこうした密教の曼荼羅の鬼神の造形が重要になると考えている（中国の密教における夜叉の造形の一例として図VI-8を掲げる）。ここの「薬叉衆」「歩多鬼衆」「焔摩界鬼衆」の姿・形[29]は、赤・青などの裸形で宝棒・刀・鉾を持つなど、日本における後世に至る「鬼」の姿の観念に大きな影響を与えている。

次に、この曼荼羅の東南方に描かれるのは火天である。その周囲に描かれているのは「五通苦行仙衆」で、六体が描かれている。「五通」「苦行」というのは孔雀王経典が記すインドの「仙」の記号そのものである。そして、この曼荼羅では、火天自身が五通苦行仙人と同様の姿・形で描かれており、頭髪、顎鬚、口髭、眉毛を伸ばしている。また火焔光を周囲に描いている。日本における仙のイメージ形成には、中国の神仙思想の「仙」が大きな影響を与えているが、それだけでなく、私見では、これら密教の「仙」や火天も一定の影響を与えており、それはまた私たちが接する役行者の造形（図VI-9）に強い影響を及ぼしていると考えられる。

図VI-8　増長天と夜叉　敦煌楡林窟　第 25 窟前室東壁南側（中唐，右）と第 15 窟前室南壁（唐，左）　中国・甘粛省敦煌市

右図では夜叉は増長天の右下に，左図では左手に描かれる。敦煌の夜叉像については本章注 29 参照。

図VI-9　役行者像　吉水神社蔵　奈良県吉野郡吉野町

密教思想による神の位置づけ

『日本霊異記』には、下巻第二十四に次のような話がある。陁我大神という神がサルの姿をして、御上嶺の社の横にある堂で修行していた大安寺の恵勝という僧の前に現われた。そして、自分は前世に行なった行為の報いで神の身になって生まれてしまったので、この身を脱することができるように、私のために『法華経』を読んでほしいと希望した。陁我大神のこの希望はかなえられなかったが、代わりに『六巻抄』という律の書物（道宣『四分律行事鈔』六巻のこと）を読む「知識」（仏法を信仰するグループ）に参加させてもらえることになり、願いを成し遂げることができたとする話である（この説話について詳しくは本書第Ⅲ章参照）。

この話は、奈良時代の神仏融合関係史料にしばしば見られる〈神道離脱〉を願う神の説話の一つとしてよく知られており、同時代の他の史料と共通する思想を含む説話になっている。それは、先に触れたように、中国の仏法で説かれた神仏融合の思想を受容、導入したものだった。『日本霊異記』には一方にそうした思想に立脚する説話が収録されている。

これに対し、役行者について語る〈史料2〉では、同じ神仏関係を語る説話でありながら、思想的には大きく異なる特色が見られる。葛木峯の神は、神の身を離れたいとか、神道を免れたいとかと希望するわけではなく、仏法への帰依を願うことはない。それどころか、逆に、仏法には従わず、仏法に敵対して抗争するが、仏法の力によって従属せしめられ、仏法世界の末部に位置づけられてしまう。これを中国的な〈神道離脱〉の思想から理解することはできない。

だが、こうした思想は、〈史料2〉自身が説くように孔雀王経典の呪の思想からはストレートに理解することができる。つまり、仏法といっても、中国の仏法というよりもむしろインド的な密教の神仏関係に立脚する説話と読解すべきなのである。インドにおいて仏法は、初期の原始仏教、部派仏教の時代には神々との関係性は薄く、むしろ神々への信仰とは別の思想を持つ宗教として成立、展開した。しかし、仏法史が進展して大乗仏教や密教の時代になると、神々への信仰との関係は密接なものになり、仏法と神信仰が融合して仏法の信仰の世界の中に神信仰が取り入れられ、あるいは神信仰の中に仏法が融和されていった。特に密教はその傾向が顕著である。

密教思想においては、インド在来の鬼霊たち、山の神、川の神たちなどは、仏法の世界のある特定の位置もしくは周縁部や末端部に配置され、その世界観全体の一部を構成する要素として再定義された。山の神たる葛木峯の一語主大神を〈鬼神〉として位置づける〈史料2〉の発想は、密教、具体的には孔雀王経典の世界観に影響を受けたものと理解される。〈史料2〉はこの思想に依拠して〈史料1〉の役小角を大きく書き換えた。後世につながっていく「役行者」の姿は、この作業によってその原型が形成されるところとなった。

むすび――鬼神と仏法

日本は、最初、中国の鬼神観念を受容した[30]。中国では、「鬼」とは死者の霊魂を意味し[31]、人は死ぬと鬼になり、冥界の住人になると考えられた。冥界には、人の世と近似した、あるいはその延長線上にあるような社会秩序や政治的経済的関係が存在し、官僚制度や戸籍があるとイメージされた。ただ、無実の罪で怨恨を抱いて死んだ人はその魂が「冤魂」となって加害者に復讐したり、人の世に恐ろしい害悪をもたらしたりするとも考えられた[32]。中国において、「鬼」は「神」と概念が重なり合う部分があり、あるいは「鬼」が一方で「神」としてまつられることがあったから、「鬼神」という表現で語られることが少なくなかった[33]。中国では、鬼神は民間信仰、儒教、道教の世界で語られ、また仏法と融合、複合して仏法の文脈でも語られた。

中国のこうした鬼神観念は日本にもたらされ、人々に一定の受容がなされた[34]。呪符を記した木簡（呪符木簡）や墨書土器が多数の遺跡から出土しており、それらには「鬼」の文字や呪句が記されている。最初期の呪符木簡としては七世紀前半のものが知られている。また、六国史や『日本霊異記』には「鬼」や「鬼神」に関する記述が多々見られる。それらは中国の鬼神観念が日本に受容された史料と評価することができる。

しかしながら、すべての人の霊魂が死後は鬼となって冥界で暮らすという霊魂観は、日本では必ずしも十全には理解、受容されなかった。横死したり、うらみを呑んで死した魂がたたるという「冤魂」「厲魂（厲鬼）」の思想や、疫病の原因になる「疫鬼（疫神）」の思想は、理解しやすく、受容が進んだが、すべての人の霊魂が鬼になるという全体像は十分に理解、受容されることが難しかった。

やがて、奈良時代中後期〜平安時代になると密教が伝来、受容され、これがそれ以前からの「鬼神」観念の上に重層あるいは複合するようにして折り重なっていった。インドの鬼神観念は中国とは異なる。インドでは、死者の霊魂がプレータ（餓鬼）など鬼と観念されることがあったが、それればかりでなく、精霊・妖怪・魔物の類もまた鬼とされた。先に見たようなヤクシャ（薬叉／夜叉）、ブータ（歩多）、ラークシャサ（羅刹）、アスラ（阿修羅）などは鬼神であり、あるいはヴィナーヤカ（毘那夜迦）、センナヤカ（扇那夜迦）、さらにはマーラ（魔）など多様な鬼神類があった。それらは密教以前にすでに部分的には日本に伝来していたが、密教伝来以後は主として密教の回路を通じて日本社会に受容されていった。後世につながるような鬼の視覚的なイメージ——すなわち忿怒相で裸身に褌、赤もしくは青色の肌で宝棒・鉞などを持つ——は、密教の「夜叉」や鬼衆の造形の強い影響を受けて形成されたものである。インドの鬼神の観念や造形は、密教を通じて日本の宗教文化に大きな影響を与えた。

日本には、最初、中国の鬼神観念が流入し、その一部が受容された。やがてインドの鬼神観念が密教を通じて流入し、そこに重層、複合していった。日本の鬼神観念は、このようなアジアの複数の文化を吸収、融合することによって形成されていった。『日本霊異記』上巻第二十八の役優婆塞の説話はそのことを今日に伝える貴重な史料と評価されるだろう。

第Ⅶ章　垂迹思想の受容と展開

——本地垂迹説の成立過程——

はじめに

神仏融合をいかなるものと理解し、その歴史をどう捉えるか。これは、日本の宗教や文化を考える際、是非とも解明しなくてはならない課題の一つとなるだろう。神仏の融合は、通常、日本固有の神道と外来の仏法とが、日本列島において混淆、習合して生まれた宗教現象であると理解されることが多い。それは〈日本的〉な宗教現象とされることが多く、日本文化に独自の特色であるように論じられてきた。しかし世界各地に宗教の融合は見られる。宗教は混じり合って歴史を歩むのがむしろ一般的と言えるだろう。[1] 東アジアにおいては、中国において、外来の仏法と在来の神信仰とが融合した。そうした中国的な神仏融合は、朝鮮半島や日本に伝えられた。筆者は、日本は、中国から、中国の仏法で説かれていた神仏融合の思想やその用語・概念を学んで、神仏融合を開始したと考えている。

日本の神仏融合の歴史は、私見では、その前半を次の二段階に分けて理解するのがよいと考える。[2] 第Ⅰ段階は、〈神道離脱〉および〈護法善神〉の思想の受容と定着である。こうした思想は、八世紀前期から九世紀前期にかけて、入唐求法僧らによって受容がなされ、その後、平安時代を通じて日本の社会と文化にしだいに浸透していった。〈神道離脱〉の思想とは、神を人間と同類の迷える存在と規定して、仏法による神の救済を説く考え方である。そこでは、神は重い罪業、宿業のために神となってしまったとか、「神道」の報いを受けてしまったなどと説かれ、その「苦悩」から脱却するため、神が神の身を離れたい、神道を免れたいと自ら希望して、仏法に帰依していくという筋立ての話が語られた。こうして、神のすむ地（山である場合が多い）に寺院が建立されたり、神のために仏法の経典が読経、講説されていった。以後、神たちは仏法の護り神である〈護法善神〉として仏法世界の中に位置づけられていった。

こうした思想は、言うまでもなく、仏法の側が主張したものであるが、もとは中国の仏法で盛んに説かれていたもので、それを日本の僧が受容、導入して、日本でも説かれるようになった。日本では、奈良時代以来、〈神宮寺〉が各地に建立され、また〈神前読経〉が行なわれたが、その際には、こうした論理がしばしば語られた。

日本の神仏融合の第Ⅱ段階は、「垂迹」思想の受容・導入と〈本地垂迹説〉への展開である。「垂迹」の考え方も、もともと中国の仏法で説かれていたものであった。ただそれは、中国では神仏関係を説明するような思想ではなく、むしろ物事を〈現象〉と〈本質〉の二面から考える二元的思考法として唱えられたものであった。それが日本に伝わり、時間をかけて変化を遂げて、やがて神仏関係を説明する概念へと変貌していった。「垂迹」思想の日本への導入は、私見では、教学的には早く八世紀中頃に開始された。それが学僧の世界から一般社会に飛び出していくのは、八世紀の最末期から九世紀初頭のことと考えられる。九世紀には主として天台宗によって「垂迹」思想が唱えられた。「垂迹」は、当初は「本地」との組み合わせではなく、単独で受容、導入された。それが、時代が進み、十一世紀後期になると、日本国内において独自の展開を遂げ、「本地」と組み合わされて、〈本地垂迹説〉として唱えられるようになっていった。ここに神仏融合についての日本的な類型が形成されたと見ることができるだろう。

研究史を振り返ると、辻善之助の研究以来[4]、〈神道離脱〉の思想や〈護法善神〉の思想は国内で誕生し、さらにそれが内在的に発展を遂げて〈本地垂迹説〉へと進展していったと考えられてきた。[5] しかし、両者はもとは別系統の思想であって、前者の発展の中から後者が形成されたというようなものではない。また従来の研究には、中国の仏法思想の受容という視角が大変弱い。どのような思想がいつ頃日本に入り、それがどう展開していったのかということを、[6] あらためて時系列に沿って明らかにしなければならない。[7] 本章では、「垂迹」思想の受容と〈本地垂迹説〉への展開について考察することとしたい。

一　垂迹の思想

〈本地垂迹説〉の源流については、これまで、①『妙法蓮華経』「如来寿量品」の思想と、②僧肇『注維摩詰経』序の「非本無以垂跡、非跡無以顕本、本跡雖殊而不思議一也」という文章の二つがしばしば指摘されてきた。ここでは、最初に、これが妥当であるのかどうかについて検証してみることとしたい。

まず①であるが、[8] 「如来寿量品」では、シャカとは何者であるのか、その死はどう理解したらよいのかについて次のような説明がなされている。すなわち、ブッダは実は久遠（永遠）の昔から存在し、無量の寿命を有する存在であるが、衆生を救うためにわれわれの前に姿を現わした。その滅度（死）は、したがって、衆生を導くための方便なのであって、実際はブッダとして永遠に存在しているのであると。これによるなら、永遠の存在であるブッダがこの世に仮に姿を現わしたのが現実に生きたシャカということになる。この理解は『法華経』の仏身論の根幹となっており、同経の思想の一つの中心となっている。こうしたものの考え方は、〈本質〉と〈現象〉、〈理念〉と〈現実〉といった二元的思考法に立脚するものと言えるだろう。それは、〈本質〉である「本地」がこの世に現象として「垂迹」してくると考える〈本地垂迹説〉の思想と類似する思考法となっているから、たしかに〈本地垂迹説〉の源流となっているようにも思われる。しかし、①を通読してみても、「垂迹」という言葉も「本地」という言葉も出てこない。また「如来寿量品」に限らず、『法華経』全体を通覧してみても、「垂迹」も「本地」も出てこない。はたして、①を本当に〈本地垂迹説〉の源流とみなすのが妥当なのかどうか、なお慎重に考えてみる必要があるように思われる。結論から言って、筆者は、①ではなく、②を〈本地垂迹説〉の「垂迹」の源流とするのが妥当だと考えている。

僧肇（三八四～四一四もしくは？～四一四）は鳩摩羅什（クマーラジーヴァ、三四四～四一三もしくは三五〇～四〇九）の弟子で、一門の中心人物の一人として活躍した学僧である。彼は、『注維摩詰経』の序に、

非レ本無二以垂一レ跡、非レ跡無二以顕一レ本、本跡雖レ殊而不思議一也。（本に非ざれば以て跡を垂るること無く、跡に非ざれば以て本を顕はすこと無し。本跡殊なりと雖も不思議一なり）

（大正蔵 No.1775, 327b）

という一文を記し、これが後進の学僧たちに大きな影響を与えた。この文は、「本」〈本質〉がなければ「跡」〈現象〉が現われることはなく、また「跡」がなければ「本」が存在することはない、「本」と「跡」とは異なるものであるが、不思議なことに「本」と「跡」とは一つである、というような意味となろう（「跡」と「迹」とは同じなので以下「迹」と表記する）。『維摩経』の主人公となる維摩詰は、われわれと同じ人間でありながら、多くの菩薩を論破してしまうなど、とてもただ人とは思われない存在である。一体彼は何者なのか。僧肇は、維摩詰の具体的な姿や行為（迹）の深奥には、実はそのもととなるような特別の「本」があるはずで、〈現象〉と〈本質〉という両面から維摩詰を理解しなくてはならないとした。維摩詰は〈現象〉としては人間であるが、その〈本質〉は実は人間以上の存在（菩薩あるいは如来）なのだと考えたのである。こうして、「本」「迹」「垂迹」概念を用いた教学的説明が鳩摩羅什門下の学僧によって語られた。同序には、また「不思議之本也」「不思議之迹也」という表現も見える（ただし「本地」という言葉は見えない）[9]。「本」と「迹」を用いた二元的思考法はインドには見られず、中国的なものであるらしいが、この思考法は鳩摩羅什一門で広く行なわれており、僧肇以外にも、同門の僧叡、慧観、道

肇に見られるという。[10] また、同門の道生（三五五頃～四三四）の著『妙法蓮花経疏』[11] にも「迹」概念を用いて説明がなされている箇所がある[12]（ただし「本」と「迹」とを対概念にして用いてはいない）。このように、「本」「迹」概念を用いた説明は鳩摩羅什一門を中心に展開された考え方であった。

「本」「迹」概念を用いた説明は、後進の学僧たちに大きな影響を与え、たびたび言及、引用された。特に吉蔵（五四九～六二三）と智顗（五三八～五九八）は、この問題について積極的に論及した。その際、この考え方は僧肇の説として取り上げられ、しばしば先の一文がそのまま引用された。たとえば、吉蔵が『維摩経』について論じた『浄名玄論』を見ると、先に掲げた一文が引用され、その解釈が展開されている[13]（大正蔵No.1780, 853, 870, 872など）。また、智顗も僧肇の説を大きく取り上げた。彼は晩年、『維摩経』の研究、注釈書の改稿に力を注いだが、その著『維摩経玄疏』を見ると、「肇師云」として先の一文が引用され、その上で「本」「迹」概念による解釈が述べられている。

また、よく知られているように、智顗は『法華経』を本迹概念で解釈し、『法華経』を「本門」と「迹門」に二分して理解するという読解を示した。彼の『法華文句』『法華玄義』『観音玄義』などには、やはり先の僧肇の一文が用いられ、説明がなされている。たとえば、『法華文句』には「故肇師云、非レ本無二以垂一レ迹、非レ迹無二以顕一レ本、故用二本迹釈一也」（大正蔵No.1718, 2b）とか、「非レ本無二以垂一レ迹、非レ迹無二以顕一レ本、本迹雖レ殊不思議一也。肇師之言」（同129b）などとある。また『法華玄義』[14] も「本迹雖殊不思議一」（大正蔵No.1716, 764bc）を引用することはもとより、「本」「迹」概念を基調にして『法華経』の解釈が論じられている。中に「体遍二一切処一名レ体レ広、久已成仏久遠、久遠名二位高一、従レ本垂レ迹過現未来三世益レ物名二用長一、是為三因果六義、異三於余経一、是故称レ妙」（同602c）という記述があって、久遠実成のブッダが垂迹するという思想も説かれている。

このように、智顗や吉蔵は僧肇説を継承、発展させていった。そうした中で、『法華経』「如来寿量品」は本迹概念で読解すべきテキストであるとされていった。そうした経緯で、①が本地垂迹説の源流であると考えられてきたのであるが、事実は逆とせねばならず、②が本地垂迹説の源流であり、①は②の考え方を適用すべきテキストとして読解されていったのである。ただし、「本地」という言葉は『注維摩詰経』に見えず、また『法華経』にも見えず、これらとは別のところから出てきた用語とすべきである。

二　垂迹思想の受容

教学書に見る「垂迹」

垂迹の思想はいつ頃日本に伝来したのであろうか。かつて辻善之助は「垂迹」の初見史料は『日本三代実録』貞観元年（八五九）八月二十八日条であると論じた。しかし、日本の文献で、もう少し早い時期の「垂迹」の事例をいくつか検出することができる。ここでは、教学書と一般史料に区分してこの問題を考えていくこととしたい。

日本において仏教教学がいつ頃開始され、どのような発展を遂げたのかは、本章の課題とは別に考えなくてはならない大きな問題であるが、今、関係する論点に限って少し触れておきたい。かつて、日本の仏教教学は推古朝に厩戸王（聖徳太子）によって開始されたと考えられてきた。すなわち、『日本書紀』によるなら、彼は『勝鬘経』と『法華経』の講説をしたというし、聖徳太子著として伝えられてきた「三経義疏」が現存している。これらが事実であるなら、日本史上、最初に経典注釈書を著し、教学的解釈を施した人物は厩戸王ということになるだろう。しかしよく知られているように、「三経義疏」については有力な偽作説があるし[15]、『日本書紀』の二経講説も史実とはみなせないとする見解がある[16]。筆者も、これまでの研究を総合するに、「三経義疏」は厩戸王の真作ではなく、中国において中国の学僧によって著されたものだと考えている。また二経講説も、諸先学が論じたように、彼を聖人に造形するための『日本書紀』の創作の一つで、史実ではないと評価している。

「三経義疏」を除外してみると、日本で書かれた教学書・経典注釈書は八世紀中頃まで降る。それ以降は、奈良時代後期〜平安時代〜鎌倉時代と仏教教学が大いに振興し、たくさんの書物が著されていった。そうした状況から判断して、日本の仏教教学は八世紀中頃から開始されたとするのが妥当で、推古朝にひとり飛び離れて厩戸王の孤高の教学があり、以後百年以上にわたっての断絶をはさんで、八世紀中頃に再開されたとするのは不自然である。「三経義疏」は中国の書物であるが、それが日本で仏教教学が開始されるようになる八世紀中頃に、聖徳太子作と仮託されるようになったのである。

さて、八世紀中頃、日本の仏教教学を開始した最初期の人物に、智光（七〇九〜宝亀年間）がいる[17]。日本の仏法の教学史の劈頭に位置づけるべき重要な学僧である。彼は多くの教学書・注釈書を著したが（ただし現存するのは二著のみ）、その一つである『浄妙玄論略述』を見ると、先の僧肇の文言が引用されており、「本」「迹」「垂迹」を用いた説明がなされている。だが、その紹介に入る前に、「三経義疏」についてもう少し言及しておきたい。

というのは、『維摩経義疏』と『勝鬘経義疏』に「垂迹」の語が見え、「本」「迹」概念を用いた説明が見えるからである（ただし「本地」は見えない）。たとえば、『維摩経義疏』を見ると、僧肇の「非本無以垂跡、非跡無以顕本」など、彼の説がいくつか引用されている。また、冒頭で「維摩結とは乃ち是れ已に正覚に登りし大聖なり。本を論ずれば既に真如と冥一なれども、迹を談ずれば即ち万品を示して同量なり」と述べるなど、「本」「迹」概念を用いた説明がなされている。維摩結の〈本質〉は「正覚に登りし大聖」「真如と冥一」なのであって、ただの人間とは違うのだというのである。次に『勝鬘経義疏』では、正説の第一で僧肇の「非本無以垂跡、非跡無以顕本」が引用され（ただし「無」は「无」に作る）、また「勝鬘の本は是れ不可思議なり、但し迹は七地に在り」と説明されている。このように、この二著では、「垂迹」についての僧肇説が引用され、二元的思考法に基づく説明がなされている。ただ、これらはあくまでも僧肇説の引用・継承であって、独自の議論ではないし、のちの時代の〈本地垂迹説〉に連なっていくようなものではない。他方、『法華義疏』にはそうした表現は一切見えない。これは同疏が

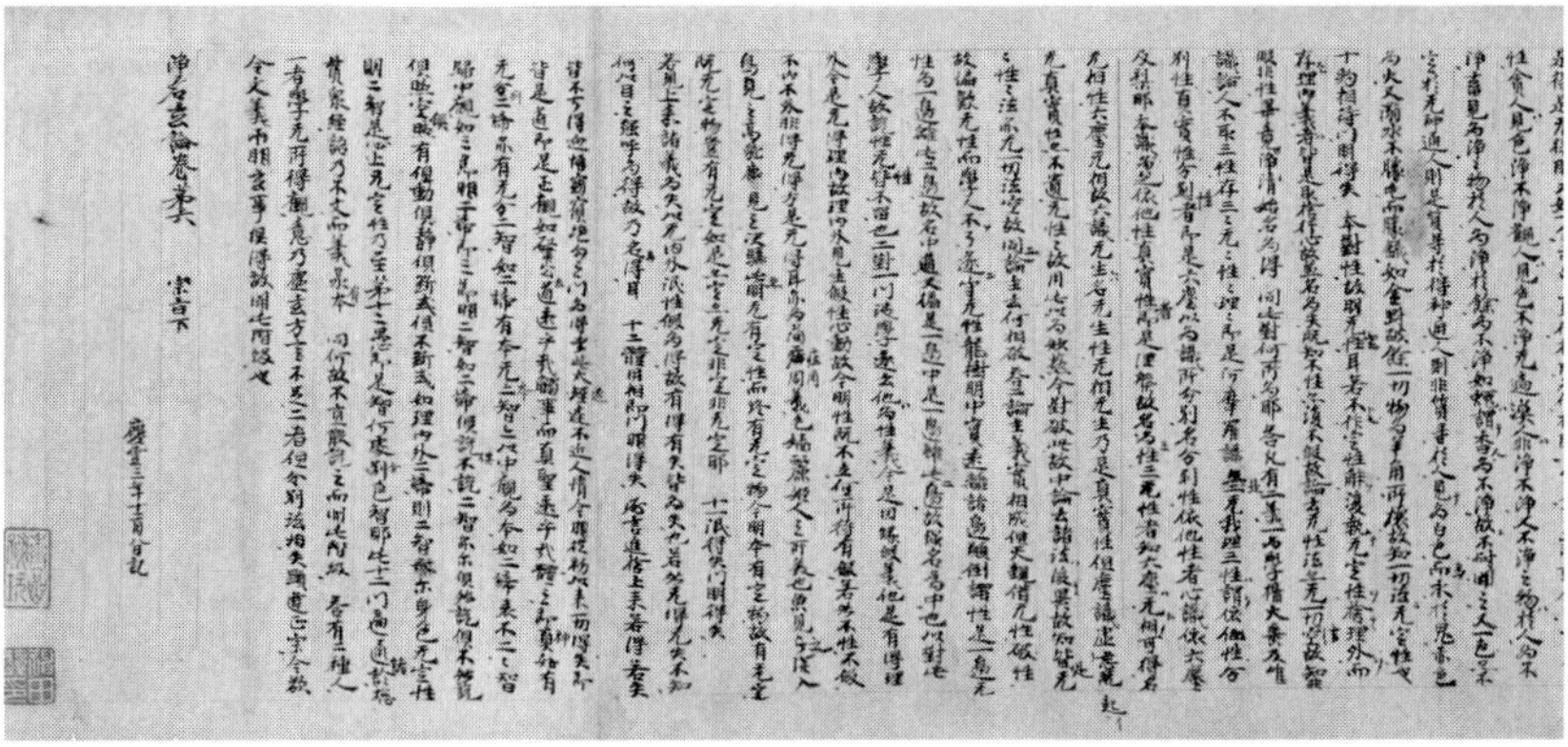

図Ⅶ-1　吉蔵『浄名玄論』巻第六　慶雲三年（706）12月8日書写　東大寺伝来　京都国立博物館蔵

梁の法雲の『法華義記』の系統を引く注釈書で、智顗や吉蔵の教学以前のものだからであろう。三疏が僧肇説の使用という点で足並みがそろわないのは、これらが同一人の著作であることを疑わせるが、そもそもこれらは聖徳太子の著作ではなく、中国において別々の著者によって著された中国文献であった。

ならば、日本の教学書で僧肇説が引かれる最初のものは、智光『浄妙玄論略述』[18]ということになるだろう。これは吉蔵『浄妙玄論』[19]（図Ⅶ−1）の末書である。先に述べたように『浄妙玄論』は僧肇の文を引用し、「本」「迹」「垂迹」の問題を議論しているから、当然のこと、『浄妙玄論略述』もこの問題に論及している。たとえば、巻一末には、「肇公以二四句一明二本迹一」とあって（この文は『浄妙玄論』の「故肇公以二四句一明二不思議本一、四句明二不思議跡一、本跡雖レ殊、不思議一也」No.1780, 875c に依拠）、本迹についての議論が展開され、「以本垂迹」「以迹顕本」などについて論じられている。筆者は、本書をもって日本における「垂迹」の初見史料とすべきだと考えている。ただ、これは僧肇・吉蔵説の継承、紹介であって、独自の議論ではなく、また後代の〈本地垂迹説〉に連なるようなものとはなっていない。

次に、八世紀後期～九世紀初頭の教学書で注目されるのは、最澄の書物である。最澄が徳一との論争[20]の中で弘仁九年（八一八）に著した『守護国界章』を見ると、「本」「迹」「垂迹」に関わる論議が戦わされている。『守護国界章』は徳一の『中辺義鏡』に反論する形で書かれたもので、『中辺義鏡』の方は現存しないが、最澄が長文にわたって引用しているので、内容の大体をうかがい知ることができる。「本」「迹」「垂迹」をめぐる論議は主として『守護国界章』の巻中の上に見える。先に述べたように、智顗は本迹概念を用いて『法華経』を解釈したが、徳一はこの問題について智顗『法華玄義』の文言を引用して論難を加えた。たとえば、智顗の「若発二迹中之事理一、即顕二本中之事理一。亦知下由二本之事理一、能垂中迹中之事理上、迹既由レ本（中略）、理即非レ迹非レ本、不思議一也」という説を引いてこれを批判し、「彼云、妙理則理即非レ迹非レ本、不思議一也、此亦不レ爾、妙理則証甚深摂、非レ迹可レ爾、如何非レ本」と述べている。徳一はこの直前にも「本迹不一不異、体用不即不離、権実不一不二」と自説を述べている。こういった徳一の主張に対して、最澄は厳しい口調で反論、指弾した（大正蔵No.2362, 183a）。また、別の箇所（巻上の上）では、徳一は、智顗の「初言レ頓者、従レ部得レ名、即華厳也。仏垂迹化、塵劫叵レ量寿量之果（後略）」という文言を引用して批判を加え、それに対して最澄が反論を展開している（同145c）。これらから、徳一も最澄も、本迹概念や垂迹の思想について熟知しており、二元的思考法の是非や仏身論の理解をめぐって論争していることが知られる。

一般史料に見る「垂迹」

以上、八世紀中頃～九世紀初頭の教学書に見られる「本」「迹」「垂迹」について検討してきた。それらにすでにこうした用語・概念が見えることは軽視できないが、しかしそれらは教学書の論述であって、学僧たちの世界で論議された教学的概念であった。それがそうした世界を飛び出し、一般社会に流布していく状況を探るには、教学書以外の史料に目を向け、「垂迹」なる言葉がどう用いられていったのかを検討しなくてはならない。

「垂迹」という言葉が見える早い時期の史料に、『日本三代実録』貞観元年（八五九）八月二十八日条があることは、すでに辻善之助によって指摘されているが、福井康順氏は『叡山大師伝』に「垂迹」の語が見え、そちらの方が古いことを指摘した[21]。これは重要な発見であったが、私見ではさらに古い史料が一つある。それは東南院文書の一通、「文室真人長谷等仏像并一切経等施入願文」[22]である。これは延暦十七年（七九八）八月二十六日のもので、筆者は、現在のところ、これを教学書以外での「垂迹」の初見史料だと考えている。

この文書は「東大寺中阿弥陀別院文」という表題を持っており、本文は、

故従五位上石田女王図仏像一切経等并水田入寺願文〈副券一通〉

夫極楽浄刹（中略）。爰 釈迦能仁垂二迹此土一、犇二率四生一（中略）。是以二故女王弘二発誓願一、近報二四恩一、遠期二菩提一、奉レ造二阿弥陀観音勢至等像一、奉レ写二一切経等一、儲二備水田六十町、成二往生之因一、而未レ果レ志、早移二浄方一者也。今長谷等、歓二先遺跡一、欲レ継二後業一、其仏像等、永奉レ納レ寺、請二次第僧一、読経悔過、奉レ助二先霊一。

仰願、以二此功徳一（中略）、共成二覚道一。

延暦十七年八月廿六日従五位下文室真人「長谷」

男「宮守」

「広吉」

「長主」


というものである。ここには「釈迦能仁垂迹此土」とあって、釈迦はこの土に「垂迹」したと述べられている。これは、現実のシャカのことを永遠の存在であるブッダがこの世に「垂迹」した存在だと捉える思想に基づく表現であって、中国仏法の思想を受容した記述と理解されよう。

石田女王はこの文書にしか名が見えず、詳細不明の人物であるが（なお、『日本後紀』弘仁六年〈八一五〉正月庚辰〈八日〉条に「正六位上石田王授従五位下」とある「石田王」は女性と考えられるが、延暦十七年にすでに死去している石田女王とは別人と見るよりない）、彼女の死去により、その遺志を継いだ文室真人長谷らが阿弥陀三尊の画像、一切経、水田などを東大寺に施入したとある。ならば、文室長谷と極めて近い家族で、おそらくは母か姉もしくは妻で

あったと推定される。

文室真人氏は、『続日本紀』天平勝宝四年（七五二）九月乙丑〈二十二日〉条に「従三位智努王等賜二文室真人姓一」とあって、この時に智努王（六九三～七七〇）らが賜姓されたことにはじまる氏である。智努王は長親王（天武の子）の子で、賜姓後は文室真人智（珍）努として活躍し、また出家して浄三と称した。宝亀元年（七七〇）十月没。時に従二位大納言であった。『続日本紀』同年十月丁酉条に薨伝があり、『日本高僧伝要文抄』所引『延暦僧録』に「沙門釈浄三菩薩伝」がある。彼は東大寺大鎮を務め、法華寺大鎮・浄土院別当を兼ね、また鑑真と交流が深く、「菩薩戒弟子」となったという。さらに「大神寺」で活動し、[23]『六門陀羅尼経』を講じ、東大寺に「十二分教義」を立てた。大神寺は大神神社の神宮寺と理解される。著作に『顕三界章』一巻、『仏法伝通日本記』一巻があったという。また天平勝宝五年、亡夫人のため仏足石を作らせている（薬師寺）。

智努王の弟の大市王（七〇四～七八〇）は、文室真人邑珍（「大市」にも作る）となったが、兄と同じく皇位継承問題に巻き込まれて出家し、のち政界に復帰したという人物である（正二位大納言）。智努の子が文室真人大原（？～八〇六）で、延暦十一年（七九二）に「三諸朝臣」と改賜姓した。その子が文室真人綿麿で、彼は三諸朝臣から三山朝臣へ、そして再び文室真人へと改賜姓を重ねた。文室真人秋津、文室真人与伎（従四位下大宰大弐）も智努の子で、文室真人乙（弟）直（従四位下）は与伎の子である。

文室真人長谷は、血縁関係は不明であるが、『日本後紀』延暦二十四年十二月己酉〈十四日〉条に「従五位下文室真人長谷為周防守」とあり、同弘仁十四年（八二三）十一月庚午〈二十日〉条では従五位下から従五位上を授けられている。彼の一族は氏族として仏法の信心が深く、また東大寺と縁故があった。そうした事情から東大寺に施入がなされたものと思われる。願文の執筆者が、釈迦垂迹の思想をどこで知ったのかは不明であるが、あるいは鑑真一門に学んだ可能性があるのかもしれない。

次に「垂迹」の語が見える史料は『叡山大師伝』である。これは最澄の伝記で、「釈一乗忠」の撰。この「忠」

については、福井康順氏、佐伯有清氏によって、仁忠ではなく、真忠のことであろうと考証されている。[24] 真忠は最澄の弟子で、『叡山大師伝』は天長二年（八二五）頃の成立。同書には、聖徳太子を中国の高僧慧思（南岳慧思禅師、五一五～五七七）の生まれ変わり（後身）とする説、すなわち〈聖徳太子慧思後身説〉が記されている。この説は、久米邦武の研究[25]以来、鑑真一門によってはじめて唱えられたとされており、筆者もこの理解が正しいと考えている。慧思後身説は、その後、慧思が智顗の師であることもあって、鑑真一門から最澄の天台宗に継承されていった。『叡山大師伝』では、聖徳太子が慧思の後身であることを「南岳後身、聖徳垂迹」と記していて、「垂迹」の語が用いられている。これによるなら、人間が人間に生まれ変わることも「垂迹」と表現することがあったことが知られる。と言っても、同書の思想では、この二人はただの人間とは異なる特別な存在、聖なる存在であるから、その出現をあえて「垂迹」の語を用いて表現したものと考えられよう。

同様の表現は、同じ天台宗の光定『伝述一心戒文』にも見える。同書は上中下の三巻から成るが、下巻は承和元年（八三四）、上中巻は同二～三年頃の成立と考証されている。[26]『叡山大師伝』にわずかに遅れての成立である。その上巻に、

大日本国聖徳太子、生在㆓皇家㆒、思大師垂迹。

という記述がある（図Ⅶ-2）。以上より、日本の天台宗では、その最初期の頃から、聖徳太子を慧思の「垂迹」だと理解していたことが知られる。

『日本三代実録』貞観元年（八五九）八月二十八日条は、史料の時系列ではその次となるものである。以下のようである。

依㆓十禅師伝灯大法師位恵亮表請㆒。始置㆓延暦寺年分度者二人㆒、其一人為㆓賀茂神㆒、可㆘試㆓大安楽経㆒、加㆗試法華経金光明経㆖。一人為㆓春日神㆒、可㆘試㆓維摩結所説経㆒、加㆗試法華経金光明経㆖。表曰、恵亮言、皇覚導㆑物、且実且権、大士垂㆑迹、或王或神。故聖王治㆑国、必頼㆓神明之冥助㆒、神道剪㆑累、只憑㆓調御之慧刃㆒。伏惟、金輪陛

下乗二六牙一而降二神跡一、逮二九歳一而登二九五一、受二仏付嘱一転二大法輪一。法門余慶、還在二于今一歟、所レ謂維摩不二之典、盛演二仏境不思之義一、高貴四徳之教。寔談二仏性常住之旨一、並斯如来、護国利人之門、不レ可二一廃一者也。

（後略、全文は付論に掲げる）

これは恵亮の表請によって延暦寺に年分度者二人が設置されたという記事である。恵亮（八〇二／八一二～八六〇）は天台宗の僧で、義真（七八一～八三三）に戒を受け、円澄（七七二～八三七）、円仁（七九四～八五四）の教えを受けた人物で、清和天皇を護持する内供奉十禅師として活躍した。説話では、惟喬親王（八四四～八九七）と惟仁親王が皇位を争った時、惟仁（のち即位して清和天皇、八五〇～八八〇）の側について験力を発揮したという話

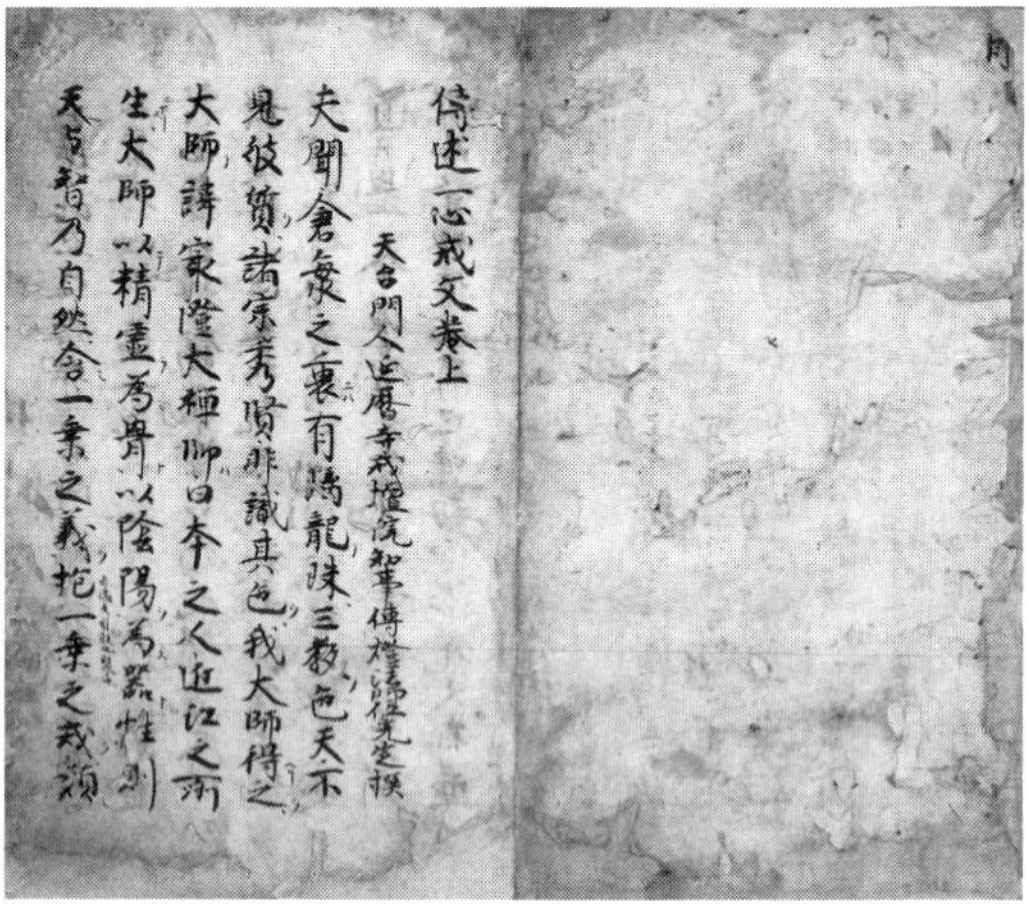

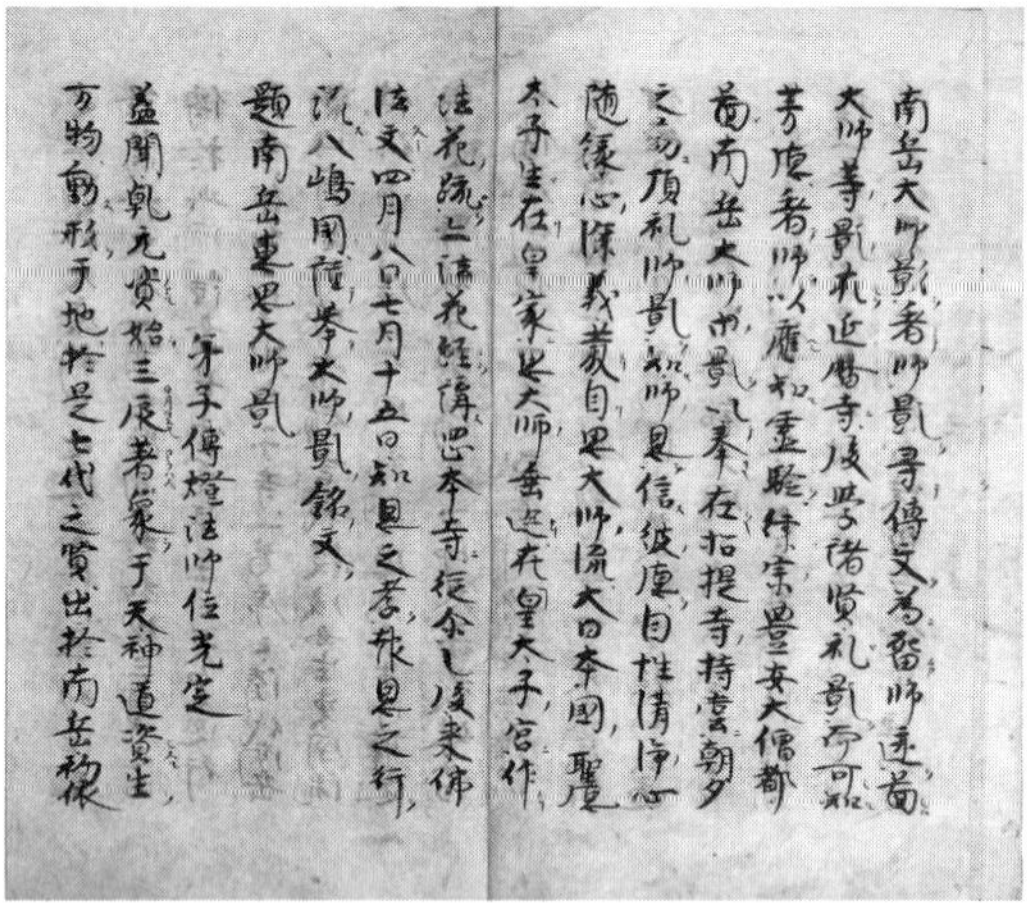

図VII–2　『伝述一心戒文』上巻　良祐書写本　応徳元年（1084）9月18日書写　延暦寺蔵　滋賀県大津市坂本本町

〈恵亮砕脳[27]〉が著名である。ここの年分度者二人は神のための度者で、一人は賀茂神のため、もう一人は春日神のためのものだという。その上表文で、恵亮は「大士垂迹、或王或神」と述べている。「大士」とは菩薩、もしくは仏・菩薩の意。つまり、仏・菩薩は王に、あるいは神に垂迹するというのである。[28]そして聖王が国を治めるには必ず神明の冥助を頼りにすると述べているから、日本の神々、特に賀茂神や春日神を「垂迹」と位置づけていると理解してよい。だがそればかりではない。「伏惟」以下では、今度は清和天皇のことを「金輪陛下」と呼び、「六牙」に乗って「神跡」し、九歳におよんで天皇の位にのぼったと述べている。これは清和天皇を随分と持ち上げた表現で、歴史上はじめての幼帝即位を何とか正当化しようとする文言となっている。「六牙」とは六本の牙を持った白象のことで菩薩の乗り物。摩耶夫人が釈迦を懐妊する時、菩薩が六牙に乗って降下し、彼女の胎内に入ったという。だから、この表現は清和天皇のことを菩薩ないし釈迦になぞらえたものとなっており、彼は仏の委嘱を受けて大法輪を転じるのだという。恵亮はこの上表文で清和天皇のことを「垂迹」「神跡」だと飾り立て、あわせて神のための年分度者の設置を願い出たのである。

以上、初期の「垂迹」史料を見てきた。ここで重要なのは、第一に、これらが「本地」と対概念ではなく、いずれも単独で用いられていることである。日本では、「本」「迹」「垂迹」の思想は、最初「垂迹」の語・概念が受容されたのであって、「本地」の語はまだなかった。「本地」はかなり遅れて登場し、やがて両者が接合されて〈本地垂迹説〉へと展開していくのである。

第二は、初期の「垂迹」が神に限定されるものではないことである。それらは、永遠のブッダがシャカとして「垂迹」したり、慧思が聖徳太子として「垂迹」したり、あるいは仏・菩薩が神や王として「垂迹」するというものであった。つまり、初期の「垂迹」は多様な「垂迹」として語られており、神としての「垂迹」に限定されるものではなかった。ではそうした「垂迹」の思想は、日本において、その後どう展開していったのであろうか。

三　垂迹思想の展開

ここでは、『三宝絵』を題材に、「垂迹」の用語・概念が日本の文化に浸透していった様子を見ていきたい。『三宝絵』は源為憲（?～一〇一一）の撰。永観二年（九八四）、尊子内親王（九六六～九八五）に奉られたもので、初心者に仏法のあれこれをわかりやすく説いた仏法入門の絵巻物である。現在、絵は失われ、詞のみが伝わるが、それを見ると、「アトヲタレタル」という表現で「垂迹」概念が記述されている。これ以前から「垂迹」はこのように訓まれていたのかもしれないが、この訓みがはっきりと知られるのは同書からである。しかもその用例は少なくなく、「垂迹」概念がこの訓み方で和語になじんでいった様子が知られる。

たとえば、下巻第二十二「東大寺千花会」には、

年号ヲ改テ天平勝宝ト云ニ、寺ヲ供養ジタマフコロホヒ、行基菩薩、良弁僧正、婆羅門僧正、仏哲、フシミノ翁、コノモトノ翁ナドイヘル、アトヲタレタル人々、或ハ我国ニ生レ、或ハ天竺ヨリ来テ、御願ヲタスケタリ。

とある。この六人は「アトヲタレタル人々」であって、ただ人とは違う特別の存在なのだというのである。また中巻序には、「アナタウト、仏法東ニナガレテサカリニ我国ニトドマリ、アトヲタレタル聖昔オホクアラハレ」とある。仏法は東流して日本に至り、この地で栄えて「アトヲタレタル聖」が数多く現われたというのだが、これは先の「アトヲタレタル人々」と同様の用例としてよい。

次に中巻第四「肥後国シシムラ尼」には、

其時ニ衆中ニウヤマヒタウトビテ、聖ノ跡ヲタレ給ヘルナリケリトサダメツ。名ヲバ舎利菩薩ト申ス。道俗コトゴトクナビキ、帰依恭敬ズ。

とある。これは異形の女性宗教家であった舎利菩薩の話で、彼女も「聖ノ跡ヲタレ給ヘル」存在だと述べられている。これも先と同様の用例と言えるだろう。ところでこの話は『日本霊異記』下巻第十九に依拠したものであるが、『日本霊異記』の方を見てみると、この部分は「聖化」すなわち「聖の化」と記されている。とすると、為憲は「化」という表記を「跡ヲタレ給ヘル」という表記に置き換えているのである。「化」は化身・化現の意だろうから、為憲にとって垂迹とは化身・化現とほぼ同義であったことが知られる。以上より、『三宝絵』に見える「アトヲタレタル人々（聖）」は、「化」に代わる新しい概念として用いられたものと理解される。

一方、『三宝絵』には、これらとは異なる注目すべき用例もまた見える。それは神を菩薩の垂迹だと説明するもので、下巻第二十九「熊野八講会」に見える。熊野ではすでにこの時期に神仏融合が進展しており、『法華経』の講説が行なわれていた。この話はその熊野八講会を説明するもので、

紀伊国牟婁郡ニ神イマス。熊野両所、証誠一所トナズケタテマツレリ。（中略）此八講ナカラマシカバ、三宝ヲモシラザラマシ。五十人マデモ語伝ガタカルベキ眇々タル所ニ、妙法ヲヒロメキカシメ給ヘルハ、菩薩ノアトヲタレタルトイフベシ。

と語られている。熊野のような南海のきわの奥地に仏法が広まったのは、この法華八講会によるものであり、また「菩薩」が迹を垂れてくれたおかげだというのである。ここで熊野の神が菩薩の垂迹だとされていることにまず注目したい。ただ、ここには「本地」の概念がまだ見えず、また熊野の三所の神のそれぞれをどの如来・菩薩に対応させるのかということもまだ考えられていない。その点で、これは後代の〈本地垂迹説〉の段階とは異なるものであり、その前の「垂迹」思想段階の姿を示すものとしなければならない。

以上、『三宝絵』を見てきたが、十世紀末のこの段階でも、「垂迹」概念は多様な意味で用いられており、神として「垂迹」するばかりでなく、人間としても「垂迹」するとする考え方が継続していた。また「本地」がまだ見えず、特定の神を特定の仏・菩薩に対応させる考え方も誕生していなかった。それでも〈アトヲタレタル〉という概

念で、「垂迹」の思想がしだいに日本文化に浸透していった様子を知ることができる。

四　本覚、本地、本体、本縁の登場

「本覚」と「本地」

日本では、「本地」の語はいつ現われるのであろうか。まず注目されるのが、永承元年（一〇四六）の「河内守源頼信告文案」（石清水田中家文書、『平安遺文』六四〇）で、それに

> 跪白二八幡権現三所法体一言、大菩薩者、本朝大日本国人帝第十六代之武皇矣。本覚幽玄、叵レ計二尊位一、若三覚如来歟、亦十地薩埵歟、利生之道垂レ跡、慈悲之門現レ身、彼釈尊応化歟、是観音之分身歟。

という記述が見える。ここには、八幡大菩薩を「垂迹」とする理解が明記されているが、あわせてその「本覚」は何なのかについてあれこれと論及がなされている。ここの「本覚」は八幡神に対応する仏・菩薩を指しており、「本地」と類似した意味合いで使用されている。

次に、著名な史料であるが、『大神宮諸雑事記』巻一に、

> 天平十四年〈壬午〉十一月三日、右大臣橘朝臣諸兄卿、参二入於伊勢太神宮一。其ノ故波、天皇御願寺可レ被二建立一之由、依二宣旨一所レ被二祈申一也。然勅使皈参之後、以二同十一月十一日夜中一、令二示現一給布。天皇之御前仁玉女坐、即放二金色光一天宣、本朝和神国也。可レ奉レ欽二仰神明給一也。而日輪者大日如来也。本地者毘盧舎那仏也。衆生者悟レ之当皈二依仏法一。御夢覚之後、御道心弥発給天、件御願寺事於、始企給倍利。

とあり、ここの「日輪者大日如来也、本地者毘盧舎那仏也」が注目される。

この話は『東大寺要録』巻一にも「大神宮禰宜延平神主日記云」として、ほぼ同文で記されている（史料本文は

次章で示す）。これらに見える「日輪」は天照大神のことで、これはその「本地」を大日如来（すなわち毘盧舎那仏）であるとする記述になっている。天照大神・大日如来の同体説であり、しかもそこに「本地」の語が用いられており、大変注目される。この史料は、伊藤聡氏、森由紀恵氏によるなら、十一世紀後期のものと判断されるという(29)。この時期、「本地」の語が用いられるようになったことが知られる。

大江匡房の用語

大江匡房（一〇四一～一一一一）の著作にも関係する記述が見える。たとえば、『続本朝往生伝』の「真縁上人」には、

　爰知、生身之仏即是八幡大菩薩也。謂二其本覚一、西方無量寿如来也。

とあるし、『本朝神仙伝』の「泰澄」には、

　又向二諸神社一問二其本覚一、於二稲荷社一数日念誦、夢有二一女一、出レ自二帳中一告曰、本体観世音（後略）。

とあり、また同書の「日蔵」には、

　嘗詣二松尾社一欲レ知二其本覚一、三七日夜練行念誦。（中略）有レ声曰、毘婆尸仏。

とある。

ここで注目されるのは、第一に、神と仏・菩薩との一対一の対応が明確に論じられていることである。匡房においては、特定の神に特定の仏・菩薩を対応させる考え方が確立している。第二は、「本覚」の語がしきりと用いられていることである。この語は「本地」に先行して用いられている可能性が高い。ただし、匡房も、右の「泰澄」では「本体」という語も用いているし、また『江談抄』第一（三五）の「熊野三所本縁事」を見ると、

　又問云、熊野三所本縁如何。被レ答云、熊野三所伊勢大神宮御身云々。本宮并新宮大神宮也。那智ハ荒祭。又大神宮ハ救世観音御変身云々。

とあって、「本縁」という語を用いている。熊野三所の神は伊勢神宮と同一で、そのうち本宮と新宮は大神宮と同一であって、その「本縁」は救世観音なのだという。匡房の神仏関係をめぐる思想については、吉原浩人氏の詳細な研究[30]があって、逐一史料が指摘されている。それによるなら、匡房は多くの著作で神仏の関係に触れているが、そこで最も一般的に用いられているのは「本覚」の語である。また「本は何々、今は何々」というように、「本」と「今」とを対に用いる表現がいくつも見え、こうした言い回しを常用していたことが知られる。ただし、「本地」の語を用いた例も一例だけだが見えるという[31]。大江匡房は、神を仏・菩薩に対応させる時、「本覚」の語を用いることが最も多く、また「本」「今」の対表現も常用したが、まれに「本地」「本体」「本縁」の語も用いた。このうち「本体」は一般的名詞とすべきであろうし、「本縁」も「縁」という仏法語を含んでいるが、やはり一般的名詞である可能性が高い。とするなら、「本覚」という語の使用に大きな特色を見出すべきと思われる[32]。

「本地」の語への収斂

以上、日本では十一世紀中頃から十二世紀初頭にかけて、「本覚」「本地」などの概念が登場する。その用語としては複数の言葉が用いられており、未だ「本地」の語を主流とするような状況とはなっていない。むしろ「本覚」の語が「本地」に先行して用いられているのが注目すべき特色となっている。そうした状況は、しかし、十二世紀中頃以降となると変化を遂げていくようになる。著名な史料であるが、『長秋記』長承三年（一一三四）二月一日条には、熊野の三所の神、五所の神のそれぞれの「本地」が何であるかが記されている。また、『百錬抄』安元元年（一一七五）六月十六日条には、蓮華王院の惣社に祀られた神々の「本地」のことが記されている。これらには「本地」の語が明記されており、しかも神と仏・菩薩とを一対一対応させる考え方がはっきりと記述されている。〈本地垂迹説〉は十一世紀後期に成立し、やがて十二世紀に考え方の面でも、用語の面でも、確立すると言えるであろう[33]。

五　垂迹と本地――むすびにかえて

本章では、日本における垂迹思想の受容およびその〈本地垂迹説〉への展開について、八世紀から十二世紀を対象に検討してきた。日本では、八世紀中頃、僧肇教学を継承した吉蔵や智顗の教学を受容するという形で垂迹思想が取り入れられた。ただ、それは神仏関係を説明するようなものではなく、「本」と「迹」との二元的概念を用いた思考法として取り入れられたもので、当初は中国仏法の教学をそのままに祖述するものであった。しかし、垂迹思想はまもなく学僧の世界から外の世界へと飛び出していった。その初見史料は八世紀最末期の貴族の願文であるが、その文章には未だ教学的な様相が色濃い。その後、九世紀になると、天台宗の僧によって、垂迹思想がわかりやすく語られるようになり、聖徳太子を慧思の「垂迹」としたり、仏・菩薩が神あるいは王になって「垂迹」するという思想が説かれるようになった。やがて、「垂迹」は「アトヲタレタル」という訓みで日本文化に浸透していき、十世紀末には初心者用の仏教入門書にも用いられるようになっていった。

「本地」およびそれに類似する複数の概念がいつ頃文献に登場するようになるのかは、筆者の現段階での検索による限り、十一世紀中頃以降のことであるように思われる。ただ、当初は「本地」の語ばかりでなく、「本覚」「本体」「本縁」そして「本地」という複数の語が用いられ、特に「本覚」の語が用いられた。「本地」の語は十一世紀後期から用いられるようになる。それがやがて「本地」の語に収斂していくのだが、それは十二世紀以降のことになる。特定の神を特定の仏・菩薩に対応させる考え方も、ほぼ同時期の十一世紀後期～十二世紀初頭以降、見られるようになると思われる。日本の〈本地垂迹説〉は、十一世紀後期に成立し、十二世紀に確立したと理解することができるだろう。[34]

本章は、〈本地垂迹説〉の成立過程について大まかな素描を試みたものであるが、細部にわたってはなお未解明の部分が少なくない。特に「本覚」および「本地」という概念・用語がどこから来たものなのかについては、是非とも考究しなくてはならないであろう。「本覚」の語については、天台教学との関係について考えてみる必要があるかもしれない。一方の「本地」は、智顗『法華文句』に「実相本地即是法身」（大正蔵 No.1718, 127c）、「如来本地久已証得一切権実」（同40a）とあるのをはじめとして、彼の著作に散見する。また一行『大日経疏』（七二四～七二七年頃成立）に「薄伽梵即毘盧遮那本地法身」（大正蔵 No.1796, 580a）とあることも注目される。後者はその再治本である『大日経義釈』（七五六年以前成立）にも見える。こうした記述[35]と〈本地垂迹説〉の「本地」との関係の解明については、次なる課題としたい。[補注]

付論　恵亮の表の読解

——駒井匠氏の見解に寄せて——

二〇二一年度の日本史研究会古代史部会の共同研究報告（駒井匠「八・九世紀の天皇における仏教的国王観の受容と展開」(1)、以下「駒井報告」）は、八、九世紀における天皇と仏法の関係を考究し、そこからこの時代の思想、宗教、政治の特質を明らかにしようとするものであった。駒井氏は、八世紀についてはこの問題をめぐって多くの研究蓄積があるが、九世紀については未解明の部分が多いとし、九世紀中期の清和天皇（八五〇～八八〇）の時代に焦点をあて、特に『日本三代実録』貞観元年（八五九）八月二十八日条に着目して、「天皇菩薩観」の思想の特質とその歴史的変遷を考察した。

それは次の記事である。

〈史料1〉

依㆓十禅師伝灯大法師位恵亮表請㆒。始置㆓延暦寺年分度者二人㆒、其一人為㆓賀茂神㆒、可㆘試㆓大安楽経㆒、加㆗試法華経金光明経㆖。一人為㆓春日神㆒、可㆘試㆓維摩結所説経㆒、加㆗試法華経金光明経㆖。表曰、恵亮言、皇覚導㆑物、且実且権、大士垂㆑迹、或王或神。故聖王治㆑国、必頼㆓神明之冥助㆒、神道剪㆑累、只憑㆓調御之慧刃㆒。伏惟、金輪陛下乗㆓六牙㆒而降㆓神跡㆒、逮㆓九歳㆒而登㆓九五㆒、受㆓仏付嘱㆒転㆓大法輪㆒。法門余慶、還在㆓于今㆒歟、所㆑謂維摩不二之典、盛演㆓仏境不思之義㆒、高貴四徳之教。寔談㆓仏性常住之旨㆒、並斯如来、護国利人之門、不㆑可㆓一廃㆒者也。

是以、恵亮等、以㆘去嘉祥三年八月五日　陛下在㆓東宮㆒日㆖、経㆓啓祈願㆒已畢。頃年殊垂㆓恩感㆒、毎㆓降誕日㆒、且度、于㆑今八年。伏冀、天慈幸降㆓恩勅㆒、不㆑改㆓素願㆒。永歳三月下旬、於㆓比叡山西塔宝幢院㆒、将㆑試㆓度之㆒。然後准㆓弘仁十四年官符㆒、令㆑受㆓大戒㆒。其受戒之後、依㆓先師式㆒、十二年不㆑出㆓山門㆒。一日不㆑欠、長講㆓件経㆒、利㆓益名神㆒、奉㆑護㆓聖朝㆒。恵亮等、師資相承、修㆓此仏業㆒、尽未来際、擁㆓護国家㆒。但件人等、得業以後、僧中諸事、准㆓天台真言等宗一、一同用レ之。然則、開闢以来仙霊、開二覚性一而逝二妙覚一。我朝以後聖王進二醍醐一而保二常楽一、非二只諸神歳歳増レ威、亦乃群生日日長レ福、持二茲大善一、集二我皇朝一。伏願、長御二紫宸一、大敷二玄徳一、寿固二群岳一、恩深二四溟一。次則資二薫田邑聖霊一、四流高謝、五智円顕、竜天順二風雨之期一、率土楽二昇平之化一、然後竪窮二三界一、横被二四生一、永謝二迷津一、超二昇覚道一。

駒井氏が述べる「天皇菩薩観」とは、「天皇＝菩薩」と認識する思想のことであるという。この思想は、八世紀中頃の天平期に聖武天皇によって宣揚されたが、その後しばらくは天皇による宣揚は見られなくなり、約一〇〇年後の文徳・清和朝になって再び宣揚され、それが〈史料1〉に記されているという。しかし、次の陽成朝以降になると再び「天皇菩薩観」は史料には明確な形では見えなくなっていくと説く。

駒井報告は、種々の新しい視座を提出し、学ぶところ多かった。しかし、筆者には見解を全く異にする部分がある。ここでは、史料読解や史料評価など個別の論点をめぐって筆者なりの批判を五点述べ、その後に駒井報告全体が提出する理解について意見を述べることにしたい。

第一は、〈史料1〉の読解である。この史料は「垂迹」の語が記される記事として研究史上著名なものである。駒井氏は、この史料を「天皇を菩薩が垂迹した神と規定」する天皇観を示したものだと読解する。しかし、そう読めるのだろうか。駒井氏は、これの「伏して惟るに、金輪陛下、六龍に乗りて神跡を降し、九歳を逮《ま》ちて九五に登れり」の部分を、清和天皇は普賢菩薩[2]が垂迹した神として現世に出現し、即位した、の意であると読解する。神となって垂迹した存在が天皇になったと読むのである。そうした読解も一案なのかもしれない。

しかし、「神跡」の語を本当にそう読むことができるのだろうか。もちろん「神」と「跡」の二つの文字はある。しかし、私見では、「神跡」の語は、霊験（神験）をもって出現（降下）するという意味で用いられているように思われる。それはこの漢語の一般的な読み方だと思う。筆者は、恵亮（八〇二／八一二〜八六〇）の表の冒頭に「大士の迹を垂れること、或は王、或は神」とあることを重視したい。大士とは菩薩もしくは如来のことで、だからここでは、仏菩薩はあるいは王となって、あるいは神となって垂迹すると語られている。「或」は、「または」「もしくは」の意だから、仏菩薩が「王」となって垂迹した存在が清和天皇だと読むことになる。清和天皇に垂迹としての「神」までをも読み込む駒井氏の読み方は成り立たないと筆者は考える。

第二は、『続日本紀』天平十五年（七四三）正月癸丑〈十三日〉条の読解である。駒井氏はこれを天平期における「天皇＝菩薩との認識」が明確に打ち出された史料だと読解する。しかし、そう読めるだろうか。これの末尾近くの

仰ぎ願はくは、梵宇威を増して皇家慶を累《かさ》ね、国土厳浄、人民康楽にして、広く群方に及ぼして綿《なが》く広類を該《か》ね、同じく菩薩の乗に乗して、並に如来の座に坐せしむことを。

は、寺院が威勢を増し、王家に慶びがかさなり、国土は厳浄で人民は康楽となり、それが広くにいきわたってもろもろをながく包みこみ、みなが同じく菩薩乗に乗り、並んで如来の座に坐すことを仰ぎ願う、の意となる。だから、ここには、天皇は菩薩であるとする思想は少しも説かれていない。人々が菩薩乗に乗ってみな如来になってほしいという祈願が記されるばかりなのである。駒井氏が、天平期の「天皇菩薩観」の宣揚を示すとする史料は、駒井氏のように読むことはできないと筆者には思われる。

第三は、「文徳・清和期」という時代設定が妥当かどうかという問題である。清和天皇は、天皇制度発足以来最初の幼帝として即位した。それは文徳天皇（八二七〜八五八）までとは大きく異なる新しい皇位継承のあり方であり、ここから摂関政治が始まるという、大きな画期となった出来事である。恵亮はこの異例の政治選択を正当化するために、天台宗で用いられてきた「垂迹」の思想（本書第Ⅶ章参照）を持ち出した。それが〈史料1〉である。ならば、〈史料1〉からは「文徳・清和期」という時代の括り方は析出しにくい。幼帝清和天皇の即位は時代を画する大きな転期であり、ここから新しい時代が始まるのである。

駒井氏が「文徳・清和期」と時代設定するのは、次の『類聚三代格』巻二、嘉祥三年（八五〇）十二月十四日太政官符、すなわち、

太政官符

応レ増二加年分度者二人一事

右、十禅師伝燈大法師位円仁表偁、（中略）伏望、恒例年分度者二人之外、更蒙二賜両人一、各令ㇾ修二学一業一。令下一人学二金剛頂経一為ㇾ業、兼読中法花金光明両部経上、令下一人学二蘇悉地経一為ㇾ業、兼読中法花金光明両部経上。（中略）右大臣宣、奉ㇾ　勅、円仁法師遠渉二滄溟一求二来大教一。禅風浩卓花躅幽奇、才行之至天人所ㇾ帰。実是釈氏之棟梁、朝家之鎮衛也。勧ㇾ人弘ㇾ道、功徳無ㇾ涯。宜下准二来表一、允中其欵情上。所ㇾ冀、以二此功業廻向一。大梵天王、三十六天主、帝釈天王、四方之四王、三界之諸天、閻魔法王、天神地祇、一切護法、共成二随喜一咸倍二威光一、冥翊所ㇾ薫即帰二先帝一、逾増二福善一速証二菩提一、復乃覆二護国家一扶二持人物一、天嚢快穏、宝祚延長、宗社鴻基期二無尽一而遠存、空王正法化二有情一而久住、宜下仰二所由一明知中此意上者。事須三毎年四月三日並令二得度一、自余事条、一同二前度之例一。

嘉祥三年十二月十四日

を分析し、ここから文徳期に「「菩薩が神として垂迹した天皇」という天皇観」が語られていた可能性があると読み取ることを論拠としている。しかし、筆者には、この太政官符に天皇が菩薩であるとする思想が語られているとは読解できない。そうした文言はどこにも記されてないからである。筆者は、〈史料1〉が語る「垂迹」思想の思想史および政治史上の新しさを重視すべきだと考える。

第四は、天台宗と真言宗の対立をめぐる思想史の理解である。恵亮は、幼帝清和の即位に功績があったと推定される天台僧である。彼は、しかし貞観二年（八六〇）に死去し、背後にあった円仁（七九四～八六四）も同六年に死去する。以後はもっぱら真言僧が清和天皇の周辺で活動するように変わり、特に宗叡（八〇九～八八四）が清和天皇の護持僧として活躍したことがよく知られている（本書第Ⅴ章参照）。先に述べたように、「垂迹」は天台宗で使用された概念であった。だから、真言僧が天皇を護持する時にはこの概念が組み換えられたり、変化したりするのは当然のことであるように思われる。やがて宗叡が死去すると、天台宗で最初の僧綱に任じられた遍照（八一六～八九〇）が僧尼の世界の頂点に立ち、思想・概念も真言系から天台系へと変化していくが、駒井報告にはこの思想史上の論点が含意されていない。筆者は、垂迹思想の歴史的展開を考える上でこの論点は重要だと考えている。

第五は、「神身離脱」思想の理解である。駒井氏は、気比神宮寺、若狭の神願寺、多度神宮寺の創建を語る史料などを取り上げ、神が仏法に帰依することを希望しているとする仏法の論理を紹介する。その上で、それら「神身離脱」を述べる史料において「神が神の身を免れることができたのか、即ち神身離脱したのかは不明確である」と述べる。これは寺川真知夫説[3]を支持する見解である。しかし筆者は、(i)寺川論文は中国の関係史料の収集が不十分で日中比較が十分になされていないこと、(ii)神が免れたいと語るのは苦悩の深い「神道」の世界からであること、から寺川説は成り立たないと考えている。筆者は、これらの史料に語られる論理を「神身離脱」の思想と呼ぶのではなく、「神道離脱」の思想と呼ぶのが適切であると考えている（本書第Ⅰ章参照）。

最後に、報告全体の成果と課題についてコメントしたい。駒井報告の大きな成果は〈史料1〉の思想史、宗教史、政治史における重要性を指摘したことである。今回、この史料を切り口に九世紀における政治と仏法との関係が論じられたことは意義深い。これは継承すべき大きな成果だと考える。では、課題はどうか。駒井報告は天皇自身による天皇菩薩観の宣揚という視座を中核にすえて考察を進めたが、むしろ考察すべきは、天皇自身の観念ではなく、天皇制度の設計者たちによる天皇神格化の思想とその歴史であろう。天皇制度が発足した頃は、天皇は『日本書紀』の神話によって神格化され、また『万葉集』に記録されるように「大君は神にしませば」の歌によって神格化された。七世紀末から八世紀初頭のことである。それが九世紀中頃になると、仏法の力で天皇を神格化しようとする動向が顕著に見えるようになる。いずれも天皇自身ではなく、年長者たちがそう設定したのである。これを日本の歴史の中にどう位置づけ、どう評価するかは今後の大きな課題となる。

もう一つは、中世の〈王法仏法相依説〉との関係である。〈王法仏法相依説〉の思想は、私見では、(i)九世紀に新たに登場する「鎮護国家」の思想、(ii)九世紀に新段階を迎える聖徳太子信仰の思想、の二つの発展の中から成立していくと考えられる。このうち、(ii)は垂迹思想の展開とも密接に関わっており、日本の天皇制度を支える思想・心性の発展に重要な役割を果たした[4]。今後、平安時代中期に成立する〈王法仏法相依説〉[5]の成立過程をより明確化していく作業が大きな課題になると考える。

さらにもう一つは、駒井氏自身が述べるように、中国の思想からの影響の明確化およびそれとの比較研究である。それは、私見では、中国の皇帝制度と日本の天皇制度の比較研究の一つとなる。これについては、儒仏道三教をめぐる中国宗教史・思想史研究の蓄積に学びながら、日中の共通性と差異を解明する作業が課題になると考える。

第Ⅷ章　本地垂迹説の成立とその特質

はじめに

本章では、前章までの考察を承けて、〈本地垂迹説〉の成立とその思想的特質、およびその歴史的意義について論説する。〈本地垂迹説〉は、いつ、誰が、どのような思想に立脚して創出したものなのか。本章ではまずそこから考察したい。

〈本地垂迹説〉の起源については、早く、辻善之助によって古典的な研究が発表され[1]、長くそれが学界の通説となってその後の研究視角を規定してきた。本章は辻説を批判し、辻説とは異なる角度から〈本地垂迹説〉の成立過程を明らかにしようとするものである。最初に辻説の問題点を二点指摘しておきたい。第一は、辻が、日本の「神仏習合」は〈本地垂迹説〉の成立をもって完成に至ったと捉え、この問題設定から〈本地垂迹説〉の起源を考察したことである。しかし、日本においては、〈本地垂迹説〉が成立する以前にすでに三〇〇年以上の長い神仏融合史があり、それは〈本地垂迹説〉成立以後とは異なる様相を持っていた。〈本地垂迹説〉は新しい思想であって、以後の日本の神仏融合のあり方を規定した。〈本地垂迹説〉の成立は日本の〈神仏融合史〉の終着点ではなく、むしろ新しい時代の始まりと見るべきである。筆者は、日本の神仏融合史を、八世紀中頃に第一段階（第Ⅰ期）が始まり、十一世紀後期の〈本地垂迹説〉の成立をもって第二段階（第Ⅱ期）が開始されたと捉えている。なお、日本における神仏の融合の諸段階については終章で詳述する。

第二は、辻説は、「本地」の語および「垂迹」の語の意味や典拠についての研究が不十分で、「本地」「垂迹」の思想の特質にほとんど触れるところがないことである。その後の神仏融合史を規定した〈本地垂迹説〉は、「本地」の語と「垂迹」の語から構成されている。この二つの語は系統を異とする仏法語であるが、それぞれはそもそものような思想を内包しているのか、どのように日本社会に提出され、受容されたのか、いかなる経緯で「本地」と「垂迹」の二つの概念が結びつけられ、対概念とされたのか。これについて考究しなければならない。

次に、辻以後の多数の先行研究の問題点を指摘しておきたい。上島享氏は、〈本地垂迹説〉の研究史に触れて、「「本地垂迹」概念に関する理解が曖昧な研究もあ」るとし、「「本地垂迹」をどのように定義して、本地垂迹思想の形成・確立をいかなる視角や論理に基づき論じるのか、それこそが問われている」と説いた。[2]筆者も同感であり、まず〈本地垂迹説〉とは何かから再考する必要があると考えている。その際、重要になるのが「本地」の概念である。筆者は、「本地」は密教の用語であり、密教の思想に立つ概念であると考える。では、それはいかなる経論に基づくどのような概念で、[3]いかなる思想を包含しているのか。本章ではそれを明らかにしたい。これに関して述べておきたいのは、日本で「本地」の思想が語られ始めた十一世紀後期、「本地」と並んで、これに類似する「本覚」「本縁」「本体」などの複数の語が用いられたことである。これについては、前章で詳述した。先行研究では、これらの語の差異に留意することなく、ほぼ同値だろうとみなして研究を進めてきた。[4]しかし、実は、そこには見逃してはならない差異、特に思想としての差異がある。そして、これらの語の中から、「本地」の語・思想が選択されて勝ち残り、それがすでに普及していた「垂迹」の語と結びつけられて、後世を規定する〈本地垂迹説〉へと昇華していった。本章では、その様相を明らかにしたい。

あわせて解明したいのが、「化身」「変身」「変化」『化現」「同体」などの思想と、日本の〈本地垂迹説〉との差異である。日本では、〈本地垂迹説〉が成立する以前に、「化身」「変身」「変化」「化現」「同体」の思想がしばしば語られていた。これらは、もともとインド、そして中国において、主に仏身論の中で説かれた思想・概念であった。本章では、「化身」「変身」「変化」「化現」「同体」などの思想と、日本の〈本地垂迹説〉とを比較し、その差異についても検討したい。

日本の神仏融合史は、本書でこれまで述べてきたように、中国の仏法で発達してきた神仏の融合思想を受容して開始された。第Ⅰ期の神仏融合である。対して、〈本地垂迹説〉は中国には見られない、新しい融合思想である。「垂迹」は中国仏法で重視された概念が日本に受容されて普及したものであり、「本地」は密教で重視された概念が神仏融合の説明に用いられるようになったものである。ただ、この二つの概念を組み合わせて〈本地垂迹説〉としたのは、日本の仏法、および神社であった。だから、この思想は日本の神仏融合の特質と見ることができる。本章では、伊勢神宮内宮の荒木田氏二門、および済暹《さいせん》という僧に注目して、その思想的達成とその特質について考究したい。

済暹（一〇二五～一一一五）は仁和寺の僧で、真言宗の密教の僧である。〈本地垂迹説〉の思想は密教と関連が深い。密教では、世界は大日如来の流出であり、大日如来以外の仏・菩薩・明王・天、さらに仙や鬼神に至るまで、すべての尊格は大日如来の「影像」であるとする。〈本地垂迹説〉は、事物の現象（垂迹）には、その本質（本地）があると世界を認識する思想であり、あるいは本質が具体的に顕現したものが現象世界だとする世界の見方である。それは、〈本質―現象〉の二元論に立つ思想である。こうした思考は仏法の文脈では密教の思想に立脚している。「化身」「変身」「変化」「化現」「同体」などの思想は、仏の姿の変化を平面的な移動関係で説明する。対して、〈本地垂迹説〉は、仏と神を「本地」と「垂迹」という二元的で立体的な関係に組み替えて説明する。〈本地垂迹説〉は、仏身論を深化させ、密教の思想に立脚して、神と仏菩薩を〈本質―現象〉の二元論で説明するところにその特質がある。本章では、これについて詳論したい。

それに加えて本章では、黒田俊雄氏が説いた「密教による全宗教の統合」[5]という歴史認識を批判的に継承することによって、〈本地垂迹説〉の成立から見た日本宗教史の特質についても論究したい。黒田論が提起した「密教による全宗教の統合」という見解に対して、複数の異論が提出されてきた[6]ことは承知している。たしかに、当初の黒田論文の説明には誤りや不十分な点があり、的確な議論になっていない部分があった。しかし、宗教史研究が進展した今日の水準[7]から再考してみるに、「密教による全宗教の統合」という構想自体には妥当性があると筆者は評価する。統合の時期など、黒田論の問題点は問題点として批判した上で、その構想について今後発展させていくことが可能ではないか。これについても論究したい。

さらに、〈本地垂迹説〉成立の意義を神信仰の側の視座からも論究したい。〈本地垂迹説〉は、仏法の仏菩薩を神々よりも上位に位置づける思想という側面を持つ。仏が〈本質〉であり、神はその〈現象〉だとするからである。そのため、後代になるとこれに反論するように〈神本仏迹説〉が提起されるようになったとしばしば説かれる[8]。しかし、〈本地垂迹説〉は本当に神信仰に不利な思想だったのか。史料を検索していくと、「本地」の概念・用語に立脚した〈本地垂迹説〉はまず神社で説かれた。この事実は重い。そして、この思想は神信仰の信仰圏の拡大に大きな役割をはたした。

たとえば、ある一つの土地の神、あるいは土地の自然（山・河川など）に根差した神にとって、仏菩薩という一般性が与えられることは、プラスに作用する部分が少なくない。一般性を得ることによって、個別性を相対化できるからである。〈本地垂迹説〉の確立以降、日本各地の神々はこの思想によって、個別性を超えた普遍性を獲得し、発祥地を離れて各地にその信仰を流布させた。あるいは各地に勧請されて広く展開することに成功した。こうして、土地に根差していた熊野社、諏訪社、白山社などはその信仰圏を拡大し、多くの末社を造立するようになった。その際、「熊野の本地」「諏訪の本地」といった〈本地物〉の説話が語られた[9]。これは神信仰の発展と評価することができ、やがて力を蓄積した神信仰は「神道」と呼ぶべき一定の体系化を遂げた宗教へと発展していった。本章では、その見通しについても触れたい。

本章では、以上の論点を詳論することにより、〈本地垂迹説〉の思想的特質とその成立・展開の歴史的意義について考究する。

一　「本地」の思想の登場

〈本地垂迹説〉の段階的成立

「垂迹」の思想は、中国の仏法の思想を受容・導入して開始された。その時期は、教学書のレベルでは八世紀前期に遡り、一般史料でも早く八世紀最末期からと見ることができる。その思想的淵源は、前章で述べた通り、僧肇『注維摩詰経』序の、

非ㇾ本無㆓以垂㆒ㇾ跡、非ㇾ跡無㆓以顕㆒ㇾ本、本跡雖ㇾ殊而不思議一也。（本に非ざれば以て跡を垂るること無く、跡に非ざれば以て本を顕はすこと無し。本跡殊なりと雖も不思議一なり）

（大正蔵 No.1775, 327b）

とするのが適切である。

一方、「本地」の思想の初見はそれよりもずっと遅れ、十一世紀後期のこととなる。したがって、〈本地垂迹説〉は、最初に「垂迹」思想の受容から開始されたが、その時点ではまだ〈本地垂迹説〉の段階に達しているとはいえず、十一世紀後期になって、それに「本地」の思想が組み合わされて〈本地垂迹説〉に昇華したと理解すべきである。〈本地垂迹説〉は二段階の過程を経て成立した。

では、その成立はいつのことか。それは、私見では、「本地」の概念が見られるようになった時点だと考える。それ以前の段階はまだ「垂迹」思想の段階で、〈本地垂迹説〉には達していない段階と判断すべきである。「本地」

の語が登場する以前に、すでに〈本地垂迹説〉が存在していると見る見解もあるが[10]、筆者はその立場は採らない。前章での考察を承けて、まずこの点を確認しておきたい。

〈本地垂迹説〉成立の前後には、「本地」の語のみならず、「本覚」「本縁」「本体」の語の使用の事例が見られた。これらを「本地」の語と同質の語と見て、「本地」の語に含めて理解すべきだとする立場が一方にありうるだろう[11]。しかし、筆者は、この理解は採るべきではないと考えている。その理由は、後世に継承され、日本宗教史、日本思想史を代表する思想の一つとなる〈本地垂迹説〉は、「本地」の語・思想とともにあると理解されるからである。この語の使用は、〈本地垂迹説〉にとって決定的な意味を持つと評価される。「本地」の語に含意される思想は重要であり、〈本地垂迹説〉全体の思想的特質を規定している。したがって、筆者は、「本地」の語が登場し、それが「垂迹」の思想に接合された時点をもって〈本地垂迹説〉が成立したと判断したい。

「本地」の思想の登場

では、「本地」の初見史料は何か。前章の初出稿発表以降、種々探究してきたが、やはりそこで引用・言及した『大神宮諸雑事記』巻一および『東大寺要録』巻一に見える「本地」が初見史料になるのだろうと考える。前者は前章に史料を掲げたが、再掲すると、

天平十四年〈壬午〉十一月三日、右大臣橘朝臣諸兄卿、参二入於伊勢太神宮一。其ノ故波、天皇御願寺可レ被二建立一之由、依二宣旨一所レ被二祈申一也。然勅使皈参之後、以二同十一月十一日夜中一、令二示現一給布。天皇之御前仁玉女坐、即放二金色光一天宣、本朝和神国也。可レ奉下欽二仰神明一給上也。而日輪者大日如来也。本地者毘盧舎那仏也。衆生者悟レ之当レ皈二依仏法一。御夢覚之後、御道心弥発給天、件御願寺事於、始企給倍利。

とある。また、後者にも「大神宮禰宜延平神主日記云」として、ほぼ同内容で、

大神宮禰宜延平神主日記云、天平十四年十一月三日、右大臣橘朝臣諸兄、為二勅使一参二入於伊勢大神宮一。天皇

御願寺可レ被二建立一之由所レ被二祈申一也。爰件勅使帰参之後、同十一月十五日夜、令二示現一給布、帝皇之御前玉女坐、放二金色光一底宣久、本朝ハ神国ナリ。尤可レ奉下欽二仰神明一給上也。而日輪者大日如来也。本地者盧舎那仏也。衆生者悟二解此理一、当レ帰二依仏法一云布。御夢覚給之後、弥堅固御道心発給、始二企件御願寺一給也。謂二東大寺一是也。

と記されている。この二つの史料で語られる天照大神と大日如来の関係、および東大寺を含めた関係については、すでに多くの研究がある。[12]本章では、「本地」の初見史料という観点から、あらためてこれらの史料を分析したい。

両史料のうち、成立が早いのは前者である。『大神宮諸雑事記』は全二巻。垂仁天皇二十五年条から、延久元年（一〇六九）条までの伊勢神宮史を編年体で叙述した書物である。同書末尾の識語によれば、この「古記文」は徳雄神主が記しはじめ、その後相伝されて、興忠官長、その子の氏長官長、その子の延利官長、その子の延基官長と書き継がれた「自筆日記」であるという。それが、延基の子の延清の時代、外院の火災（承暦三年〈一〇七九〉二月十八日の火災と推定されている）によって「正本」が焼亡してしまったという。のち、寛治七年（一〇九三）、その「記文」は「官」（神祇官と解釈する見解と太政官と理解する見解の両者あり）の沙汰によって召し上げられたが、翌八年、返却せられたという。ここから、『大神宮諸雑事記』は荒木田氏二門が作成した「記文」であることが知られ、その成立は十一世紀後期のことであると考えられる。なお、延基は事実としては延利の孫であるが、識語には「其子」と記されている。

ここで問題になるのは、①「正本」が焼亡したというのにその文が伝存していると自ら述べること、②「古記文」「記文」という表現を自ら用いていること[13]、③内容に歴史的事実とはみなしがたい記事が多くあることである。右に引用した箇所の、橘諸兄が天平十四年（七四二）に伊勢神宮に参詣したという記事も、かねてより歴史的事実としては否定され[14]、近年も井後政晏氏[15]、伊藤聡氏[16]によって否定されているように、歴史的事実を伝えるものではない。この記事を何らかの天平の古記録・古伝承を伝えるものと見る見解[17]は成り立たず、『大神宮諸雑事記』の創作記事と評価すべきである。ならば、この記事の成立年代は、『大神宮諸雑事記』の成立年代、すなわち十一世紀後期のことと見ることができる。

次に、『東大寺要録』[18]は全十巻。序には嘉承元年（一一〇六）孟秋に「編集成」したとあるが、その後に増補再編がなされたらしく、写本の本奥書には「長承三年八月十日東大寺僧観厳集之」とあって、長承三年（一一三四）、東大寺僧の観厳による再編集による成立と理解される。十二世紀前期の成立と見るべき書物である。近年では、その編纂の中心に立った人物を東南院の覚樹（一〇七九～一一三九）と見る遠藤基郎氏の見解[19]が提出されている。東南院は、この時代、三論・真言兼学の院家となっており、東大寺における真言宗僧の足場になっていた。[20]覚樹[21]は、六条右大臣源顕房の息で、兄の三宝院大僧正定海（一〇七四～一一四九）をはじめとして兄弟・親族に僧が多く、甥（妹の子）に仁和寺の覚法法親王（一〇九一～一一五三）がおり、父方の従兄弟には東大寺別当を務めた勝覚がいる。覚樹は文筆家であり、三論と三密の教学を東大寺別当を務めた慶信法印からうけ、また戒律に造詣が深く、真言宗との連携に尽力した人物であるという。[22]さらに、実家の村上源氏は大江匡房と繋がりがあり、覚樹にもその関係が及んでいた可能性があるとの指摘がある。[23]

では、『東大寺要録』が引用する『大神宮禰宜延平神主日記』とはどのような書物であろうか。荒木田延平（？～一一〇四）は、十一世紀後期から十二世紀初頭にかけて活躍した伊勢神宮の内宮の二禰宜で、荒木田延基の子にして、延清の弟である。承保二年（一〇七五）に二禰宜となり、長期にわたって活躍したが、承徳二年（一〇九八）、神事の際に中風で倒れ、長男の忠俊に跡を継がせた。康和五年（一一〇三）には出家し、翌年死去したという。[24]延平は、十一世紀後期～十二世紀初頭の人物であるのだから、その人物の「日記」なる書物に、天平十四年の記述が見られるというのはそもそもありうることなのか。

井後政晏氏は、『大神宮禰宜延平神主日記』は、前代から書き継いできたような書物ではなく、延平自身による『大神宮諸雑事記』の異本と見るべき書物であり、その成立年代は、彼が死去する長治元年（一一〇四）以前のこと見られるという。[25] さらに、多田實道氏は、『大神宮禰宜延平神主日記』は延平が著した書物で、天照大神が東大寺創建を助けたとする説話や、内宮の本地は大日如来で盧舎那仏に等しいとする言説など、筆者の延平の思索が随所に発揮された「偽書」とみなすべき書物だと説く。[26] 従うべき見解と思われる。

以上より、『大神宮禰宜延平神主日記』は荒木田延平によって作成された書物で、その中身は荒木田氏二門による創作的記述に満ちたものと評価することができる。

登場の場と提出者

荒木田氏と仏法はどのような関係だったのか。嵯峨井建氏によると、伊勢神宮の神主には、晩年に出家をする人物があり、それは十一世紀中頃から見られるようになるという。その初例は、荒木田氏二門の禰宜の荒木田重頼で、彼は寛徳二年（一〇四五）頃に子に職を譲り、まもなく出家したという。また、荒木田延満は、天喜元年（一〇五三）、子の満経に職を譲り、その後まもなく出家して法名の日賢を名乗り、同六年に死去したという。また、荒木田延範は、康和元年（一〇九九）に甥に職を譲って出家し、長治三年（一一〇六）に死去したという。さらに、先の延満の子の荒木田満経は康和三年に出家し、同年死去したという。[27]

また、嵯峨井氏は現存する写経についても言及し、三重県伊勢市中村町共有の『大般若経』には種々の奥書が見られるが、その中に「禰宜正五位下荒木田忠延」の記載が見られる巻が計九巻あると指摘する。[28] さらに、石井昭郎氏は、この奥書の荒木田忠延は延平の次男で、忠俊の弟であることを指摘し、保安二年（一一二一）に禰宜となり、保延五年（一一三九）に死去した人物であるという。[29] この『大般若経』（現存四六八帖）は、元興寺文化財研究所の調査によると、もと新楽寺（のち廃寺）に所蔵されたもので、同寺の成立は寺伝によると暦応三年（一三四〇）の成立であるが、それ以前の所蔵は不明であるという。現在中村町が共有するこの『大般若経』は、奈良時代、平安時代、鎌倉時代、南北朝時代、室町時代に書写がなされたものを寄せ集めた寄合経であるという。[30]

次に、寺院に目を転じると、伊勢神宮の神宮寺は複数存在するが、荒木田氏二門の氏寺としては田宮寺（三重県度会郡玉城町田宮寺、図Ⅷ-1）がよく知られている。同寺についての研究によると、[31]田宮寺は内宮の禰宜であった荒木田氏長が長徳元年（九九五）に創建したと伝える寺院で（『氏経神事記』）、真言宗僧が代々住持を務めたという。氏永は、興忠の子で、延利の父、先の『大神宮諸雑事記』にも同書を書き継いだとされる者の一人として名が見える人物である。田宮寺は、以後、荒木田氏二門の氏寺として活動したが、明治の神仏分離・廃仏棄釈で本堂、仁王門以下の諸堂を失ってしまった。現在は、かつての聖天堂が保持されて田宮寺を継承し、もと本尊であった十一面観音像二躯を本尊とし、収蔵庫にも種々の仏像を伝えている。十一面観音像二躯は十一世紀の作で重要文化財に指定されており、田宮寺が平安時代中期に創建されたとの寺伝を支えている。現在も真言宗の寺院である。

以上、荒木田氏二門は、平安時代中期頃から仏法との関係を深めており、特に十一世中頃以降は、禰宜を務める人物が老年出家、臨終出家する動向が慣行化し、また経典の書写を行なうなど、一層仏法との関係を深めていった。さらに、氏寺の田宮寺では真言僧が活動した。

伊勢神宮関係氏族では、内宮の荒木田氏二門の他にも仏法との関係を深める氏族があった。すでに指摘があるように、[32]伊勢神宮の祭主を務めた大中臣氏、外宮の禰宜を務めた度会氏もまた、十一～十二世紀に仏法への傾倒を深めていった。すなわち、臨終出家・老年出家が実施され、寺院が造立され、仏事が実施された。祭主、禰宜らが建立した寺院としては、先に述べた田宮寺の他、蓮台寺、釈尊寺、法泉寺、天覚寺、常明寺、蓮華寺、菩提山神宮寺などが知られている。また、蓮台寺滝ノ口経塚、朝熊山経塚など、伊勢神宮の神主たちが関わったと理解される経塚が複数ある。[33]

提出の場は伊勢神宮の内宮

「本地」の思想は、『大神宮諸雑事記』『東大寺要録』から、荒木田氏二門によって、伊勢神宮の内宮で提出された新思想であったと理解される。そこには、荒木田氏二門の複数の人物が関わった可能性が高いが、中心人物と目されるのは、荒木田延基とその子の延清および延平の三人となろう。

これについて、多田實道氏は「内宮本地＝大日如来＝盧舎那仏説」とする「本地垂迹説」を考案したのは荒木田延平と思しいと推定する。その可能性はあろうが、私見ではそこまでの限定はできないと考える。というのは、『大神宮諸雑事記』の識語には延平の名が記されず、父の延基が編纂の最終者として記され、兄の延清が火災焼失

図Ⅷ-1　現在の田宮寺と十一面観音立像二躯　三重県度会郡玉城町
伊勢の地では，明治の神仏分離，明治天皇の伊勢神宮参拝によって廃仏棄釈が行なわれ，田宮寺でも境内の本堂，不動堂，大日堂，経蔵，仁王門などの多くの堂舎が破却された。だが，この２躯の十一面観音立像は守られ，境内地から道路を挟んで東側に当たる現在地に移転した聖天堂に収められたと口承する。大変美しい完成度の高い優像で，現在も篤信の信徒による仏事が継続されている。

後の再編成を実施した人物だと記されているからである。筆者は、より広く、延基、延清、延平の父子を中心に荒木田氏二門によって考案、提出されたと考えたい。

ただし、「本地」という仏法の思想、仏法語の使用、および荒木田氏二門と仏法との密接な関係から考えて、そこには仏法の僧との協働があったと見ることができる。それは、『東大寺要録』に記述されることを重視するなら東大寺僧との協働と、荒木田氏二門と氏寺の田宮寺との関係を重視するなら真言宗の僧との協働と推定される。どちらであるかは確定できないが、仮に前者であったならば、連携者としての延平の役割は大きかったと評価されるだろう。いずれであったとしても、真言密教の思想との密接な関連が想定される。(34)

偽伝・偽書による新思想の提出

ここで一考すべきは、偽伝・偽書による新思想の提出である。荒木田氏二門は、天照大神（日輪）は大日如来であり、その「本地」は毘盧舎那仏であるとする新思想を語った。そこでは、この思想は、天平十四年（七四二）十一月、橘諸兄が伊勢大神宮に参入して、天皇による御願寺建立を天照大神に告げた。すると数日後の夜中、天皇の前に玉女（天照大神のこと）が「示現《じげん》」し、金色の光を放って、本朝は神国であり、神を欽仰すべきではあるが、日輪（天照大神のこと）は大日如来であり、その「本地」は毘盧舎那仏であるから、この理により衆生は仏法に帰依せよと告げる夢があった、とする神祇説話の形式で語られた。その上で、かかる経緯によって天皇の御願寺たる東大寺が創建されたとする歴史解釈が語られ、その説明の中で「本地」なる概念が説かれている。

くり返すが、これはもちろん歴史的事実を伝える言説ではない。橘諸兄の天平十四年十一月の参宮も、聖武天皇への夢告も、同時代の史料から確認することはできず、事実を伝えるものではない。この言説は十一世紀後期〜末期の創作であり、『大神宮諸雑事記』『大神宮禰宜延平神主日記』の記述は創作記事と評価しなければならない。だから、それは偽伝であり、それを記した編年体の史書は、多田實道氏が述べるように「偽書」と評価するべきところがある。それを確認した上で、ここであらためて述べたいのは、そうした偽伝・偽書の役割や意味である。偽伝・偽書というと、虚偽の言説の創作・記述であるから、どうしてもマイナスに評価すべき部分が大きく、無価値と評価されがちである。しかし、近年、偽書についての研究が進展し[35]、日本でも多くの偽書が作成され、それによって数多くの新説や新思想が提出されたことが明らかにされ、注目を集めている。だから、そこには新思想の創出というプラスの側面もあると言わなければならない。

日本中世には偽書が少なくなく、神信仰関係の文献にも偽書が多くある。早く、久保田収氏は、「中世に成立した神道書の中には、いわゆる偽書といふべきものが少なくなく、(中略)『丹生大神宮之儀軌』といふ一書もそれである[36]」と述べ、また「中世は古人に仮托して著作せられた書物の多いときであるが、本書(引用者注:『大宗秘府』のこと)もまたその一種であ[37]」ると論じている。久保田氏は、これらは空海撰、行基撰を標榜しているが、それは事実ではなく、あらためて「その成立や著者、あるいは性格」を明白にしなければならないという。すなわち、久保田氏は、偽書については、いつ、誰が、何のために著した書物なのかを明らかにすることによって、その思想史上・宗教史上の意義を再評価することができると説く。筆者もその通りだと考える。

筆者自身も、かつて「元興寺伽藍縁起并流記資財帳」は天平十九年二月二十一日の日付を持つ文書であるが、実はその年代に作成されたものではなく、後世に偽作された偽文書であることを明らかにしたことがある。その上で、その真の成立年代は、平安時代後期の十一世紀末期以降十二世紀中期以前のことであり、元興寺が衰退したのちに、寺勢挽回のために元興寺自身が作成したものであることを明らかにした[38]。

さて、偽伝・偽書・偽文書にもいろいろあるが、その中には、偽作の作者からすればフィクションの創作によって自らの思想を語るという場合があり、今日の創作史話・歴史小説にも通じるクリエイティブな要素があることを見逃してはならない。そうであるなら、今日から再評価するにあたって重要な要素となるのは、その言説の発信が現実の利害関係とどの程度結びついているかというところにあろう。たとえば、荘園の領有をめぐる相論や、業務上の権益をめぐる対立などの中で、その解決を自らに有利に運ぶために作成された偽伝・偽書・偽文書には、やはり虚偽の捏造という要素が濃密にあり、相論に敗北した側からすれば、アンフェアであり、容認することのできない手口であるとの評価となるだろう。だが、現実の利害関係が希薄であったり、なかったりする偽伝・偽書・偽文書の場合は、卑怯未練というよりも、むしろ創作性の側面が輝く場合もある。それを当代における新思想として発表するのではなく、過去の出来事として、仮託によって発信したのである。

ここで眼をアジアに、また世界に転じれば、別に日本ばかりでなく、各地で偽伝・偽書・偽文書が作成されており、アジア東部の中国や朝鮮でも数多くの事例がある。日本の場合、現存最古の書物というべき『日本書紀』にすでに数多くの創作記事が見られ、それら創作記事は偽伝と評価しなければならない[39]。その背後には、天皇制度の成立をこの書物によって正当化し、根拠づけたいという当時の政権の強い意志があった[40]。「本地」の思想は、当該の時代の新しい思想であるが、偽伝の形式を用いて、過去に仮託して語られた。

二　「本地」の概念の典拠とその思想的特質

天照大神と大日如来の連関

大日如来と天照大神をはじめて連関づけたのは、よく知られているように、真言宗小野流の成尊（一〇一二〜七四）だった[41]。彼の『真言付法纂要抄』には、

抑於二瞻部洲八万四千聚落之中一、唯陽谷内、盛二秘密教一事、見二上文一。昔威光菩薩〈摩利支天者大日化身也〉、居二日宮一、除二阿修羅王難一、今遍照金剛鎮二住日域一、増二金輪聖王福一矣。神号二天照尊一、邦名二日本国一乎。自然之理、立二自然名一。誠職二此之由一矣。是故南天鉄塔雖レ迮、全包二法界一心殿。東乗陽谷雖レ鄙、皆是大種姓人。明

知、大日如来加持力之所レ致也。豈凡愚之所レ識乎。

とある。図Ⅷ–2は、愛知県名古屋市の真福寺（大須文庫）に伝蔵される二本の古写本のうち、久安三年（一一四七）以前の書写と推定される、より古本と思われる一本の写真である（なお、もう一本の文暦二年（一二三五）書写本の影印・翻刻はすでに紹介されている）[42]。

ここに記される主張は、まだ思想が成熟途上にあるためか、まわりくどく、一部わかりにくいところがある。冒頭には、世界の聚落の中でただ日本の内だけに「秘密教」すなわち密教が隆盛するのはなぜかについて説くとある。そして、威光菩薩（それは摩利支天であり、大日如来の化身である）は、昔、「日宮」に居住して阿修羅の難を除いたが、今は、空海として日本を鎮め住して金輪聖王（天皇）の福を増加せしめ、また神として「天照尊」と号し、それゆえ国を日本国と名づけた、とある。

ここには、威光菩薩は空海として日本を鎮め住し、また神となって天照尊を号したとあるから、天照尊は、威光菩薩の、すなわち摩利支天の、すなわち大日如来の「化身」だということになる。

伊藤聡氏は、ここには「大日如来と天照大神・空海との同体説」の「萌芽」が見出せると読解している[43]。筆者は、伊藤氏の「萌芽」という評価に賛成である。ただ、ここの言説は大日如来と天照大神を直接表現によって「同体」と説くような構成にはなっておらず、また「本地」の語も「垂迹」の語も「同体」の語も用いられていない。むしろ、摩利支天は「大日化身」だと述べられており、「化身」の表現が用いられている。この用語・概念に注目したい。もう一つ注目したいのは、「明らかに知る」以下の部分で、そこに「大日如来の加持力」によると説かれており、すべては大日如来の加持の力の致すところだとする密教の理解が示されていることである。

成尊は、仁海（九五四〜一〇四六）の弟子で、仁和寺の僧として活躍し[44]、後三条天皇（一〇三四〜七三）の五人もしくは六人いた護持僧の一人であり、後三条天皇が東宮の尊仁親王だった時代から彼を護持した人物であった[45]。『真言付法纂要抄』は、巻末の記述から、「密蔵流布之大観」を康平三年（一〇六〇）十一月十一日に大法師成尊が

巻頭

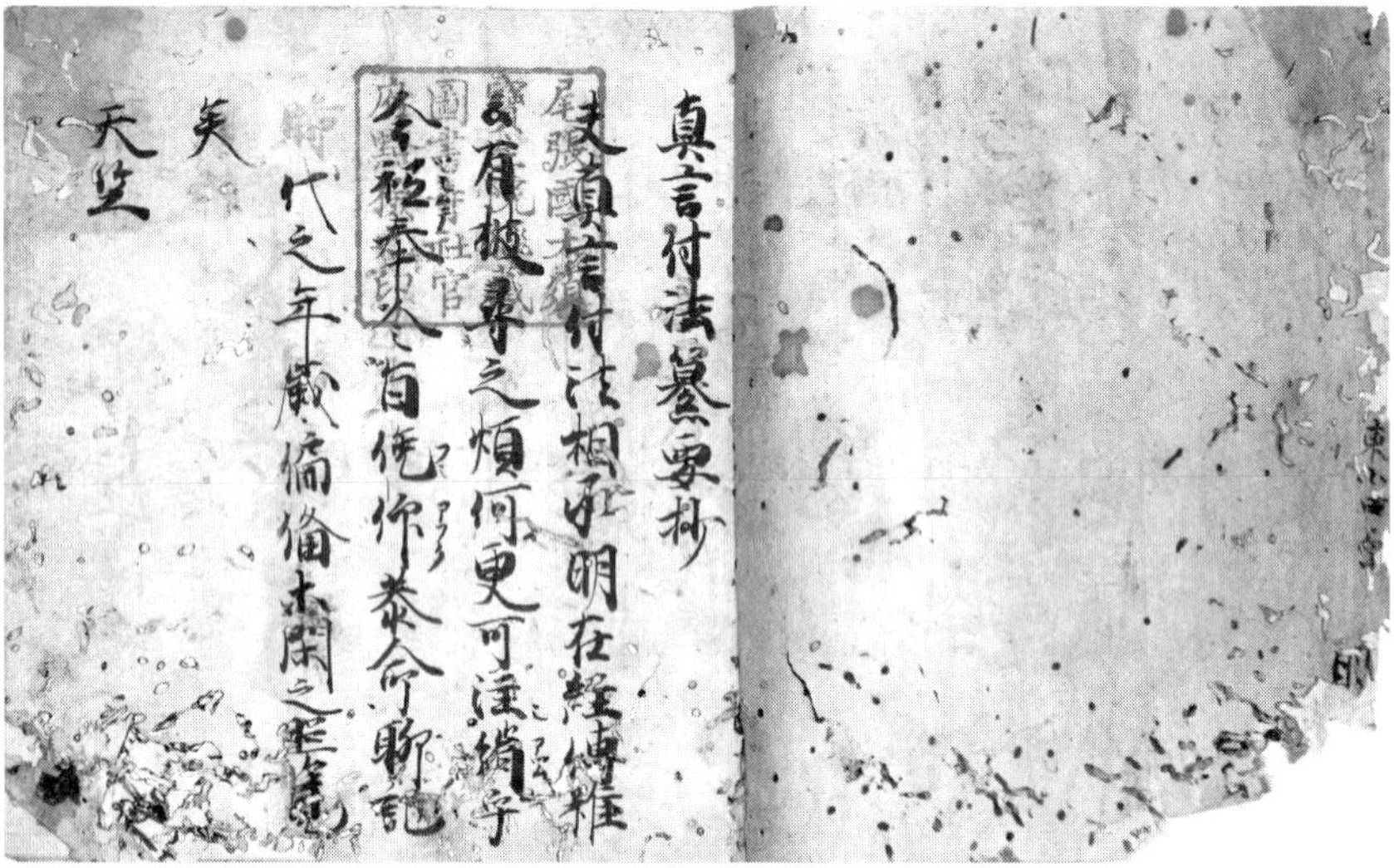

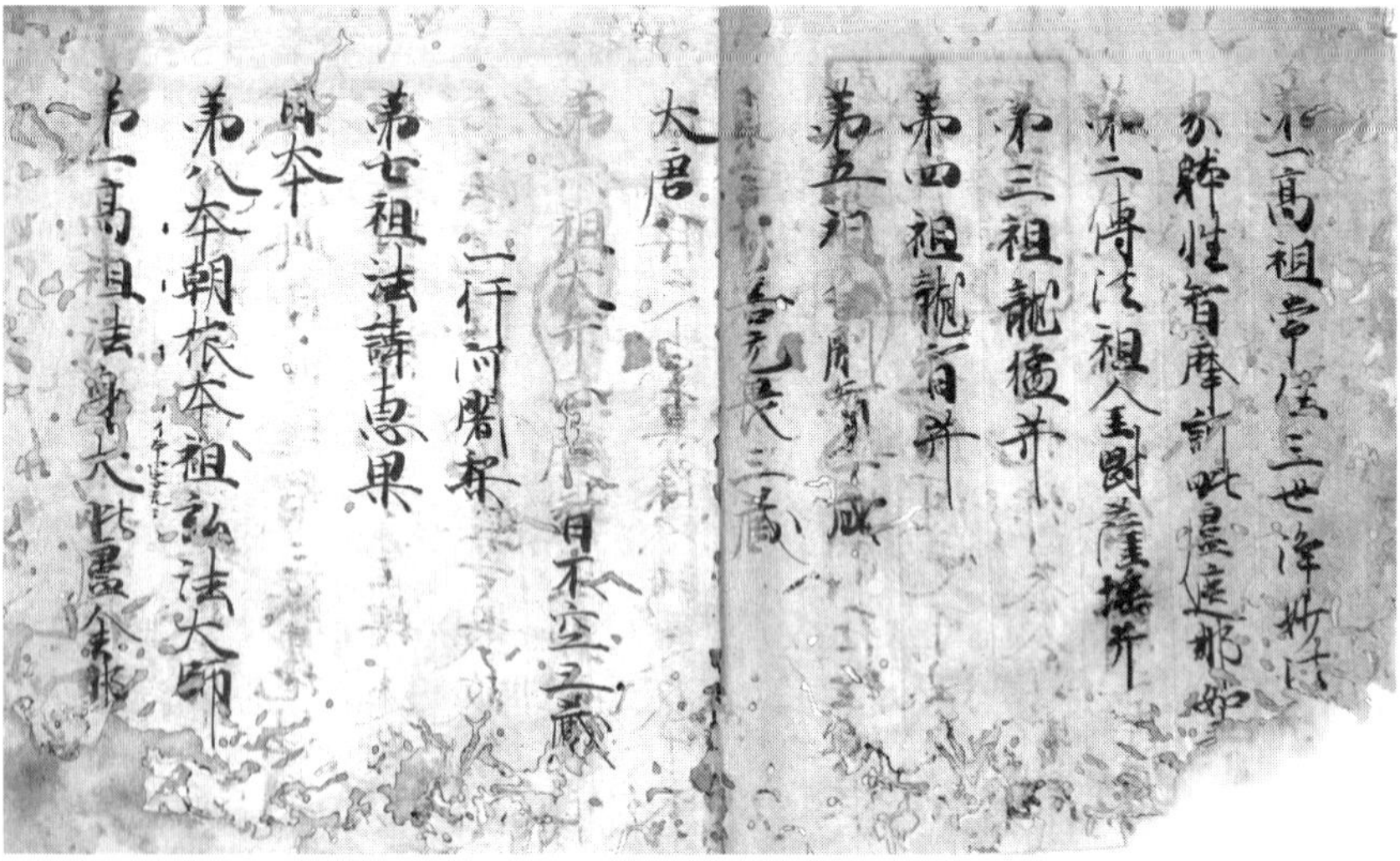

大須文庫蔵　愛知県名古屋市

り，もう一つは②71 合–52 号である。このうち，②はその影印，翻刻，解題（伊藤聡執筆）が国文学研究資料館
によれば,「久安三年（1147）十月五日」に下醍醐の地蔵院にて書写された本を母本として，「文暦二年（1235）二
掲げた①はそれよりもさらに古い写本で，伊藤聡解題がその存在に言及するが，それを除いてはこれまで言及され
書也」とある。ここに「小野大僧都」とあるから，この本は成尊が死去した1074 年以後の書写であり，また「久
書写の筆に勢いがあり，『真言付法纂要抄』が成立した後，比較的早い段階において書写された写本と思われ
種々ご教示いただいた大須文庫長鳥居和之氏に感謝申し上げる次第である。

巻末

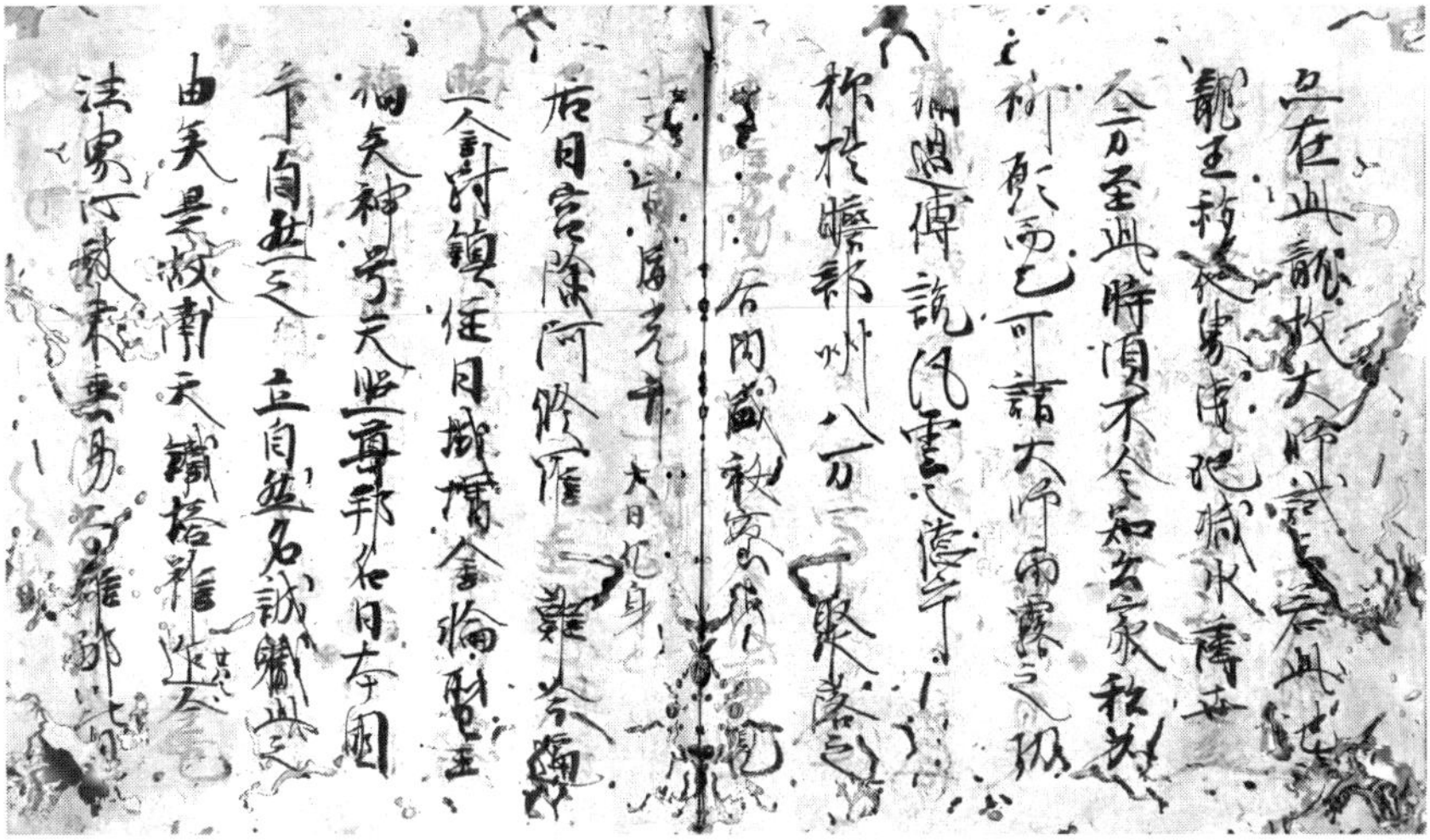

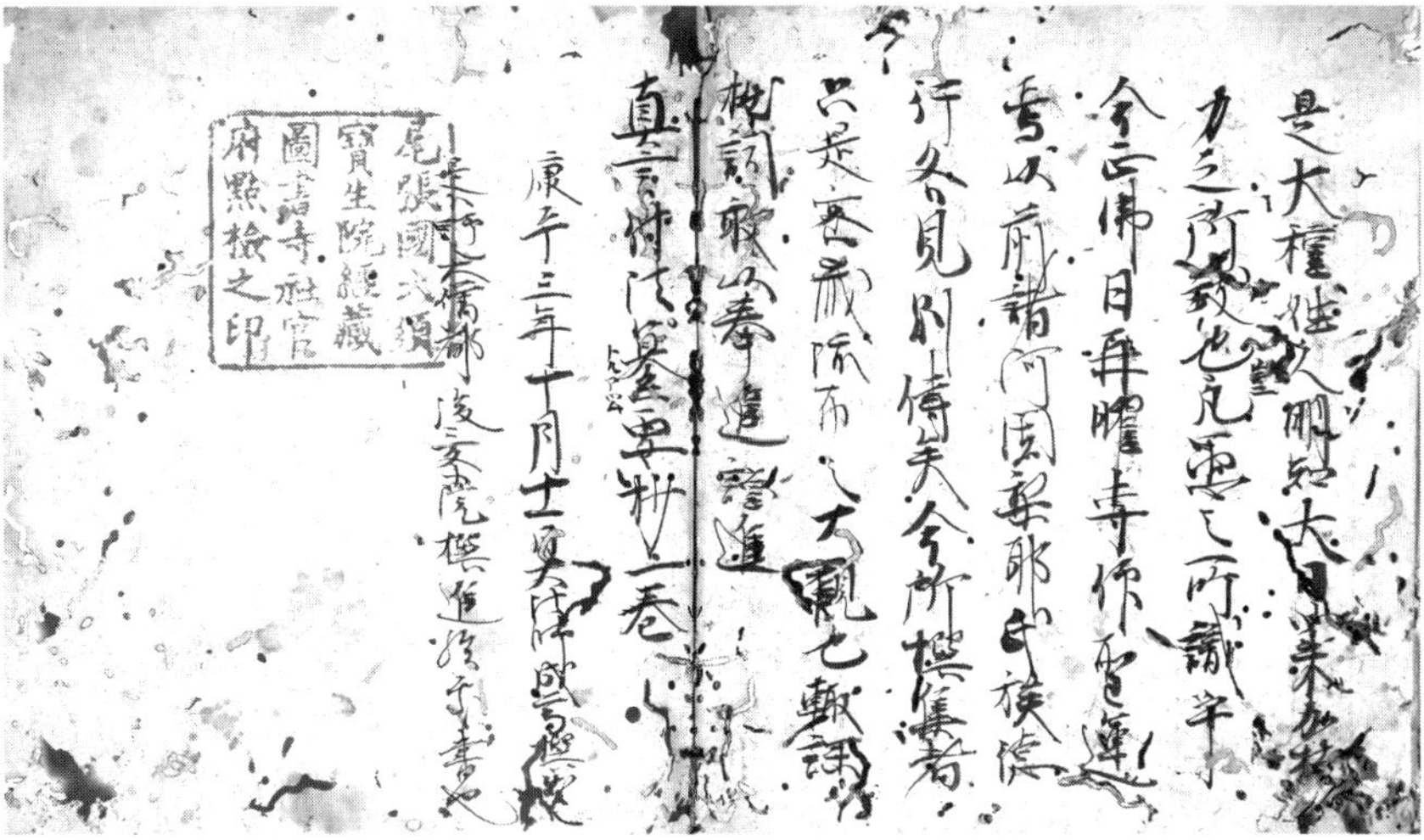

図Ⅷ–2　成尊『真言付法纂要抄』巻頭巻末各 2 紙

名古屋市の真福寺大須文庫には，『真言付法纂要抄』の古写本が 2 本伝蔵されている。一つは，① 52 合–56 号であ
編『中世先徳著作集』（真福寺善本叢刊第二期 3，臨川書店，2006 年）として刊行されている。この写本は，奥書
月十五日」に越生（武蔵国）において書写されたものである。詳しくは，伊藤聡解題を参照されたい。一方，上に
ることのなかった本である。奥書には「康平三年十一月十一日大法師成尊撰出之／是小野大僧都後三条院撰進給処
安三年十月五日」以下の本奥書が見えないから，それ以前すなわち 1147 年以前の書写であろうと推定される。
る。①②には文字の異同があり，今後さらなる精査が必要になる貴重な写本と評価される。2024 年 7 月 19 日調査。

撰出したものであることが知られ、久安三年（一一四七）の書写奥書から「後三条天皇東宮御時」に、仰せにより て作られたものであるという。

ただ、この成尊による言説の段階では、未だ「本地」の概念が見えず、「本地」と「垂迹」の二つの概念によって構成される〈本地垂迹説〉は未成立とすべきだと考える。ここには最初期の萌芽的思考が見えるばかりで、〈本地垂迹説〉の前史の段階と位置づけるのが妥当である。それでも、仁和寺で新しい思想の萌芽が誕生していることに注目したい。

化身・同体の思想から「本地」の思想へ

インド・中国の仏典・仏書には「化身」「変身」「変化」「化現」「同体」などの用語が多数見える。「SAT大正新修大蔵経テキストデータベース」[46]を検索すると、厖大な事例が検出される。

すでに本書第I章で、部派仏教の『阿毘達磨大毘婆沙論』（『大毘婆沙論』とも）巻一二五に「即自化二現殊勝女身一。佇立二其前一。彼王見已尋二生貪染一。護法善神遂得二其便一。殺二王及軍并悪神衆一」（大正蔵No.1545, 655bc）とあることを紹介した。「諦語」という名の菩提樹の神は、ここで、自ら「殊勝女身」になって「化現」したという。

次に、「変化」も多数の仏典・仏書に見える。たとえば『法華経』では、妙音菩薩は「種種変化現身」（No.262, 56a）とされるし、あるいは『大智度論』には、「菩薩」の「変化」（No.1509, 424b など）に言及があり、あるいは「法身」の「菩薩」の「変化」（同188c, 340a）にも言及がなされている。なお、『大智度論』では、「法身」の「菩薩」の「変身」（同377b）にも言及がなされており、「変化」と「変身」がほぼ同意で用いられていることが知られる。他にも「変身」の用例は多い。

「同体」もまた使用例は多く、『雑阿含経』（No.99, 253c）をはじめ、『金光明最勝王経』「分別三身品」（No.665, 409a）などに事例が見える。それらは仏の身体論、すなわち仏身論の概念の一つとして用いられる場合が少なくない。仏は複数の姿をとるが、それらは同一か否か、すなわち「同体」か否か。あるいはある一つの姿は仏の「化身」なのか否か。このような、経典や教学書の世界における「同体」「化身」の用法は、日本の神仏融合論で説かれる、○○の神と△△の仏菩薩は同体であるというような用い方とはやや意味が離れている。

「本地」と「垂迹」の二つの概念によって神仏関係を説明する〈本地垂迹説〉の思想は、右の諸思想と共通する部分もあるが、差異もある。筆者にはその差異は、看過することができない、根源的差異であるように思われる。〈本地垂迹説〉の特質を明らかにするには、そこを明確化する必要がある。以下、その共通性と差異について四点にわたって論じたい。

①まず共通性であるが、〈本地垂迹説〉の「本地」は、次項で述べるように、善無畏講説・一行筆受『大日経疏』（『大毘盧遮那成仏経疏』）の「本地法身」の語に淵源すると考えられる。「本地法身」は仏身論の概念である。ならば、最大の共通性は、「本地」の概念も、「化身」「変身」「変化」「化現」「同体」の概念も仏身論の概念であるところにある。ただ、「化身」「変身」「変化」「化現」「同体」が密教以前から用いられた用語であるのに対し、「本地」は密教とともに用いられた用語だという違いがある。そうした密教か、密教以前からかという違いにも留意しつつ、仏身論という共通性を確認しておきたい。

②次に、「化身」「変身」「変化」「化現」「同体」の思想と〈本地垂迹説〉の差異であるが、まず指摘すべきは、前者が一元的な平面的関係になっているのに対し、後者は二元的な立体的関係になっており、思想の構造に差異が見られることである。仏が何らかの姿に化身するのも、あるいは神が何らかの姿となって化現するのも、一元的な変化である。仏または神が姿を変えるのである。対して〈本地垂迹説〉は、仏と神との関係を「本地」と「垂迹」の二つの概念を用いて説明する二元構造の思想になっている。これが両者の根本的な差異だと考える。〈本地垂迹説〉は二元関係論の思想であり、それはこの思想の大きな特質になっている。

③「本地」と「垂迹」は、近代的な概念・用語を用いるなら、〈本質〉〈現象〉の概念に近似する。「本地」とはあ

る一つの存在の根源となる存在を表現しており、〈本質〉概念に相当する。対して、「垂迹」は全体を統括する本質が現実世界に垂れて現われた迹のこと、すなわち〈現象〉として顕現した存在のことである。以上より、〈本地垂迹説〉は〈本質〉と〈現象〉の二つからなる二元論の構造の思想と見ることができる。

④そうした本質・現象の二元論は、仏法の思想の文脈からすると、密教の思想に近似し、密教の思考枠組に依拠して形成された思想だと理解される。密教では、教主である大日如来は法身であり、法界のすべての存在は法身の相と位置づけられる。仏・菩薩・明王・天などの諸尊は、法身が神通力によって顕現した「影像」である。ならば、日本の神もまた法身たる大日如来の顕現した「影像」の一つであると見ることができる。こうした密教思想の影響の下、仏と神の関係を「本地」と「垂迹」の関係であると見る〈本地垂迹説〉の思想が生まれたと理解される。それはインド、中国の仏法の思想を日本で組み換えて成立した、日本の思想と評価することができる。

『大日経疏』の「本地法身」の「本地」

では、その「本地」という言葉は具体的にはどこから来た言葉だろうか。前章を論文として発表した時、「むすびにかえて」でいくつかの想定しうる候補に言及したが、その後の研究においてなかなか結論に至ることができなかった。しかし、現在は、それらの候補の中で密教の文献、それも真言密教の文献が典拠として該当するとの結論に至った。本章でそれについて説明したい。

『大日経』（『大毘盧遮那成仏神変加持経』）の注釈書としては、中インドから来唐した善無畏（シュバカラシンハ、六三七～七三五）が同経を七二四～五年に翻訳した際に、経典の解釈を説明したのを、一行（六八三～七二七）が筆受して作成されたという『大日経疏』（『大毘盧遮那成仏経疏』）が知られている。これは日本では真言宗で依用、重視された。他方、その『大日経疏』を同門の智儼・温古が再治したという『大日経義釈』が作成された。こちらは日本では天台宗で依用された。

ならば、まず注目したいのは『大日経疏』の記述である。なぜなら、「本地」の思想は伊勢神宮内宮の荒木田氏二門によって語られたが、そこに連携していたのは、東大寺僧もしくは真言僧であったと推定されるからである。

『大日経疏』巻一には、前章でも触れたように、

経云、薄伽梵住二如来加持一者。薄伽梵即毘盧遮那本地法身。次云二如来一、是仏加持身、其所住処、名二仏受用身一。即以二此身一、為二仏加持住処一。（大正蔵 No.1976, 580a）

という文言がある。これは、『大日経』の冒頭の一句「如レ是我聞、一時薄伽梵、住二如来加持一」の理解をめぐって付された注釈で、『大日経』や大日如来の理解の根幹に関わる重要な言説である。今、宮坂宥勝氏の訳注[47]からこの部分の現代語訳を示すと、

経典に、「薄伽梵、如来加持に住す」というのは、薄伽梵は毘盧遮那のこと、本地法身である。次に如来というのは仏の加持身のこと。これはその住するところにおいて、仏の受用身に名づけたものである。つまりこの仏身をもって仏の不可思議な力のはたらきが加わる住所とする。

との意となる。ここの「本地法身」について、宮坂氏は、語釈で「本地身ともいう。加持身の対。あらゆるものの根本となる真実相の法身、永遠不変の大日如来」と解説する。筆者の理解では、「法身」とは、ダルマを身体化した理念的なブッダの姿のこと。「本地法身」とは、「本地身」ともいい、あらゆる事物の根本に位置づけられる法身を意味している。

「本地法身」は、『大日経』の教主をめぐる教主義（教主論）に関わる重要概念である。『大日経』の教主については種々の議論があり[48]、真言宗が分裂したのちには、新義真言宗の学僧の頼瑜（一二二六～一三〇四）が唱えた「加持法身」説と、それに反駁して古義真言宗が唱えた「本地法身」説の二つが生じた。「本地法身」説は真言宗の伝統的理解であり、本章で問題となる十一世紀後期から末期の真言教学も「本地法身」説を採っていた[49]。この「本地法身」の「本地」が、〈本地垂迹説〉の「本地」の典拠を探索する上で第一の候補となるものと筆者は考える。

『大日経疏』における「本地」と「垂迹」

『大日経疏』には、また巻三の「入漫荼羅具縁眞言品」に(50)、

今、此中妙法蓮花漫荼羅義、毘盧遮那本地、常心即是花台具体。（中略）則第三重如二万国君長一。第二重如二朝廷百揆一。第一重如二宗枝内弼一。中胎如二垂拱之君一。故花台常智、為二大漫荼羅王一也。若二自レ本垂迹一、則従二中胎一一門一、各流二出第一重種種門一。従二第一重一一門一、各流二出第二重種種門一。従二第二重一一門一、各流二出第三重種種門一。（後略）

（大正蔵 No.1796, 610a）

とあって、「本地」の語と「垂迹」の語の両者が見える。ただし、ここの記述は日本の神々と仏との関係を説明するものではない。ここは曼荼羅の諸尊とその構図が説かれる場面で、その説明にこの両語が用いられている。意味をとっておこう――曼荼羅の義においては、毘盧遮那の「本地」は中心の蓮華台に具体化され、（中略）第三重は万国の君主のごとく、第二重は朝廷の百揆の如く、第一重は宗枝の内弼の如くであり、中胎（大日如来）は垂拱の君（何もしない君主）の如くである。したがって、本より垂迹して、中胎の一々の門から第一重の種々の門が流出し、第一重の一々の門から第二重の種々の門が流出し、第二重の一々の門から第三重の種々の門が流出している、と。

すなわち、ここでは、「本地」は中胎の大日如来のことを、「垂迹」は第一重の四仏四菩薩をはじめ、第二重・第三重の諸尊のことを指している。だから、大日如来以外の諸尊はすべて大日如来から流出して顕れた存在なのだとし、それを「垂迹」の概念で説明するのである。胎蔵界の曼荼羅に描かれる諸尊、つまり大日如来以外の仏・菩薩・明王・天、さらには仙や鬼衆に至るまでのすべては、大日如来から流出した存在であり、大日如来の垂迹だということになる。「本地」と「垂迹」の対応は、ここでは大日如来と他の諸尊との関係の説明として用いられており、それは一対一ではなく、一対すべて、の対応を示すものになっている。こうした用法が『大日経疏』に見えることに注目しておきたい。

なお、詳しくは後述するが、仁和寺の済暹の『胎蔵界四重曼荼羅略問答』[51]は、右に掲げた『大日経疏』巻三の記述にも着目しており、「従本垂迹」の一句を用いて胎蔵界の四重の曼荼羅の構造を説明している（なお、済暹は〈より〉を表現する文字として「自」字ではなく「従」字を使用している。この用字については後述する）。東寺観智院本で言うと、第二紙、五紙、六紙、九紙、十六紙、十七紙、二十九紙にこの表現が見える。済暹は、この考え方を「本より垂迹の義」（第十六紙・二十九紙）と理論化した表現をし、曼荼羅の説明に援用している。ここでは、済暹が『大日経疏』のここの部分も重視していたことに注目しておきたい。

では、「疏」に見えるのなら、『大日経』自体に「本地」の語はあるのか。あるとするならどのように記述されているのか。『大日経』[52]は全七巻。その梵本は無行というインドに留学した僧が請来したものであるが、ただ巻七のみは善無畏自身がインドで入手した梵本を訳したもので、その中身は儀規になっている。宮坂氏は、巻七を「付随の儀規」と位置づけている。実は、『大日経』自体には一箇所だけ、この巻七に「本地」の語が見える。それは、

行者応生決定意／先当一縁観本尊／持彼真言秘密印／自作瑜伽本尊像／如其色相威儀等／我身無二行亦同／由住本地相応身／雖少福者亦成就（後略）（大正蔵 No.848, 51b）

という記述である。だが、これは中身から見ても、また巻七が付随的な巻であるということから見ても、「本地」の典拠とするにはもの足らない。ただし、仏像・仏画の理解という側面においては一定の役割を果たしたものと思われる。

「本地」の典拠

筆者の見るところ、〈本地垂迹説〉の「本地」は、『大日経疏』巻一の「本地法身」の「本地」に由来するとするのが適切である。その根拠は、第一に、意味から見てふさわしいことである。「本地法身」はあらゆる事物の根源となるもののことであり、抽象的・理念的な〈本質〉に該当する。したがって、諸々の〈現象〉に対応させる語と

して、ここの「本地」の概念はまことにふさわしい。『大日経疏』の先に引用した一句の思想は、真言宗においては「本地法身」(「本地身」とも)というタームになって流通したから、〈本地垂迹説〉の「本地」の語は、より直接的には、「本地法身(本地身)」なるタームの「本地」から来ていると見ることができる。

第二に、初発時の状況から見てふさわしいことである。この語を発信した伊勢神宮内宮の荒木田氏二門は、東大寺僧あるいは真言僧と連携していたと理解される。当時の東大寺は真言宗との連携を深めていた。したがって、いずれであったとしても、真言宗が依用した『大日経疏』に記される語は〈本地〉の典拠として妥当である。

では、そうした「本地」の思想と、従前から日本に受容、定着していた「垂迹」の思想とは、どのような関係であり、またどのようにして結びつけられたのか。

三　本地、影像そして垂迹——済暹による〈本地垂迹説〉の理論的成立

「本地」の対概念は「影像」

ここで、問題となる概念がもう一つある。それは「影像」である。『大日経』『大日経疏』において、「本地法身」に対応して〈現象〉を表わす語として一般的に用いられるのは「影像」の語であるからだ。『大日経』巻一には、「十縁生句」のことが説かれる。それは私たちの眼に見えるものでありながら実在しない十種の事物のことで、具体的には、幻、陽焔、夢、影、乾闥婆城(蜃気楼)、響、水月、浮泡、虚空華、施火輪の十種のことが説かれる。[53]
その水月の件りには、

復次秘密主、如レ因二月出一故、照二於浄水一而現二月影像一、如レ是真言水月喩、彼持明者当二如レ是説一。

(大正蔵 No.848, 3c)

とあって、水面に現われた月の「影像」を実在しないものの一つとして挙げている。
また、巻六の「百字果相応品」では、「釈迦牟尼世尊」とは誰かについて説明する件りで、「胎蔵より仏の影像を生じ」と述べ、シャカは大日如来の「影像」だとの説明がなされている（大正蔵No.848, 40b）。さらに、同じ巻六の「百字位成品」においては、諸々の菩薩は自身の「影像」を生起する存在であると述べられ、さらに如来も「影像」を生ずることがあると述べられる（大正蔵No.848, 41a）。

このように『大日経』では、「法身」から流出した〈現象〉を表現する概念として、しばしば「影像」の語が用いられた。他方、同経に「垂迹」の使用例はない。また、『大日経疏』でも、「垂迹」の語は、先に指摘した一例の他、「種種示二現普門利益一。種種変現無量無辺。雖三如レ是垂迹無二窮尽一。能実常住不動」（大正蔵No.1796, 725a）の記述が見えるが、全体として使用例は大変少ない。以上より、『大日経』『大日経疏』においては、「本地法身（本地身）」に対応する概念としては「影像」の語を用いるのが一般的だと見ることができる。

覚鑁の「本地法身」と「影像」

ここで、十二世紀前期に活躍した人物で、この時代の真言宗最大の学僧であり、多数の教学書を残した覚鑁《かくばん》（一〇九五～一一四四）の理解を検証しておきたい。覚鑁は、「本地法身」の思想を重視し、大日如来はいかなる存在なのかをめぐって、教主観の観点から議論を展開した[54]。その中で、「本地法身」「法身」そして「影像」について多くの見解を述べている。これについて、苫米地誠一氏は、覚鑁は「顕教の教主である釈迦仏や阿弥陀仏等を曼荼羅の諸尊とし、法身が加持によって顕現した影像＝普現色身であり、その本体は法身であって、即ち顕教も又密教の教主である法身が説いたものであり、顕教の教主は法身に外ならないとする。（中略）顕教の教主である変化身の釈迦仏に就ては、自性法身の顕現した影像（変化法身）とする理解」であったと解説する[55]。これは的確な指摘であると思われる。覚鑁にとって、「法身」に対応する概念は「影像」であった。覚鑁の理解は、『大日経』および『大日経疏』の読解から導き出されたものと見ることができる。

ここで、さらに、覚鑁の談義（説法）を記録したという『覚鑁聖人伝法会談義打聞集』[56]（あるいは『真言宗打聞集』[57]〈仁和寺蔵〉）を見てみると、たとえば「大日為二本尊一修行菩薩ハ、即見二本尊一時、即為レ見二本地身一。大日ハ是本地法身故。雖レ然未二自証一時、猶レ名下見二影像一不上レ見二真実身一。故余三身為二本尊一」「修行者、逮レ見二本尊一時、猶レ名レ見二影像一。非二本地法身一故。自性身之上影像身故云々」（全集本五六〇頁）とあって、「本地法身（本地身）」と「影像」の二つの概念を対比的に用いて説明がなされている。覚鑁は、他者に教えを語る説法において、「本地」と「影像」の二つの概念を用いる説明を行なっていた。なお、同書には、他に「化身」（同四一二頁・四一三頁）、「変化身」（同五六〇頁）の語も用いられており、「本地」や「影像」とは別に、伝統的な「化身」「変化」の概念をも合わせ用いていたことが確認できる。覚鑁の「垂迹」と「本地」についてはのちにまた触れる。

済暹の思想――〈本地垂迹説〉の理論的成立

このように、真言宗においては、「本地」に対応する概念は「影像」が一般的であった。では、そこに「垂迹」概念を持ち込んだのは誰であろうか。ここで、覚鑁よりも先輩に当たる学僧で、十一世紀後期~十二世紀初頭に活躍した真言宗の済暹の思想を検討したい。

済暹は、空海の詩文を収集した真済編『性霊集（『遍照発揮性霊集』）』全十巻のうち、巻八から巻十の計三巻分が散逸していたのを惜しみ、遺文を収集して、承暦三年（一〇七九）に、『続遍照発揮性霊集補闕抄』を編纂したことで知られる僧である。[58] また、空海は高野山奥之院で永遠の定に入ったとする弘法大師入定信仰の理論書となった『弘法大師御入定勘決記』[59]の著者としても知られている。[60] 近年では、真言宗教学史において空海と覚鑁をつなぐ重要な学僧であるとの位置づけが提唱され、[61]そうした研究動向の中で、多く散逸したと考えられてきた彼の著作の再発見と翻刻・紹介が進展し、その教学の特質が解明されてきた。[62]

済暹は仁和寺で活動した僧であり、済延の弟子で、仁和寺二世の大御室性信（一〇〇五～八五）や同三世の中御室覚行法親王（一〇七五～一一〇五）が導師を勤める法会に出仕し、また寛助（一〇五七～一一二五）と連携することも多く、さらに大江匡房（一〇四一～一一一一）からも高評価を得ることがあったという。[63] 学僧で、多数の教学書を残した人物であった。

仁和寺については、これまで多数の研究が積み重ねられ、基本的な事項から注目すべき特質まで、多くのことが解明されてきた。[64] この時代の仁和寺の重要性について、上島享氏は、院政期には仁和寺で密教経論を講説する法会が復興し、それが密教教学復興の嚆矢になったと説く。具体的には、天仁二年（一一〇九）に寛助の主導で仁和寺で伝法会が実施され、済暹が講師を勤めて『理趣経』『菩提心論』『摩訶衍論』等の講説が実施されたと説き、寛助の弟子で、仁和寺で研鑽を積んだ覚鑁は、大治五年（一一三〇）、金剛峯寺の伝法会を復古したという。[65] 中川委紀子氏も、院政期の仏教興隆にあたり、事相・教相を中心とする真言教学に新風を吹き込んだのは、仁和寺に拠点をおいた済暹と覚鑁であったと説く。[66] また、俵谷和子氏も、摂関院政期に仁和寺が重要な役割を果たし、弘法大師入定信仰を深化させたことや天野社を支配下に置いたことなどを論じている。[67]

ここで、済暹の『四種法身義』（大正蔵No.2436）を見たい。この書物は済暹が空海の法身観と安然の法身観を読解し、その上で、空海説が支持しうることを論じたものである。[68] この書物で、彼は「影像」の語を多用する。たとえば、「四法身」は「本質」であり、それが「影像」として現われたのが応化身などの姿なのだと説く（同507c）。そして、そのことを「影像化身」（同503a, 505a）、「影像仮身」（同505a）、「影像示現」（同505b）、「影像変化」（同505c）などの言葉を駆使して表現する。「影像」は、同書のキイワードの一つになっており、「法身」と対になる概念として用いられている。

だが、そればかりでない。これまで注目されたことはないが、この書物に、

諸本地身名曰二法身一。諸顕機菩薩二乗等倶不レ能レ見二聞之一也。諸影像身名二垂迹一也。（諸もろの本地身は名づけ

て法身と曰ふ。諸もろの顕機・菩薩・二乗等は俱に見聞すること能はざるなり。諸もろの影像身は垂迹と名づくるなり）

（大正蔵 No.2436, 507c–508a）

とあることに筆者は注目したい。済暹は、「本地身」は「法身」であるとする。そして、それに対応する対概念として「影像身」を掲げるが、さらにそれは「垂迹」と名づくと論じている。筆者は、この一句は極めて重要な言説であり、〈本地垂迹説〉の成立を考察する上で要になる史料だと考える。済暹は、「影像身」とは「垂迹」であると説く。管見の限り、済暹以前にこうした言説を語った人物は見つけられていない。「本地」の対概念である「影像」を「垂迹」と同じだとし、これによって「本地」と『垂迹』を対概念として結びつけたのは済暹であったと理解される。彼は、真言密教の中核思想である「本地法身」の思想を、早くから天台宗で重視され、やがて日本の仏法界に広く流通していった「垂迹」の思相と結びつけた。筆者は、この済暹の言説をもって、〈本地垂迹説〉の理論的成立と位置づけたい。

なお、すでに述べたように、『大日経疏』巻三では、大日如来と、他の仏・菩薩・天・明王、さらには仙・鬼衆との関係が、「本地」と「垂迹」の概念を用いて語られている。ならば、〈本地垂迹説〉はこの巻三の記述から誕生したと見ることもできるかもしれない。だが、私見はそうではない。〈本地垂迹説〉の成立過程においては、最初は「本地」の思想のみが語られ、それがやがて「垂迹」の概念と対にされて〈本地垂迹説〉とされたという経緯を経ている。ならば、最初は『大日経疏』巻一の「本地法身」の思想が抽出されて「本地」の思想が成立し、やがて巻三の記述があとから追補的に加味されて「本地」と「垂迹」の思想として完成に至ったと見るのが実態にかなっている。〈本地垂迹説〉は、こうした経過によって、「本地」の思想が「垂迹」の語と結びつけられて成立したと理解される。これを理論的に言説した人物は、私見では、済暹と見ることができる。

『大日経疏』巻三の記述は、大日如来と他の仏・菩薩・明王・天・仙・鬼衆との関係を説明する理論として記述されている。それが、日本において、インドの神や鬼ばかりでなく、日本の神をも説明する思想へと展開した。本書第VI章で説いたように、密教の思想によるなら、日本の神々を、仙や鬼衆と同類の、つまり鬼神と同質の存在と位置づけることが可能になる。こうして、日本の神と大日如来とを結びつける理論が誕生した。

「垂迹」の思想との接合――天台密教教学との架橋

すでに指摘されているように、済暹は天台宗の学僧である安然の教学の影響を受けており[69]、天台密教の教学にも通じていた。先にも触れたが、済暹の著作『胎蔵界四重曼荼羅略問答』は、『大日経疏』巻三の「垂迹」の記述に着目し、「本より垂迹の義」なる概念を掲げて胎蔵界の曼荼羅の構造を説明する。ただ、そこの済暹の用字は問題で、〈本より垂迹〉を「自本垂迹」ではなく、「従本垂迹」と表記する。この一句は、『大日経疏』には「自本垂迹」と表記され、曼荼羅の場面の説明に用いられている[70]。対して、「従本垂迹」の一句は、智顗の『法華玄義（妙法蓮華経玄義）』などに見られるもので（大正蔵 No.1716, 681b, 692c, 767abc, 768b）、天台教学風の表記である。智顗は、『法華玄義』で、『法華経』の〈久遠実成〉の仏を「本」とする説明などにこの用字による表記を用いている。つまり、済暹の言説は、中身から言えば胎蔵界曼荼羅の説明で、『大日経疏』の記述に拠るものになっているが、用字という側面では、智顗に淵源する天台教学の影響が見られる。

曼荼羅における毘盧遮那仏の「本地常心」と「自本垂迹」の説明は、済暹に先立ち、すでに安然の『観中院撰定事業灌頂具足分』『胎蔵金剛菩提心義略問答鈔』に見える。すなわち、前者には、「妙法蓮華曼荼羅の義は毘盧遮那の本地常心」とあり、そのしばらく後に「若自本垂迹」について述べ、一一の門から諸尊が流出するという話に展開していく（大正蔵 No.2393, 238a）。後者でも、「妙法蓮華曼荼羅の義は毘盧遮那の本地常心」とあり、そのしばらく後に「大悲蔵義釈云、若自本垂迹」について述べ、一一の門から諸尊が流出するという話が記される（大正蔵 No.2397, 464b–465a）。さらに、その教学の系譜にあると理解される覚超（九六〇～一〇三四）の『三密抄料簡』にも「義釈三云。毘盧遮那本地常心」（大正蔵 No.2399, 654b）とあり、その後に「垂迹」についての言及が見える。安然も覚超も天台僧であって、『大日経義釈』を参照して、こうした言説を述べている。これらが済暹の教学に影響を与えている可能性はあり、済暹の議論の前史の一つと位置づけることは可能であろう。

そうした状況の下、真言教学の「本地法身」の思想と「垂迹」の思想とを結びつけたのが済暹だった。それは、「本地」の思想を「垂迹」の思想に接合することによって、新しい段階の思想に踏み込んだことを意味している。済暹は天台教学に「垂迹」概念があることを熟知しており、それに真言宗の立場から応えるために、天台宗でいう「垂迹」とは結局は「影像」と同じなのだと返したとも理解される。筆者は、これをもって〈本地垂迹説〉の理論的成立と見る。それは、別系統の二つの思想が一つに接合されて、新しい思想が誕生した瞬間であった。この新思想は、大局的に見るなら、真言教学で重視された「本地法身」の思想を基礎に、天台教学などで以前から興隆せしめられてきた「垂迹」の思想を組み合わせて成立したものであった。〈本地垂迹説〉を理論的・思想的に成立せしめたのは、真言宗の学僧、済暹と見るべきである。

大江匡房の「本覚」論

ここで、この時代の最大の知識人である大江匡房[71]の神仏融合論を検証しておきたい。大江匡房には多数の著作があり、宗教関係のものが少なくない。その中には、『続本朝往生伝[72]』『江都督納言願文集[73]』のように仏法関係のものがあり、仏法の思想に造詣が深かったことが知られる。また、『筥崎宮記』をはじめ神社に関する著作があり、八幡神、熊野の神仏など、神仏融合的な宗教への関心が高い。さらに、『本朝神仙伝[74]』では神仙思想についても探究が見られる。さらに、『狐媚記[75]』のような民間信仰、それも外来の要素を含む民間信仰にも造詣が深く、修験道や陰陽道にも関心があり、その視角は複数の宗教に及んでいる。彼の信仰は、諸宗教複合・融合の性格を有している。大江匡房を神仏融合史上、重要な思想を残した知識人として重視、分析することは重要な研究課題となる。

研究史を振り返ると、しばしば大江匡房は〈本地垂迹説〉を宣揚した人物だと説かれてきた[76]。しかし、筆者はそこにはいくつかの留保が必要だと考えている。大江匡房は、「本地」の語を用いず、[77]もっぱら「本覚」の語を用い、時に「本体」「本縁」という語を用いているからである。これについて、吉原浩人氏は、「なお匡房は、以上の文中で「本縁」「本覚」「本体」「本地」の語を使用しており、微妙な意味の差異も考えられるが、小稿においては混乱を避けるため、一般的な「本地」に統一したい」と述べる。しかし、拙見では、その「微妙な意味の差異」が重要であり、そこにこそ根本的な問題が包含されている。「本地」の語を用いていない匡房の言説を、匡房の「本地説」「本地」探究」であると位置づけて論じる議論には疑問を感じる。匡房の言説は、あえて表現するなら「本覚」論とでも呼ぶのが妥当であると考える。また、工藤美和子氏も『江都督納言願文集』に記される匡房の記述を「本地垂迹説」として議論を進めるが、筆者には同様に疑問に感じられる。

史料を見たい。大江匡房は、基本的に「本覚」の語を使用している。前章でも見たように、たとえば『続本朝往生伝』の「真縁上人」には、

　爰知、生身之仏即是八幡大菩薩也。謂二其本覚一、西方無量寿如来也。

とある。『続本朝往生伝』は、『日本往生極楽記』を継ぐ書物として著されたもので、慶滋保胤、源信をはじめとして良源系の人物が多く取り上げられ、天台系の色合いの濃い書物である。苫米地誠一氏によると、『続本朝往生伝』に説かれる浄土信仰は「密教浄土教」の性格があり、『江都督納言願文集』にも同様の性格が見られるという。[78]同書には、天台浄土教と天台密教の融合世界が描かれていると評価される。ここで、匡房は天台宗の用語と見られる「本覚」の語を用いている。

次に、『本朝神仙伝』の「泰澄」には、

　又向二諸神社一問二其本覚一、於二稲荷社一数日念誦、夢有二一女一、出レ自二帳中一告曰、本体観世音、常在補陀落、為度衆生故、示二現大明神一(後略)。

とあり、同書の「日蔵」には、

嘗詣二松尾社一欲レ知二其本覚一、三七日夜練行念誦。(中略)有レ声曰、毘婆戸仏。

とある。どちらにおいても、匡房は「本覚」の語を用いている。ただし、前者には、「本覚」とあわせて、「本体」の語も用いられている。ここの「本体」は、もともとは仏法語であろうが、当時一般語になっていた言葉を匡房が文章の修辞に援用したものと読解すべきである。というのは、『梁塵秘抄』二七五に「本体観世音、常在補陀落の山、為土や衆生、生々示現大明神」とあって、「本体観世音」と謡う歌が芸能者によって謡われていたことが知られるからである。『本朝神仙伝』の「泰澄」で、稲荷社の「本覚」について問うたところ、夢に一人の女性が現われて「本体観世音」と教示してくれたというのは、この歌が念頭にあっての表現と推定される。なお、『梁塵秘抄』のこの歌は、すでに指摘されているように『麗気記』『諏訪講之式』にも類例が見え、白山妙理権現の礼文と見る理解[79]や、「天台系の習合思想による訓伽陀風の観音偈、広く流布した諷誦」と見る理解[80]が示されている。この史料の匡房の表現としては、問うた側が「本覚」について質問し、応えた側は芸能者風に「本体」の表現を用いて返答したと読解すべきである。

次に、『江談抄』第一(三五)の「熊野三所本縁事」には、

又問云、熊野三所本縁如何。被レ答云、熊野三所伊勢大神宮御身云々。本宮并新宮大神宮也。那智ハ荒祭。又大神宮ハ救世観音御変身云々。此事民部卿俊明所レ被レ談也云々。

とあって、「本縁」の語が見える。しかし、ここの「本縁」は源俊明(一〇四四〜一一一四)の言葉と読解すべきであろう。以上より、大江匡房は「本覚」という用語を用いるのを基本としていたことが知られる。

他方、匡房は「垂迹」の語も用いている。すなわち、『江都督納言願文集』巻三12「自料石清水八幡宮法楽法華経供養願文」に、

大菩薩者、利二益衆生一之垂迹也。

とあり、同巻六20「肥前権介文屋相忠作善願文」に、

不レ耐二利物済世之懐一、垂二迹於神道一。

とあるのがそれである。前章で述べたように、「垂迹」概念は「アトヲタレタル」と訓読されるなど、平安時代中後期には知識人には流布した概念になっていたから、匡房もこの語をよく知っていたものと思われる。

以上より、大江匡房は、思想的には〈本地垂迹説〉の段階には至っておらず、それ以前の段階にあり、「垂迹」思想の段階にあったとするべきである。匡房は、「垂迹」の語を用い、またあわせて「変身」「化身」「示現」「化」などの概念を用いて詩文を綴った。その中で、彼は「本覚」の語を活用して神仏を接合する試みを行なった。

「本覚」から「本地」へ

右に引用した大江匡房の著作、あるいは『梁塵秘抄』の今様を一覧して感じるのは、この時代、十一世紀後期〜十二世紀に、仏法と神信仰の複合・融合がさらなる進展を見せていることである。

たとえば『梁塵秘抄』三六三には、

嫗が子どもは唯二人、（中略）神も仏も御覧ぜよ、何を祟り給ふ若宮の御前ぞ

とあって、「神も仏も」という表現が見えるのが注目される。〈神仏〉の併記による仏法と神信仰の融合である。また、『梁塵秘抄口伝集』巻十には、

神社に参りて今様謡ひて示現を被る事、度《たび》〱になる。（中略）心を致して神社・仏寺に参て、謡ふに、示現を被り、望むこと叶はずといふこと無し。官職を望み、命を延べ、病を立どころに止めずといふこと無し。

とあって「神社・仏寺に参て」とある。こちらには神社と仏寺とをほとんど区別せずに、あるいは神と仏とをあまり区別せずに信仰する心性（メンタリティー）が見て取れる。そうした〈神仏〉への信仰が進展する時代状況の中で、新しい思想たる〈本地垂迹説〉が誕生した。

この時代、「本地」に代わりうる可能性を持つ語として「本覚」「本体」「本縁」の語が用いられていた。ここで

重要なのは、歴史の進展の中で、それらの語の中から「本地」の語が選ばれ、結果として、後世に継続される語として残ったことである。

前章で述べたように、永承元年（一〇四六）の「河内守源頼信告文案」（石清水田中家文書、『平安遺文』六四〇）では、八幡大菩薩を「垂迹」とする理解が明記され、あわせてその「本覚」は何なのかについて論及がなされている。また、前項で見たように、大江匡房も主として「本覚」の語を用いていた。「本覚」の語は天台教学から流通するようになったと考えられる用語であるが、十一世紀の段階では、一方で源信らによって〈天台本覚思想〉を表現する概念として用いられ[81]、その一方で、神仏関係を表現する語としても用いられた。しかし、この用語は、神仏関係を表現する語としては後世に継承されるものとはならず、もっぱら〈天台本覚思想〉を語る場面の用語として後世に継承、使用されていった。他方、神仏関係を表現する用語としては、「本地」の語が後世に継承されていった。「本地」の語は、真言密教に由来する概念であった。そして、その「本地」の思想が伊勢神宮内宮の禰宜を務める荒木田氏二門によって提出された。神社の禰宜によって唱えられたことは大変重要である。「本地」が後世に継続する概念・用語になったのは、後述するように、伊勢神宮がこの用語を用い、それに続いて諸神社がこの用語を採用するなど、神社がこの用語を採用したからであった。

四　〈本地垂迹説〉の確立

熊野における「本地」の思想の提出

十一世紀後期、伊勢神宮内宮で「本地」の思想が提出された。それに続いて「本地」の思想が確認できるのは、熊野の地である。その史料は、前章でも触れた『長秋記』長承三年（一一三四）二月一日条である。そこには次のようにある。

（前略）招二先達一、問二護明本地一、

丞相、和命家津王子、法形、阿弥陀、

両所、西宮結宮、女形、本地千手観音、

中宮、早玉明神、俗形、本地薬師如来、

已上三所

若宮、女形、本地十一面、

禅師宮、俗形、本地地蔵菩薩

聖宮、法形、本地龍樹菩薩

児宮、本地如意輪観音

子守、正観音

已上五所王子

鳥羽上皇と待賢門院（藤原璋子、一一〇一～四五）は、同年の正月十三日に熊野詣に出発し、『長秋記』の記主である源師時はそれに随行した。現存の『長秋記』には、そのうちの二月一日～七日条に関係の記事が見える。二月一日、師時は熊野の「先達」を招いて、護明の「本地」を問い、三所の神、五所の神、計八所の神のそれぞれの「本地」が何であるかを先達から聞き、それを筆録した。この記録により、われわれは伊勢に続いて、熊野の地において、長承三年に「本地」の概念が語られていたことを確認することができる。

ただ、先に見た『大神宮諸雑事記』とこの記事の間には、約半世紀もの間隔がある。それをどう評価するかは大きな問題である。一つは、史料の残存状況に起因するとする見方である。これは、関係の史料がたまたま残っておらず、伊勢に続いて数十年の時を経て、熊野に関する史料でようやく「本地」の思想が確認できるとする見方となる。この立場を採るなら、伊勢で語られた「本地」の史料と、熊野で語られた「本地」の史料との間に、どこか別の地でも「本地」の思想が語られていた可能性がある、もしくは可能性が高いが、残念ながら史料が残っていないと見ることになるだろう。

もう一つは、伊勢で語られた「本地」の思想は、しばらく他の地域に影響を及ぼすことがなく、一定の時間ののちに、ようやく他の地域、すなわち熊野の地に波及したのだとする見方になる。この立場を採るなら、伊勢に続いて第二番目に熊野において、「本地」の思想が語られたと見ることになる。

どちらであろうか。研究の現段階ではそれを判別することはむずかしい。そもそも、史料がたまたま残っていないとする議論を論証することは論理的に不可能であろう。あるいは、第一の可能性と第二の可能性とが両立している場合もあるのかもしれない。すなわち、伊勢に続いて熊野の地において「本地」の思想が語られたのだが、ただこの時代の熊野関係の史料が乏しく、われわれは一一三四年の史料によってようやくそれが確認できるということなのかもしれない。現時点ではいずれとも判別しがたい。ここでは、「本地」が二番目に説かれたのは、確認できる限り、熊野であったとするに留める。

ここで、「熊野権現御垂迹縁起」に言及しておきたい。長寛元年（一一六三）の「長寛勘文」[82]、『石清水八幡宮記録』[83]、春日大社の「春日御社御本地幷御託宣記」[84]などに引用される形で逸文が現存する「熊野権現御垂迹縁起」は、現存する熊野の最古の縁起として知られている。[85]そして、そこに「垂迹」の思想が記述されていることが注目される。ただ、現存する縁起の文を見る限り、「本地」の語は発見できない。ここには、天台山の王子信（晋）が伊予国の石鋏山の峯、淡路国の遊鶴羽の峯、紀伊国無漏郡切部山の西海北岸の玉那木淵の上の松木本に天から降下し、さらに熊野の地に降下したとする物語が、「垂迹」の語とともに語られている。したがって、この縁起の思想は「垂迹」思想の段階にあるものと理解される。この縁起の記述は大変注目されるが、その成立年代[86]についてはなお未詳の部分がある。仮に長承三年以前のものであるなら、「本地」の概念が未だ熊野に持ち込まれる以前の縁起と評価されるし、それ以後のものだとするなら、「本地」の概念が未だ及ばずに記された縁起と評価されるだろう。

熊野と仁和寺

さて、熊野三山や熊野詣については多くの研究があるが[87]、本章では仁和寺と熊野の密接な関係に注目したい。鈴木昭英氏によると、仁和寺子院の大聖院では、保元三年（一一五八）以来、熊野権現が勧請されてまつられており、それは最初は熊野王子社、次に三所権現、さらに十二社権現社の勧請へと進展していったという。十二世紀、仁和寺には熊野信仰が浸透していた[88]。

白河上皇は寛治四年（一〇九〇）正月、最初の熊野詣を実施したが、『中右記』同年正月十六日条に見えるように、そこには僧綱が三人随行している[89]。それは、法印大僧都の増誉、権少僧都の慶朝、権少僧都の寛意であった。このうち、増誉（一〇三二～一一一六）は園城寺の僧で、大納言藤原経輔の子。白河天皇、鳥羽天皇の護持僧を務め、天台座主にも就任。山岳仏法や修験道に造詣が深く、熊野の信仰の発展に大きな役割を果たした人物として知られている。慶朝は延暦寺の僧で、高階斉昭の子。増誉に先立ち天台座主に就任した僧であった。ここでさらに注目されるのは、寛意（一〇五四～一一〇一）の存在である。彼は仁和寺の僧で、敦明親王の孫で敦貞親王の子。実の祖父の兄弟である大御室性信の下で出家し、灌頂を受け、円宗寺別当を経て、寛治三年に東寺二長者。そして、同四年正月の白河上皇の熊野詣に同行し、同六年三月には、中御室寛行に灌頂を授けている[90]。彼は済暹より一世代ほど年下であるが、同じ仁和寺の僧として性信・寛行と同時代に活動した。済暹は、寛治六年の寛行の灌頂の折に持金剛衆として出仕し、歎徳文を作成している[91]。寛意と済暹は面識があるばかりでなく、儀礼のあり方、文章などをめぐって交流があったと見てよい。

酒井彰子氏、徳永誓子氏によれば、仁和寺には他にも良実、長厳（?～一二二八）など熊野詣の先達を務め、熊野信仰に影響を及ぼした僧がいた。仁和寺は、園城寺と並んで、熊野に強い関心を示した寺院であった。このうち、良実は同時代に同名の僧が二人いるので[92]、注意が必要である。一人は無動寺別当を務めた天台僧の良実で、円勝寺、法勝寺、法成寺などの法会に出仕し、権少僧都に昇った僧である。彼は長承元年（一一三二）閏四月二十八日に死去している。もう一人は真言僧の良実で、仁和寺の僧であり、広隆寺別当にも就任している。こちらの良実は、待賢門院藤原璋子に近侍し、天治元年（一一二四）五月の待賢門院の出産にあたって、南庇に侍候して加持を加えている（『御産部類記』）。大治四年（一一二九）十一月三十日、権律師。そして、同五年十一月の待賢門院の熊野詣では「先達」（『長秋記』『中右記』）を務め、同十二月には権少僧都に昇任した。こちらの仁和寺の良実が待賢門院の熊野詣に同行した。仁和寺は、園城寺と並んで熊野の信仰に強い関わりを有していた。なお、すでに指摘があるように、園城寺は仁和寺以上に熊野との関わりが深く[93]、増誉、次いでそれを継承した行尊（一〇五五〜一一三五）が、熊野の差配に指導的な役割を果たし、後世に園城寺の影響力が継承されていった。

ここで先に引用した『長秋記』の記事を見ると、次の二つの特色があることに気づく。

①熊野の地において、「本地」の概念が用いられ、熊野の神が説明されていること。

②熊野の神々の本地とされる尊格が、阿弥陀、千手観音、薬師如来などの複数の仏菩薩になっていること。

まず①であるが、熊野における神仏関係に「本地」の概念・用語をもたらしたのは、これまでの考察から仁和寺の僧であったろうと理解される。仁和寺は、仁和寺で語られてきた「本地」の思想を熊野の地にもたらした。それは時系列から見て良実による可能性があるが、史料を欠き、誰であるのかを特定することは困難である。ただし、真言密教の思想によるなら、「本地」は基本的には大日如来であるべきだ。ところが、熊野ではそうはなっておらず、「本地」に多様な尊格が設定されている。これをどう理解したらよいか。

十世紀末の『三宝絵』下巻第二十九「熊野八講会」には、熊野の神について、「菩薩ノアトヲタレタルトイフベシ」とあって、菩薩の垂迹だとするが、それがどの菩薩であるかはまだ記されず、「本地」の語も見えない。また、先に見たように、『江談抄』では「熊野三所伊勢大神宮御身云々。本宮并新宮大神宮也。那智ハ荒祭。又大神宮ハ救世観音御変身云々」とあって、不十分ながら「救世観音」が対応する菩薩として語られている。だが、以上は神仏の対応関係がまだ不十分であるし、「本地」の語も用いられていない。対して、『長秋記』のこの記事では、熊野の三所の神のそれぞれの「本地」が阿弥陀如来、千手観音、薬師如来にあてられ、五所の神についてもそれぞれの「本地」が語られている。すなわち、熊野においては、この段階になって、熊野の三所・五所のそれぞれの神と仏菩薩とを一対一対応で関連づける〈本地垂迹説〉が認められるようになるのである。

三所の神・五所の神を大日如来の一仏ではなく、多様な尊格に対応させたのは、思想的には仁和寺の意向と見ることはむずかしい。では、どう理解すればよいか。熊野の信仰に大きな影響力を持ったのは園城寺であった。ならば、三所・五所の神を多様な仏菩薩に対応させたのは、仁和寺によるのではなく、園城寺の僧およびそれと協働した熊野の人であった可能性が高く、しかりとするなら、こちらは天台宗寺門派の思想に依拠するものであった可能性がある。長承三年段階の熊野には、真言密教の「本地」の思想・用語が仁和寺から持ち込まれていた。だがそれと同時に、多様な仏菩薩を神の本質とする論理がおそらくは園城寺から持ち込まれ、「本地」の思想がさらなる発展を遂げたと評価されよう。以上より、諸勢力・諸思想の融合によって〈本地垂迹説〉が進展、成長していったと理解される。なお、真言密教の立場からするなら、阿弥陀如来、千手観音、薬師如来なども、大日如来の流出と解釈することが可能である。

神社から発信された「本地」の思想

これまで述べてきたように、〈本地垂迹説〉は仁和寺の僧によって形成された真言密教の思想であった。それを理論的に創出したのは仁和寺の済暹だった。だが、この思想を最初に世に発信したのは伊勢神宮の内宮であり、禰宜を務めた荒木田延基とその子の延清・延平が、真言密教と協働しつつ世に発信した。日本を代表する神社であり、天皇家の祖先神をまつる伊勢神宮が、天照大神の「本地」は大日如来だと説いたのである。

すでに論じたように、荒木田氏二門は平安時代中期に神信仰と仏法との融合に力をそそぎ、十世紀末には氏寺として田宮寺を造立した。そして、そこに十一面観音菩薩像を造立、安置し、現在は二躯の十一面観音像菩薩が襲蔵されている。また、十一世紀中頃には、荒木田氏二門の中に老年出家・臨終出家を行なう人物が現われるようになった。さらに、十二世紀初頭には『大般若経』の書写事業に加わる者が出た。このように神仏の融合を着実に進展させる一連の動向の中で、十一世紀後期、〈本地垂迹説〉が提出された。

次いで、確認される範囲で、〈本地垂迹説〉が説かれたのは熊野であった。院政期に大いにその信仰を興隆せしめた熊野では、その三所の神、五所の神のそれぞれに対応する「本地」が設定され、世に提出された。さらに、次々項にて『百錬抄』の記事を分析して示すように、十二世紀中期には、主要な神社の神々に次々とその「本地」が設定されていった。それは短い期間の内になだれを打つように実施されたと見られ、神社界の潮流として一つの動向を形成した。

〈本地垂迹説〉は、一見すると、仏法優位、仏法中心の思想のように思われるかもしれないが、しかしそれは神社に携わる人々が仏法の僧と協働することによって、神社において発信された思想と見るべきである。ならば、この思想には、神信仰の進展・興隆にとって有用な要素があったと見るべきで、そうした視角からその思想的特質を再検討する必要があると考える。だが、その作業に入る前に、真言密教によって創出された〈本地垂迹説〉がその後、真言宗内でどのように展開していったのかについて見ておきたい。

覚鑁とその後継者による〈本地垂迹説〉の継承・発展

済暹によって理論的に成立せしめられた〈本地垂迹説〉は、その後、どのように継承、発展されたであろうか。真言宗における思想の継承を見ておきたい。

一二世紀前期、〈本地垂迹説〉は覚鑁およびその後継者たちによって継承、発展されていった。それが記されるのは、『根来要書』所収の文書[94]である。まず一見したいのは、長承二年（一一三三）十一月の「高野山沙門覚鑁申文」（『平安遺文』二二九一）である。覚鑁住房の密厳院領の庄園に相賀庄《おうがのしょう》がある。これは長承元年に成立し、翌二年、この覚鑁の申文により、官物・雑事国役等が免除される荘園になった[95]。鳥羽院政期は、日本社会に〈領域型荘園〉が成立・展開した時代であった[96]。小山靖憲氏による〈領域型荘園〉という概念の提起、川端新氏、高橋一樹氏による〈立荘〉概念の重視以来、日本の荘園制度の研究は大きく進展した[97]。筆者は、この〈領域型荘園〉という概念は、日本の荘園制度の展開を理解する重要なキイ概念であり、経済史の展開のみならず、政治史、社会史、文化史、思想史の変化と連動した変化であると捉えている。小山氏によれば、紀伊国の領域型荘園は、鳥羽上皇の支援を受けた覚鑁の活動によって開始されたという[98]。〈領域型荘園〉を設定する際には、どこにどう境を設定するかが問題となる。この相賀庄では、四至を定め、傍示を打つと、すぐに隣接する石清水八幡宮領の隅田庄《すだのしょう》[99]との間に争いが生じた。隅田庄側は妻谷以西は隅田庄の内であると説いた。覚鑁は、この言い分を退けるため、「八幡大菩薩」の「本地」を説く議論を展開した。次のようである。

高野山沙門覚鑁誠惶誠恐謹言
請殊蒙二天裁一、以二相賀御庄一、任二院宣并公験等四至一、偏為二太上天皇御願寺密厳院領一、永可レ停二止官物并国役臨時雑事等一由、被レ下二官符一状、
　在レ管二伊都郡一
　四至〈東限二八幡宮寺地并妻谷一　南限二高峯一　西限二清水西谷并道興寺領一　北限二横峯一〉
右、件相賀御庄者、去年冬比、任二公験理一、堺四至打二榜示一。可レ為二御願寺密厳院領一之由、被レ下二院宣一已畢。
（中略）
八幡菩薩者為二応神天皇一之時、以二家地万許町一奉レ寄二高野山王一。此大明神者大日如来化現天照大神之妹也。明神奉レ譲二大師一、大師申下二官符一、領知年尚矣。而星霜多積、人忘二本縁一、或為レ国被二収公一、或為レ庄被二加納一。

爰太上天皇殊崇二重仏法一、専紹二隆聖跡一、割二当郡相賀村一、奉レ寄二密厳院三宝供料一。諸仏随喜、大師定護念、恭聞、当山大師者本躰則大日覚王十方諸仏之能化、垂二跡是三地菩薩一六趣群生之所レ帰也。（中略）又八幡大菩薩者、尋二本地一者、自在王、輔二翼遍照法帝一之智臣也。論二応跡一者、大菩薩擁二護大師仏法一之鎮将也。八幡者示二八正道一、遮二諸非理一之義也。

覚鑁が言うには、八幡菩薩は応神天皇だった時に家地万町ばかりを高野山王に寄進した。この高野明神とは大日如来の「化現」であるところの天照大神の妹に当たる。明神はそれを弘法大師空海に譲り、大師に官符が下されてから年はすでに久しい、と。また、弘法大師は、その「本体」は「大日覚王十方諸仏」の「能化」であり、三地の菩薩として「垂迹」し、六趣の群生の帰依するところとなった。八幡大菩薩は、「本地」を尋ねるに「自在王」であり、法帝を補佐する智臣である。その応迹を論じるなら、大菩薩は弘法大師の仏法を擁護する鎮将である。「八幡」とは仏法の「八正道」を示しており、諸々の非理を遮る義というべきである、と。さらに、覚鑁は、後文にて「以二彼仏物一宛二此尊供一、猶レ有二互用之罪一、去二此仏地一、成二彼神領一、豈非二重悪之業一乎」とも述べており、この地からの貢納物は「仏物」として諸尊の供養にあてるべきものであり、それを横取りしようというのは「互用」の罪に当たり、[100]「仏地」を「神領」とするのは重悪の業と言わなければならないと主張する。

ここの覚鑁の主張は、領地争いに勝利するために、かつて応神天皇が広大な家地を高野明神に寄進したなどの無理な理屈を述べ立てるところがあり、論理性には欠ける。ただ、ここで重要なのは、その中で「本地」および「垂迹」の二つの概念を用いた議論が展開されていることである。ただし、この中文においては、①「化現」「本体」の語が「本地」「垂迹」の語と混在的に用いられていること、②八幡神の「本地」を「自在王」（仏のことか）としたり、空海を大日覚王十方諸仏が菩薩として「垂迹」した存在だとしていること、など確立した〈本地垂迹説〉とは少し意味がずれた用法で「本地」と「垂迹」との関係が説明されている。覚鑁はある一つの神の「本地」を特定の仏・菩薩とするような議論は展開していない。八幡神の本地は阿弥陀如来であるとか、あるいは大日如来であるとかとするような議論にはなっていない。このことと①とをあわせ考えるなら、覚鑁は、「本地」の語は用いるものの、雑然とした用法にとどまっており、未だ「垂迹」思想の段階にあったとすべきであろう。以上より、この史料に見られる覚鑁の思想は夾雑物を含むもので、確立した〈本地垂迹説〉の段階には至っていないと評価すべきである。

対して、同じ『根来要書』でも次の史料は少し様相が異なる。天養二年（一一四五）三月二十八日の「紀伊国大伝法院陳状案」（『平安遺文』二五五四）である。覚鑁関係の荘園としては、他にも大伝法院領の山東庄《さんどうのしょう》、石手庄、岡田庄、山崎庄、弘田庄が知られている。このうち山東庄は、長承元年に成立し、翌年、国役・臨時雑役等が免除された。(101) しかし、まもなく近隣の日前国懸《ひのくまくにかがす》宮との間に争いが起こり、康治元年（一一四二）九月以来、同宮の数多の神人が庄内に入って住人を搦め取り、凌礫を加え、八講頭役を賦課しようとして狼藉を働いたという。大伝法院側は、これに対して〈本地垂迹説〉に基づく議論を展開して日前国懸宮の主張を退けようとした。次のようである。

御願寺大伝法院　陳申
　日前国懸両社司紀良佐等訴申非理子細状
　副進　山東庄解并日記各一通
右、謹検二案内一、諸仏菩薩則垂二跡於神明一、而護二持三宝一、度二脱衆生一。賢王聖主則弘二法於人間一、而安二鎮国家一、利二済黎元一。
（中略）
陳云、其旨如レ上已破畢。神祇則往古之垂跡、仏法則新伝之流布。機根有二浅深一、感応待レ時之故也。所以今依二本源之最上一、還知二垂跡之霊勝一。若無二新伝之仏法一、何知二本地之高妙一。是以倩案、彼権現之本縁、仏日現レ前、則明神増二威光一、法鏡国懸、則霊徳顕二一天一、故名二日前国懸一歟。又護二牟尼之教法一、紹二三会之暁月一、愍二濁世之蒼生一利二二仏之中間一。故称二尺迦弥勒之垂跡一也。尋二本地一則尺迦弥勒、是大日法帝之応化也。論二垂跡一則日前国懸、是仏法擁護之神明也。（後略）

この陳状では、冒頭、諸々の仏菩薩は神明として「垂迹」し、神明は三宝を護持すると語り始められ、権益をめぐる主張が、〈本地垂迹説〉を述べるところから開始されている。そして、日前国懸宮は尺迦（釈迦）弥勒の「垂迹」であり、その「本地」は釈迦と弥勒であるとの主張が展開されるに至る。これは語順から見て、日前宮の神の本地を釈迦如来、国懸宮の神の本地を弥勒菩薩とする主張と見てよい。ここに説かれる〈本地垂迹説〉は、「本地」と「垂迹」の両語を用い、「本地」としての仏菩薩と、「垂迹」としての神を一対一の対応関係で説明するものになっている。したがって、ここで語られている思想は、確立した〈本地垂迹説〉の段階に達していると見ることができる。覚鑁は康治二年に死去しており、この文書はその後継者たちによって書かれたものである。以上より、覚鑁の段階では、「本地」「垂迹」の両語を用いても、未熟で夾雑物を含む思想であったが、覚鑁の後継者たちの時代になると、整った〈本地垂迹説〉の段階に達していることが判明する。この傾向に着目したい[102]。

なお、この文書では、釈迦と弥勒を「大日法帝」（大日如来）の「応化」だと述べていて、釈迦をはじめとするすべての仏菩薩を大日如来の流出だと見る思想が説かれている。〈本地垂迹説〉は、こうした密教の思想に立脚して説かれているのである。

主要な神社における「本地」の思想の興隆――〈本地垂迹説〉の確立

次に、諸々の神社における〈本地垂迹説〉の展開を見ていこう。十二世紀中期、〈本地垂迹説〉は確立し、神社における神の「本地」の設定が進展していった。そのことがはっきりと示されるのは、前章でも触れた『百錬抄』安元元年（一一七五）六月十六日条である[103]。本章では、さらに詳しくこの記事を見ていきたい。

蓮華王院惣社鎮坐八幡已下廿一社、其外日前宮、熱田、厳嶋、気比等社本地御正体図二絵像一。但日前宮、熱田御本地無㆓所見㆒、仍只被㆑用㆑鏡。

これは大変重要な史料である。蓮華王院では、その惣社に鎮座する八幡以下の二十一社および日前宮、熱田、厳嶋、気比などの社の「本地御正体」を絵像に図してまつったが、日前宮と熱田には「御本地」の所見がなかったので、鏡を用いたという。この記事で重要なのは、

①「本地」の語が用いられていること。
②「本地」の絵像が書かれていること。
③この時代の主要な神社の多くにこの段階で「本地」が設定されていたことが判明すること。
④日前宮や熱田のように「本地」を設定しない神社が存在したこと。

の四点だと考える。

蓮華王院は、後白河法皇の勅によって、その御所である法住寺殿の一角に造営された御堂である。杉山信三氏によれば、『百錬抄』長寛二年（一一六四）十二月十七日条の「太上皇供養蓮華王院」という記述から、この日蓮華王院本堂の供養があったことが知られ、また『醍醐雑事記』から、本堂は「千体観音堂」と呼ばれ、供養の導師は興福寺別当の尋範が、呪願は天台座主の俊円が勤め、三百人もの僧が招請されたことが知られるという。さらに、附属の堂舎として、不動堂、北斗堂、五重塔、惣社、宝蔵、南御所が営まれたという。[104] 惣社については、この『百錬抄』の記事から安元元年（一一七五）六月十六日の成立であり、さらに、田中教忠『蓮華王院三十三間堂御堂考』が引く「旧記故実条々」（『吉部秘訓抄』の欠巻と推定されている）から、その位置や規模、二十一社その他の本地仏が知られると指摘されている。[105]

その後、後者の「旧記故実条々」をさらに深く分析した竹居明男氏・吉澤陽氏は、この文は『吉記』同日条の逸文に他ならないと指摘し、その上で記述内容を詳細に分析している。[106]「旧記故実条々」の文は長文・詳細なもので、『百錬抄』が『吉記』を主要な根拠史料としていたことをあわせ考えるなら、[107] 竹居氏・吉澤氏が指摘するように、

そのもととなった重要史料と評価されるだろう。そこには、冒頭に「十六、蓮華王院惣社宮始也、当二御堂乾角一被レ建二立檜皮葺三間朱塗宝伝一宇一、吉時奉レ渡二正体一〈非二旧御体一、又未二供養一、仍無二別儀一、新日吉社之時如レ此云々〉」とあり、その後に、二十一社プラス日前国懸、熱田、伊津岐嶋、気比の計二十五社の本地が記されている。

それを一覧化して示すと次頁の表のようになる（表は竹居・吉澤注106論文を参照して筆者作成）。

ここで重要なのは、③に指摘したように、この時代の主要な神社の多くにすでに「本地」が設定されていたことである。蓮華王院惣社には二十二社のうち伊勢神宮を除く二十一社と、日前国懸などの四社が勧請された。ただ、八幡に関しては、八幡大菩薩は「宗廟」なので(108)勧請することを遠慮し、代わって八幡若宮を勧請したとしている。その中には、④に指摘したように、まだ「本地」を設置していない神社が若干数あった。『百錬抄』はそれを日前と熱田とするが、こちらの史料ではそれに加うるに、加茂（上下）と松尾と平野も鏡を用いたとあって、この三社も「本地」の所見がなかったため、そうした対処がなされたと類推される。ここでは、『百錬抄』の記載は何らかのミスによるものと判断しておきたい。

とすると、計二五社のうち計五社では「本地」が設定されていなかったということになるが、計二〇社においては「本地」が設定されていたということになる。以上より、十二世紀中期のこの時点で、主要な神社のうち、実にその八〇%が「本地」を設定していたということになる。これはかなり大きい数値と評価される。しかもその設定は、先に見た熊野と同様に詳細なもので、複数の神をまつる神社においては、それぞれの神に対してそれぞれの「本地」が設定されている。今、八〇%と言ったが、さらにこれに伊勢と八幡を加えれば、二二／二七で、八一・五%になる。

あわせて注目されるのが、②に指摘した「本地」の図像の作成・安置である。蓮華王院惣社では、それぞれの神の本地を確認すると、その仏菩薩の像を絵画に図してまつった。すなわち「本地画」が早くも作成されているのである。この時代、「本地」の思想が宣揚せられ、これにより〈本地垂迹説〉が確立、流通すると、ほぼ時を置かず

表　蓮華王院惣社に勧請された神々の本地

八幡若宮	十一面〈なお八幡大菩薩は宗廟なので勧請しない〉
加茂下上	鏡三面，上一面，下一面
松尾	鏡一面
平野	鏡一面
稲荷	下社大宮は如意輪，田中は不動，中社大宮は千手，四大神は毘沙門，上社は十一面，客神の十禅師は地蔵菩薩
春日	一宮の鹿島武雷は不空羂索観音，二宮の香取斎主命は薬師，三宮の平岡天児屋根命は地蔵，四宮の会殿姫神は十一面，若宮は文殊
大原野	春日に同じ
大神	大日，聖観音
石上	十一面，文殊，不動
大和	一宮は大和，二宮は薬師，三宮は聖観音
広瀬	大宮は聖観音，小折大明神は阿弥陀如来，災神は不動，三大神は十一面，若宮は薬師
龍田	釈迦
住吉	一神は薬師，二神は阿弥陀，三神は大日，四神は聖観音
日吉	大宮は釈迦，二宮は薬師，聖真子は阿弥陀，八王子は千手，客人は十一面，十禅師は地蔵，三宮は普賢，行事は毘沙門，早尾は不動
梅宮	一殿は如意輪，二殿は聖観音，三殿は不空羂索，四殿は信相菩薩
吉田	春日に同じ
広田	一大殿は聖観音，二大殿は阿弥陀，三大殿は高貴徳王大菩薩，四大殿は阿弥陀，五大殿は薬師
祇園	天王は薬師，婆利女は十一面，八王子は八字文殊
北野	十一面
丹生	薬師
貴布祢	不動
日前国懸	鏡
熱田	鏡
伊津岐嶋	大宮は大日，中御前は十一面，客人は毘沙門
気比	大日

して、本地仏を描く仏画が、そしておそらくは仏像が作成・安置されていった。

では、「本地」を設定しなかった神社はいかなる考えで、そうした姿勢を採ったのか。それぞれが何らかの事情を抱えていたものと推定されるが[109]、ここで想起されるのが先に見た『根来要書』所収の「紀伊国大伝法院陳状案」である。日前国懸宮は、隣接する大伝法院領の山東庄と争っていた。覚鑁の後継者たちは、日前国懸宮に対し、日前宮・国懸宮は釈迦・弥勒の「垂迹」であり、その『本地』は釈迦・弥勒であるとの〈本地垂迹説〉を主張して抗争した。抗争に絡めて主張されたそうした〈本地垂迹説〉は、日前国懸宮にとって到底容認できるものではなく、当然のこと、その言い分を否定、拒絶したものと思われる。その陳状案は天養二年（一一四五）のものであったが、この抗争は、少なくとも応保二年（一一六二）まで続いていることが確認できる[110]。そこから蓮華王院惣社の「宮始」まではわずか十余年間ほどしかなく、あるいは両者が未だ抗争中であった可能性も低くない。かかる事情によって、日前国懸宮は「本地」を設定しなかったものと理解される。

神社による「本地」の用語の採用

次に①について考察したい。十一世紀中後期の段階では、先に述べたように、「本地」とも類似する「本覚」「本縁」「本体」という多様な用語が用いられていた。それが十二世紀になると、しだいに「本地」の概念・用語が優勢となり、やがてそれが後世に継承される概念・用語となって確立、定着していった。その推進力となったのは神社による〈本地垂迹説〉の宣揚であった。主要な神社が、こぞって「本地」の語を用い、〈本地垂迹説〉を語るようになったのである。

実は、蓮華王院惣社をめぐっては、他に興味深い史料がある。それは五味文彦氏が指摘し[111]、竹居氏・吉澤氏が注目した[112]『春日社旧記』[113]所収の「春日御社御本地并御託宣記」に見える承安五年（一一七五）三月一日の文書である。五味氏によれば、この文書は、(A)同年二月二十七日の院宣、(B)同年三月一日の春日社神主の請書、(C)同年同月同日の注進状の三つから成っている。この年の二月二十七日、院庁は「春日社御体之本地」は何かと春日社に尋ねた。これに対して春日社は、三月一日、「春日大明神御体本地」は「一宮　鹿島武雷神　不空羂索観音／二宮　香取斎主命　薬師如来／三宮　平岡天児屋根命　地蔵菩薩／四宮　相殿姫神　十一面観音／若宮　文殊師利菩薩」であると注進、回答している。五味氏の指摘の通り、この文書は、蓮華王院の惣社を設置するために、院庁が春日社にその「御体」の「本地」を尋ね、それに対し春日社が回答した文書であると理解される。ここから、

(ア)蓮華王院惣社の造営にあたっては、院庁が勧請を予定している諸社に対して、その「本地」は何かを質問し、その回答を得て「本地」を確認していること。

(イ)院庁も春日社もこの概念・用語を用いており、この概念・用語が広く用いられるようになっていたことが知られる。蓮華王院の惣社の造営は、主要な神社における「本地」の思想の普及や、具体的な「本地」の設定・確立にあたり、大きな役割を果たしたものと理解される。

ここで、別の史料から、さらに「本地」の概念・用語の普及について見ておきたい。それは石清水八幡宮の『宮寺縁事抄』[114]である。『宮寺縁事抄』は、村田正志氏によれば[115]、宗清（田中宗清、一一九〇～一二三七）によって建保二年（一二一四）～三年頃に成立したもので、宮寺内の諸資料を収集した資料集になっている。その「第一末」の「石清水神社垂迹本地御体次第」では、「高良〈大勢至菩薩　或龍樹菩薩〉」「松童　不動」「四大神〈本地宮司所見不分明〉」とか、あるいは「石清水明神〈阿弥陀〉」「大将軍〈大勢至　或聖観音〉」「一童〈宮寺所見不分明、但西宮不動〉」「志多良〈大日　千手〉」「子守〈一名小折宮　地蔵　或聖観音　木守〉」「鳥居内小若宮〈十一面〉」「大智満〈虚空蔵〉」「若宮殿〈普賢〉」「若宮〈十一面観音〉」のように、神々の「本地」が詳細に記述されている。なお、その中には「不分明」と記述されているものがあり、十三世初頭のこの段階において、小社の中にまだ「本地」が明確化されていなかったものがあったことが知られる。

なお、編者の宗清は、石清水八幡宮護国寺[116]の別当を務める祠官家の人物で、田中を号した慶清（一一三〇～八七）

の孫にあたり、慶清の子の道清（一一六九～一二〇六）の子になる。宗清は文暦二年（一二三五）に別当に就任している。

では、他の神社に対する宗清の認識はどうだろうか。一例だけ見ておこう。『宮寺縁事抄』「第十四」の建保二年の「住吉大神宮本地注進状」には、

注申
住吉大神宮四所御本地
一御前〈御本地薬師如来〉　二御前〈御本地阿弥陀如来〉
三御前〈御本地大日如来〉　四御前〈御本地聖観音〉
少神五所内
大海神御前〈御本地不分明、尋テ可申之〉　栖御前〈御本地不動〉
江比洲御前〈御本地毘沙門〉　御母御前〈御本地不分明、尋テ可申之〉
若宮御前〈御本地不分明、尋テ可申之〉
建保二年十月十九日　神主ハ長盛

とあって、建保二年十月の注進状が引用されている。これにより、住吉大神宮においても「本地」の語が使用されていたことが判明する。こちらも神社からの注進によって、「本地」の確認がなされている。安元元年（一一七五）には一御前～四御前までの「本地」が記載されているが（両者の本地は合致しており、変更はない）、こちらにはそれとあわせて「少神五所」の五神の「本地」が注進されている。ただ、その中には、「御本地不分明」との文言も見えるから、少神の「本地」は少しずつ、しだいに定められていったものと理解することができる。

以上より、「本地」の概念・用語を伴う〈本地垂迹説〉は、神社によって宣揚せられ、これによって日本社会に

普及していったものと見ることができる。

専修念仏集団への〈本地垂迹説〉の展開

〈本地垂迹説〉は十二世紀中期頃から広く流通を開始し、その過程で思想的に確立していった。では、仏法の諸集団はこの思想をどのように受容し、吸収していったのか。ここではまず法然門流（専修念仏）における〈本地垂迹説〉の受容について一瞥しておきたい。

法然（一一三三～一二一二）の著名な『選択本願念仏集』には、末尾近くに、

仰討㆓本地㆒者、四十八願之法王也。十劫正覚唱、有㆑憑㆓于念仏㆒。俯訪㆓垂迹㆒者、専修念仏之導師也。（仰いで本地を討《たず》ぬれば、四十八願の法王なり。十劫正覚の唱へ、念仏に憑《たの》みあり。俯して垂迹を訪《とぶら》へば、専修念仏の導師なり）

の一句がある。ここは善導が阿弥陀の「化身」であることを述べる件りで、善導の「本地」は四十八願の法王、すなわち阿弥陀如来であり、それが僧となって「垂迹」して専修念仏の導師となったのだと説かれている。だから、これは、神仏の関係を「垂迹」と「本地」の概念で説明するものとはなっていない。むしろ、平安時代初期に、天台宗などで、人と仏菩薩との関係を「垂迹」の概念で説明した用法（前章参照）に近い思想になっている。ただし、法然は、ここで「垂迹」の語だけではなく、「本地」の語をも用いており、時代の展開の中で、彼の思想の中に「本地」の概念・用語が流入していることが知られる。[117]

天台宗への〈本地垂迹説〉の展開

では、天台宗はどのようにこの思想を受容したのだろうか。少し時代は下るが、澄豪（一二五九～一三五〇）の『総持抄』には、次の記述が見える。

問、二仏一体ト云事、有二其証一耶。答、須弥四域経説観音勢至本地垂迹云、帰命日天子、本地観世音、為度衆生故、普照四天下。帰命月天子、本地勢至尊、為度衆生故、普照四天下。以二観音勢至本地垂迹一、薬師弥陀因果之義、可レ思レ之。

澄豪は、承澄から天台密教の台密穴太流を学び、大阿闍梨となって活躍した天台僧で、京都の宝菩提院を拠点に活躍したことから、その流派は西山流と呼ばれる。『総持抄』は彼の代表的著作の一つで、天台密教の教学書である。右の文は、「三形事」という項目の冒頭の問答で、釈迦と薬師は一体だとする論説に続けて、薬師と阿弥陀は一体だとする論説を展開する件りである。澄豪は、ここで、薬師と阿弥陀は「二仏一体」だとする論を〈本地垂迹説〉を用いて展開している。ここに引用される『須弥四域経』なる経典は、諸書に逸文のみを伝えるもので、中国撰述の偽経と考えられる(118)。この経典の文言としては、しばしば「帰命日天子／本地観世音／為度衆生故／普照四天下／帰命月天子／本地大勢至／為度衆生故／普照四天下」という句が引用されることが知られており(119)、ここでもこの句が引用されて「本地垂迹」の論が説明されている。筆者には彼の言説が論理的整合性に依拠しているのか否か判断不能だが、これが天台密教の見地から天台宗的な〈同体論〉を〈本地垂迹説〉を援用して説こうとしたものであることは明白である。このように、天台宗にも〈本地垂迹説〉は着実に浸透した。

天台宗の教学書で、もっともはっきりと〈本地垂迹説〉が開陳されるのは、よく知られるように、比叡山の学僧である光宗（一二七八～一三五〇）の『渓嵐拾葉集《けいらんしゅうようしゅう》』である(120)。これは応長元年（一三一一）から貞和四年（一三四八）の長期にわたって編纂・執筆された書物で、顕部、密部、戒部、記録部、医療部、雑記部からなり、全三〇〇巻のうち一一三巻が現存する。本書が述べる内容は多岐にわたるが、曽根原理氏が説くように(121)、山王神道の教説が詳細に説かれ、特に山王一実神道の論説が主張されるのが一つの大きな特色となっている。

『渓嵐拾葉集』は、「本地」と「垂迹」の両語を用いて〈本地垂迹説〉を説く。本書の〈本地垂迹説〉の中核は、一代教主であるシャカが垂迹したのが「日吉大宮権現」「山王」であると説くところにあり、それを「垂迹山王」

および「本地山王」なる二つの独特の概念を用いて説明するところにある。巻六「山王御事」の記述を見よう。

> 山王ニ七重習有之其ノ相如何。第一、垂迹ノ山王也。所謂天智天皇ノ御宇ニ、伝教大師山門開闢ノ時、円宗ノ教法ヲ為二守護影向一シ給。以レ之垂迹山王トスル也。第二ニ本地山王者、我国為二神国一故ニ。応迹ノ神明多レ之。然レ而トモ今日一代教主釈尊ノ応迹ノ神ハ日吉大宮権現許リ也。自余ノ神明ハ以二垂迹一ヲ為レ本ト故ニ、本地ノ沙汰無レ之。山王権現独リ為二応迹神明一ト。本迹雖レ殊不思議一ノ山王也。故ニ日本一州ノ神明者皆山王応迹ノ前方便也。
>
> （大正蔵 No.2410, 515a）

ここでは、わが国は「神国」であるゆえに、神明は数多いが、釈迦が応迹した神というのは日吉大宮権現だけであり、これ以外の神明は「垂迹」が「本」であって「本地」というのはない。山王権現だけがひとり応迹の神明である。したがって、日本の神明で、山王以外の神はみな「方便」にすぎない、とする見解が述べられる。だから、〈本地垂迹説〉と言っても、「本地」がある神は山王だけだと説くのである。これは他の神社や仏法集団を見下した、かなり独善的・敵対的な言説と言える。そして、この言説の末尾に、僧肇『注維摩詰経』序の「本迹雖殊不思議一」という文言をあらためて引用する。前章で述べたように、これは「垂迹」思想の根本文言とされた一文で、天台宗では早く九世紀からこの文言に基づく「垂迹」思想が重視されていた。したがって、ここは天台宗にとって、原点に立ち返った言説を述べる件りになっており、それを「不思議一山王也」と結んで天台宗および山王神道の優越性を語るのである。ここには強い党派性が感じられる。

さて、ここで重要になるのは、〈本地垂迹説〉が神、具体的には山王権現を称讃、宣揚する言説として提出されていることである。ここに語られる「本地」の思想は、神を持ち上げるものとして説かれており、具体的には山王だけに「本地」があるのがその優れたところであり、他の神に本地はないのだと論じている。だから、日吉社や延暦寺においても、〈本地垂迹説〉は神信仰を宣揚するために用いられたと言ってよい。

さらに、読み進めていくと、「最極ノ秘事」であるがとしつつも、次の大変興味深い言説が明言されている。

答、二度ト者、西天ノ菩提樹下ト与日吉樹下是也。如シ常義者、菩提樹下ノ成道ハ本地ノ身也。山王ノ出世ト者、和光垂述（迹カ）也。本地垂述（迹カ）各一度也。何ソ二度和光ト云耶。此事最極ノ祕事也。常ノ教相ノ意ニヨリ今日成道仏ヲ以テ本地ト沙汰スル也。故ニ西天ハ本、山王ハ垂迹ト云也。円教無作ノ意ニテハ以二本地法身一ヲ為レ本、以二八相樹下ノ成道一ヲ和光垂迹ノ義トスル也。仍テ二度和光ト云也。

（大正蔵 No.2410, 515c）

ここでまず重要になるのは、「本地法身」の概念が使用されていることである。天台円教においては、「本地法身」を「本」となしており、八相樹下の成道とは、実は日吉の樹下における成道であって、だから「垂迹」とするのだというのである。光宗は、「本地」の概念は、「本地法身」の思想に基づいて、真言密教によって提出されたものであることを十分承知しており、そのため「本地法身」の概念を右のように適宜織り交ぜつつ、結論としては山王権現を称讃する。

なお、〈本地垂迹説〉が日本社会に浸透すると、よく知られるように、十四世紀頃から、これに対抗する〈神本仏迹説〉が唱えられるようになっていった。[122] この思想を説く重要な文献の一つに『渓嵐拾葉集』があることがすでに指摘されている。伊藤聡氏の近年の研究によれば、〈神本仏迹説〉の最初は、経歴未詳の淳祐なる僧による『神祇秘抄』であり、それに次いで『渓嵐拾葉集』の言説があり、さらに卜部家出身の天台僧である慈遍らによってこの思想が唱えられていったという。そこでは、最初、天台系の本覚思想が援用されて神仏関係の解釈が主張されていたが、さらに一歩進んで、〈本地垂迹説〉を組み換えて、これに対抗する理論が形成、宣揚されたという。そこでは、神を「本地」、仏を「垂迹」と位置づけ直すに際して、天台教学の本門迹門の思想や、天照大神を法身と同体とする法性神観念などが説かれたという。[123]

筆者は、〈神本仏迹説〉は、神信仰（神道）側からの仏法の神仏融合思想に対する反論という側面がないわけではないが、しかし大筋はそうではないと評価している。『渓嵐拾葉集』のような天台僧による仏書が〈本地垂迹説〉を吸収しつつ、〈神本仏迹説〉を積極的に発信していることを勘案すると、巨視的に見るなら、この思想には、天台宗側からの、真言宗的な〈本地垂迹説〉や大日如来一元論に対する反撃という側面があり、この宗派間抗争の部分がもっと大きく評価されてしかるべきであると考える。

五　密教と神社

黒田俊男論の問題点と可能性

これまで述べてきたように、〈本地垂迹説〉は、日本において、密教の思想の強い影響の下に形成された思想であった。よく知られるように、一九七五年、黒田俊雄氏は「顕密体制論」を発表した[124]。黒田論は学界に大きな影響を与え、多くの賛成意見が寄せられた。筆者も中世の仏法の中心は新仏教ではなく、黒田氏の説く「顕密仏教」であったとする理解が妥当であると考えるに至った。黒田論には、研究史の評価[125]や、用語の問題[126]、さらに細部にわたる論議をめぐって批判すべき点があるが、しかし中世仏教の中核を旧仏教だと見る根本の主張は妥当性を持つと筆者は評価している。本章で黒田論の全体を論評することはできないが、本書の議論と深く関わる部分について私見を述べたい。それは密教の評価である。黒田論文は、第一節「顕密体制の成立――正統派の成立過程」の第3項に「密教における全宗教の統合」を立て、最澄・空海以降、日本では密教が隆盛し、九世紀に「密教による全宗教の統合」がなされたと論じた。そして、それが日本中世の宗教の基調――黒田氏の用語で言う「顕密体制」――を規定したと説いた。

黒田論のこの部分に対しては、しかし、よく知られるようにいくつかの批判がある。上島享氏は、日本中世において密教化が進展していくのはまちがいないが、「顕教・密教それぞれが独自の役割を果たして」おり、「密教と顕教が補完的な関係にあった」と見るべきだと黒田論を批判し[127]、さらに「「顕密」という史料用語が示すがごとく、顕教と密教とは、それぞれ独自の役割を果たしつつも、互いに影響を与え合いながら、融合しており、それこそが中世仏教の実態であったと考える」[128]と説いている。また、末木文美士氏は、「すべてを密教一色で片付けてしまうのは余りに単純過ぎないか。そもそも、それならば、何故「密教体制」ではなく、「顕密体制」なのか」と批判する。[129]対して、冨島義幸氏は、「密教の過大評価には問題があるとしても」とした上で、「密教の両界曼荼羅を基盤」として「顕密融合の両界曼荼羅世界」が形成されていったことの重要性を指摘し、あわせて伊勢神宮における天照大神は大日如来であり盧遮那仏であるとする言説を取り上げ、「仏教世界の中心と神祇世界の中心の統合がなされた」と指摘して、密教による神祇世界の包摂が進展していったと説いている。[130]

上島氏、末木氏とも、顕教の果たした重要な役割を指摘した。顕教はゼロになったわけではなく、密教に完全に取り込まれてしまって意味を失ってしまったわけでもない。それどころか顕教は密教と融合して「顕密」の世界を構成し、両者は互いに補完し合う関係にあったと説く。冨島氏も、「顕密融合」の世界であると説いているが、ただ伊勢神宮において「本地」の言説が提出されていることを大きく評価していることに特に注目したい。これらはいずれも大変重要な指摘だと考える。

ただ、黒田論に即して言うなら、そうした理解はおそらくは承知の上で立論がなされており、「密教による全宗教の統合」とはあくまでも「統合」のことだとの反論が可能であろう。顕教や神信仰は密教に滅ぼされたわけでも、吸収されてしまったわけでもなく、密教を中心に「統合」がなされたとするのが黒田論の趣意であろう。そもそも、「顕密」の語は、空海『弁顕密二教論』や、『続日本後紀』承和元年（八三四）十二月乙未〈一九日〉条の空海の奏（御七日御修法の開始）などに明らかなように、密教から生まれた概念である。仏法の世界の中に新たに密教が登場し、密教はそれ以前の仏法よりも上位にあるとする自己認識の下に、全仏法を顕教と密教に区分し、その総体を「顕密」と表現した。だからこの言葉には、密教あっての顕教という価値認識が内包されている。「顕密」という言葉だから、〈顕〉も〈密〉と同等に重要だという意味なのではなく、「顕密」と発言、記述した時に、すでに密教を上位とする価値観が含意されている。とするなら、それは「統合」を表現するにふさわしい言葉だと評価することも可能である。筆者は、黒田論をそう読解する。

ただし、黒田論には誤りがあり、それに関しては訂正が必要だと筆者は考える。それは統合の時期をいつと見るか——時期をいつと見るかは歴史学の根本問題だと考える——である。黒田氏はそれを九世紀とした。しかしそれは早すぎるというのが筆者の考えである。たしかに空海、最澄、円仁、宗叡、円珍以降、日本に密教が積極的に受容されて隆盛したことは事実であるのだが、それはまだ日本の密教の中期段階で、密教を基調とする全宗教の枠組が形成されるのはもっと時代が下る。上島氏は中世では密教化が進展すると述べ、あわせて藤原道長の政治史上の重要性、および彼の法成寺創建の宗教史上の意義を論じる。[131]冨島氏は、法成寺、法勝寺、再建東大寺の伽藍の構造を解明し、その中核に密教があったことを指摘する。[132]さらに、平雅行氏は、天台宗においては、十一世紀中葉までは顕教専攻の僧にも栄達の道があったが、まもなく台密専攻か、天台と台密の兼修でないと法印より上の僧位に昇ることができず、天台座主に就くことができなくなったと論じている。[133]筆者も、十一世紀後期が密教化の進展[134]にとって画期となる重要な時代だと考えている。

密教の浸透と神仏融合の展開の並進

黒田氏は「密教による全宗教の統合」という表現を用いた。筆者は、それを自分なりに、密教を基調とする全宗教の枠組の形成という意味・内容で理解したい。黒田氏の「統合」という表現は、すでに述べたように、誤解の危険をはらむ要素がある。密教を基調とする全宗教の枠組の形成と理解すると、「密教による」とは異なり、主語が密教ではなくなる。それでは、しかし、命題全体が不明確になるのではないかとの批判を受けるかもしれないが、密教化は密教の側が主体になってなされたばかりでなく、顕教の僧や神主・禰宜たち、あるいは浄土や禅の集団からもアプローチがなされた。密教の僧が主体となって仏法界や神信仰を含めた宗教界全体に影響を及ぼしたという側面はあるが、密教以外の仏法、あるいは神信仰、さらには外護者や信徒の側からも密教化を進める動向があったと見るべきである。そこでは、密教が持つ〈本質―現象〉の二元論思想が全体の枠組を構成する上で重要な役割を果たした。この思想構造を活用することによって、密教を基調に全宗教を包含する枠組が形成されていった。

神仏の融合の日本における展開においてはどうだったろうか。これまで述べてきたように、〈本地垂迹説〉は密教の「本地」の思想を導入することによって成立した。この思想を最初に宣揚したのは、伊勢神宮内宮の荒木田氏二門であるが、そこに密教の僧の協働があったと理解される。その時期は十一世紀後期である。また、「本地」と「垂迹」とを結びつけ、〈本地垂迹説〉を理論的に創案したのは真言僧の済暹だったと理解される。さすれば、〈神仏融合史〉から見るなら、九世紀ではなく、十一世紀後期こそを、密教を基調とする全宗教の枠組の形成がなされた時代とするべきだと考える。それは、私見では、日本の仏法、神道、そして神仏融合が次の段階に入る十五世紀後期頃まで継続していく。

〈鎮守〉の社の造営

もう一つ、この時代で重要なことがある。それは、第Ⅰ章でも考察した〈鎮守〉の社の造営である。上島享氏が指摘したように、[135] 十一～十二世紀に、日本社会に〈鎮守〉の思想が流通しはじめ、「王城鎮守」から、「当国鎮守」、さらに「当所鎮守」というように、それぞれの地域単位に〈鎮守〉を設置する思想が語られていった。特に、上島氏が注目した塩津港遺跡出土木簡[136]は重要で、十二世紀中期における在地の宗教・思想の様相を明らかにする上で要になる史料であると考える。

では、その思想的特質はどこに求められるだろうか。上島氏は指摘していないが、私見では、〈鎮守〉は密教の思想に基づく概念であると考える。たとえば、『阿吒薄倶元帥大将上仏陀羅尼経修行儀軌』には、「一切鬼神、阿修羅、四方鎮守護法善神、将軍護世持国天王、金剛力士、般若善神、天龍八部、人及非人。悉来㆓集会㆒結㆓誓言㆒、同心護㆓仏法蔵并及汝等衆生㆒」（大正蔵No.1239, 188a）とあって、仏法を守護する神たちが列記される中に「四方鎮守護法善神」という概念が見える。また、伝一行撰の疑偽経典と考えられる[137]『梵天火羅九曜』には、「敬白大梵天王、帝釈天王、閻羅天子、五道大神、太山府君、司命、司禄、十二宮神、七曜、九執、二十八宿、薬叉薬叉女、毘舎遮毘舎支、歩多、那天等。殊別当所鎮守護法善神」（大正蔵No.1311, 462b）とあって、「当所鎮守護法善神」という概念が見える。こうした「四方鎮守護法善神」「当所鎮守護法善神」という概念は、上島享氏が重視した塩津港遺跡出土木簡の記載と類似しており、同木簡はこうした密教経典の記載を参照して記されていると理解される。

日本の〈鎮守〉の思想は、仏法と無縁ではない。密教の流布と密接な連関がある。〈鎮守〉の概念は、疑偽経典を含む密教経典に記される思想に基づいて使用された。そして十一世紀、日本で密教化が進展する中で、密教の神仏融合思想に立脚して〈鎮守〉の概念が取り上げられ、地域社会に流布していった。それは、最初は都をはじめ畿内で進展した。やがて十二世紀になると、この動向が地方にも展開、浸透していき、「当国」や「当所」に〈鎮守〉の社が造営され、あるいは既存の社が〈鎮守〉だと位置づけられていった。

密教が広まると〈鎮守〉の社ができるというのは、直接的には結びつきにくいような話と思われるかもしれない。だが、密教の神仏融合思想を間に一枚挟み込めば、事態は齟齬なく了解される。〈鎮守〉の社では神がまつられた。けれども、それは〈本地垂迹説〉によれば仏菩薩でもあった。こうして、密教化の進展により、日本の地域社会に「本地」の概念とともに、〈鎮守〉の概念が浸透し、これによって中国などアジア東部の国・地域とは少しく異なる神仏融合状況が展開するところとなった。

神社の信仰圏の拡大――『神道集』の「熊野権現事」

日本の神社は、多くが土地や土地の自然（山・河川など）と密接に連関する神をまつった。もちろん、それがすべてだというのではない。たとえば、皇祖神の天照大神をまつる伊勢神宮が日本の神社の中核にあるし、他にももとは都市国家的な地域権力（「クニ」）がまつる神であったと推定される過去を持つ神社がある。あるいは、祇園社のような外来神をまつる神社がある。さらには、八幡宮のように、発祥地の宇佐から政治権力の中心地へと複数回の進出を行なった神社もある。とはいえ、『延喜式』巻九、巻十の「神名帳」を一覧するなら、(138) 平安時代初期において、地域社会においては、多く土地や土地の自然に密接に連関する神がまつられていたと見てよい。その中で、『延喜式』に「名神大」と記される神社の祭神は、その地域の代表的な神と見ることができる。

そうした中、平安時代中後期になると、第I章で見たように、地域社会に〈鎮守〉と呼ばれる新しい神社が成立するようになり、平安時代末期になるとそれが広く展開し、地域社会に深く入りこんでいった。他方、それと並行するようにして、地域に根差した地方の神が、発祥地から他の地域へとその信仰圏を拡大するという動向が進展していった。私見では、その原動力になったのは〈本地垂迹説〉の成立と展開であったと考える。この方面に関しては、これまで歴史学分野よりも、文学研究分野で多くの研究成果が蓄積されてきた。ここではそれに学び、地方の神の信仰圏の拡大について、筆者なりの若干の展望を述べたい。

要となるのは、『神道集』(139) の読解とその評価になる。たとえば、同書巻二「熊野権現事」には、中天竺の摩訶陀国の善財王の后の一人である五衰殿の女御の説話が語られる。大変著名な話である。この説話は、室町時代以降広く展開する、〈熊野の本地〉（「熊野御本地のさうし」など (140)）の原型になっており、御伽草子、室町物語などと呼ばれる一連の物語文学群の源流になっているから、文学史上重要な説話だと位置づけられている。他方で、〈熊野の本地〉の物語は、日本の美術の表現にも影響を与えていることが知られている。(141) したがって、この説話は、〈神仏融合史〉にとって重要であるばかりでなく、文学、美術など広く日本文化史に大きな影響を与えている。

さて、「熊野権現事」は、冒頭、「抑熊野権現ト申スハ、役行者・婆羅門僧正、弁真本地ヲ信仰シ給ヘリ」と始まり、まもなく「先三所権現ト申スハ、証誠権現ハ、本地アミタ如来ナリ。両所権現、中ノ御前薬師、西ノ御前ハ観音ナリ。五所王子ノ内ニ、若一王子ハ十一面、禅師ノ宮モ十一面、聖ノ宮ハ龍樹ナリ、児ノ宮ハ如意輪ナリ、子守ノ宮ハ請観音ナリ」と続いていく。そして、五衰殿の女御の説話が長く語られ、やがて末尾近くになると、「故証誠殿ノ誓ヒハ、余ノ神達ニ超ヘ給ヘリ、八相成道ノ暁マテ、結縁ノ衆生捨シト誓在ス。熊野権現ノ誓ヒハ、一度我山ニ参詣ヲ成ン者、設ヒ三悪道ニ至ト云共、験シヲ差撰取、度セント誓給タリ、其時ノ験シ参詣ノ時ノ宝印是」という直接的な章句が語られている。ここで注目されるのは、

①「本地」の語が見え、三所権現、五所王子などの「本地」が明記されること。
②「信仰」の語が見え、熊野権現の「本地」への「信仰」が説かれること。
③証誠殿（本宮）は他の神たちを超えていると説かれること。
④結縁した衆生のことは決して見捨てないと説かれること。
⑤一度熊野の山に「参詣」したなら、たとえ三悪道（地獄・餓鬼・畜生）に堕ちても、その験《しるし》があれば救われると説かれ、その験となるのは宝印だと唱えられること。

である。ここには、熊野権現の信仰の利益が、熊野以外の地域の人々に対してストレートに唱えられている。他の神々よりも熊野の神が優れている。たとえ地獄・餓鬼・畜生の三悪道に堕ちるようなことがあったとしても、熊野権現の力によって助かることができる。熊野の「本地」を「信仰」すれば大きな力が与えられる。熊野の地を「参詣」したならば、その力はより増大する。参詣の証明として牛王宝印を入手するのがよい、とする唱導である。

この五衰殿の女御の説話は、松本隆信氏の研究によれば、仏典『旃陀越国王経』（大正蔵No.518）に依拠して構成されている。『神道集』は、十四世紀中期に編纂された説話集であるが、そこに収録されるこの五衰殿女御説話の原型は、すでにこれ以前に、(i)嘉禄三年（一二二七）書写の「本宮御正体の銘」（『熊野旧記』）、(ii)正嘉元年（一二五七）撰の『私聚百因縁集』の「役ノ行者ノ事」、(iii)元亨四年（一三二三）成立の存覚『諸神本懐集』に見えるという。[142] ならば、『神道集』「熊野権現事」の原型となる五衰殿女御説話は、十三世紀前期にその輪郭が——先に指摘した①〜⑤のどこまでが含まれていたのかは確認できないとしても——生まれていたと見られよう。したがって、

図VIII–3　一遍上人神勅名号碑（熊野別当九鬼宗隆の建立　昭和四十六年〈1971〉4月14日）

十三世紀には、熊野の地において、この説話を活用した何らかの唱導が開始され、それがしだいに成長していき、やがて「蟻の熊野詣り」と言われるようになる熱心な熊野三山参詣へと発展していったと理解される。それは、〈本地垂迹説〉の成立を契機として展開した、神（権現）の信仰圏の拡大の成果だと評価されよう。

なお、『一遍聖絵』によると、一遍は、文永十一年（一二七四）の夏、高野山から熊野へと参詣した。そこで「本宮証誠殿の御前」で祈請していると、「白髪なる山臥」が出現し、「融通念仏」の価値や「他力本願の深意」を告げられ、「信不信をえらばず、浄不浄をきらわず、その札をくばるべし」との賦算の活動を承認する大権現（熊野権現）の「神託」があったという。一遍は各地の神社を参詣したが、中でも熊野権現は特別に重要な神であり、その神託は彼の仏法の展開にとって重大な意味を持っていた。また、一遍を継いだ他阿真教をはじめとする時衆の集団は、その後も熊野の神を特別の存在として重視していった。[143] 彼らは本宮の神である家津御子神が阿弥陀如来の応化であると認識して熊野権現を重んじた。

さらに、親鸞系諸門流の一つである荒木門流の『真仏因縁』や、覚如の『親鸞伝絵』の「熊野霊告」でも、平太郎の熊野参詣を題材に、[144] 念仏者の熊野参詣の問題が語られている。[145] このように、十三世紀には、〈念仏聖〉たちの集団にとっても、[146]〈本地垂迹説〉に基づく神仏融合をどう理解するか、また熊野参詣をどう位置づけ、評価するかが、大きなテーマの一つになっていた。熊野の神への信仰は〈本地垂迹説〉を経ることによって新しい段階に入り、これによって仏法の諸集団にも大きな影響を及ぼすところとなったのである。

〈本地垂迹説〉を活用した信仰圏の拡大——〈本地物〉の説話へ

『神道集』からもう少し類似の事例を検証しておこう。「諏方縁起」を見たい。甲賀三郎の活躍が語られるこの説話では、その末尾で、「凡日本六十余州ニ神祇神社多ト云ヘ共、心深ク神明ノ身ヲ受ケ、応迹示現ノ徳新ニ、衆生守護ノ方便ノ忝キ事、諏方ノ大明神ノ御方便ニ過タルハ無シト云々」と語られる。日本全国に神や神社は数多いが、応迹示現の徳を新たにし、衆生を守護することのありがたさは、諏訪大明神にすぐるものはない。諏訪の神は他のどの神よりも勝っており、日本一である、との宣教が語られるのである。こうして、諏訪社においても、〈本地垂迹説〉の成立を契機として、諏訪の神の利益のありがたさが説かれ、他の地域の人々に諏訪の神への信仰が宣教されていった。

福田晃氏によれば、『神道集』に収められる〈縁起〉類は、ヨミ（音読）の唱導のテキストであったという。これらには、その冒頭、「抑《そもそも》〜」とか「夫《それ》〜」とかと語り始められる話が多くある。[147] 末尾も語り物調に終わるものが少なくない。福田氏の指摘の通り、これらの説話は大変リズミカルかつ流麗で、音読によって、演劇的・音楽的に語られる文体になっている。福田氏は、また、その写本には読み上げ用の台本と見られるものがあることから、これらは大社・大寺の御宝前において唱導者によって読誦せられたとし、また写本の分布から、唱導者たちはその写本あるいは絵巻を携帯して宣教活動の旅に赴いて、その神社の神の信仰や参詣の利益を宣教して周ったという。[148] 神社の社頭などで、その神社の利益が説かれる説話が芸能的に語られ、また各地にその信仰が伝えられていったのである。

筆者は、〈本地垂迹説〉は必ずしも神社に不利な思想ではなかったと考える。いや、それは神信仰にとって大いに活用しうる思想であった。神々はその「本地」を語ることによって、土地に密着した個別性を相対化し、一般性を手に入れることができた。これによって、畿内の神社のみならず、地方の神社においても、競うように自らの神のありがたさが説かれるようになり、その「信仰」の利益が唱導された。

『神道集』には、「二所権現」(箱根・伊豆)、「三嶋之大明神」のような、今日の神奈川県や静岡県の神社の利益を語る説話が収められ、また「赤城大明神」「伊香保大明神」「児持山大明神」など、現在の群馬県、すなわち上野国の神社の説話が多く収められている。上野国の神に関わる説話が多く収められることは、この説話集の大きな特色になっている。畿内の神社でもない、都から遠く離れた地方のこうした神社において、〈本地垂迹説〉に基づく説話が熱心に語られ、その神のありがたさが説かれ、信仰圏の拡大が図られた。その動向は、室町時代以降の〈本地物〉の物語の隆盛へと展開していくことになる。

むすび

前章では、「垂迹」の思想の日本における受容について考察した。その上で、末尾近くで「本地」の語が見える史料のいくつかについて指摘したが、「本地」については簡単な分析に終わったり、史料名をあげるにとどまったりするものが少なくなかった。本章ではあらためて「本地」の概念が見える史料を詳細に検討し、〈本地垂迹説〉の成立とその特質について考察した。最後に、本章での考察結果をまとめておきたい。

第一は、〈本地垂迹説〉の成立である。〈本地垂迹説〉は二段階の過程を経て成立した。第一段階は「垂迹」思想の受容で、これは八世紀から開始された。前章で述べたように、「垂迹」の思想は中国仏法で説かれていた思想で、それが導入、受容されて日本でも流通するようになった。この思想は、九・十世紀と時代が進展するにつれて、しだいに理解が進み、日本社会に浸透していった。そうした状況の下、十一世紀後期になると、日本国内で「垂迹」の思想と「本地」の思想とが接合され、これによって〈本地垂迹説〉が成立した。

第二は、「本地」の概念・思想の由来である。「本地」は、もともと『大日経疏』の「本地法身」に淵源する概念で、密教の用語であり、密教思想に立脚する概念であった。ただ、『大日経』および『大日経疏』において、「本地法身」「法身」と対になる概念は「影像」であった。そうした中、真言僧である仁和寺の済暹は、「影像」とは「垂迹」のことだと説き、この言説の提起によって、「本地」と「垂迹」とが対概念になる道が開かれた。こうして、従前から存在し、天台宗などによって宣揚された「垂迹」の思想に、「本地」の思想が接合されて〈本地垂迹説〉が成立した。筆者はこの済暹の論説の登場をもって、〈本地垂迹説〉の理論的成立と論定したい。

第三は、〈本地垂迹説〉の提起における神社の役割の重要性である。十一世紀後期にはじめて「本地」の概念・用語が登場する。『大神宮諸雑事紀』に見えるのがそれで、これを提起したのは伊勢神宮内宮の禰宜を務めた荒木田氏二門であった。そこには東大寺僧もしくは真言僧の連携があったと推定され、両者の協働によって提出された思想だと判断される。次に「本地」の概念・用語が確認できるのは熊野で、十二世紀前期のことになる。そこでは熊野の三所・五所の神のそれぞれの「本地」が語られた。そこには仁和寺および園城寺の僧の関与があったと推定される。さらに、十二世紀後期になると、蓮華王院の惣社に見られるように、日本の主要な神社の多くにおいて、その神の「本地」が語られるようになった。こうして十二世紀を通じて日本の〈本地垂迹説〉は確立していった。

第四は、〈本地垂迹説〉の成立・確立における「本地」の概念・用語の重要性である。十一世紀、「本地」の周辺には、「本覚」「本縁」「本体」の概念があった。しかし、それらは結局のところ淘汰されてしまい、後世に継承される用語とはならなかった。対して、「本地」の概念は日本社会に広く受け入れられ、この概念に含意される密教の思想を基軸に〈本地垂迹説〉が確立した。そして、この語とともに後世に継承されていく〈本地垂迹説〉が展開していった。その大きな要因になったのは、神社が「本地」の概念・用語を採ったことである。

第五は、日本の仏法・神信仰それぞれにとっての〈本地垂迹説〉の意味である。〈本地垂迹説〉は〈本質〉と〈現象〉の二元論思想である。この思想を創出したのは仏法の側で、そこでは仏菩薩を〈本質〉とし、神を〈現象〉とする論理が構成された。だから、この思想は仏法を上位に位置づける思想として形成された。それは、仏法が自らを優越的な位置に設定する見地から定立された思想だと見ることができる。では、神社にとってはどうだったのか。仏法を上位に位置づけるこのような思想は、神社にとって容認できない思想であったのか。筆者はそうではなかったと考える。多くの神社は、自らの神の「本地」を積極的に語っていった。神社、そしてその神信仰にとって、〈本地垂迹説〉は活用しうる新思想であった。この思想により、土地に密着した神社の個別性を相対化することができ、発祥地から離れた地に自らの信仰圏を広げることが可能になった。これによって、ある一つの土地の神への信仰が、その土地を離れて別の地へと流布されていった。その際に注目されるのが〈本地物〉の説話である。それは、神社の信仰圏の拡大に大きな成果をもたらした。〈本地物〉は、〈本地垂迹説〉成立後に生み出された説話であるが、物語の発展の中で独自の応用的変化を遂げ、ジャータカにも類似した神の本生譚を語る形式の物語へと成長していった。そこで語られる神の「本地」の物語は、〈本地垂迹説〉の言う「本地」の概念から大きくはみ出したものになり、本来の意味を逸脱することによって成長、発展を遂げていった。そして、これによって日本の神信仰は新しい段階へと進展していった。

第六は、「垂迹」の思想から〈本地垂迹説〉への進展の持つ重要性である。一見すると、この展開は同質の思想のわずかな発展にしか見えないかもしれないが、その実質はそうではない。大変大きな、決定的な変化だったと評価される。前者は、仏法が神をどう位置づけるかというところに力点が置かれる思想であった。これによって神々は仏菩薩の垂迹とされた。対して後者は、神社が自らまつる神の「本地」を何らかの仏もしくは菩薩と位置づけるところに思想の力点があった。これによって多くの神社において神の「本地」が設置されていった。こうしてこの思想は、仏法の思想から神社の思想へと飛躍したのである。

第七は、日本の〈神仏融合史〉における〈本地垂迹説〉成立の歴史的意義である。終章で詳論するように、筆者は日本の〈神仏融合史〉を全四期に時期区分して理解している。日本の〈神仏融合史〉は、十一世紀後期、〈本地垂迹説〉の成立によって、新しい段階へと展開した。すなわち第Ⅰ期から第Ⅱ期への進展である。[149] 第Ⅰ期の日本の神仏融合は、中国の仏法から〈神道離脱〉の思想や〈護法善神〉の思想を導入して、神宮寺を建立し、〈神前読経〉や〈神前講経〉を実施するものであった。また、中国の仏法から「垂迹」の思想を導入し、それを咀嚼、吸収するものであった。さらに、中国から、神仏が併存する聖地としての山という思想を受容し、日本の深山を宗教的聖地へと改造するものであった。第Ⅰ期は、文明としての仏法を受容する中での神仏融合思想の受容・展開であった。対して、第Ⅱ期には、中国にはない〈本地垂迹説〉が日本国内で創出され、これによって寺院と神社の協働と融合が一層推進される段階へと進展した。〈本地垂迹説〉は、系統の異なる二つの仏法語である「本地」と「垂迹」を対概念として接合して日本で生み出された思想で、組み換えの手法によって形成された思想であった。この思想は、日本の神社や神信仰を発展させるものとして機能した。

第八は、日本の宗教史・文化史における〈本地垂迹説〉成立の歴史的意義である。〈神仏融合史〉は、日本宗教史、日本思想史の中核的な柱となるものであり、日本文化史にとっても大きな柱となるものである。〈本地垂迹説〉の成立は、密教を基調とする全宗教の枠組の形成に大きな役割を果たしたから、日本仏教史にとって重要な画期の一つとなったと言ってよい。だが、それ以上に重要なのは、この思想が神社の神の信仰圏を拡大させる役割を果たしたことで、日本神道史にとって決定的な画期となった。仏法にとっても、神信仰にとっても、〈本地垂迹説〉成立の歴史的意義は大きい。さらに、この思想によって、「本地」や「垂迹」を描く絵画や彫刻が誕生したから、日本美術史の展開にとっても重要な思想になった。また「本地」と「垂迹」を語る説話が寺社などで語られ、それがその後の文学の注目すべき源泉の一つになったから、日本文学史の展開にとっても重要な思想となった。したがって、〈本地垂迹説〉は日本文化史にとって重要な思想と位置づけられ、その成立と展開の歴史的意義は大変大きいと評価される。

終　章　神仏融合史の特質

はじめに

仏法と神信仰の融合は、日本では、近代になって「神仏習合」と呼ばれるようになった。この概念・用語は、鈴木正崇氏によれば、二十世紀の初頭に、明治初年の「神仏分離」の対概念として「遡及的」に創出、提示され、まもなく学術用語として定着していったものだという。[1]林淳氏によれば、当初は「神仏混淆」の用語も行政の分野などで用いられたが、学術の世界では多く「神仏習合」の用語が用いられ、まもなくこの言葉が定着していったという。[2]いずれも重要な指摘である。その中心にあった学者は辻善之助であった[3]（本書第Ⅱ章）。そこでは、「神仏習合」は、外来の仏法と日本古来の神道とが日本において融合して形成されたものであって、日本文化のすぐれた特質の一つであると評価された。しかし、明治時代からすでに多くの年月を経た現在、あらためて再考してみるに、そうした理解には先入観や時代の制約などによる誤認が見られ、修正が必要だと考える。私たちは明治・大正期の国史学以来の「神仏習合」認識を克服し、人文学研究のその後の進展の成果に立って、新たな理解の下に神仏の融合の歴史とその意義を捉え直す必要がある。

終章では、これまでの本書の考察全体の成果に立って、日本の〈神仏融合史〉をどう理解するかについて本書の結論を提示し、その見地に立った上でアジアの〈神仏融合史〉をどう展望するかについて触れることにしたい。第一は、日本に伝来した仏法がそもそもどのようなものだったのかについての確認である。そして、そこから〈神仏融合史〉を国際的に考察する必要性を再確認する。日本に伝来した仏法は、よく知られるように、インドの神々への信仰や中国思想・信仰を多々含むものになっていた。インド、中国においてすでに神仏の融合が進展しており、その融合した仏法が日本に伝えられたのである。ここでは、この事実を再確認するところから議論をはじめたい。

第二は、日本の〈神仏融合史〉の時期区分の提示である。日本の神仏融合には歴史があり、時代ごとの展開と変化が認められる。その歴史的変遷の実相とその意義を時期区分という形で示したい。本書の結論の一つとして、日本の〈神仏融合史〉の時期区分を第Ⅰ期から第Ⅳ期に至る歴史過程として提示し、各段階の特質がどのようなものだったのかについて論究する。

第三は、アジアの仏法圏の各地域に見られる神仏融合を比較することによって析出される〈共通性〉と〈差異〉がどこから来ているのかについて、本書の考察に基づいて一定の見通しを提示する。ここで、〈共通性〉にかかる部分は仏法の共通性から来ているところが大きく、他方、〈差異〉にかかる部分は各地域の神信仰の差異から来ているところが大きいとする見通しを提示する。

第四は、日本の〈神仏融合史〉を世界史の中に位置づける作業の第一歩として、西欧のキリスト教文化圏における様相と類比しながら理解しようとする先行学説を取り上げ、本書の視座からの論評・批判を提示する。その上で、カトリック文化圏と比較すると、むしろ〈差異〉の部分が多く見られることを論じ、〈神仏融合史〉を世界史の中に位置づける試みの筆者なりの方向性を提示する。

最後に第五として、本書が「神仏融合」という用語を用いることの趣意について、あらためて筆者なりの見解を提示する。本書の結論としてこの五点について論究し、もって終章としたい。

一　仏法の理解、神信仰の理解

歴史の中の仏法

日本に伝来した仏法はどのようなものだったろうか。インドでシャカによって開始された仏法は、その後の時間の進展の中で、当初の姿から大きく変化を遂げたものになっていた。シャカの時代の仏法は、自らが瞑想・修行を実践し、戒律を遵守する禁欲的な生活を送ることによって覚りを獲得し、ブッダとなる、あるいはアルハト（聖者、阿羅漢）となることを目指す宗教であった。〈初期仏教〉とか〈原始仏教〉などと呼ばれる最初期の仏法がそれである。シャカが形成した集団は、その後複数の集団に分かれ、〈部派仏教〉へと進展した。そして、やがて〈大乗仏教〉が誕生する。〈大乗仏教〉は、南インドのアーンドラ地方で、『八千頌般若経』などの「般若経」系経典と空の思想が成立し[4]、それと前後して仏法の周囲に存在していた神々が仏法の中に取り入れられることによって新たな信仰が開始された。従来の仏法の世界に種々の新思想や神信仰が加えられ、融合によって〈大乗仏教〉が成立したのである。なお、〈大乗仏教〉の確立には、西北方遊牧民族がインドに侵入、征服して作った王朝であるクシャーン朝の成立とその宗教政策が大きな要因になっている。

〈大乗仏教〉が成立すると、仏法の周囲にあった神々が仏法の世界に吸収され、これによってシャカだけではなく、多数のブッダ・菩薩が成立した。弥勒菩薩・観音菩薩・毘盧遮那仏・阿弥陀如来などがそれである。それらの多くは、もとは西北インドやイラン高原方面の神、あるいはゾロアスター教の神、もしくはその強い影響を受けて成立した神たちだった[5]。

アフガニスタン・バーミヤンの東大仏・西大仏は、二〇〇一年三月の爆破によって破壊されてしまった。だが、幸いにも、一九六九年の名古屋大学の調査隊と、一九七四、七六、七八年の京都大学の調査隊による調査記録と写

図終-1　バーミヤン石窟　東大仏龕の天井画　ミスラ
京都大学人文科学研究所所蔵

真（図終-1）が残されており、爆破以前の状態を調査資料から把握することができる。東大仏は高さ約三八メートルの釈迦仏で、仏龕の天井には壁画が描かれており、近年、調査資料を活用して、宮治昭氏監修・正垣雅子氏筆の書き起こし図が作成された（図終-2）。大変貴重なものと言える。宮治氏の研究によれば、この天井画の主神は、丸首・筒袖の遊牧民の服装をしており、四頭の有翼の白馬に曳かれる馬車に乗り、右手に槍を持つというアトリビュート（持物）が見られ、そこからゾロアスター教で信仰された太陽神のミスラであることが判明するという。主神の周囲には有翼の二女神、半人半鳥の神、ハンサと風神などが見られ、全体が東イランのゾロアスター教の信仰世界になっているという。それが仏法の釈迦の大仏の天井画に描かれ、礼拝された。次に西大仏は、高さ約五五メートルの弥勒仏で、仏龕の天井壁画には、大きな弥勒菩薩坐像と二楽天、さらに天人天女の讃嘆を受ける菩薩列が描かれており、そこからこれが弥勒菩薩の兜率天世界を描くものであることが判明するという。[6] バーミヤン石窟では、他にも弥勒菩薩像が多数造像されている。ミスラは大乗仏教の弥勒菩薩（マイトレーヤ）の源流になった神であると推定されている。

また、宮治氏によれば、天輪聖王の神話とその信仰は、インドのバラモン教の馬祭祀と、ゾロアスター教の神から王が授かる光輪（フワルナ）の観念とが融合して成立したと見られるという。[7]

〈大乗仏教〉では、また、インド内部のさまざまな神々が仏法に取り入れられていった。それらは漢訳経典では「天」と表現された[8]。帝釈天・大黒天・吉祥天・毘沙門天などの天部の尊格がそれである[9]。それらは、仏・菩薩にせよ、天にせよ、シャカ自身の全くあずかり知らぬ尊格だった。そうした新仏法たる〈大乗仏教〉がインドで隆盛し、その後、広くインド外へと流通を開始した。そして、〈大乗仏教〉は〈部派仏教〉を一部伴いながら、西域を経て中国に伝来した。

図終–2 同 描き起こし図 宮治昭監修・正垣雅子筆

ペルシア（イラン）のゾロアスター教などで信仰された太陽神ミスラは，東方，西方へと流通し，他の地域の宗教・信仰に大きな影響を及ぼした。アフガニスタンのバーミヤン石窟では，2001年3月，タリバンによって東大仏・西大仏の二大仏が爆破された。これ以前，東大仏の天井にはミスラが描かれていた。爆破以前の京都大学調査団撮影の写真と，宮治昭氏・正垣雅子氏による描き起こし図を掲げる。ミスラは，大乗仏教において弥勒菩薩が成立する源流となった神と理解されている。

仏法は、中国に至ると、今度はこの地において、種々の中国的な要素や信仰を取り入れて新たな展開を開始した。中国では、最初、仏法はなかなか受容されなかったが、四世紀のいわゆる五胡十六国時代になると、非漢族の王朝によって仏法が興隆せしめられ、これによって中国社会に本格的に受容されて広く、深く流通を開始した[10]。こうして南北朝から隋唐時代に仏法は中国の主要な宗教の一つとなり、隆盛した（図終–3）。それは、四世紀末から五世紀になると、今度は中国東方の朝鮮半島の高句麗、百済、そして新羅に至り、六世紀には百済から日本へと伝播した[11]。

図終-3　天台山の国清寺　現在の伽藍殿と伽藍神像　中国・浙江省台州市天台県

インドでは、その後、密教が成立した。[12] 密教は、ヒンドゥー教の神々を取り入れ、その呪文や儀礼を大幅に吸収した仏法になっており、ヒンドゥー教の多数の神々を仏法の枠組の中でまつる宗教になっていた。密教はまもなく中国に伝えられ、それ以前に伝えられた仏法と一体になって中国社会に流通した。日本に伝えられた仏法は、だから、すでに仏法が歴史的・地理的に展開する中で吸収した種々の神々や思想を濃密に含んだ混合体になっていた。

あわせて重要なのは、仏法は最初の伝播だけでなく、その後何度にもわたって新しい仏法となって伝播したことである。日本にも何度も新しい仏法が伝播した。[13] 日本には、最初は百済の仏法が取り入れられた。のち、百済の滅亡後は、今度は新羅の仏法が受容された。さらに八世紀になると、遣唐使による交流が盛んとなり、これによって唐の仏法が本格的に取り入れられた。[14] 唐の高僧たる鑑真も日本に渡来し、唐の仏法を伝えた。平安時代になると、入唐八家などの活躍によって、唐の新しい密教が日本に伝えられた。さらに、唐が滅亡すると、今度は禅教律と念仏を中心とする宋の新しい仏法が日本に伝えられた。新しく伝えられた仏法は、先に伝えられた仏法の上に積み重なるように重層していった。大乗仏教や密教の伝来により、日本でも、ゾロアスター教に起源を有する神々や、ヒンドゥー教に由来する神々が、仏法の枠組の中で信仰されるようになった。

だから、日本に伝えられた、あるいは僧たちによって請来（将来）された仏法は、シャカが最初期に説いた仏法ではなく、また成立期の大乗仏教でもなかった。それはすでに混合体となった仏法になっていた。筆者は、ここでそれを不純で劣ったもの、軽蔑すべきものとして断じようというのではない。仏法は、そうした混合体として世界に流布され、世界宗教となっていった。だから、むしろそうした混合体こそが世界宗教としての仏法だと見る認識が必要である。日本に伝来し、展開していった仏法は、すでに他の神々や諸々の信仰を吸収、融合したもの、神仏が融合した混合体になっていた。

歴史の中の神信仰

一方の「神道」はどうだろうか。近世後期から近代になると、日本古来の神道なる観念が標榜されることがあった。だが、それは多くの先入観を含む言説であり、あるいは政治的に主張された言説と評価しなければならない。日本の「神道」は、当然のことながら、時代の進展の中で変化を遂げながらしだいに形成されてきたもので、歴史的に形成されたものと見るべきである。[15] 明治大正期の日本の神道は、日本列島における神信仰の発展の中での、一九世紀末期から二〇世紀前期の時点での姿を示すものであり、日本古来の神道がそのまま保持されたものではない。

日本列島には、縄文時代、弥生時代、古墳時代から神信仰が存在した。ただ、それらの様相は、研究の現段階では史料が乏しく、まだ十分には解明されていない。それは今後の研究課題になっている。考古史料のみならず、文献の史料が一定程度存在し、神信仰の具体的な様相が判明するのは、八世紀になってからのことで、この時代になると、六国史の神祇祭祀関係記事、『日本書紀』『古事記』『風土記』などに記される神話、「神祇令」や『延喜式』の規定などから、その姿を一定程度知ることができる。[16] それによるなら、八世紀の日本の神信仰は、各地域の土地の神、自然の神を祀る信仰を基本に置きつつ、新しく成立した天皇制度における天皇家の祖先神への祭祀や、貴族の祖先神や渡来人の祖先神への祭祀が複合的に併存するものになっていた。そこに、さらに大陸から伝来した神信仰がそれらに重なり合うように重層していった。したがって、八世紀段階での日本の神信仰は、種々の神々への信仰が併存、複合するものになっていた。多神教の世界である。

日本の神信仰は、その後、平安時代・鎌倉時代を通じて大いに発展したが、それは〈神仏融合〉が進展する中での発展であった。日本の神信仰は、仏法と共存し、複合し、融合した。そして、それによって発展を遂げ、いわゆる「中世神道」が形成された。[17] さらに、室町時代に至ると、「吉田神道」が形成され、日本の神信仰は新しい「神道」の時代へと進んでいった。[18]

だから、日本の〈神仏融合〉は、混合体としての仏法と、諸信仰が併存、複合する神信仰とが出会い、時間の進展の中で、複雑な立体化を遂げて、順次形成されたものと理解すべきである。仏法と神信仰は、共存し、複合し、さらには融合した。それは仏法の側から見れば、伝播した地域の神々と共存しながら流通し、浸透していく過程の一つであり、日本列島への土着の過程であって、インドにおいても、中国においても、中国周辺国においても見られた仏法流通の姿の一齣であった。他方、神信仰の側から見るなら、それは新来の仏法と併存、複合しながら共存、共栄を目指す過程であり、さらには仏法と融合することによってさらなる発展と増広を遂げる過程でもあった。こうして日本でも神仏の融合が成立、展開した。その融合の姿は、歴史の進展の中で、しだいに日本的な独自性を見せるようになり、時間をかけて日本の〈神仏融合〉の文化的個性が形成されていった。

二　日本における神仏融合史の諸段階——時期区分

神仏融合には歴史があり、時間軸の中での変遷が認められる。日本の神仏融合の歴史、すなわち〈神仏融合史〉はどのように時期区分できるだろうか。

本書の考察によるなら、日本の〈神仏融合史〉は次の四期に時期区分して理解することができる。

第Ⅰ期　八世紀中期から十一世紀後期
第Ⅱ期　十一世紀後期から十五世紀後期
第Ⅲ期　十五世紀後期から十九世紀後期
第Ⅳ期　十九世紀後期から現在

第Ⅰ期

第Ⅰ期は、八世紀中期から十一世紀後期、具体的には日本における神仏融合の開始から〈本地垂迹説〉の成立までの時代である。本書第Ⅰ章は、第Ⅰ期の神仏融合の様相を詳述したものである。日本の〈神仏融合史〉は、八世紀中期に開始された。日本は、この時代、遣唐使などによる日中交流によって、中国の仏法で説かれていた〈神道離脱〉〈護法善神〉の思想および神の山や廟などに寺院を造立する論理・手法を唐から受容した。そして、その思想・文化に依拠して各地の神社に神宮寺を併設していった。神宮寺成立の歴史的意義は大変大きい。第Ⅰ期の時代、日本の主要な神社には多く神宮寺が併設され、神仏一体の活動が開始された。これをもって日本の神仏融合の開始と位置づけたい。

もう一つ重要なのは、これまでも指摘されてきたように、神に対して仏法の経典を読誦する〈神前読経〉や、経典を講説する〈神前講経〉が開始されたことである。これもまた思想的には、〈神道離脱〉〈護法善神〉の思想に基づく営為であった。神に対して、仏法の経典を読誦あるいは講説する営為はすでに中国に見られる。それは、一方で神を仏法に帰依せしめる行為であったが、他方では神を慰撫するという意味を持った。

神宮寺は、第Ⅰ期において日本社会に浸透、定着した。第Ⅱ期になると、〈本地垂迹説〉の成立に伴って神社に新たに「本地堂」が造立されるようになり、その結果、神宮寺と本地堂とが並立したり、神宮寺という名称でありながら本地堂の意味合いを持つ堂舎が造立されたり、神宮寺に代わって本地堂が造立されるような多様な事態が展開した。[19]神宮寺や本地堂は長く繁栄したが、近世後期頃からは退転するものも現われ、第Ⅳ期に神仏分離が断行されると、地域ごとの濃淡はあるが、廃仏棄釈によって多数の神宮寺や本地堂、あるいは別当寺などが破却されていった。今日では地上から堂舎が消え、遺構を残すばかりの神宮寺が少なくなってしまった。

さて、この第Ⅰ期の動向でもう一つ注目したいのは、最澄、空海、宗叡などの入唐・帰国によって、神仏が併存する山という観念が中国から導入されたことである。これについては、本書第Ⅳ章・第Ⅴ章・第Ⅰ章で詳述した。奈良時代にもすでにいくつかの山岳寺院が存在した。だが、入唐して唐の山岳仏法のあり方を学んだ最澄、空海、宗叡以降、日本においても神が居住するような深山が開拓されるようになり、広く山岳寺院が展開するようになった。これによって、中国に近似した神仏まします霊山が各地に興隆するようになっていった。

なお、この第Ⅰ期において、すでに中国仏法の「垂迹」の思想が日本に導入されている。この概念は十世紀に寺院社会・貴族社会に一定の流通を遂げ、和語で「アトヲタレタル」と訓ずる用法が生み出された。だが、この段階では、まだ「本地」の思想・概念と接合される段階には至ってはいない。この第Ⅰ期の時代にすでに日本に〈本地垂迹説〉が存在していると説く見解があることは承知しているが、私見ではそれは誤りとしなければならない。本書第Ⅷ章で詳論したように、〈本地垂迹説〉は、十一世紀後期に「垂迹」と「本地」の両思想が出そろい、二つが接合されることによって日本で成立した神仏融合思想と見るべきである。

第Ⅰ期の日本の神仏融合は、文明としての仏法を中国から受容するにあたり、その要素の一つとして、中国の仏法で説かれていた神仏融合の思想やその具体的な実践を日本に導入することによって成立した。これによって日本に神宮寺が建立され、神前読経・講経が挙行され、神仏の聖地としての山が開拓されていった。

第Ⅱ期

第Ⅱ期は、十一世紀中期から十五世紀後期、具体的には〈本地垂迹説〉の成立から応仁の乱までの時代である。〈本地垂迹説〉成立の歴史的意義は大変大きい。これによって、日本の〈神仏融合史〉は第二段階へと展開していった。〈本地垂迹説〉の成立過程とその思想としての特質については、本書第Ⅷ章で詳論した。

かつて、辻善之助は「本地垂迹説」の「起源」を問題とし、〈本地垂迹説〉の成立に至る歴史を内在成立展開史の構想から考察した。辻は、「本地垂迹説」の成立をもって日本の「神仏習合」は完成したと見た。しかし、これまで述べてきたように、この構想は妥当ではない。本書第Ⅷ章で論じ、また本書全体で説いてきたように、〈本地垂迹説〉の成立は重要であるが、それは新しい時代の始まりなのであって、これをもって日本の〈神仏融合史〉が完結したというのではない。

〈本地垂迹説〉は、具体的には、仁和寺で活動した真言宗の学僧たちによって創出され、最終的には、仁和寺の済暹によって、前代以来の「垂迹」と真言密教の「本地」とを接合させる理論として定立された。〈本地垂迹説〉は、系譜を異にする「垂迹」の思想と「本地」の思想とを日本で接合させて作られた新思想で、真言密教の学僧によって理論的に定立されたものであった。

ただ、ここで注意しなければならないのは、この思想を積極的に世に発信したのは神社だったことである。〈本地垂迹説〉は仏菩薩を「本地」（本質）とし、神をその「垂迹」（現象）と位置づける理論だから、仏菩薩を上位、神を下位に位置づける思想だと理解されやすい。もちろん、そのことは思想の外形の理解としては正しい。だが、実際には神社に好感され、神社から意識的に発信された。なぜなのか。それはこの思想が神社に有利な要素を含んでいたからである。神社は、熊野のような土地に根差した神をまつるならば、その土地の個別性に密着しており、あるいは伊勢神宮のような皇祖神ならば、皇祖神という個別的性格と不可分の存在であった。しかし、そこに〈本地垂迹説〉が適用されると、個別性を脱却することができ、阿弥陀如来、あるいは大日如来という一般性を手に入れることができる。各地の神社はこの思想を活用することによって、もともと土地に根差していた自らの信仰圏を拡大することに成功し、あるいは末社を造営することに成功した。伊勢神宮も新たな展開を求めることが可能になった。

「垂迹」の思想から〈本地垂迹説〉への進展はどのように理解されるだろうか。前者は、仏法が神をどう位置づけるかというところに力点が置かれる思想であった。これによって神々は仏菩薩の「垂迹」とされた。対して後者は、神社が自らまつる神の「本地」を何らかの仏もしくは菩薩と位置づけるところに思想の力点があった。これによって多くの神社において神の「本地」が設定されていった。仏法の思想が神社の思想になって展開していったのである。

この第Ⅱ期においては、これとあわせて、地域社会に〈鎮守〉の思想が浸透し、「当国」「当所」などに〈鎮守〉の社が造営されていったこと[20]が注目される。本書第Ⅰ章で論じた通り、〈鎮守〉もまた密教と深く連関する概念であった。筆者は、この第Ⅱ段階の日本の宗教界は、黒田俊雄氏の「密教による全宗教の統合[21]」という理解が妥当であり、それは筆者なりの理解によるなら、密教を基調とする諸宗教の枠組が形成された時代だと理解することができる（その一例として、神社に建立された多宝塔の写真を図終-4に掲げる）。

以上、第Ⅱ期の日本の神仏融合は、①神信仰が密教を基調とする仏法に包摂されていったこと、②〈本地垂迹説〉の成立によって神社の信仰圏が拡大し、末社が広く展開するなど神社の発展が見られること、の二点が重要な特質として指摘できる。

第Ⅲ期

第Ⅲ期は、十五世紀後期から十九世紀後期、具体的には応仁の乱から明治の神仏分離までの時代である。応仁の乱を日本の歴史の大きな画期と見る理解に内藤湖南（一八六六～一九三四）の見解がある。[22] この説は、その後、日本史家からも支持者が出て、一つの有力な学説になっている。日本の宗教史にとっても、応仁の乱は大きな画期になっている。この時代、日本の宗教は、「神仏」二元の時代から、多元的な宗教の時代への変化を開始した。仏菩薩への「信心」や神々への「信仰」に加えて、キリスト教や儒教の存在が日本社会の中で大きな位置を占めるようになったのである。その中で、仏法の構成も神信仰の構成も大きな変化を遂げた。この段階になると、日本における宗教の融合は、仏法と神道の二つの関係を検討すればよいという段階ではなくなり、仏法、神道に、キリスト教、儒教、さらには民間信仰を含む多元的な宗教の複合の問題として考察しなければならない時代になった。神仏融合の時代から諸宗教の融合の時代へと展開したのである。

図終-4　知立神社多宝塔　愛知県知立市西町神田

知立神社の多宝塔（永正六年〈1509〉造立）は，明治の神仏分離・廃仏棄釈を乗り越えて今日に伝存する。なお，多宝塔の本尊であった愛染明王像は，知立神社の神宮寺だった総持寺の六角堂に現存している。

まず、仏法の変化から。応仁の乱以降、日本の仏法は、旧仏法（顕密仏教、あるいは古典仏教）の時代から新仏法の時代へと大きく転換した。[23] 新仏法の経済基盤は荘園ではなく、門徒・檀家であり、いわゆる〈葬式仏教〉を発達させることによって民衆世界に浸透していった。[24] 新仏法の中で最大の勢力を形成したのは一向宗（浄土真宗）の集団である。それは、最初、親鸞系の諸門流として門流ごとに地域展開を遂げていた。[25]〈親鸞系諸門流〉の信仰には、阿弥陀信仰とともに強い聖徳太子信仰が見られることが注目され、河川湖沼の民や山の民などの非農業民に流布し、彼らを中核とする門徒集団が構成された[26]。十五世紀後期、本願寺の住持に蓮如が就任した時代になると、蓮如は〈親鸞系諸門流〉を集団で、あるいは寺院・道場ごとに本願寺の傘下に組み込む活動に力を注ぎ、本願寺を本寺とする大集団を形成することに成功した。その活動は次の順如や実如の時代に継承された[27]。これにより、本願寺は〈教団〉と呼ぶべき大きな団体を組織し[28]、一向一揆を行なうなど、戦国時代の一つの極となる宗教団体として活動した。なお、聖徳太子信仰には、「本地」と「垂迹」という二元理解と、「王法」と「仏法」という二元理解の二つの二元理解が含みこまれていることに筆者は注目している[29]。

本書のテーマである神仏融合について言えば、旧仏法と新仏法には大きな差異が認められる。旧仏法では、仏法と神信仰は濃密に融合している。対して、新仏法では、集団ごとに差異があるが、総じて融合の度合いは旧仏法より低い。この点でも新仏法の流通は日本の仏法に大きな変化をもたらした。

神信仰の世界では、十五世紀後期に吉田兼倶が登場し、彼によって〈吉田神道〉（唯一神道）が構築された。それは神道史をそれ以前と以後とに区分するほどの画期となった。兼倶は、それまでの神信仰が、神仏融合の性格を濃密に有していることを批判し、そのことを「両部習合神道」のように、「習合」の語を用いて批判した。ただ、これによって「習合」の語が一般化したわけではないことには注意しておきたい。それでも、神道の内側から、従来の神仏融合的な神道のあり方に批判が発信され始めたことに注目したい。

さらに、十六世紀には日本にキリスト教が到達した。イエズス会のフランシスコ・ザビエル（一五〇六～五二）やアレッサンドロ・ヴァリニャーノ（一五三九～一六〇六）は、「適応主義」の方針を採り[30]、これによってキリスト教が日本社会に急速に流布していった[31]。「適応主義」とは現地の文化に合わせるようにしてキリスト教を広める布教方式のことで、特にヴァリニャーノは明確にこの方針を打ち出した。これが功を奏して、日本のキリスト教徒の人数は急速に増加し、布教は成功した（図終-5）。江戸幕府は、しかし、この時代の国際政治の動向を勘案してキリスト教禁止の政策を選択し[32]、寛永十四年（一六三七）の島原の乱を経て[33]、キリスト教を禁教とした。以後、キリスト教は、日本において表層からは姿を消して潜伏したり、人々の意識下に沈潜していったが、潜在下でなお大きな影響力を持った。

江戸時代には儒教が興起し、政治的・社会的に強い影響力を持つようになった。儒教は、政治権力からの支持を得て大きな存在感を持ち、教育を通じて社会に浸透していった。神道は、儒教の影響を受けてその教説を自らの中に取り込んだ。また神道は、道教についてもあらためて自らの中に取り込み、教説の内容を増補、強化した。近世日本では、中国の儒仏道三教論を援用して神儒仏三教論が説かれ、三教一致論がしばしば唱えられた[34]。なお、儒者によって説かれた排仏論の中には神儒一致論に立つものがあり、国学者から説かれる時には儒仏二教排撃論になる場合があった。

図終–5　キリシタン洞窟礼拝堂　大分県竹田市殿町

日本では、応仁の乱以降の時代、「神仏」二元の理解では収まりきらない宗教状況が形成された。第Ⅰ期と第Ⅱ期、日本の宗教は仏法と神信仰の二つを中核としていた。第Ⅲ期の日本の神仏融合の特質は、仏法が諸宗教併存の中の一つとなり、また、神道が仏法のみならず、儒教や道教に関心を示す中で展開したもので、諸宗教複合の中での神仏融合となったことに求められる。ただそうであっても、第Ⅲ期において、諸宗教融合・複合の宗教文化の中で、日本の宗教の中核を構成したのはなお仏法と神道であった。その理由は何か。一つには、前代以来の宗教文化の強固な残存・継承が指摘できる。七世紀末の国家は、天皇制度を成立させると、「日本」の宗教の中核に仏法と神祇祭祀（神信仰）の二つを設定した。この方向性の決定は、後世に強い影響力を及ぼし、その後の日本の宗教文化を長く規定した。その影響は第Ⅲ期にも及んでいる。もう一つには、江戸幕府が寺請制度を実施し、仏法の寺院を宗教的・社会的統制の一角に位置づけたことが指摘できる。仏法の寺院は、地域社会において、大きな役割を担った。この二つの理由により、仏法、そしてそれと融合した神道は、第Ⅲ期においても日本の宗教の中核を構成した。仏法と神道の間の微細な隙間に楔を打ち込み、両者を政治的に分離しようと試みたのが、次の第Ⅳ期の明治国家による新政策だったということになる。

第Ⅳ期

第Ⅳ期は、十九世紀後期から現代までで、具体的には明治初年の神仏分離・廃仏棄釈から今日に至る時代となる。明治元年（一八六八）、新政府は神仏判然令を発布し、神仏分離を実施した[35]。神仏分離、そしてそれに伴って断行された廃仏棄釈は、その後の日本の神仏関係に大きな影響を及ぼした。

これをめぐっては、人々の心性（メンタリティー）の問題と、寺院と神社の関係をめぐる問題の二つの問題に区分して考察する必要がある。神仏分離・廃仏棄釈の状況は地域によって大きな差異があり、一方には仏像・堂塔などの仏法文物が多く破却され、寺院が多数廃寺とされるなど、嵐のような変革がもたらされた地域がある。その爪痕ははなはだ深く、そうした地域では宗教をめぐる状況が大きく変化した。他方、神仏分離が比較的穏やかに実施された地域もある。

人々の心性という観点からいうと、この出来事の前も後も、多数の人々の神仏融合的な信仰に根本的な変化はなかったと評価すべきである。人々は、当時も今も仏菩薩と神々とを明確に区別することなく信心、信仰している。

他方、寺院と神社の関係はそれとは違う。それまで寺院神社一体型、あるいは融合型であったが、この時に分離されたところ、あるいは神宮寺・本地堂・別等寺や五重塔・多宝塔などが破壊されたところでは、その後もかつての姿（たとえば図終-6）が復旧されることはほとんどなく、今日に至るまで神仏分離以後の姿が継続している。神社の中には、この時に寺院から独立を遂げたものが多くあり、その神仏分離以後の新しい姿が現代の宗教状況として継続している。神仏分離によって寺院と神社の多くが別々の法人格になり、昭和二十六年（一九五一）の宗教法人法成立以後は、それぞれが別の法人となって今日に至っている。

第Ⅳ期の日本の神仏融合の特質は、このような二重性に求めることができる。つまり、神仏分離によって寺院と神社の一体性が希薄となり、両者は別々に、別法人として活動するようになったが、しかし人々の心性としては神仏融合的な理解・信仰が濃密に継続しており、第Ⅱ期・第Ⅲ期以来の神仏融合観念が心の中に存在している。

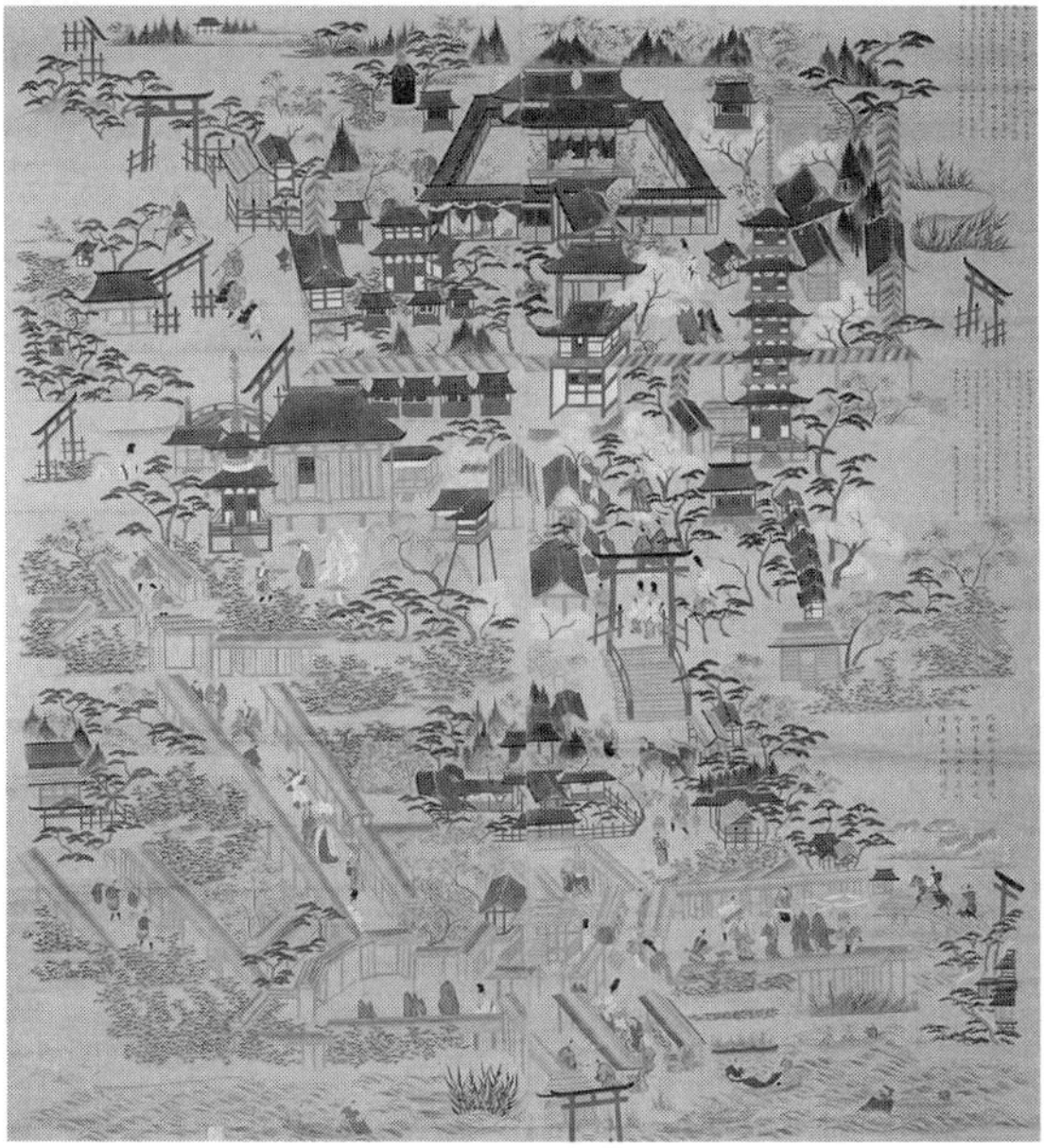

図終-6　熱田神宮境内図　享禄二年（1529）の絵図を文化五年（1808）に玉仙が模写したもの　熱田神宮蔵　愛知県名古屋市熱田区神宮

熱田社は，明治の神仏分離・廃仏棄釈まで境内に如法院という神宮寺，および多宝塔，五重塔などがあった。この境内図は，社殿の配置・造形が明確に描かれていることが貴重であるが，あわせて如法院，多宝塔，五重塔が描かれており，15世紀前期の熱田社の神仏融合の様相を視覚的に伝える絵図になっている。

さて、明治維新から一五〇年あまり、つまり神仏分離から一五〇年あまりが経過した今日、神仏分離の見直し、神仏融合文化への復興が日本各地で同時散在的に起こっているように思われる。たとえば、京都市中京区の神泉苑では、令和二年（二〇二〇）六月四日、八坂神社との連携の下に臨時の祇園御霊会が実施された。これは新型コロナウィルス感染症の流行・蔓延を受けて、疫病退散・早期収束を祈念して実施された儀礼であった。この日の儀礼は、明治以降では初めてとなる神仏合同の形で執り行なわれ、宮司と僧とが連携した儀礼として実施された。

次に、京都市上京区の北野天満宮では、令和二年九月四日、応仁の乱の後に断絶していた北野御霊会が復興され、延暦寺の僧たちを招いて〈神前講経〉の儀である山門八講（法華八講）が挙行された。この日の儀では、天台座主が出席して神前に祭文を奉り、その後、神前で僧たちが『法華経』を講じた[36]。これも、新型コロナウィルス感染症の流行・蔓延を受けて、疫病退散・早期収束を祈念して実施されたものであった。

さらに、令和四年十月・十一月、長野県の諏訪地方において、〈諏訪神仏プロジェクト〉が企画され、神宮寺旧蔵の仏像の一斉公開と儀礼の復元などが実施された[37]。明治時代、神仏判然令が発布されると、諏訪には政府の監察使が来て指示を出し、上社の神宮寺が廃寺とされ、僧は還俗、堂塔は取り壊しとなるなどの廃仏が実施された。下社においても、神宮寺、別当寺が廃寺とされるなどの廃仏が実施された[38]。ただ、上社、下社に関係する仏像類はその後も周囲の寺院に保持され、今日に伝えられた（図終-7）。この事業ではそれらの仏像などが計二七の寺院・神

図終-7　普賢菩薩像　諏訪大社上社神宮寺旧蔵　仏法紹隆寺現蔵　長野県諏訪市四賀桑原

諏訪大社は，上社前宮，本宮，下社春宮，秋宮の四宮からなる。上社本宮には，13 世紀末期に神宮寺が建立され，中心となる普賢堂には本地仏として普賢菩薩像が造立・安置された。また 14 世紀初期には三重塔が建立された。しかし，明治の神仏分離・廃仏棄釈によって神宮寺・三重塔などは破却されて消滅した。だが，普賢菩薩像は近隣の仏法紹隆寺に移され，今日に伝存することができた。この像は，令和四年（2022）の〈諏訪神仏プロジェクト〉に合わせて修復がなされ，往時の輝きを取り戻した。〈諏訪神仏プロジェクト〉については注 37 参照。

社・博物館などを会場に一斉公開された。さらに、「諏訪講之式」が復元されて、上社本宮において僧（諏訪市の仏法紹隆寺住職の岩崎宥全氏）によって神前に奉納された。

また最近では、京都市東山区の八坂神社において、令和六年（二〇二四）七月二十日、八坂礼拝講が挙行され、延暦寺の僧が招かれて法華八講（略儀、五巻のみ）が実施された（図終-8）。この日の儀では、国家安寧・世界平和と疫病退散が祈念され、八坂神社宮司が祝詞を奏上し、次いで天台座主が神前にて祭文を称え、その後神前にて『法華経』が講じられた。八坂礼拝講は明治の神仏分離で廃絶したが、平成十七年（二〇〇五）に一度再興され、さらに令和六年、一九年ぶりにそれが復興されたのだという。今後は毎年開催していく予定であるとのことである。

図終-8　八坂礼拝講　京都府京都市東山区

こうした近年の動向は、明治政府による神仏分離政策の相対化と見直しであると評価されよう。明治維新から一定の時間が経過し、私たちはそれを客観的、冷静に評価し、歴史化して見ることができる段階に入った。これにより、江戸時代までの伝統的宗教文化が再評価され、復興される時代に入ってきたと理解される。第Ⅳ期の中の現在は、そうした動向が進展する時代であると捉えられるだろう。

三　仏法の共通性、神信仰の個性

地域における神信仰の差異

アジアの各国・地域における神仏融合のあり方を比較してみると、〈共通性〉ばかりでなく、〈差異〉が見られる。その〈差異〉を明確化し、言語化して記述、提示することは容易な作業ではないが、私見では神仏融合の〈共通性〉の部分が仏法という共通項から来るものであるなら、〈差異〉の部分は神信仰の差異に起因するものが多いと考える。ここで、インド、中国、日本の神仏融合を神信仰の側面から比較、考察してみたい。

まず、インドはどうだろうか。インドでは、ヒンドゥー教を中心に、諸々の宗教・信仰が並立し、さらに複合・融合を遂げていった（たとえば図終-9）。その中で、仏法とヒンドゥー教の関係はどのように展開していっただろうか。インドでは仏法は歴史の中で衰退し、多くの部分がヒンドゥー教に吸収されてしまった。インドの社会や国家において、ヒンドゥー教の存在感は巨大であり、宗教ばかりではなく、政治、社会、文化全般を規定する巨大な社会規範になっている。仏法は、インドにおいて、在来の神々を吸収することに成功し、インドの神々を仏・菩薩、あるいは天・明王として仏法の内部や周縁部に吸収した。しかし、その営為は吸収であるにとどまらず、仏法自体の根本的変容をもたらし、やがて仏法は逆にヒンドゥー教に吸収されてしまった。だからインドにおける神仏の融合は、俯瞰的に見るなら仏法のヒンドゥー教化の道のりでもあった。インドにおいては、神信仰は大変強く、仏法と融合する中で仏法の吸収に成功し、ついには仏法を飲み込んだ。これは、中国や日本、あるいはアジア東部の仏法国や東南アジアの仏法国とは異なる、インドの神仏融合の地域的な特質と見ることができる。

中国における道教・儒教と仏法

中国はどうか。中国の神信仰は、歴史の進展の中で、道教となって大成されていった。日本の場合も、神信仰は歴史の進展の中で「神道」にまとめ上げられていった。こうした成立の過程を見ても、道教と日本の神信仰・神道には多くの共通性が見られる。だから、道教と神道を対比させながら日中の神仏融合を見るなら、その融合の様相にも多くの共通性が認められることになる。

図終-9 エローラ石窟　第10窟（仏教のチャイライヤ窟）と第16窟（カイラサナータ寺院，ヒンドゥー教の大寺院）　インド・マハーラーシュトラ州

インドのエローラ石窟は，仏教，ヒンドゥー教，ジャイナ教の計34もの窟がずらりと並ぶ巨大な石窟寺院群である。これらの窟は5世紀頃〜10世紀頃に順次成立していった。このうち第1窟〜第12窟は仏教の窟，第13窟〜第29窟はヒンドゥー教の窟，第30窟〜第34窟はジナ教（ジャイナ教）の窟である。仏教の窟は5〜7世紀頃の成立，ヒンドゥー教の窟は7〜10世紀頃の成立，ジナ教の窟は9〜10世紀頃の成立と理解され，仏教，ヒンドゥー教，ジナ教の順で開鑿が進められて，三教の複合が展開していったことが注目される。

図終-10　地壇　中国・北京市東城区

しかし、日中には大きな差異がある。それは儒教の存在である。儒教は中国にとって巨大である（たとえば図終-10）。それは宗教という側面も持つが、政治思想、社会思想、道徳規範という側面もあり、強い社会規範になっている。仏法の中国への浸透にとって、儒教は大きな障壁となった。

仏法は、儒教と積極的に融合したわけではない。もちろん儒教と仏法も部分的には融合した[39]。しかし、総体的に見るなら、その融合は部分的なものにとどまる。むしろ、儒教とは時に激しく対立し、その結果、国家的・政治的に廃仏が断行されるという事態も経験した。廃仏は、時には激烈だった。仏法は、儒教と棲み分けを行なうにも熱心で、これによって一定の居場所を確保することに成功した。中国においては、だから、仏法は儒教にとってのカウンターとして機能し、儒教と棲み分けをすることによって存立基盤を安定化させようとした。政治や国家の世界は儒教の領分であった。仏法は、非政治的・非国家的部分に自らの領分を求めた。領分を守ることは、仏法の存立にとって重要な遵守事項だった。

他方、道教は、仏法にとって融合の対象だった。仏法は、インド以来の方法によって道教の信仰を積極的に取り込み、吸収し、これによって中国社会・中国文化への浸透を果たしていった。仏法と道教には親和性があり、『提謂波利経』『老子化胡経』といった〈疑偽経典〉の撰述を伴いながら、融合が深められていった[40]。仏法と道教の融合は成功し、中国における仏法興隆の重要な要素の一つとなった。中国における道仏の融合を、中国周辺国における仏法と神信仰の融合と比較してみると、同一性・共通性が多く認められることに気づく。

日本の神信仰と仏法

日本はどうだろうか。日本の神信仰は哲学体系としての教義を持たず、思想的・理論的側面が未発達のうちに歴史を歩んだ。また、神話的・文学的側面から見ても神々の物語は非体系的で、物語の全体性が構造的に発展したとは言えず、散在的・断章的であった。宗教施設や聖職者組織の整備も未発達であった。私はそれが日本の神信仰の大きな特質であり、また強みともなったと考える。原理主義の宗教の対極に位置するようなこの特質――それは世界的な見地から見た日本の神信仰の最大の特質になっていると評価されよう。

そこに仏法が伝来した。仏法は哲学体系としての教義を持ち、構造的な神話を持ち、宗教施設のあり方が確立され、聖職者組織が整備されていた。仏像や仏画、塔の建築、さらに儀礼も発達していた。仏法は短期間のうちに日本列島の広い範囲に流通していき、神信仰は仏法との複合・融合をせまられた。こうして仏法の思想の枠組の中で、諸々の神宮寺が建立され、神前読経が行なわれ、護り神の思想が説かれ、やがて鎮守の社が展開した。

日本の神信仰が体系的な思想・神話を持たないことは逆に強みでもあった。この特質によって、仏法と対決して敗北し、消滅してしまうというようなことはなく、仏法と融合することで神信仰は保持され、むしろ発達した。神信仰・神道は、神仏融合の中で神社という建造物のあり方、神像あるいは鏡などを建造物の内部に安置するあり方をはじめとする宗教施設のあり方を確立し、儀礼を整備していった。特に先述の第Ⅱ期・第Ⅲ期になると、神社は密教が生み出した〈本地垂迹説〉の思想を活用して信仰圏を拡大することに成功し、それを基盤として地方に末社を展開するようになっていった。本地物の源流になる説話を集めた南北朝時代成立の『神道集』を一覧すると、神に対する信の思想・心情を「信仰」という言葉で表現した用例にしばしば出会う。仏法では、仏菩薩に対する信の思想・心情は、古代以来、しばしば「信心」の言葉で表現された。対して、神信仰においては、「信仰」の言葉がしばしば用いられるようになった。それは、仏法の影響を受けつつ、神に対する「信」の思いを別の言葉で示した表現と理解される。日本の神信仰は、このように仏法と融合することによって発展した。

日本の神仏融合の世界において、仏法の側は多く思想に関わる部分を供給し、融合の理論的側面を支えた。仏法は思想的であった。他方、神信仰の側は多く信仰の側面で神仏の融合を支えた。「信仰」の言葉も用いられるようになった。日本における「信」の姿は、貴族から民衆に至るまで、神仏に対する信仰・信心であって、仏法の仏・菩薩・天から日本の神々に至る種々の尊格をあわせ拝した。

以上の様相を先に触れたインド、中国における神信仰および融合の様相と比較すると、どのような特質が析出されるだろうか。長期の融合の末に仏法を吸収してしまったインドのヒンドゥー教と比較すると、日本の神信仰は相対的には力がそれほど強くなく、幕末・明治初期の一時期を除外すれば、非攻撃的で抑制的であったと見ることができる。日本の神信仰は、おおむね仏法と親和的に複合さらに融合した。中国と比較するとどうか。中国の道教と比較すると、時代によって差異はあるが、日本の神信仰はほぼ同等程度の力を有しているように思われ、融合の度合いも同等程度のように思われる。一方、中国には儒教があり、こちらは祖先祭祀の思想的基盤を形成するとともに、科挙制度と結びついて国家的・社会的に大きな力を持った。日本の神道は、儒教と比較すると、その力も規範性も相対的には強くなかった。一方、仏法との融合の度合いは儒教よりずっと大きいと評価されよう。

他に、大乗仏教が流通している朝鮮半島やベトナムの神仏融合との比較、さらには東南アジアの上座部仏教の国・地域における神仏融合との比較が必要になる。それらは今後の大きな研究課題となるだろう。比較の際には、本書の考察によるなら、仏法による共通性に着目するとともに、神信仰による差異に注目することによって、融合の様相の比較が可能になると展望している。

四　神仏融合史の世界史への位置づけとその評価

義江彰夫論をめぐって

〈神仏融合史〉は世界史の中にどのように位置づけられるだろうか。先行学説を振り返ると、日本の「神仏習合」を世界史の中に位置づけようとする論説はほとんど見られない。それは、そうした発想自体がこれまでほとんどなかったことを示している。明治時代以来、「神仏習合」の研究は、国史学の分野を中心に進められてきた。そこでは、「神仏習合」は日本に特徴的に見られる宗教現象であると前提され、ために他の国や地域における様相と比較したり、世界史の中に位置づけるという発想を持つことができなかった。

そうした中で、義江彰夫『神仏習合』(41)は、一書の「結」として「普遍宗教と基層信仰の関係をめぐって」の章を設け、日本の「神仏習合」と、ヨーロッパにおけるキリスト教とゲルマン・ケルトの神信仰との関係を比較、分析している。大変貴重な立論だと評価される。ここでは、義江氏の論を紹介し、それに対する筆者の見解を批判的に提示することによって、この問題についての考察を深めたい。

義江氏は、日本の「神仏習合」を理解するには、世界史的な比較・検討が必要だとして、西ヨーロッパにおけるキリスト教の事例を取り上げて、これと比較しながら「神仏習合」を位置づけようと試みた。氏は、キリスト教とゲルマン・ケルトの神信仰の関係は普遍宗教と基層信仰の関係にあたるとし、「神仏習合」もこれと同様に普遍宗教と基層信仰の関係として理解できるとする。同書は、「序」の末尾で「神仏習合という現象は、普遍宗教と基層信仰の結合の一形態である」と述べる。「一形態」だとするのである。そして、「結」では、仏教は、呪術性を脱して人間個人の内面的な苦悩にこたえようとする教説を形成しており、この点から普遍宗教ととらえることができるとする。対して、日本の神祇信仰は地域性の強い、未開で呪術的な共同体信仰であって、王権神話レベルでは普遍化と文明化を志向したが、十分には達成することができず、古代中世を通じて呪術的であり、基層信仰と評価されるとする。したがって、日本の「神仏習合」も、〈普遍宗教〉と〈基層信仰〉の関係として捉えることができると結論づける。なお、以上の義江論は優劣の評価を含むもので、仏教を先進的で開明的な宗教とし、〈基層信仰〉を後進的で非文明的な信仰とするものになっている。

一方、キリスト教と仏教には差異もあり、キリスト教は最初から呪術と奇跡を肯定したという点で仏教とは異なる面を有するとする。さらにそれ以上に重要なのが、キリスト教は異教の神を禁じたので、ゲルマンの神々は公然とは生き残ることができず、キリスト教の「精霊」（引用者注：あるいは聖霊か）に吸収、変換されて三位一体論[42]の中で残存したことで、〈基層信仰〉の神々は抑圧され、非公然たる形で裏面に存在することになったという。対して、日本の「神仏習合」では、仏教が神祇信仰を排除、抑圧することはなかったから、ヨーロッパのように〈基層信仰〉の神々が閉ざされた系の中に吸収されるということはなく、開かれた系の中で仏教と神々とが結合して共存していったと説く。

以上、義江彰夫『神仏習合』は、ヨーロッパにおけるキリスト教とゲルマン・ケルトの神信仰との関係と、日本における仏教と神祇信仰との関係を比較し、どちらも〈普遍宗教〉と〈基層信仰〉の関係だと評価できる点で共通性があるが、その一方で、〈基層信仰〉を抑圧したか、それともそのまま認めて共存したかという点で大きな差異が見られるとするのである。

なお、義江氏は、その後平成十六年（二〇〇四）十月九日に秋田県北秋田郡比内町で行なった講演「歴史における神と仏――中世比内の信仰状況を探る」において、自説をさらに深めた神仏論を発表している[43]。その講演録では、昭和五十五年（一九八〇）度のドイツにおける在外研究時の調査や、平成十五年に実施したヨーロッパの調査の成果に基づいて豊富な写真資料が提示され、西欧・北欧におけるキリスト教とゲルマン・ケルトの神信仰との関係が論究されていて、得るところ極めて大きい。さらに、平成十四年に実施した中国・山西省の五臺山地域における調査の成果についても、写真資料が提示されて論究がなされている。義江氏は、中国については、筆者の見解を承認して中国にも神仏の濃密な関係が見られ、「仏教の寺に行けば必ずと言っていいほど道教と儒教の神様が出てくる」と指摘している。その上で、日本の東北地方や比内町における神と仏の信仰について史料に基づいて講じている。この講演録には、義江神仏論の進化型が記録されており、注目される。

今、この講演録について、筆者なりの観点から次の二点を論評しておきたい。一つは、義江氏がここで「神仏習合」の術語を全く用いていないことである。氏は「歴史における神と仏」「比内地方における仏教と神祇」といった表現を使用して講演を行なっており、「神仏習合」とは言わない。これは氏の前著が『神仏習合』の題名で発表されたこととは大きく異なる。筆者は、だが、この用語法に親近感を覚える。氏がどのように考えてそのような表現を採ったのかについては説明がなく、知るよしもないが、この事実に注目しておきたい。もう一つは、キリスト教とゲルマン・ケルトの神信仰との関係を〈普遍信仰〉と〈基層信仰〉の関係であると評価し、同時に日本における仏教と神信仰の関係もまた、〈普遍信仰〉と〈基層信仰〉の関係であると評価していることである。この位置づけについては、前著をそのまま継承している。しかしながら、筆者はこの点については意見を異にする。そもそも、新しく誕生したキリスト教とそれ以前からの神信仰との関係を〈普遍〉対〈基層〉の関係で評価することは問題で、承認することができないし、それを日本の神仏関係に援用することもまた承認できない。これについては次項で論じることにしたい。

普遍宗教と基層信仰の関係とする理解は妥当か

神仏融合を世界史の中にどう位置づけるか。義江氏の立論は貴重な問題提起だと考える。筆者は義江論に接して〈神仏融合史〉を世界史の中に位置づけることの重要性を再認識することができた。しかしながら、義江論と私見とでは見解を異にするところがある。それを今、二点の批判にまとめて論述したい。

図終-11　現在のサンピエトロ大聖堂　バチカン市国

創建は4世紀。その後，建物の痛みのため16世紀に再建された。現在の建物は17世紀前期完成のもの。

第一は、義江氏は仏法と神信仰との関係を、キリスト教とゲルマン・ケルトの神信仰との関係と同様に、〈普遍宗教〉と〈基層信仰〉の関係と見ることができるとするが、そうした理解が妥当なのかどうかという問題である。

第二は、義江氏は(A)日本の「神仏習合」と、(B)西欧におけるキリスト教とゲルマン・ケルトの神信仰との関係の二つを抽出して比較したが、この二つを抽出して比較するという方法が妥当なのかどうかという問題である。

最初に第一の問題から論じたい。そもそもの問題として、世界にある多数の宗教を〈普遍宗教〉と〈基層信仰〉とに区分して捉える理解は妥当であろうか。キリスト教においては、東西教会の分裂によって、五本山のうちのローマ教会（図終-11）が他のコンスタンティノープル教会などの四教会と袂を分かって新しい宗派を形成した。ローマ教会は「カトリック」（普遍）を称し、コンスタンティノープル教会らは正教会（「オーソドックス」）を称した。

それ以前、五世紀末、フランク王国のクローヴィスI世はアタナシウス派のキリスト教に「改宗」し、これ以降、ゲルマン人の世界にアタナシウス派キリスト教が流布されていった。[44] アタナシウス（二九五頃～三七三）をリーダーとする集団は、よく知られるように「三位一体説（トリニティ）」を主張し、公会議では多数派を形成してアリウス派に勝利した。そして、自派を「正統」とし、その後もネストリウス派や単性説などが説く神の理解やイエスの位置づけを批判し、それらを「異端」としていった。「正統」派は他のキリスト教集団が説く神やイエスの理解を認めず、また異教の神ももとより神と認めなかった。

ヨーロッパ世界においては、ゲルマンの神信仰やケルトの神信仰はキリスト教会によって否定され、あるいはキリスト教信仰の裏面に吸収されていった。[45] ローマ・カトリック教会の立場に立てば、カトリックこそが自ら〈普遍〉と称する通りの普遍宗教であり、ゲルマンやケルトの神々や諸信仰はそれに先行する基層信仰となるだろう。〈普遍宗教〉と〈基層信仰〉という整理・理解は、ローマ・カトリック教会が自ら標榜する立場であり、さらに言うなら、カトリックの教義であると評価される。この教義を前面に展開した布教は、政治権力と結びついて成功を収め、以後西ヨーロッパ世界は近世までカトリック一色に塗りつぶされていった。そうした歴史の展開をどう評価するかについて、筆者は、学術研究の分野では、一つの宗教団体が主張する宗教的立場や価値観から一歩を引いて、より中立的に考察していくことが必要だと考えており、カトリックを自称通りに〈普遍〉と認めて歴史を理解することには問題があると考える。

一方の仏法はどうか。仏法は先行する在地の神々の信仰に親和的であり、それらを否定することはなかった。そこは義江論と筆者の理解は共通する。仏法は、カトリックやユダヤ教やイスラームのような、先行する神々を悪魔など神ではないものと位置づける立場は採らなかった。仏法は、一神教とは異なり、在地の神々を神として認め、その上でそれと親和性を持ちながら、それとは異なる自らの教説を説くという立場を採った。ならば、仏法を〈普遍宗教〉という概念に包含させるのは、不可能ではないにせよ、合致しない部分が少なからずあり、適切ではないと筆者は考える。そうした理解を採ってしまうと、仏法と神々の関係をキリスト教教義の枠組の中で再整理することになってしまう。あるいは「アブラハムの宗教」になぞらえて理解することになってしまう。義江氏は、西欧におけるキリスト教とゲルマン・ケルトの神信仰の関係と、日本の「神仏習合」とには差異があることにも注目し、前者を閉じられた系とし、後者を開かれた系であると論じた。その差異の部分を重視するなら、後者を前者と同様の〈普遍宗教〉と〈基層信仰〉の関係だと理解し、説明する図式は、筆者は採るべきではないと考える。

なお、このことは、神仏の「習合」「融合」を英語に翻訳するとき、どのような用語で表現するのかという問題にも連関する。「習合」「融合」の訳語としてどのような言葉を採るか。筆者は、純粋ではない、というようなマイナスの意味合いを含意するsyncretismの語ではなく、別の用語を使用すべきだと考えるが、これについては後述する。

何と何を比較するべきなのか

次に、第二の問題について論じたい。義江氏は、日本の「神仏習合」と比較する対象として西欧におけるキリスト教と異教の神々との関係を選び、両者を比較した。だが、この二つを抽出して比較するというのは、筆者には西欧中心史観による営為であるように思われてならない。日本の〈神仏融合史〉と比較すべき対象（すなわちⒷ）は、私見では、まずは同じアジアの仏法国における宗教の融合・複合の様相であろう。さらに、ヨーロッパにおける宗教の融合・複合と比較するなら、キリスト教だけでなく、ユダヤ教、キリスト教、イスラームの「アブラハムの宗教」と呼ばれる三つの一神教と比較すべきだと考える。仏法と神信仰の融合を世界史の中で考えるには、ユダヤ教の展開と在地の神々との関係、またイスラームの展開と在地の神々との関係についてもきちんと比較していく必要があると考える。

一方のⒶはどうか。アブラハムの宗教と対比して検討するのは、日本の神仏融合だけで事足りるのか。これまで本書で多々述べてきたように、仏法と神信仰との融合は日本だけに見られるものではなく、中国、朝鮮、ベトナム、台湾をはじめ、他の仏法国にも見られる。インドについても考察しなければならない部分が少なくない。だから、Ⓐについても範囲を拡大し、日本における神仏の融合に限定せずに、むしろ仏法国全体における神仏の関係を視野に入れて比較、考察することが必要になると考える。

世界史を振り返ると、人類の文明の発生とともに宗教が誕生し、人々の信仰を集めた[46]。それは多神教であった。メソポタミア・エジプトなどのオリエント、そしてインド、中国、アメリカ大陸などで文明が発生すると、多神教の宗教が人々に信仰され、隆盛した。それらは人類の文明史の最初期から、数千年もの長期にわたって栄え、人々は多神教の世界の中で神々を信仰した。

やがて、パレスチナの地で一神教が誕生した。ユダヤ教である[47]。一神教としてのユダヤ教は、紀元前六世紀頃に成立したと理解される[48]。その後、ユダヤ教の中からイエスが登場した。そして、イエスの死後、後継者たちの集団は、西暦一世紀のイエスの親族や弟子たちの時代に、パウロらが中心になってユダヤ教から分離、独立した。こうしてユダヤ教の中から新たな宗教集団であるキリスト教が誕生した[49]。さらにアラビア半島では、ムハンマドが神の啓示を受け、イスラームを創唱した。キリスト教もイスラームもいずれも一神教であった。キリスト教、イスラームは布教に熱心で、他の地域に自らの教えを広め、広範囲にわたって多数の信徒の団体を形成した[50]。こうして、ユーラシア大陸の西部やアフリカ大陸の北部は、キリスト教、あるいはイスラームに覆われていった。

その布教には、融合という側面はほとんど見られない。キリスト教か否か、イスラームか否か。在地の神々は否定され、キリスト教の神、あるいはアッラーへの信仰が求められた。だから、そこには「改宗」という行為が伴った。キリスト教に改宗してキリスト教集団に参入する、あるいはイスラームに改宗してムスリムの集団（ウンマ）に参入するのである。在地の神々は、あるいは消されてしまい、あるいは見えにくい形に矮小化されていった。

なお、これらの一神教の間には、しばしば対立、争い、戦いが起こった。また、同じ宗教内でも、宗派間の対立、争い、戦いがしばしば起こった。そうした争い、戦いが布教と連関することもあった。キリスト教やイスラームの布教は成功し、現在、世界の総人口の過半数、五〇数%がこの二つの宗教の信徒になっている。

仏法の展開の様相はそれらとは大きく異なる。シャカの時代、仏法に神はなく、またシャカ以外のブッダもなく、菩薩もなかった。しかし、大乗仏教の時代になると仏法は大きく変化する。インドおよびその周辺地域（インド北西部など）の神々が仏法の内側に取り込まれ、仏（如来）、菩薩、あるいは天として位置づけられた。こうして曾根正人氏の言う「多神教としての仏教[51]」が成立した。仏法もまた布教に熱心だった。しかし、その布教の手法は三つの一神教（アブラハムの宗教）とは全く異なるものであった。仏法は在地の神々を否定せず、それらの存在を認めた。さらに、それらを仏法世界に取り入れた。それが仏法の布教のあり方であった。

神仏融合とは、かかる仏法の特質の中で生まれた宗教現象である。だから、それを〈日本の文化〉と見るのは誤りである。それは〈仏法の文化〉なのである。ただ、神信仰には地域によって差異が見られ、各地の神仏融合にも差異が見られる。中国の神仏融合には中国の、朝鮮の神仏融合には朝鮮の、ベトナムの神仏融合にはベトナムの、さらにインドの神仏融合にはインドの個性が見られる。その特質を比較によってより明確化し、さらに仏法の文化圏の中に位置づける、あるいはアジア史の中に位置づけるという作業がまず必要になる。仏法が流通した地域における融合の様相の比較である。そして、その作業の下で、今度は一神教の宗教文化と比較し、世界史の中に位置づけるという作業に進んでいくことになろう。それは今後の大きな研究課題として私たちの前に横たわっている。

むすび

「神仏融合」の用語の提起

最後に、仏法と神信仰の親和的、混合的、融合的な関係性をいかなる用語で表現すればよいのかについて、あらためて言及し、本書を終えたい。本書を『神仏融合史の研究』と名づけ、「習合」の用語を用いず、「融合」の用語を提起した。その理由については、すでに本書の序章などで述べてきた。

今ここで、あらためてそれをまとめておくと、理由の第一は、「習合」の語は室町時代の神道家吉田兼倶によって使用された用語で、[52]神道と仏法の融合を批判する時に使用された言葉、レッテル張りの用語であったことである。兼倶は、自らが標榜する「元本宗源神道《げんぽんそうげん》」が唯一の正しい神道であることを主張するために、それ以前の神道を「本迹縁起神道《ほんじゃくえんぎ》」および「両部習合神道《りょうぶしゅうごう》」だとし、純粋さを欠く、劣った神道だと批判した。原理主義者と呼ぶべき思想家による用語なのである。二一世紀の学術研究の用語としては、このような特定のイデオロギーを含意する用語は避けた方がよいと筆者は判断する。

第二は、彌永信美氏が指摘したように、「習合」の語は、兼倶以前から光宗『渓嵐拾葉集』などに使用例が確認できる語で、密教の用語であった。[53]兼倶はそれを承知しており、意味を少し変化させた上で、「両部習合神道」という言葉で密教系の神道に向けてこの言葉を用いた。対して、非密教系の神道にはこの用語を使用せず、「本迹縁起神道」と呼び、「縁起」の言葉を用いた。明治時代、辻善之助たちは、明治初年の「神仏分離」を批判し、それ以前の宗教状況を「神仏習合」と呼んで対置した。その時、密教系の融合と非密教系の融合とを区別することなく、全体を「神仏習合」と呼んだ。これによって、兼倶が密教系の融合に向けて用いた「習合」の用語は、密教系の融合以外にも拡大され、神仏の融合全般を表現する用語になった。こうして日本に密教が受容され、隆盛する以前の神仏融合にも「習合」という密教の用語が遡及的に使用されるようになった。筆者はこうした用語の拡大使用には問題があると考える。

第三は、「習合」という言葉が漢字を用いた熟語であるにもかかわらず、日本以外の漢字文化圏の国・地域では用いられることのない言葉であり、意味が通じず、議論に無用の混乱をもたらすことである。今後、アジアの仏法国において、国際的に神仏融合の議論を深めていく必要があると考えるが、そこではこの用語を避けて別の用語を用いる方が明快な議論が期待できる。

このように考え、筆者は「習合」の用語を捨てることとし、これに代わる適切な用語を模索してきた。そして、科学研究費申請書作成にあたって共同研究の構成員の方々と討議する中で、より中立的で、国際比較に適合する用語として「融合」の言葉を用いることとし、前著『神仏融合の東アジア史』などでこの用語を使用するに至った。[54]
その後、前著に対して書かれた五本の書評に応えるという形で私見を語ったことがある。[55] 書評には、「神仏融合」の用語の使用を肯定的に評価してくれたもの、[56] 中立的な用語であることに一定の評価を与えてくれたものがある一方で、[57] この用語に批判的、否定的な評価もいただいた。[58] さらに英訳はどうなるのかという貴重な論評も頂戴することができた。[59] 現在、中西裕二氏の提起を受け、英訳の問題についてどう考え、いかなる用語を使用するかについて討議・考察を進めている。

「神仏融合」の英訳は

「神仏習合」の「習合」の英訳としては、かつてsyncretismの語を用いるのが一般的であった。この言葉は、キリスト教など一神教の宗教文化の中で、本来、複合したり、混合したり、融合したりするべきではない異教の神や信仰と何らかの形で混ざり合ってしまう現象を指して用いられた。それゆえこの言葉はしばしば批判的、否定的に用いられ、マイナスのイメージや価値観が含意されることがあった。吉田兼倶のように、「習合」を神道の本来の姿とは異なる、不純で、問題のある現象だとする立場に立つならば、syncretismの語がふさわしいのかもしれないが、日本の神仏融合や、アジアの神仏融合全般を指す言葉としては必ずしもぴたりと合致する言葉ではない。仏法と神信仰との融合は、多神教文化の中で、マイナスの価値観を伴うことなく進展したからである。

では、どのような言葉がふさわしいか。

令和六年（二〇二四）六月三〇日、南山宗教文化研究所・東海／宗教史研究コンソシアム・神仏融合研究会の三団体の共同主催で、国際シンポジウム「英語と日本語で「神仏習合」を再考する——英語訳をめぐって」を開催した。[60] このシンポジウムでは、「習合」「融合」の英語訳としてどのような言葉がふさわしいかをテーマに、神仏習合／融合をどう捉えるべきなのかが討議された。

かつて、欧米の学界では、「習合」の訳語としては、多く、syncretism の語が用いられ、日本でもこの言葉が多く使用されてきた。[61] だが、ここ三〇年ほど、これとは異なる言葉を用いる動向が生じてきた。アラン・グラパール氏は一九九二年の著作で、春日大社の神仏関係を論じる中で、combinatory system の語を用い、以後の研究者たちに大きな影響を与えた。[62] combinatory system は、日本語では「複合」の概念に近いものと理解される。

それに先立ち、アリシア・マツナガ氏は——シンポジウム当日にパネラーの一人であるジャッキー・ストーン氏の発表[63]から教示を受けた研究書であるが——、*"The Buddhist Philosophy of Assimilation"*（一九六九年）において、仏法がインドで隆盛し、中国・日本へと流通、展開していった歴史を、assimilation の過程であるととらえて俯瞰、叙述している。その中で、日本の「神仏習合」については、unification of Gods and Buddhas という英語表記を用いて説明している。[64] assimilation は、日本語では「同化」、unification は「統合」あるいは「結合」といったほどの意味になるであろう。[65]

また、マーク・テーウェン氏とファビオ・ランベリ氏は、両氏の共編になる論集（二〇〇三年）の序章の日本の神仏関係の歴史過程を論じる部分において、amalgamation の語を用いて神仏の融合を説明する。他方、本地垂迹説とは何について論究する部分では、combinatory religion の語を用いている。[66]

筆者は、この国際会議に参加して、神仏の融合・複合には多様なあり方があり、また時代や局面によっても差異があるが、英語ではそれを複数の語をもって表現してきたことを認識した。他方、日本には、その多様な内実を「神仏習合」の一語にすべて収めて表現してきた明治以来の研究史がある。明治初年に神仏分離が行なわれ、それに対抗する形で「神仏習合」概念が提出されたという歴史的経緯があるからである。[67] 多様な神仏関係の中身は、一般的な日本語で表現するなら、それぞれを融合、複合、重層、統合、結合、あるいは同化などと表現するのが、より正確になる。だが、それをすべて「習合」の一語で表現してきたのがここ一〇〇年ほどの、日本の研究状況であったと考える。それは便利な用語として学問の世界で通行してきが、精緻さには欠けると言わざるをえない。

私見では、日本語の「習合」の語の英語訳としては、これまで通りsyncretismの語がふさわしいと考える。syncretismの語には、不純な、軽蔑すべき、などのマイナスの意味が含意されているが、「習合」の語の創始者である吉田兼倶は、この語に不純な、劣った、といったほぼ同質の意味を込めて使用しているからである（ただしもともとの中世の密教語である「習合」は少し意味が異なり、そうしたマイナスの語感は含まない）。だから、「習合」をsyncretismと訳す伝統的な英語訳は、両者の語感に共通性があり、的確な翻訳であるように考える。ただし、筆者は「神仏習合」を不純なこと、枉がったこと、劣ったこととは評価しないので、syncretismの語や「習合」の語の使用には消極的である。

次に「融合」の英訳語はどうだろうか。融合には強弱があると考える。すなわち、一方の一部分が他方に浸潤して融合するような、いわば部分的な「融合」の場合には、amalgamationの語がふさわしい。一方、全体が溶け合い、溶融して新しい全体を構成をするような、いわば全体的な「融合」の場合には、fusionもしくはunificationの語がふさわしいと考える。後者の強い融合の日本語としては、「融合」の語よりも「統合」あるいは「結合」の語がふさわしいとも考える。

さらに、仏法と神信仰の両者が並立、併存するような、日本語で「複合」と呼ぶような関係である場合については、その英語訳はグラパール氏が提起したcombinatory systemがふさわしいと考える。

以上、筆者は、すべてを「習合」の一語に含ませて事態を説明するような立場は採るべきではなく、「複合」の場合はcombinatory system、一般的な「融合」の場合はamalgamation、強い「融合」の場合はfusion、「統合」の場合はunificationのように使い分けするのが妥当であるとの結論に至った。「同化」の場合はassimilationがよいだろう。また研究史の説明などで「習合」の語を使用する場合はsyncretismの語を用いるのがよいと考える。英語では、これまで「習合」はその内実に従って、多様な訳語が充てられてきた。それを勘案するなら、日本語も、多様な内実に伴った表現を用いるのが、むしろ実態の説明に正確さを増すと考えるのである。

ただし、日本語で一語をもって代表させて表現する場合は、以上の言葉の中から「融合」の語を使用するのが穏当であると考えるし、それでもなお不十分な場合には、「複合・融合（融合・複合）」のように二語を連記すれば、ほとんどの事態を含みこんで表現できていると考えている。

人文学の複数分野の知の結集の必要性

〈神仏融合史〉を解明するには、人文学の多様な分野の研究成果が必要である。筆者は歴史学を専攻するので、本書の考察は歴史学の研究成果をその基本としている。だが、これまでの歴史学の研究成果だけでは必要で十分な考察は難しい。仏教学の研究成果、神道学・神道史の研究成果は必要不可欠のものになるだろうし、国文学（日本文学）の研究成果の活用も必須となる。さらに美術史研究や建築史研究の成果が必要であり、また民俗学、文化人類学、社会学の研究成果も参勘する必要がある。さらにアジアにおける仏法と神信仰の融合という視座をもあわせ考えるなら、東洋史や宗教学の知が必要不可欠になる。

日本の近代人文学は、明治以降、個別研究の深化を重視し、曖昧な個別の情報に基づいて性急に全体論を語るような研究姿勢を排し、個別研究の深化によって得られる知から全体を少しずつ展望していくという研究姿勢が重視されてきた。それは成功し、多大な成果を修め、すでに研究蓄積は膨大な分量になっている。明治時代からすでに一五〇年以上の時間を経過した今日、人文学においては、もはや個別研究に沈潜するばかりでなく、それらを総合し、複数分野で得られた知を結集するような成果が求められるような段階になっていると筆者は考える。各分野が培ったそれぞれの手法による個別研究を今後とも着実に増加させつつ、それと合わせて諸成果を総合する段階に至り来ているように思う。電子化の進展、ＡＩの発達はそうした方向性を加速させていくものと推察される。

近年、人文学では、諸分野の「横断」や「越境」、あるいは「総合」、さらには「組み換え」がしきりに唱えられるようになっている。筆者も、そうした分野を越えた、あるいはそれらを結集した知が必要であり、それが今後の人文学の発展にとって重要になると考えている。〈神仏融合史〉の研究は、そうした時代の研究状況に適合的なテーマであって、人文学の複数分野の知を結集することで、はじめて課題の解明が成し遂げられる分野になっていると考える。

この終章で提起した研究課題は大変大きく、研究はまだ始まったばかりである。今後、多くの個別研究が必要になるだろう。分野を越えた知が結集される必要があるし、またシチズン・サイエンスによる展開が研究の進展に有効性を持つと考える。今後ともこの研究課題の解明に取り組んでいきたい。

注

序章　神仏融合史研究序説

(1)「仏教」について、近代以前においては「仏法」と表現するのが一般的で、近代以後に「仏教」の表現が普及する。本書は、近代以前における神仏の融合の形成史を主たるテーマとするものである。本書においては、「仏法」の語を基調としつつ、「仏法」と「仏教」の両語を適宜織り交ぜながら論述を進める。

(2)伽藍神については、三山進「伽藍神像考――鎌倉地方の作品を中心に」『Museum』二〇〇、一九六七年。二階堂善弘「海神・伽藍神としての招宝七郎大権修利」『白山中国学』一三、二〇〇七年。同「鎌倉五山の伽藍神像について――大白龍王を中心として」(二階堂善弘・松浦章編『東アジアにおける文化情報の発信と受容』四、雄松堂出版、二〇一〇年)。同「海を越える伽藍神――日中五山の伽藍神の比定」『関西大学東西学術研究所紀要』四五、二〇一二年。同「東アジアの伽藍神信仰」『関西大学東西学術研究所紀要』五〇、二〇一七年。田中知佐子「建長寺伽藍神像をめぐる一考察――中国風伽藍神像の系譜から」『仏教芸術』三〇一、二〇〇八年。脊古真哉「ガラン神考――三河・信濃・遠江国境地域から見た新仏交渉史の一断面」(吉田一彦編『神仏融合の東アジア史』名古屋大学出版会、二〇二一年)。塩澤寛樹「鎌倉・覚園寺の祖像及び伽藍神像について」『群馬県立女子大学研究紀要』四三、二〇二二年。

(3)広瀬良文「中国禅宗の土地伽藍神について」『印度学仏教学研究』六二―二、二〇一四年。E・シャヴァンヌ『古代中国の社――土地神信仰成立史』菊地章太訳注、〈東洋文庫八八七〉、平凡社、二〇一八年。

(4)拙稿「東アジアの中の神仏習合」(同『古代仏教をよみなおす』吉川弘文館、二〇〇六年)。

(5)大阪市立美術館編『道教の美術』図録、二〇〇九年。戴暁云『佛教水陸画研究』中国社会科学出版社、二〇〇九年。高志緑「南宋時代の水陸画に関する復元的考察――個人蔵諸尊降臨図と知恩院蔵羅漢集会図を中心に」『美術史』六三―一、二〇一三年。同「南宋時代の水陸会と水陸画――史氏一族の水陸会と儀礼的背景」(原田正俊編『宗教と儀礼の東アジア』〈アジア遊学二〇六〉、勉誠出版、二〇一七年。陳蒨『潮籍盂蘭勝會』中華書局、二〇一五年。フィリップ・ブルーム「視覚化された儀礼と観想――大徳寺伝来五百羅漢図における水陸会の表現」『仏教芸術』三四四、二〇一六年。荒見泰史「香港の盂蘭勝会の現状と餓鬼供養」『アジア社会文化研究』一八、二〇一七年。松尾恒一「儀礼文化を学ぶ　餓鬼・孤魂――祀り手のない死霊と疫病」『儀礼文化』九・一〇、二〇二二年。

(6)拙稿「中国山西省の寺院と文化財」『人間文化研究所年報』五、二〇一〇年。

(7)拙稿「中国四川省の石刻をたずねて」『人間文化研究所年報』一二、二〇一七年。

(8)小林正美「金録斎法に基づく道教造像の形成と展開」『東洋の思想と宗教』二二、二〇〇五年。高大倫・田泳主編、王婷・于春著『中

国石窟寺大系　仁寿牛角寨石窟』文物出版社、二〇一八年。

（9）胡文和『四川佛教、道教石刻芸術』四川人民出版社、一九九四年。劉長久『安岳石刻芸術』四川人民出版社、一九九七年。胡文和『安岳大足佛雕』文物出版社、二〇〇八年。小林正美注8論文。成都文物考古研究所他「四川安岳県圓覚洞摩崖石刻造像調査報告」（四川大学博物館他編『南方民族考古』九、科学出版社、二〇一三年）など。

（10）劉長久・胡文和・李永超『大足石刻研究』四川省社会科学院出版社、一九八五年。重慶大足石刻芸術博物館・重慶市社会科学院大足石刻研究所編『大足石刻銘文録』重慶出版社、一九九九年。大足石刻研究院編『大足石刻』重慶出版社、二〇一二年。高志緑「宋代の水陸会にみる三教融合」（注2『神仏融合の東アジア史』所収）。フィリップ・ブルーム「大足石刻の環境と永続する儀礼——石篆山を中心に」（板倉聖哲・塚本麿充編『アジア仏教美術論集　東アジアⅢ　五代・北宋・遼・西夏』中央公論美術出版社、二〇二一年）。

（11）拙稿「台湾の神と仏をたずねて」『人間文化研究所年報』一〇、二〇一五年。

（12）拙稿「アジアにおける神仏の融合と日本」『在家仏教』七四〇、二〇一四年。

（13）拙稿「ベトナムでの学術交流と祠・寺・廟」『人間文化研究所年報』一一、二〇一六年。

（14）大西和彦「ベトナムの神仏融合と道教」（注2『神仏融合の東アジア史』所収）。なお、扶董天王と毘沙門天の関係については、同「ベトナムにおける仏教守護神の変容」（小峯和明編『東アジアの仏伝文学』勉誠出版、二〇一七年）。

（15）韓国の三聖信仰については、蓑輪顕量「韓国における仏教と神信仰の関係」『パーリ学仏教文化学』二六、二〇一二年。

（16）拙稿「韓国の寺院・神仏習合・博物館」『人間文化研究所年報』六、二〇一一年。

（17）義江彰夫『神仏習合』岩波新書、一九九六年。なお、義江氏は、その後の講演録では、中国・山西省の五臺山などを調査し、筆者の見解を承認して「中国の面白いところは、仏教の寺に行けば必ずと言っていいほど道教と儒教の神様が出てくる」「中国の場合、ヨーロッパと違って仏殿の中に、土地の神の主、そして儒教や道教という異なる宗教の神がいる」と述べている。義江彰夫「歴史における神と仏——中世比内の信仰状況を探る」『比内歴史文化講演会記録』比内地方歴史愛好会、二〇〇四年。

（18）注2『神仏融合の東アジア史』。

（19）義江彰夫注17著書。近代日本における「宗教」概念・宗教観の形成については、磯前順一『近代日本の宗教言説とその系譜——宗教・国家・神道』岩波書店、二〇〇三年。西田みどり『近代日本の礎を築いた佐賀藩士——「久米邦武」と「佐野常民」の思想研究』知玄社、二〇一六年。

（20）拙著『仏教伝来の研究』吉川弘文館、二〇一二年。

（21）この思想は、従来、「神身離脱」と表現されることが多く、学術用語として定着している。しかし、私見では、「神身離脱」とするよりも「神道離脱」と表記する方がより多数の史料の文言・表現に近く、意味としても正確性を増す。神が「神道」を離脱するのである。そこで本書では〈神道離脱〉と表現することとしたい。この用語について詳しくは第Ⅰ章で論じる。

（22）上島亨「中世の神と仏——〈神仏習合〉再考」（注2『神仏融合の東アジア史』所収）。

（23）辻善之助「本地垂迹説の起源について」（初出一九〇七年、同『日本仏教史研究』一、岩波書店、一九八三年に再録）。

（24）ただし早く、伊藤祐晃「朝鮮に於ける本地垂迹説」（『摩訶衍』一—一、一九二〇年）があり、注目される。

（25）津田左右吉『津田左右吉全集　第九巻　日本の神道』岩波書店、

一九六四年。
(26) 拙稿「多度神宮寺と神仏習合――中国の神仏習合思想の受容をめぐって」(梅村喬編『古代王権と交流4　伊勢湾と古代の東海』名著出版、一九九六年)。この論文は、「多度神宮寺と神仏融合――中国の神仏習合思想の受容をめぐって」と解題して本書に第Ⅲ章として収録した。
(27) 寺川真知夫「神身離脱を願う神の伝承――外来伝承を視野に入れて」『仏教文学』一八、一九九四年。
(28) シンポジウム「アジアにおける仏教と諸宗教」『仏教史学研究』四七―二、二〇〇五年
(29) 拙稿「日本における神仏習合思想の受容と展開」『仏教史学研究』四七―二、二〇〇五年。
(30) 長坂一郎『神仏習合像の研究』中央公論美術出版社、二〇〇四年。
(31) 奈良国立博物館編『神仏習合――かみとほとけが織りなす信仰と美』図録、二〇〇七年。
(32) 拙稿「垂迹思想の受容と展開」(速水侑編『日本社会における仏と神』吉川弘文館、二〇〇六年)。
(33) 拙稿「最澄の神仏習合と中国仏教」『日本仏教綜合研究』七、二〇〇九年。
(34) 上島享『日本中世社会の形成と王権』名古屋大学出版会、二〇一〇年。同注22論文。伊藤聡『中世天照大神信仰の研究』法蔵館、二〇一一年。同『神道の形成と中世神話』吉川弘文館、二〇一六年。同『神道の中世――伊勢神宮・吉田神道・中世日本紀』中央公論新社、二〇二〇年。
(35) 曾根正人「多神教としての仏教とその東流――東アジア仏教における神仏信仰の基盤」(注2『神仏融合の東アジア史』所収)。荒見泰史「信仰における図像と継承――敦煌に見られる山と天界の図像を中心として」(同編『仏教の東漸と西漸』勉誠出版、二〇二〇年)。同「「神」「仏」理解からみた中国仏教」(注2『神仏融合の東アジア史』所収)。同「敦煌仏教の展開と日本」(上島享・吉田一彦編『日本宗教史2　世界の中の日本宗教』吉川弘文館、二〇二一年)。
(36) 阿部泰郎『中世日本の宗教テクスト体系』名古屋大学出版会、二〇一三年。同『中世日本の世界像』名古屋大学出版会、二〇一八年。近本謙介編『ことば・ほとけ・図像の交響――法会・儀礼とアーカイブ』勉誠出版、二〇二二年。木俣元一・近本謙介編『宗教遺産テクスト学の創生』勉誠出版、二〇二二年など。
(37) 津田左右吉注25著書。
(38) 福田晃『神道集説話の成立』三弥井書店、一九八四年。同『神話の中世』三弥井書店、一九九八年。松本隆信『中世における本地物の研究』汲古書院、一九九六年。徳田和夫「本地物語の基層」(『岩波講座 日本文学と仏教8　仏と神』岩波書店、一九九四年)。村上學「神道集」(同前書所収)。
(39) 松本隆信「熊野の本地」(同注38著書所収)。
(40) 森和也「排仏論・護法論・三教一致論」(伊藤聡・吉田一彦編『日本宗教史3　宗教の融合と分離・衝突』吉川弘文館、二〇二〇年)。
(41) 伊藤聡『中世天照大神信仰の研究』法蔵館、二〇一一年。
(42) 井上智勝『吉田神道の四百年』講談社選書メチエ、二〇一三年。
(43) 彌永信美「神話/儀礼/王権――中世日本から」(『岩波講座 哲学13　宗教/超越の哲学』岩波書店、二〇〇八年)。同「「習合」という用語/中世神話と仏教の注釈伝統」(伊藤聡・門屋温監修『中世神道入門――カミとホトケの織りなす世界』勉誠出版、二〇二二年)。
(44) 林淳「「神仏混淆」から「神仏習合」へ――用語の再検討」(羽賀祥二編『近代日本の地域と文化』吉川弘文館、二〇一八年)。
(45) 小中村清矩「古代宗教論」(明治二十一年四月稿、同『陽春廬雑考』巻六、吉川半七発行、一八九八年)。
(46) 足立栗園『近世神仏習合辨』東京警醒社、一九〇一年。

(47) 辻善之助注23論文。

(48) 辻善之助『日本仏教史之研究』金港堂、一九一九年

(49) 鈴木正崇「明治維新と修験道」『宗教研究』九二―二、二〇一八年。

(50) 修多羅亮延「神仏分離と神官僧侶」『仏教史学』二―一、一九一二年。

(51) 村上専精・辻善之助・鷲尾順敬共編『明治維新神仏分離史料』正続編五冊（正編上中下三冊、続編上下二冊）東方書店、一九二六～二九年。

(52) 鈴木正崇注49論文。

(53) 近年、「神仏融合」の用語などをめぐって林淳氏と対談し、私見を再論した。ご参照いただければ幸いである。吉田一彦・林淳対談「研究展望・アジアの神仏融合／習合と日本――『神仏融合の東アジア史』書評をめぐって」『人間文化研究所年報』一九、二〇二四年。

(54) 鈴木正崇注49論文。

(55) 筆者は、旧稿でしばしば「神仏習合」の用語を用いており、論文の論題に使用することもあった。本書に旧稿を再録するにあたっては、それを可能な限り「神仏融合」の用語に改めるなどの補訂を行なった。

第Ⅰ章　日本における神仏融合の成立と展開

(1) 拙稿「奈良・平安時代の神仏融合」（伊藤聡・吉田一彦編『日本宗教史3　宗教の融合と分離・衝突』吉川弘文館、二〇二〇年）。同「古代における神仏の融合」（同編『神仏融合の東アジア史』名古屋大学出版会、二〇二一年）。

(2) 三﨑良章『五胡十六国』東方書店、二〇〇二年。妹尾達彦「中華の分裂と再生」（『岩波講座　世界歴史9　中華の分裂と再生』岩波書店、一九九九年）。

(3) 拙著『古代仏教をよみなおす』吉川弘文館、二〇〇六年。三舟隆之『日本古代の王権と寺院』名著刊行会、二〇一三年。

(4) 奈良文化財研究所「古代寺院遺跡データベース」(http://mokuren.nabunken.go.jp/NCPstjiin/NCPstrJ.htm)。

(5) 三舟隆之『『日本霊異記』説話の地方史的研究』法蔵館、二〇一六年。

(6) 辻善之助「本地垂迹説の起源について」（初出一九〇七年、同『日本仏教史研究』一、岩波書店、一九八三年に再録）など。

(7)『多度町史　資料編1』（多度町、二〇〇二年）に詳細な口絵写真が掲載されている。

(8) 多度神宮寺跡に関連する遺構は、多度山山裾とそれに沿う段丘中位に立地し、それは現在の多度大社本殿の東南約二百メートルの地にあたり、また現在の多度観音堂や田戸稲荷社の地と重なり、その東側に現法雲寺（真宗大谷派）があるという。昭和四七年（一九七二）、ここの地表下約一センチメートルのところに古瓦の層が確認された。現在採集されている軒平瓦は十種類程度で、その中に尾張国分寺と同系のものがあるという。ただし、古代の多度神宮寺跡は明確ではなく、この場所にあったのは法雲寺子院の観音堂に関わるものと考えられるという。これについては、注7『多度町史　資料編1』参照。

(9) 長坂一郎『神仏習合像の研究』中央公論美術出版、二〇〇四年。

(10) 今津勝紀「古代の災害と地域社会――飢饉と疫病」『歴史科学』一九六、二〇〇九年。拙稿「奈良・平安時代前期の神仏融合」『歴史地理教育』八九三、二〇一九年。

(11) 拙稿「奈良・平安時代前期の病と仏教――鬼神と般若の思想史」『唐代史研究』一九、二〇一六年。

(12) 拙稿「多度神宮寺と神仏習合――中国の神仏習合思想の受容をめぐって」（梅村喬編『古代王権と交流4　伊勢湾と古代の東海』名著

出版、一九九六年）。以下この拙稿を「旧稿」と呼ぶ。この論文は「多度神宮寺と神仏融合――中国の神仏融合思想の受容をめぐって」と解題して本書に第Ⅲ章として収録した。

(13) 寺川真知夫「神身離脱を願う神の伝承――外来伝承を視野に入れて」『仏教文学』一八、一九九四年。

(14) 北條勝貴「〈神身離脱〉の内的世界――救済論としての神仏習合」『上代文学』一〇四、二〇一〇年。

(15) 安世高伝の形成過程については、北條勝貴「東晋期江南における〈神仏習合〉言説の成立」（根本誠二・宮城洋一郎編『奈良仏教の地方的展開』岩田書院、二〇〇二年）。

(16) 本話の読解にあたっては、吉川忠夫・船山徹訳『高僧伝（三）』（岩波文庫、二〇一〇年）を参照し、現代日本語訳には両氏による訳文を参照して私見を加えた。

(17)『六朝事跡編類』中華書局、二〇一二年。

(18) 吉川忠夫・船山徹訳注16著書。

(19) 日本における「神道」の語およびその概念をめぐっては、津田左右吉『津田左右吉全集　第九巻　日本の神道』（岩波書店、一九六四年）があり、その後、黒田俊雄『王法と仏法』（法蔵館、一九八三年）、同『日本中世の社会と宗教』（岩浪書店、一九九〇年）がある。さらに近年では、Mark Teewen "From Jindo to Shito : A Concept Takes Shape" *Japanese Journal of Religious Studies*, Vol.29, No.3, Fall, 2002、マーク・テーウェン「神道《ジンドウ》と神道《シントウ》の成立についての比較考察」（ニネッテ幸子ペーチェ・森新之介訳、『日本思想史研究』四二、二〇一〇年）、伊藤聡『神道とは何か』（中公新書、二〇一二年）、同『神道の中世』（中公選書、二〇二〇年）などの研究がある。

(20) 拙著『仏教伝来の研究』吉川弘文館、二〇一二年。

(21) 脊古真哉「北陸道の初期神宮寺」『同朋大学仏教文化研究所紀要』三三、二〇一四年。

(22) 村山修一『本地垂迹』吉川弘文館、一九七四年。

(23) 津田左右吉注19著書。

(24) 青木和夫他校注、新日本古典文学大系『続日本紀（四）』岩波書店、一九九五年。

(25) なお、各段階の伊勢の神宮寺をどの寺院にあてるかについては、発掘調査の成果の評価を含めて諸説があり、今後さらなる検討を進めるべき課題になっている。田中卓「伊勢大神宮寺の創建」（『田中卓著作集四　伊勢神宮の創祀と発展』国書刊行会、一九八五年）。岡田登「伊勢大神宮寺（逢鹿瀬寺）の移転先をめぐって」『皇学館大学史料編纂所報』二一八、二〇〇八年。多田實道「伊勢大神宮寺について」『龍谷史壇』一四〇、二〇一五年。

(26) 大隅和雄「中世神道論の思想史的位置」（日本思想大系『中世神道論』岩波書店、一九七七年）。西宮秀紀『伊勢神宮と斎宮』岩波新書、二〇一九年。

(27) 小林裕子「叡尊による大御輪寺復興と十一面観音」『美術史研究』四〇、二〇〇二年。

(28) 伊藤聡「能と中世神道」『神道の中世』中公選書、二〇二〇年。上島享「中世の神と仏――〈神仏習合〉再考」（注1『神仏融合の東アジア史』所収）。

(29) 鈴木喜博「旧大御輪寺本堂と安置仏像の変遷考――聖林寺十一面観音像の旧所在」『仏教芸術』二三二、一九九七年。

(30) 飯沼賢司『八幡信仰とはなにか』角川選書、二〇〇四年（のち角川ソフィア文庫、二〇一四年）。

(31) 注11拙稿。

(32) 飯沼賢司注30著書。

(33) 脊古真哉注21論文。

(34) 高岡市教育委員会『石塚遺跡・東木津遺跡調査報告』二〇〇一年。川崎晃「「越」木簡覚書」『高岡市万葉歴史館紀要』一一、二〇〇一

年。同「気多大神宮寺木簡と難波津歌木簡について」『高岡市万葉歴史館紀要』一二、二〇〇二年。

(35) 川崎晃「八世紀の神仏関係に関する若干の考察――越中国(越中・能登)を中心として」(加藤謙吉編『日本古代の王権と地方』大和書房、二〇一五年)。脊古真哉注21論文。

(36) 皿井舞「京都・神光院蔵木造薬師如来立像」(『美術研究』四〇四、二〇一一年)は、京都市北区の神光院所蔵の木造薬師如来立像を詳細に調査し、この像が「岡本堂の薬師如来像であった可能性は非常に高い」と論じている。

(37) 嵯峨井建『神仏習合の歴史と儀礼空間』思文閣出版、二〇一三年。

(38) 上島享「王朝貴族と上賀茂社」(大山喬平監修、石川登志雄・宇野日出生・地主智彦編『上賀茂のもり・やしろ・まつり』思文閣出版、二〇〇六年)。

(39) 小倉暎一「石清水八幡宮創祀の背景」(中野幡能編『民衆宗教史叢書二　八幡信仰』雄山閣出版、一九七八年)。吉江崇「石清水八幡宮寺創祀の背景」(『日本古代宮廷社会の儀礼と天皇』塙書房、二〇一八年)。生井真理子「行教と安宗の出自について」『古代文化』六四―四、二〇一三年。

(40) 伊藤聡『神道とは何か』中公新書、二〇一二年。

(41) 小森俊寛・大洞真白「神仏習合の宮寺・石清水八幡宮境内の調査について」『日本歴史』七八九、二〇一四年。

(42) 今堀太逸『神祇信仰の展開と仏教』吉川弘文館、一九九〇年。伊藤聡『神道の中世』中公選書、二〇二〇年。

(43) 土山文夫「真宗の神祇観――諸神本懐集の研究」『大谷学報』一二―二、一九三一年。普賢晃寿「中世真宗の神祇思想――『諸神本懐集』を中心として」『龍谷大学仏教文化研究所紀要』一七、一九七八年。

(44) 拙稿「修二会と『陀羅尼集経』――呪師作法の典拠経典をめぐって」『芸能史研究』二一二、二〇一六年。

(45) SAT大蔵経テキストデータベース研究会「SAT大正新修大蔵経テキストデータベース」(https://21dzk.l.u-tokyo.ac.jp/SAT/)。

(46) 『西大寺資財流記帳』には、四王堂に安置される仏像として「菩提樹神善女天像一躯　高三尺、十手、従四人」「堅牢地神善女天像一躯　高三尺、従四人」が記される。この像について、奥健夫「滋賀・天満神社天王像」(『仏教芸術』三三七、二〇一五年)は、兜跋毘沙門天の脚下の地天女はこうした樹神と同体と見ることができると指摘し、高橋早紀子「地天の変容」(注1『神仏融合の東アジア史』所収)も、樹神と地天の関係に注目している。筆者は、この文書に記される二像のうち、前者は『金光明最勝王経』巻五「蓮華喩讃品」の冒頭に登場する菩提樹神の善女天の像であったろうと考えるが、その善女天の源流の一つとして『大毘婆沙論』の説話が語る菩提樹の神が想定できる可能性があるのではないかと推測している。これについてさらに考えてみたい。

(47) 田中文雄「一行禅師説話の背景と仮託経典」『豊山教学大会紀要』四六、二〇一八年。

(48) 『梵天火羅九曜』は、星曼荼羅図の一つである「梵天火羅図」「北斗曼荼羅図」などの典拠となった経典で、平安時代後期の日本で用いられた。星曼荼羅については、武田和昭『星曼荼羅の研究』法蔵館、一九九五年。有賀匠「星曼荼羅と妙見菩薩の図像的研究」(『密教文化』二〇四、二〇〇〇年)、宇代貴文「円形式北斗曼荼羅考」(『美術史論集』一二、二〇一二年)など、密教学、美術史学などによる研究がある。なお、二〇一九年開催の「国宝　東寺展」には「永万二年(一一六六)六月中旬」の日付を持つ東寺蔵「火羅図」が展観され、実見の機会を得ることができた。東京国立博物館『国宝東寺』図録、二〇一九年。

(49) ここに引用した『梵天火羅九曜』の尊格の列記は、滋賀県塩津港遺跡出土の起請文木簡（木札）における尊格の列記と共通性があることが注目される。特に、保元二年（一一五七）七月二十二日のもの、同八月六日のもの、平治元年（一一五九）六月十六日のもの、同九月十四日のもの、永暦元年（一一六〇）六月十一日のものは類似性が高い。また、「当所鎮守」「殊別」「敬白」の文言も一致もしくは近似する。私見では、塩津港遺跡の起請文木簡（木札）は『梵天火羅九曜』の影響のもとに、あるいは密接な連関性のもとに記されたものと推定される。同木簡については、長浜城歴史博物館『塩津』図録、二〇一九年。滋賀県安土城考古博物館編『塩津港遺跡発掘調査展』図録、二〇一九年。水野章二編『よみがえる港・塩津』サンライズ出版、二〇二〇年。なお、この木簡（木札）に記された「五頭天王」などの尊格については、山口建司「五頭天王誕生の謎を解く鍵——塩津港遺跡起請文札に記された「五頭天王」」『非文字資料研究』一七、二〇一九年。

（50）注44拙稿。

（51）日本の木簡や漆紙文書に見える五方竜王については、門田誠一「日本古代における五方龍関係出土文字資料の史的背景」（『佛教大学宗教文化ミュージアム研究紀要』八、二〇一二年）があり、得るところが大きい。ただし、門田氏は奈良・平安時代の宮中の祈雨祭祀で読経された経典を悉皆的に調査した佐々木令信「古代における祈雨と仏教」（『大谷学報』五〇—二、一九七〇）を参照して、『仏説灌頂経』は修された例がないとしている。しかし、本章で指摘したように、祈雨を目的としたものではないが、円仁、戒明といった僧によって『灌頂経』の読誦、五方龍王の祭が行なわれており、仏法による五方龍王信仰、『灌頂経』信仰がこの時代の日本に存在したことは明らかである。なお、近年の研究によって、飛鳥池遺跡（北地区）出土の音義木簡の一点に『仏説灌頂経』巻十二を依拠原典とするものがあることが知られた。高橋宏幸「飛鳥池遺跡跡出「音義木簡」の依拠原典について」『国語国文学論考』四八、二〇一二年。山本崇「いわゆる音義木簡とその依拠原典について」『國學院雑誌』一二一—一一、二〇二〇年。しかりとするなら、すでに七世紀の飛鳥寺において、『仏説灌頂経』が依用されていたと考えられる。

（52）注10拙稿。

（53）竈門神社および宝満山については、森弘子『宝満山の環境歴史学的研究』岩田書院、二〇〇九年。時枝務『山岳宗教遺跡の研究』岩田書院、二〇一六年。岡野浩二『中世地方寺院の交流と表象』塙書房、二〇一九年。

（54）今津勝紀注10論文。

（55）注11拙稿。

（56）拙稿「アジア東部における日本の鬼神——『日本霊異記』の鬼神の位置」『説話文学研究』五一、二〇一六年。

（57）松本浩一『中国の呪術』〈あじあブックス〉、大修館書店、二〇〇一年。

（58）小南一郎「顔之推「冤魂志」をめぐって——六朝志怪小説の性格」『東方学』六五、一九八三年。池田恭哉「顔之推における『顔氏家訓』と『冤魂志』」『中国思想史研究』三五、二〇一四年。

（59）山下克明『平安時代の宗教文化と陰陽道』岩田書院、一九九六年。同『平安時代陰陽道史研究』思文閣出版、二〇一五年。

（60）増尾伸一郎「鬼神を見る者——『今昔物語集』の陰陽師関係説話考」（服藤早苗・小嶋菜温子・増尾伸一郎・戸川点編『ケガレの文化史——物語・ジェンダー・儀礼』森話社、二〇〇五年）。山下克明注59『平安時代陰陽道史研究』。

（61）宮崎真由「陰陽道祭祀の一考察——鬼気祭・四角四堺祭を中心に」『皇學館論叢』四五—三、二〇一二年。

（62）佐野誠子「鬼神（解説）」（同『中国古典小説選2　捜神記、幽明録、異苑他〈六朝Ⅰ〉』明治書院、二〇〇六年）。

(63) 神塚淑子「鬼神（儒教のキーワード）」『しにか』八―一二、一九九七年。
(64) 小南一郎注58論文。
(65) 増尾伸一郎『道教と中國撰述佛典』汲古書院、二〇一七年。
(66) 拙稿「鬼を食う大蛇、神虫、天形星――木簡と絵画から見た病除けの祈願」（犬飼隆編『古代の文字文化』竹林舎、二〇一七年）。
(67) 大形徹「二条大路木簡の呪文」『木簡研究』一八、一九九六年。
(68) 小林太市郎「辟邪絵巻に就て」（『小林太市郎著作集五　大和絵史論』淡交社、一九七四年）。
(69) 彌永信美『大黒天変相』法藏館、二〇〇二年。
(70) 岩本裕訳『仏教聖典選　七　密教経典』読売新聞社、一九七五年。
(71) 宮城栄昌『延喜式の研究』論述篇、大修館書店、一九五七年。
(72) 小倉慈司「延喜神名式「貞」「延」標注の検討」『延喜式研究』八、一九九三年。
(73) 日本古代の史料に見える「菩薩」については、吉田靖雄『日本古代の菩薩と民衆』吉川弘文館、一九八八年。
(74) 「図版要項　僧形八幡像（奈良 薬師寺蔵）」『美術研究』一一五、一九四一年。
(75) 高橋早紀子「東寺八幡三神像の制作背景に関する考察」『美術史』一七七、二〇一四年。
(76) 長坂一郎「初期神宮寺の成立とその本尊の意味――神護寺薬師如来立像の造像理由を手がかりにして」『美術研究』三四五一、九九二年。皿井舞「神護寺薬師如来像の史的考察」『美術研究』四〇三、二〇一一年。同「神護寺薬師如来像の造像背景」『日本仏教綜合研究』九、二〇一一年。
(77) 福山敏男『寺院建築の研究　下』中央公論美術出版社、一九八三年。
(78) この文書について、皿井舞注76論文は、「交替実録帳」ではなく、「勘解由使奏文抄」と命名するのが適切であると述べる。従うべきものと考える。
(79) 嵯峨井建注37著書。
(80) 逵日出典『八幡宮寺成立史の研究』続群書類従完成会、二〇〇三年。
(81) 津田徹英「僧形八幡神像の成立と展開――神護寺八幡神像と東寺八幡三神像をめぐって」『密教図像』一八、一九九九年。
(82) 上島享「日本中世の宗教史」（吉田一彦・上島享編『日本宗教史1　日本宗教史を問い直す』吉川弘文館、二〇二〇年）。
(83) 井上以智為「天台山に於ける道教と仏教」『桑原博士還暦記念　東洋史論叢』弘文堂、一九三一年。
(84) 薄井俊二『天台山記の研究』中国書店、二〇一一年。
(85) 中田美絵「五台山文殊信仰と王権――唐朝代宗期における金閣寺修築の分析を通じて」『東方学』一一七、二〇〇九年。
(86) 逵日出典『奈良朝山岳寺院の研究』名著出版、一九九一年。
(87) 後藤建一『大知波峠廃寺跡』同成社、二〇〇七年。久保智康編『日本の古代山寺』高志書院、二〇一六年。
(88) 時枝務注53著書。菊池大樹『日本人と山の宗教』講談社現代新書、二〇二〇年。
(89) この表については、佐和隆研「金剛峯寺伽藍の草創に就いて」『密教文化』八九、一九四四年。竹内信夫『空海入門――弘仁のモダニスト』ちくま新書、一九九七年。同『空海の思想』ちくま新書、二〇一四年を参照。
(90) 佐和隆研注89論文。
(91) 福山敏男注77著書。
(92) 千葉照観「不空の密教と金閣寺」『印度学仏教学研究』三五―二、一九八七年。
(93) 中田美絵注85論文。

(94)曾根正人『空海』山川出版社、二〇一二年。

(95)脊古真哉「高野山開創説話と丹生明神・高野明神」『日本仏教綜合研究』一六、二〇一八年。

(96)和多昭夫「高野山と丹生社について」『密教文化』七三、一九六五年。

(97)注44拙稿。

第Ⅱ章　神仏習合学説形成史の批判的考察

(1)吉田一彦編『神仏融合の東アジア史』名古屋大学出版会、二〇二一年。本章では、この書物を前著と呼ぶ。

(2)林淳「神仏習合研究史ノート」『神道宗教』一一七、一九八四年。曾根正人「研究史の回顧と展望」(同編『論集奈良仏教4　神々と奈良仏教』雄山閣出版、一九九五年)。伊藤聡「神仏習合の研究史」『国文学　解釈と鑑賞』八〇二、一九九八年。佐藤弘夫「「神仏習合」論の形成の史的背景」『宗教研究』三五三、二〇〇七年。

(3)林淳「「神仏混淆」から「神仏習合」へ——用語の再検討」(羽賀祥二編『近代日本の地域と文化』吉川弘文館、二〇一八年)。

(4)鈴木正崇「明治維新と修験道」『宗教研究』九二―二、二〇一八年。

(5)拙稿「日本古代の宗教史」(吉田一彦・上島享編『日本宗教史1　日本宗教史を問い直す』吉川弘文館、二〇二〇年)。

(6)森部豊「隋・唐帝国と「宗教」——東ユーラシアから問いかける」(上島享・吉田一彦編『日本宗教史2　世界の中の日本宗教』吉川弘文館、二〇二一年)。

(7)増尾伸一郎『道教と中國撰述佛典』汲古書院、二〇一七年。

(8)増尾伸一郎『日本古代の典籍と宗教文化』吉川弘文館、二〇一五年。

(9)吉田孝『日本の誕生』岩波新書、一九九七年。

(10)拙著『『日本書紀』の呪縛』集英社新書、二〇一六年。注5拙稿。

(11)金子修一『古代中国と皇帝祭祀』汲古書院、二〇〇一年。同『中国古代皇帝祭祀の研究』岩波書店、二〇〇六年。

(12)新川登亀男『道教をめぐる攻防』大修館書店、一九九九年。

(13)拙稿「先進文明としての仏法の受容」(『アジア人物史3　ユーラシア東西ふたつの帝国』集英社、二〇二三年)。同「玄昉」(新古代史の会編『人物で学ぶ日本古代史2　奈良時代編』吉川弘文館、二〇二二年)。

(14)勝浦令子『孝謙・称徳天皇』ミネルヴァ書房、二〇一四年。

(15)窪徳忠「朝鮮の道教」『東方学』二九、一九六五年。車柱環『朝鮮の道教』(三浦國雄・野崎充彦訳)人文書院、一九九〇年。

(16)大西和彦「ベトナムの神仏融合と道教」(注1『神仏融合の東アジア史』所収)。

(17)内藤湖南「応仁の乱について」(史学地理学同攻会講演、一九二一年、『内藤湖南全集』九、筑摩書房、一九六九年)。

(18)拙稿「日本仏教史の時期区分」(大隅和雄編『文化史の構想』吉川弘文館、二〇〇三年)。

(19)藤井学「近世初期の政治思想と国家意識」(『岩波講座　日本歴史10　近世1』岩波書店、一九七五年)。

(20)圭室諦成『葬式仏教』大法輪閣、一九六三年。松尾剛次『葬式仏教の誕生』平凡社新書、二〇一一年。

(21)拙稿「日本仏教史上の蓮如の位置」(同朋大学仏教文化研究所編『蓮如方便法身尊像の研究』法藏館、二〇〇三年)。

(22)伊藤聡『中世天照大神信仰の研究』法藏館、二〇一一年。同『神道の中世』中公選書、二〇二〇年。井上智勝『吉田神道の四百年』講談社選書メチエ、二〇一三年。

(23)森和也「排仏論・護法論・三教一致論」(伊藤聡・吉田一彦編『日本宗教史3　宗教の融合と分離・衝突』吉川弘文館、二〇二〇年)。

(24) 拙稿「多度神宮寺と神仏習合——中国の神仏習合思想の受容をめぐって」(梅村喬編『古代王権と交流4　伊勢湾と古代の東海』名著出版、一九九六年)。この論文は「多度神宮寺と神仏融合——中国の神仏融合思想の受容をめぐって」と解題して本書に第Ⅲ章として収録した。
(25) 辻善之助「本地垂迹説の起源について」(初出、一九〇七年、同『日本仏教史研究』一、岩波書店、一九八三年に再録)。
(26) 辻善之助『日本仏教史之研究』金港堂、一九一九年。
(27) 辻善之助『日本仏教史』第一巻上世篇、岩波書店、一九四四年。
(28) 他にも、辻善之助「本地垂迹説」(同『日本仏教史研究』五、岩波書店、一九八四年)がある。
(29) 村上専精・辻善之助・鷲尾順敬共編『明治維新神仏分離史料』正続編五冊(正編上中下三冊、続編上下二冊)、東方書店、一九二六～一九二九年。
(30) 辻善之助「神仏分離の概観」(同『日本仏教史研究』四、岩波書店、一九八四年)。
(31) 辻善之助注30著書所収。
(32) 辻善之助「廃仏毀釈」(同『日本仏教史研究』六、岩波書店、一九八四年)。
(33) 足立栗園『近世神仏習合辨』東京警醒社、一九〇一年。
(34) 鈴木正崇注4論文。
(35) 修多羅亮延「神仏分離と神官僧侶」『仏教史学』二―一、一九一二年。
(36) 林淳注3論文。
(37) 拙稿「日本における神仏習合思想の受容と展開」『仏教史学研究』四七―二、二〇〇五年。同「垂迹思想の受容と展開——本地垂迹説の成立過程」(速水侑編『日本社会における仏と神』吉川弘文館、二〇〇六年)。後者は本書に第Ⅶ章として収録した。
(38) 津田左右吉『津田左右吉全集　第九巻　日本の神道』岩波書店、一九六四年。
(39) 山折哲雄「古代における神と仏」『神から翁へ』青土社、一九八九年。
(40) 拙稿「奈良・平安時代の神仏融合」(伊藤聡・吉田一彦編『日本宗教史3　宗教の融合と分離・衝突』吉川弘文館、二〇二〇年)。
(41) 山折哲雄注39論文。
(42) 林淳注2論文。鈴木正崇注3論文。
(43) 拙稿「神仏習合——東アジアの中の日本神仏習合」(日本仏教協会編『日本の仏教』六、法蔵館、一九九六年)。
(44) 大隅和雄・大山誠一・長谷川宏・増尾伸一郎・吉田一彦『日本思想史の可能性』平凡社、二〇一九年。

第Ⅲ章　多度神宮寺と神仏融合

(1) 日本歴史地名大系二四『三重県の地名』(平凡社、一九八三年)を参考にした。
(2) ミルチア・エリアーデ『世界宗教史』Ⅰ～Ⅲ、荒木美智雄・中村恭子・松村一男・島田裕巳・柴田史子・鶴岡賀雄訳、筑摩書房、一九九一～九二年。
(3) 赤松俊秀「飛鳥・奈良時代の寺領経営について」(同『古代中世社会経済史研究』平楽寺書店、一九七三年)。
(4) 水谷悌二郎「多度神宮寺伽藍縁起幷資財帳考」『画説』三、一九三七年。のち改訂して『三重の文化』一四、一九五八年。磯田信義「『多度神宮寺伽藍縁起幷資財帳』の史料的価値をめぐって」『文化史学』三二、一九七七年、矢野健一「『多度神宮寺伽藍縁起幷資財帳』の史料的特質」『地方史研究』一四七、一九七七年、湊敏郎「多度神社所蔵神宮寺資財帳について——僧綱之印を中心に」『仏教芸術』一四四、一九八二年、脊古真哉「初期の神仏交渉について——多度神宮寺伽藍縁起并資財帳をめぐって」『東海仏教』三五、一九九〇年。

（5）拙稿「古代の私度僧について」（同『日本古代社会と仏教』吉川弘文館、一九九五年）。

（6）辻善之助「本地垂迹説の起源について」（初出一九〇七年、同『日本仏教史研究』一、岩波書店、一九八三年に再録）。なお氏の見解は、同『日本仏教史』第一巻上世篇（岩波書店、一九四四年）でも再説されている。家永三郎「飛鳥寧楽時代の神仏関係」（同『上代仏教思想史研究〔新訂版〕』法蔵館、一九六六年）。原田敏明『日本宗教交渉史論』中央公論社、一九四九年。田村圓澄「神宮寺と神前読経と物の怪」（同『日本仏教史2 奈良・平安時代』法蔵館、一九八三年）。同「神仏習合の源流をめぐって」『神道宗教』一一九、一九八五年。高取正男『民間信仰史の研究』法蔵館、一九八二年。村山修一『神仏習合思潮』平楽寺書店、一九五七年。同『本地垂迹』吉川弘文館、一九七四年。同『習合思想史論考』塙書房、一九八七年。下出積與「神仏習合の展開」『アジア仏教史 日本編Ⅱ 平安仏教』佼成出版社、一九七四年。同『古代日本の庶民と信仰』弘文堂、一九八八年。河音能平「王土思想と神仏習合」（同『中世封建社会の首都と農村』東京大学出版会、一九八四年）。笠井昌昭「神仏習合の発生」『日本思想史講座』一、雄山閣出版、一九七七年。中井真孝「神仏習合論序説」（同『日本古代仏教制度史の研究』法蔵館、一九九一年）。同「平安初期の神仏関係」（菊池康明編『律令制祭祀論考』塙書房、一九九一年）。山折哲雄「古代における神と仏」（同『神から翁へ』青土社、一九八四年）。宮城洋一郎「律令国家における神仏習合思想の形成」（二葉憲香編『続国家と仏教 古代中世編』永田文昌堂、一九八一年）。林淳「神仏習合研究史ノート」『神道宗教』一一七、一九八四年。逵日出典『神仏習合』六興出版、一九八六年。同「神仏習合の素地形成と発生期の諸現象」『芸林』四〇―四、一九九一年。嵯峨井建「神宮寺と習合建築」（同『日吉大社と山王権現』人文書院、一九九二年）。同「神宮寺の神祇奉斎」『神道宗教』一三一、一九八八年。速水侑「神仏習合の展開」（『東アジア世界における日本古代史講座8 東アジアの変貌と国風文化』学生社、一九八六年）。白山俊介「神仏習合の進展」（速水侑編『論集日本仏教史2 奈良時代』雄山閣出版、一九八六年）。熊谷保孝「平安時代前期における神前読経について」『神道宗教』一二九、一九八七年。矢野建一「神仏習合」『古代史研究の最前線』四、雄山閣出版、一九八七年。大隅和雄「神仏習合理論の展開」『国文学 解釈と鑑賞』五二―九、一九八七年。田辺三郎助編『図説日本の仏教 六 神仏習合と修験』新潮社、一九八九年。宇佐美正利「護法善神から本地垂述へ」（下出積與・圭室文雄編『講座神道』一、桜楓社、一九九一年）。嵯峨井建・林淳・佐藤眞人・三橋正・岡田荘司「シンポジウム・神仏習合と神仏隔離をめぐって」『神道宗教』一四六、一九九二年。義江彰夫「日本における神仏習合形成の社会史的考察」『中国――社会と文化』七、一九九二年、など多数がある。

（7）『日本霊異記』上巻第七に見える三谷寺を神宮寺とみなせば、神宮寺は七世紀後半にはじまったと理解することになるが、私は三谷寺はいわゆる神宮寺とは性格が異なると考えている。三谷寺は、特定の神もしくは神社のために建立された寺ではなく、また「神宮寺」「神願寺」という呼称も用いられていないからである。ここでは三谷寺は除外して考えることとしたい。

（8）日本古代・中世の夢については、西郷信綱『古代人と夢』（平凡社、一九七二年）、週刊朝日百科日本の歴史五二『占い・託宣・聖所での夢』（朝日新聞社、一九八七年）、横井清「夢」（『岩波講座 日本通史9 中世3』岩波書店、一九九四年）など多数がある。

（9）熊谷保孝注6論文。

（10）中井真孝注6論文。なお熊谷保孝注6論文には、国史に見える神前読経記事の一覧表が掲載されている。

(11) 拙稿「日本古代の三宝」(同『日本古代社会と仏教』吉川弘文館、一九九五年)。
(12) 辻善之助注6論文。
(13) 山折哲雄注6論文。
(14) 津田左右吉『日本の神道』(同『津田左右吉全集　第九巻　日本の神道』岩波書店、一九六四年)。
(15) 津田は本地垂迹説についても、「本地垂迹説はシナ傳來のものであるから、其の意味に於いては一つのシナ思想といふこともできよう」としている。これについての私見は、本書第Ⅶ章・第Ⅷ章参照。
(16)『高僧伝』(大正蔵No.2059。『国訳一切経　史伝部七』常盤大定訳、一九三六年)。
(17)『続高僧伝』(大正蔵No.2060。『国訳一切経　史伝部八、九、十』常盤大定・布施浩岳訳、一九三八、四二、六七年)。
(18)『出三蔵記集』(大正蔵No.2145。『国訳一切経　史伝部一』林屋友次郎訳、一九三七年)。
(19) 荒牧典俊訳注『出三蔵記集』(『大乗仏典　中国日本篇3』中央公論社、一九九三年)の「二、仏教初伝と安世高」の注44。
(20) 中国の山岳仏教については、宮川尚志「山岳仏教の成立」(同『六朝史研究　宗教篇』平楽寺書店、一九六四年)。
(21) 朝鮮や日本でも、名山、大川あるいは山川に雨を祈ったという記事が見える。『三国史記』新羅本紀、沾解尼師今七年条、憲徳王九年条、同祭祀志、『日本書紀』持統天皇六年五月辛巳〈十七日〉条、『続日本紀』文武二年五月甲子〈五日〉条、大宝元年四月戊午〈十五日〉条、和銅三年四月壬寅〈二十二日〉条、天平四年七月丙午〈五日〉条など。これらは中国の祭祀の影響を受けたものと考えられる。
(22) 道宣『集神州三宝感通録』巻上(大正蔵No.2106, 409c。『国訳一切経　護教部五』野村耀昌訳、一九六四年)。
(23) 賛寧『宋高僧伝』巻十四「釈道宣伝」(大正蔵No.2061。『国訳一切経　史伝部十二』塚本善隆、牧田諦亮訳、一九五九年)。
(24) 景山春樹『神道の美術』塙書房、一九六五年。同『神像』法政大学出版局、一九七八年。岡直己『神像彫刻の研究』角川書店、一九六六年。
(25) 田村圓澄『古代朝鮮仏教と日本仏教』吉川弘文館、一九八〇年。同『古代朝鮮と日本仏教』講談社学術文庫、一九八五年。同『飛鳥・白鳳仏教史』上下、吉川弘文館、一九九四年。中井真孝『朝鮮と日本の古代仏教』東方出版、一九九四年など。
(26) 日本では七世紀から山岳寺院が建立され、八世紀にもそれが継続していった。これについては、逵日出典『奈良朝山岳寺院の研究』名著出版、一九九一年。こうした山岳寺院は、朝鮮仏法や中国仏法の影響を受けた寺院建立であると理解され、のちの神宮寺と一定の連続性を持つ寺院建立と見ることができる。しかしその一方、神との関係について語るかどうかという点に関して両者には大きな不連続性もあるから、神仏関係を前面に打ち出す神宮寺の論理は、一気に語られはじめたとするのが妥当であろう。
(27) 石田茂作「奈良朝現在一切経疏目録」(同『写経より見たる奈良朝仏教の研究』附録、東洋文庫、一九三〇年)。
(28) 津田左右吉『日本古典の研究』第四篇「応神天皇から後の記紀の記載」岩波書店、一九五〇年。
(29) 井上薫「日本書紀仏教伝来記載考」「道慈」(同『日本古代の政治と宗教』吉川弘文館、一九六一年)。
(30)『続日本紀』天平宝字二年(七五八)八月辛丑〈二日〉条。また『唐大和上東征伝』によれば鑑真が到着した時、大宰府に導いたのは彼であるし、『東大寺要録』巻四「大和尚伝」によれば、鑑真が入京する時の訳語も彼が務めたという。中国語を得意としていたのであろう。なお、鑑真の律学は道宣の法脈に連なる。

(31) 田村圓澄「神仏関係の一考察」『史林』三七―二、一九五四年。
(32) 速水侑注6論文。
(33) 逵日出典注6論著。
(34) 満願については、西田長男「僧満願の神宮寺建立」(同『日本神道史研究』四、講談社、一九七八年)。久野健「万巻上人像について」(同『平安初期彫刻史の研究』吉川弘文館、一九七四年)。脊古真哉注4論文。
(35) 西田長男注34論文。久野健注34論文。
(36) 中井真注6論文は、神のためにする得度を「神分得度」と名づけてこの問題を重視し、詳しい考察を行なっている。
(37) 中国ではしばしば見られるのに日本古代では見られないものとしては、神の受戒がある。その意味については今後考えていきたい。
(38) ただし、『続高僧伝』巻二十五円通伝には、「神宮・仙寺は其の実無からず」とあって、「神宮」の語が見える。
(39) 前川明久「伊勢神宮と朝鮮古代諸国家の祭祀制――神宮の称号をめぐって」(同『日本古代氏族と王権の研究』法政大学出版局、一九八六年)。
(40)『三国遺事』巻五「金現感虎」には「虎願寺」が見える。これは人間(女性)に変身した虎のために建立された寺院であるが、固有名詞である。
(41) 神ではないが、僧尼に対する菩薩号の付与や特定個人に対する度者の付与については、拙稿「僧尼と古代人」(同『日本古代社会と仏教』吉川弘文館、一九九五年)。
(補注)

本章初出稿では、「神仏習合」の用語を用いていた。本書再録にあたり、一書としての統一性の観点から「神仏融合」の用語に変更した。また、「神身離脱」の用語を最初のみ「神身離脱(神道離脱)」と表記し、その後は〈神道離脱〉と表記した。

道慈の『日本書紀』仏法初伝記事および一連の仏法関係記事への関与については、拙著『仏教伝来の研究』(吉川弘文館、二〇一二年)で詳述した。あわせてご参照いただければ幸いである。

第Ⅳ章　最澄の神仏融合と中国仏教

(1) 辻善之助「本地垂迹説の起源について」(初出一九〇七年、『日本仏教史研究』一、岩波書店、一九八三年に再録)。
(2) そうした中、津田左右吉『日本の神道』(同『津田左右吉全集　第九巻　日本の神道』岩波書店、一九六四年)は、中国の神仏融合思想の影響について触れたが、その記述は簡略で、不十分なものであった。
(3) 拙稿「日本における神仏習合思想の受容と展開――神仏習合外来説(序説)」『仏教史学研究』四七―二、二〇〇五年。拙著『古代仏教をよみなおす』吉川弘文館、二〇〇六年。
(4) ミルチア・エリアーデ『世界宗教史』Ⅰ～Ⅲ、荒木美智雄・中村恭子・松村一男・島田裕巳・柴田史子・鶴岡賀雄訳、筑摩書房、一九九一～九二年。
(5)『叡山大師伝』のテキストは、『伝教大師全集』五(世界聖典刊行協会、一九七五年復刊)。佐伯有清『伝教大師伝の研究』吉川弘文館、一九九二年。渡辺晃宏・館野和己翻刻「叡山大師伝」(『石山寺資料叢書　史料篇第二』法蔵館、二〇〇〇年)。村中祐生纂輯『天台宗教聖典Ⅲ　伝教大師集』山喜房仏書林、二〇〇三年。
(6) 灌頂『隋天台智者大師別伝』(大正新修大蔵経五〇、No.2050)には、智顗が晩年になって見た夢に「梵僧」が出てきたという話が見える。最澄はこれに影響されていた可能性があろう。
(7)『叡山大師伝』の著者「一乗忠」については、福井康順「宗祖最澄伝の諸相」(同著作集五『日本天台の諸研究』法蔵館、一九九〇年)、佐伯有清注5著書に従い、真忠と理解する。

(8) 井上以智為「天台山に於ける道教と仏教」『桑原博士還暦記念 東洋史論叢』(弘文堂、一九三一年)がすぐれた先行研究である。

(9) 慧皎『高僧伝』(大正新修大蔵経五〇、No.2059)。

(10) 多田伊織「民間信仰と仏教」(同『日本霊異記と仏教東漸』法蔵館、二〇〇一年)に『高僧伝』の「山神」についての言及がある。

(11) 智顗の活動については、藤善真澄・王勇『天台の流伝』山川出版社、一九九七年。

(12) 前野直彬『全釈漢文大系 山海経・列仙伝』集英社、一九七五年。

(13) 吉原浩人「天台山の王子信(晉)考」『東洋の思想と宗教』一一、一九九五年。

(14) 高橋忠彦『新釈漢文大系 文選(賦篇)中』明治書院、一九九四年。

(15) 井上以智為注8論文。

(16) 同前。

(17) 徐霊府『天台山記』大正蔵No.2096。また、国立国会図書館本の写真がウェブ上に公開されている(http://www.ndl.go.jp/exhibit/50/html/wa1-2/mokuji.html)。同書については、薄井俊二『天台山記の研究』中国書店、二〇一一年。

(18) 野本覚成「比叡山『相輪樘銘』と顔真卿筆『千福寺多宝塔碑文』」『天台学報』三五、一九九三年。同「伝教大師の比叡神信仰」(岡田重精編『日本宗教への視角』東方出版、一九九四年)。

(19) 灌頂『国清百録』大正蔵No.1934。池田魯參『国清百録の研究』大蔵出版、一九八二年。

(20) 賛寧『宋高僧伝』大正蔵No.2061。

(21) 吉原浩人注13論文は、「山王土地」を「山王の土地」と解釈しているが、ここの「土地」は土地神のことで、「山王土地」は「山王」と「土地」の二つの神格が併記されていると私は読解したい。

(22) 成尋『参天台五臺山記』については、平林文雄『参天台五臺山記 校本並びに研究』風間書房、一九七八年。齊藤圓眞『参天台五臺山記Ⅰ』山喜房仏書林、一九九七年。藤善真澄訳注『参天台五臺山記 上下』関西大学出版部、二〇〇七年、二〇一一年。

(23) 成尋が宋で参拝した諸神については、王麗萍「入宋僧成尋と道教」『アジア遊学』七三、二〇〇五年。

(24) 吉原浩人注13論文は、成尋が参拝したのは桐柏観ではないかと推測しているが、筆者は、文脈から、成尋が参拝したのは国清寺内部の施設だと読解している。したがって「寺は王子の宅なり」の「寺」は国清寺を指していると読むべきだと考える。成尋は、智顗も地主山王元弼眞君から天台山を譲渡されて、国清寺が建立されたと理解していたのである。

(25) 福井康順「伝教大師以前の比叡山」(同著作集五『日本天台の諸研究』法蔵館、一九九〇年)は、「宝殿」「梵鐘」の語に注目して、すでにこの時に比叡山に寺院があったと論じているが、文学的修辞である可能性もあり、この文言からそこまでは言えないと考える。

(26) 『古事記』上巻に「大山咋神、亦名、山末之大主神。此神者、坐近淡海国之日枝山、亦、坐葛野之松尾、用鳴鏑神者也」とあって、近江国の「日枝神」が見える。ただし、『古事記』については、近年、「序」の成立を平安時代初期とする理解から、本文の成立年代についても議論になっており、ここでは参考史料とするにとどめたい。

(27) 辻善之助注1論文。

(28) 岡田精司「日吉神社と天智朝大津宮」『日本書紀研究』一六、塙書房、一九八七年。

(29) 福井康順注25論文。

(30) 『日吉社禰宜口伝抄』(『神道体系 神社編 日吉』所収、一九八三年)。

(31) 佐藤真人「『日吉社禰宜口伝抄』の成立」『大倉山論集』二五、一九八九年。

(32) 野本覚成注18「伝教大師の比叡神信仰」。

(33)「大比叡」「小比叡」は、後に述べる「弘仁九年比叡山寺僧院等之記」では峰の名として記されている。それは野本覚成注18「伝教大師の比叡神信仰」が指摘するように、四明ヶ岳と釈迦岳であろう。なお、井上以智為注8論文によれば、天台山にも「大小天台山」があるが、これも諸峰を「大天台」「小天台」と呼んだものだという。

(34) 福山敏男「伝教大師時代の延暦寺の建築」『日本建築史研究　続編』墨水書房、一九七一年。

(35) 近年の研究に、藤井恵介「初期比叡山の建築に関する幾つかの課題」『仏教芸術』三〇〇、二〇〇八年。

(36) 山王神道については、嵯峨井建『日吉大社と山王権現』人文書院、一九九二年。菅原信海『山王神道の研究』春秋社、一九九二年。

(37) 三部長講会式や「相輪樘銘」には「山王」の語が見えるが、これらについては議論があり、偽作ないし真偽未定とすべきもので、なお真偽の検討が必要である。

(38) 写真、法量、釈文は『園城寺文書』一、講談社、一九九八年。写真から判断するに、第一文書と第二文書と第三・第四文書（記録）の三つに分けて考えることができる。それぞれが別筆で、虫食いによるなら、別々に伝来したものをある段階で一巻に表装したものと考えられる。

(39) この文書については、野本覚成「最澄・義真撰『比叡山寺僧院記』（三井寺蔵・国宝）の検討」（『天台学報』三一、一九八九年）がある。

(40)「六処造宝塔願文」（『伝教大師全集』五、世界聖典刊行協会、一九七五年復刊）。

(41)『三宝住持集』（注40『伝教大師全集』五、所収）。

(42) 光定『伝述一心戒文』（『伝教大師全集』一、世界聖典刊行協会、一九七五年復刊。また、村中祐生纂輯『天台宗教聖典Ⅲ　伝教大師集』山喜房仏書林、二〇〇三年）。

(43) 薗田香融「最澄とその思想」（日本思想大系『最澄』岩波書店、一九七四年）。

(44) 坂本太郎「伝教大師と大日本の国号」（天台学会編『伝教大師研究』早稲田大学出版部、一九七三年）。

(45) 前田夏蔭「日吉山王弁」（『神道体系　論説編　天台神道（下）』一九九三年）。

(46) 吉原浩人注13論文。

(47) 逵日出典『奈良朝山岳寺院の研究』名著出版、一九九一年。

(48) 吉川真司「平安京」（『日本の時代史5　平安京』吉川弘文館、二〇〇二年）は、最澄は自ら天台山に行き、空海は不空三蔵による五臺山興隆を知って、そうした中国の聖地を範として、都城や国府から自立した新しい山林寺院を建立したと指摘している。

(49) 山岳宗教史研究叢書（第Ⅰ期は和歌森太郎・村山修一・五来重・戸川安章・桜井徳太郎編、第Ⅱ期は五来重責任監修、名著出版、一九七五年刊行開始）が第一巻の総説的な巻に続き、第二巻『比叡山と天台仏教の研究』（村山修一編、一九七五年）からはじまるのは、妥当な位置づけであったと考える。ただ、同叢書は中国の宗教的聖地からの影響や文化交流という視点が大変弱く、今後の研究課題になっている。

(50) 佐藤真人「平安初期天台宗の神仏習合思想――最澄と円珍を中心に」（吉原浩人・王勇編『海を渡る天台文化』勉誠出版、二〇〇八年）では、本章と共通する課題や論点が多々論じられている。あわせ参照されたい。

（補注）

本章初出稿では、「神仏習合」「神身離脱」の用語を用いていた。本書再録にあたり、一書としての統一性の観点から「神仏融合」「神道離脱」の用語に変更した。

第Ⅴ章　宗叡の白山入山をめぐって

（1）小野玄妙「仏教之美術及び歴史（下）」（小野玄妙仏教芸術著作集三『仏教の美術と歴史』下、開明書院、一九七七年）。頼富本宏「宗叡請来の密教図像――とくに理趣経曼荼羅を中心に」（頼富本宏編『密教大系　十一密教美術Ⅱ』再録、法藏館、一九九四年）。佐和隆研『白描図像の研究』法藏館、一九八二年。彌永信美『大黒天変相――仏教神話学Ⅰ』（「Ⅶ日本密教の摩訶迦羅天像と盲目のアスラ・アンダカの神話」法藏館、二〇〇二年）。

（2）杉本直治郎『真如親王伝考――高丘親王伝考』吉川弘文館、一九六五年。田島公「真如（高丘）親王一行の「入唐」の旅――「頭陀親王入唐記」を読む」『歴史と地理』五〇二、一九九七年。佐伯有清『智証大師伝の研究』「第四章　円珍と円載と日本新院」吉川弘文館、一九八九年。同『高丘親王入唐記』吉川弘文館、二〇〇二年。

（3）川尻秋生「入唐僧宗叡と請来経典の行方」（高麗大学日本史研究会編『東アジアの中の韓日関係史』上、J＆C、韓国、二〇一〇年）。日本語版は、同「入唐僧宗叡と請来経典の行方」『早稲田大学會津八一記念博物館研究紀要』一三、二〇一二年。

（4）下出積與編『民衆宗教史叢書　十八　白山信仰』雄山閣出版、一九八五年。飯田瑞穂「『泰澄和尚傳』をめぐって」（飯田瑞穂著作集4『古代史籍の研究　下』吉川弘文館、二〇〇一年）。

（5）佐伯有清注2『高丘親王入唐記』。川尻秋生注3論文。

（6）川尻秋生「『観心寺縁起資財帳』の作成目的」（同『日本古代の格と資財帳』吉川弘文館、二〇〇三年）。

（7）『続群書類従』八下（続群書類従完成会、一九二七年）。大日本仏教全書『遊方伝叢書』一（仏書刊行会刊、一九一五年）。『入唐五家伝』の写本については、森哲也「『入唐五家伝』の基礎的考察」（『市史研究ふくおか』三、二〇〇八年）。

（8）大正新修大蔵経巻五五、No.2174a, No.2174b, No.2175。

（9）大正新修大蔵経別巻、小野玄妙編『昭和法宝総目録』三（大蔵出版、一九三四年）。

（10）川尻秋生注3論文。

（11）佐和隆研「白描図像集にみる唐本密教絵画」（佐和隆研注1著書所収）。

（12）川尻秋生注6論文、注3論文。

（13）佐伯有清『智証大師伝の研究』「第四章　円珍と円載と日本新院」（吉川弘文館、一九八九年）は、『阿闍梨大曼荼羅灌頂』の奥書の「裏書」（園城寺編『智証大師全集』下「批記集」所収、一九一九年）に「貞元五年、宗叡来於三井、学胎蔵悉地両部法了。略授伝法訖。其後叡至禅林寺紹僧都処、有本意故更受此金剛界也。其因縁者、紹和上此実慧僧都弟子也。（後略）」とあるのを史料として採用し、宗叡が三井寺（園城寺）に来て円珍から胎蔵・悉地の両部の法を学んだことを歴史的事実を伝える記述だとした。ただし、貞元五年（貞観五年、八六三）というのは宗叡が入唐中のことになり、矛盾があるから、年次記載は円珍の記憶違いによる誤りであろうと論じた。しかし、年次の矛盾は『日本三代実録』の卒伝の記載とあわせ考えてもさらなる問題をはらんでおり、なお考察が必要である。また、この裏書の史料性についてもさらなる検討が必要であろう。これについては今後なお考えてみたい。

（14）「天台法華宗年分縁起」の写真は、三浦周行『伝教大師伝』（御遠忌事務局、一九二一年）、京都国立博物館・東京国立博物館『最澄と天台の国宝』図録（二〇〇五年）などに掲載されている。

（15）ここの「法相宗相奪」は、従来の見解では、天台宗の年分度者として得度したものが、東大寺での具足戒受戒の後に法相宗に奪われてしまったと理解するのが一般的であったと思う。しかし、佐藤文子氏の御教示によれば、ここの記載は天台宗の年分度者の枠自体を法相宗に奪われてしまい、それを活用して法相宗で年分度者が行なわれたと読解すべきだという。従うべき見解と思われる。

(16) 三浦周行注14著書。辻善之助『日本仏教史』第一巻上世篇、岩波書店、一九四四年。薗田香融「最澄とその時代」(日本思想大系『最澄』岩波書店、一九七四年)など。

(17) 日本思想大系『最澄』(岩波書店、一九七四年)頭注。「回心向大」なる概念の理解については、村中祐生「傳教大師における護国の思想」(『天台法華宗の研究』山喜房佛書林、二〇〇五年)が有益である。

(18) 手島崇裕「九世紀後半の授戒に関する一考察」(義江彰夫編『古代中世の社会変動と宗教』吉川弘文館、二〇〇六年。勝野隆広「仮受小戒をめぐる諸問題」『印度学仏教学研究』五六―二、二〇〇八年。

(19) 智顗も神の住む山である天台山から、神の住む山である玉泉山へと進出した。

(20) 大蔵経テキストデータベース研究会「大正新修大蔵経データベース」(http://21dzk.l.u-tokyo.ac.jp/SAT/)

(21) 佐伯有清注13著書。

(22) 同前。

(23) 拙稿「僧尼と古代人」(同『日本古代社会と仏教』吉川弘文館、一九九五年)。

(24) 大正新修大蔵経巻五一。No.2098, No.2099, No.2100。

(25) 足立喜六訳注、塩入良道補注、円仁『入唐求法巡礼行記』一・二、平凡社、一九七〇、一九八五年。

(26) 高瀬重雄「白山・立山と北陸修験道」(山岳宗教史叢書10、高瀬重雄編『白山・立山と北陸修験道』名著出版、一九七七年)。山岸共「白山信仰と加賀馬場」(同上書所収)。

(27) 平泉澄「泰澄和尚伝記考」(初出一九五三年、下出積与注4編著再録)。

(28) 金沢文庫本(神奈川県横浜市称名寺所蔵、金沢文庫管理)、大谷寺本(福井県丹生郡朝日町越知神社所蔵)は、加能史料編纂委員会編『加能史料　奈良・平安Ⅰ』(石川県、一九八二年)に翻刻されている。

(29) 田中卓「平泉寺白山神社の創祀」(同著作集十一―一『神社と祭祀』国書刊行会、一九九四年)。

(30) 下出積與「泰澄和尚伝説考」(初出一九六二年、下出積與注4編著再録)。

(31) 下出積與「泰澄伝承と白山信仰」(注26『白山・立山と北陸修験道』所収)。

(32) 浅香年木「『泰澄和尚伝』試考」『古代文化』三六―五、一九八四年(下出積與注4編著再録)。

(33) 飯田瑞穂注4論文。この論文には、尊経閣文庫所蔵本の写真と釈文が提示されている。

(34) 母が何者かが体内に入る夢を見て懐妊するという説話は、『上宮聖徳太子伝補闕記』『聖徳太子伝暦』など多くの内外の史料に見える。

(35) 平泉寺本には「天神七代」「地神五代」が記されるが、そうした神統譜が成立するのは上島享氏によれば、十一世紀の第Ⅲ四半世紀のことであるという。上島享「中世王権の創出とその正統性」(『日本中世社会の形成と王権』名古屋大学出版会、二〇一〇年)。

(36) 堀裕「護持僧と天皇」(大山喬平教授退官記念会編『日本国家の史的特質　古代・中世』思文閣出版、一九九七年)によれば、護持僧の成立は十一世紀前期であり、湯之上隆「護持僧の成立と歴史的背景」(同『日本中世の政治権力と仏教』思文閣出版、二〇〇一年)によれば、それが確立するのは十一世紀後期のことである。護持僧については、上島享「日本中世の神観念と国土観」(上島享注35著書所収)。

(37) 下出積與注31論文。

(38) 〈本地垂迹説〉の成立過程についての私見は、本書第Ⅶ章・第Ⅷ章参照。

(39) 下出積與注30論文補注。

(40) 本郷真紹『白山信仰の源流――泰澄の生涯と古代仏教』法藏館、二〇〇一年。

(41) 大隅和雄・西郷信綱他編『日本架空伝承人名事典』平凡社、一九八六年。小野一之他編『人物伝承事典』東京堂出版、二〇〇四年。

(42) 本郷真紹注40著書。

(43) 吉川真司「平安京」(『日本の時代史5 平安京』吉川弘文館、二〇〇二年)は、最澄は自ら天台山に行き、空海は不空三蔵による五臺山興隆を知って、そうした中国の聖地を範として、都城や国府から自立した新しい山林寺院を建立したと指摘している。

(補注)

本章初出稿では、「神仏習合」「神身離脱」の用語を用いていた。本書再録にあたり、一書としての統一性の観点から「神仏融合」「神道離脱」の用語に変更した。

第Ⅵ章 鬼と神と仏法

(1) 黒板勝美『虚心文集』第三、吉川弘文館、一九四〇年。

(2) 下出積與『日本古代の神祇と道教』吉川弘文館、一九七二年。

(3) 佐々木聡「『女青鬼律』に見える鬼神観及びその受容と展開」『東方宗教』一一三、二〇〇九年。

(4) 同前。

(5) 笹山晴生「続日本紀と古代の史書」(新日本古典文学大系『続日本紀』一、岩波書店、一九八九年)。

(6) 森雅秀『仏教の女神たち』春秋社、二〇一七年。

(7) 宗叡の神仏融合および白山開創については前章参照。

(8) 増紀隆介『孔雀明王像』(『日本の美術』五〇八)至文堂、二〇〇八年。

(9) 孔雀経法と政治・寺院社会との関係については、速水侑『平安貴族社会と仏教』吉川弘文館、一九七五年。横内裕人「仁和寺御室考」(同『日本中世の仏教と東アジア』塙書房、二〇〇八年)。上島享「密教修法の構成・特質と中世寺院社会――孔雀経法を通して」(道元徹心編『日本仏教の展開とその造形』法藏館、二〇〇〇年)。

(10) 泉武夫『仏画の造形』吉川弘文館、一九九五年。吉村稔子「東京国立博物館保管孔雀明王画像試論――図像の継承と変容」『美術史』一四一、一九九六年。スティーブン・トレンソン『祈雨・宝珠・龍――中世真言密教の深層』京都大学学術出版会、二〇一六年。

(11) 日本では奈良時代にすでに密教の信仰がかなりの程度広まっていたと考えられる。日本の初期密教の具体的様相については、他に拙稿「修二会と『陀羅尼集経』――呪師作法の典拠経典をめぐって」(『藝能史研究』二一二、二〇一六年)でも触れている。

(12) 春古真哉「役小角伝考――役小角/役行者伝の変遷から見えてくること」『同朋大学仏教文化研究所紀要』三八、二〇一九年。

(13) 下出積與『古代神仙思想の研究』吉川弘文館、一九八六年。同『神仙思想』吉川弘文館、一九九五年。

(14) 田久保周誉校訂『梵文孔雀明王経』山喜房仏書林、一九七二年。岩本裕訳『仏教聖典選 八 密教経典』読売新聞社、一九七五年。大塚伸夫『インド初期密教成立過程の研究』春秋社、二〇一三年。

(15) 田久保周誉注14著書。大塚伸夫注14著書。

(16) 倉西憲一「『孔雀王呪経』」(高橋尚夫・木村秀明・野口圭也・大塚伸夫編『初期密教』春秋社、二〇一三年)。

(17) 東京大学史料編纂所「奈良時代古文書フルテキストデータベース」(https://wwwap.hi.u-tokyo.ac.jp/ships/)。

(18) 奈良文化財研究所「木簡庫」(https://www.nabunken.go.jp/research/database.html)。

(19) 増記隆介注8著書。

(20) 吉田靖雄「道鏡の学問について」（阿部猛編『日本社会における王権と封建』東京堂出版、一九九七年）。

(21) 注11拙稿。

(22) 津田左右吉「役行者伝説考」『史潮』三、一九三一年（『津田左右吉全集　第九巻　日本の神道』岩波書店、一九六四年に再録）。

(23) 〈神道離脱〉の用語については、本書第Ⅰ章参照。

(24) 丸山顕徳「『記紀』一言主神と神仙譚」『花園大学紀要』二五、一九九三年。

(25) なお、賀茂氏は平安時代においても陰陽道の著名な人材を輩出する氏族として活躍した。これについては、増尾伸一郎「鬼神を見る者」（服藤早苗他編『ケガレの文化史』森話社、二〇〇五年）。

(26) 〈史料2〉と『老子化胡経』の関係については、増尾伸一郎「役小角・道昭をめぐる伝承と老子化胡説」『和漢比較文学』二九、二〇〇二年。

(27) その他、たとえば奈良時代に重視された『陀羅尼集経』にも、鬼神を呪縛する「印」「呪」の記載が見える。

(28) 神山登「和泉松尾寺の孔雀明王曼荼羅図について」『仏教芸術』一一四、一九七七年。

(29) さらにその源流となる中国の夜叉像の造形として、たとえば敦煌莫高窟第三八四窟東壁門口北側の毘沙門天像の左右に侍す二人の夜叉像（壁画、向かって右は赤色、二眼で髪の毛を逆立たせ、裸形で豹柄のパンツの上に赤褌、両手で棍棒を持つ、向かって左は青色、二眼で髪の毛を逆立たせ、裸形で赤褌、右手で鉞を持つ）や、同窟西壁龕外南側に描かれる夜叉像（壁画、赤色、三眼で髪の毛を逆立たせ、裸形で短いパンツをはき、左手で鉞、右手で棍棒を持つ）、敦煌西千仏洞第一八窟北壁の西側、東側に描かれるそれぞれ一体の夜叉像（壁画、赤の裸形で二眼、褌をして棍棒を持つ）、敦煌楡林窟第一二窟前室北壁の二体の夜叉像、東壁北側の五体の夜叉像、南壁二体の夜叉像、東壁南側の五体の夜叉像（いずれも壁画、梵天・帝釈天に侍す）、同一三窟前室北壁、南壁の夜叉像（いずれも壁画、梵天・帝釈天に侍す）などを指摘することができる。

(30) 拙稿「アジア東部における日本の鬼神――『日本霊異記』の鬼神の位置」『説話文学研究』五一、二〇一六年。同「奈良・平安時代前期の病と仏教――鬼神と般若の思想史」『唐代史研究』一九、二〇一六年。同「鬼を食う大蛇、神虫、天形星」（犬飼隆編『古代の文字文化』竹林舎、二〇一七年）。

(31) 佐野誠子「鬼神（解説）」『中国古典小説選2　捜神記、幽明録、異苑他〈六朝Ⅰ〉』明治書院、二〇〇六年。

(32) 小南一郎「顔之推「冤魂志」をめぐって――六朝志怪小説の性格」『東方学』六五、一九八三年。松本浩一『中国の呪術』〈あじあブックス〉、大修館書店、二〇〇〇年。

(33) 神塚淑子「鬼神（儒教のキーワード）」『しにか』八―一二、一九九七年。

(34) 増尾伸一郎『日本古代の典籍と宗教文化』吉川弘文館、二〇一五年。同『道教と中国撰述仏典』汲古書店、二〇一五年。

第Ⅶ章　垂迹思想の受容と展開

(1) ミルチア・エリアーデ『世界宗教史』Ⅰ～Ⅲ、荒木美智雄・中村恭子・松村一男・島田裕巳・柴田史子・鶴岡賀雄訳、筑摩書房、一九九一～九二年。

(2) 筆者は、本書終章で述べるように、日本の〈神仏融合史〉を全四期に時期区分して理解している。その前半は神仏融合の開始から応仁の乱まで、後半はそれ以降現代までで、前半後半のそれぞれがさらに二つに時期区分できる。ここで言う第Ⅰ段階・第Ⅱ段階は〈神仏融合史〉の第Ⅰ期・第Ⅱ期にあたる。

(3) 「神仏習合」の研究史については、山折哲雄「古代における神と仏」（同『神から翁へ』青土社、一九八四年）、林淳「神仏習合研究史ノート」（『神道宗教』一一七、一九八四年）、曾根正人「研究史の回顧と展望」（同編『論集奈良仏教　第四巻　神々と奈良仏教』解説、雄山閣、一九九五年）、伊藤聡「神仏習合の研究史」（『国文学解釈と鑑賞』八〇二、一九九八年）などがある。

（4）辻善之助「本地垂迹説の起源について」（初出一九〇七年、同『日本仏教史研究』一、岩波書店、一九八三年に再録）。

（5）辻の神仏習合内在成立展開説に対し、津田左右吉は、日本古代の神仏習合に見られる論理・用語は中国の『高僧伝』などに見え、それから示唆されたのだと指摘した。ただ、津田の指摘は簡略にすぎ、史料の提示も不十分だという問題があった。津田左右吉『津田左右吉全集　第九巻　日本の神道』岩波書店、一九六四年。

（6）中国思想・文化の受容という視点から神像彫刻を論じたものに、長坂一郎『神仏習合像の研究』（中央公論美術出版社、二〇〇四年）がある。

（7）拙稿「日本における神仏習合思想の受容と展開――神仏習合外来説〈序説〉」『仏教史学研究』四七―二、二〇〇五年。

（8）「如来寿量品」を起源とする説は、辻善之助注4論文。

（9）中国の思考では「本」の対概念は「末」であった。「本」と「迹」とを対とするようになるのは後代的なことであるらしい。もともと『荘子』天運篇に「迹」と「迹する所以」とを対比させる論があり、それが西晋の郭象『荘子注』に継承、発展されていった。聖人による立派な行為（迹）には、そのもととなる根本（迹する所以）があるとする論である。この「迹する所以」を「本」という概念に置き換えて、「本」と「迹」とを対とする概念が成立していったという。福永光司「中国宗教思想史」（『岩波講座　東洋思想　一三　中国宗教思想1』岩波書店、一九九〇年）の「「本」と「迹」――「本地垂迹」の宗教思想」。菅野博史『法華とは何か――『法華遊意』を読む』春秋社、一九九二年、同『「法華玄義」入門』第三文明社、一九九七年など参照。

（10）花野充道「本覚思想と本迹思想――本覚思想批判に応えて」『駒沢短期大学仏教論集』九、二〇〇三年（『道心』二七、二〇〇三年に再録）。

（11）『新纂大日本続蔵経』一七、国書刊行会、一九七六年。

（12）船山徹氏の御教示による。また氏によれば、「本」「迹」の対概念は、その後、五世紀の中国仏教にいくつか見られ、そうした考え方がしだいに定着していったことが知られるという。

（13）『浄名玄論』には多くの書物が引用されているが、もっとも多いのは僧肇のもので、吉蔵が僧肇説を重視していたことが知られるという。花塚久義「吉蔵の引用句について――『浄名玄論』を中心として」『駒澤大学大学院仏教学研究会年報』一五、一九八一年。

（14）菅野博史訳注『法華玄義』上中下（第三文明社〈レグルス文庫〉、一九九五年）を参照した。

（15）福井康順著作集4『日本上代思想研究』法蔵館、一九八七年。藤枝晃「勝鬘経義疏」（日本思想大系『聖徳太子集』岩波書店、一九七五年）。

（16）津田左右吉『日本古典の研究』下、岩波書店、一九五〇年。小倉豊文「三経義疏上宮王撰に関する疑義」『史学研究』五二、一九五三年。大山誠一『長屋王家木簡と金石文』吉川弘文館、一九九八年。

（17）智光については、伊藤隆寿「智光の撰述書について」『駒澤大学仏教学部論集』七、一九七六年。末木文美士「元興寺智光の生涯と著述」『仏教学』一四、一九八二年。平井俊栄「南都三論宗史の研究序説」『駒澤大学仏教学部研究紀要』四四、一九八六年。智光の著作の逸文収集は、藤堂恭俊「智光の教学」（元興寺仏教民俗資料刊行会編『智光曼荼羅』東京電機大学出版局、一九六九年）。

（18）『増補改訂　日本大蔵経』一九、講談社、一九七三年。「本」「迹」

「垂迹」についての記述は巻一末の二五一～二五二頁など。

(19)慶雲三年（七〇六）十二月五日書写の『浄名玄論』巻四、同年十二月八日書写の同巻六が現存している（京都国立博物館蔵、国宝）。ここから、八世紀初めに同書が書写され、読まれていたことが知られる。写真は、京都国立博物館『古写経』図録、二〇〇四年など。

(20)最澄と徳一については、薗田香融「最澄とその思想」（日本思想大系『最澄』岩波書店、一九七四年）、田村晃祐編『徳一論叢』国書刊行会、一九八六年。末木文美士『平安初期仏教思想の研究』春秋社、一九九五年。浅田正博「徳一との法華権実論争」（大久保良峻編『日本の名僧　最澄』吉川弘文館、二〇〇四年）など。

(21)福井康順「「本地垂迹説」弁妄」『宗教研究』二一四、一九七三年。

(22)『大日本古文書　東大寺文書之三』四一頁（『東南院文書』第四櫃第十一巻）。また、竹内理三編『平安遺文』一、一七号。後者は、文書名を「故石田女王一切経施入願文」とする。

(23)大神寺については本書第I章参照。

(24)福井康順「宗祖最澄伝の諸相」（同著作集5『日本天台の諸研究』法蔵館、一九九〇年）。佐伯有清『伝教大師伝の研究』吉川弘文館、一九九二年。

(25)久米邦武『聖徳太子実録』丙午出版社、一九一九年（同著作集一『聖徳太子の研究』吉川弘文館、一九八八年に再録）。

(26)石田瑞麿『日本仏教における戒律の研究』第四章第一節一「『伝述一心戒文』の成立年次及び成立過程」一九六三年、中山書房再刊、一九七六年。

(27)この説話については、小峯和明『説話の森』大修館書店、一九九一年。

(28)『日本三代実録』貞観元年（八五九）八月二十八日条を読解した研究に、駒井匠「八・九世紀の天皇における仏教的国王観の受容と展開」（『日本史研究』七一四、二〇二二年）がある。ただし、駒井氏の読解と筆者の読解は異なる。これについては、本書付論参照。

(29)伊藤聡「天照大神＝大日如来習合説をめぐって（上）」『茨城大学人文学部紀要　人文科学論集』三九、二〇〇三年。森由紀恵「中世の神仏と国土観」『ヒストリア』一八三、二〇〇三年。また、井後政晏「『大神宮諸雑事記』諸本分類の再検討」『神道史研究』三〇―一、一九八二年。

(30)吉原浩人「神仏習合史上の大江匡房」（和漢比較文学叢書14『説話文学と漢文学』汲古書院、一九九四年）。

(31)同前。なお、大江匡房が「本地」の用語・概念を用いたか否かをめぐる史料評価については、次章注77参照。

(32)これらの用語については次章で詳論する。

(33)平安末・鎌倉初期以降の〈本地垂迹説〉については、義江彰夫『神仏習合』岩波新書、一九九六年。佐藤弘夫『アマテラスの変貌』法蔵館、二〇〇〇年。末木文美士『中世の神と仏』山川出版社〈日本史リブレット〉、二〇〇三年などがある。

(34)本稿初出稿では、〈本地垂迹説〉の成立を十一世紀中頃～後期としたが、その後の検討により、本章では十一世紀後期と限定した。

(35)大久保良峻は、「本地」の淵源について、『大日経疏』『大日経義釈』との関係を考える必要があると指摘している。『哲学・思想事典』（岩波書店、一九九八年）の「本地垂迹説」（後半部分執筆は大久保良峻）。

（補注）

本章初出稿では、「神仏習合」「神身離脱」の用語を用いていた。本書再録にあたり、一書としての統一性の観点から「神仏融合」「神道離脱」の用語に変更した。

本章の「五　垂迹と本地――むすびにかえて」では、「本地」の語の典拠を考究し、〈本地垂迹説〉の成立を解明することを今後の課題として提示したが、本章初出稿発表後、研究の進展に多大の年月を要してしまい、ようやく本書書き下ろし稿の第Ⅷ章を書いて、この課題を果すことができた。本章にて史料名のみ提示して詳細な検討を先送りにした史料については、第Ⅷ章で分析した。

付論　恵亮の表の読解

（1）駒井匠「八・九世紀の天皇における仏教的国王観の受容と展開」『日本史研究』七一四、二〇二二年。

（2）駒井氏は、「六牙」という記述から清和天皇を普賢菩薩の垂迹であるとする工藤美和子説（同『平安期の願文と仏教的世界観』思文閣出版、二〇〇八年）を支持する。対して、評者は、釈迦の垂迹だと読解している。本書第Ⅶ章参照。

（3）寺川真知夫「神身離脱を願う神の伝承」『仏教文学』一八、一九九四年。

（4）拙稿「天皇代理者への崇拝」（道元徹心編『日本仏教の展開とその造形』法蔵館、二〇二〇年）。

（5）上島享『日本中世社会の形成と王権』名古屋大学出版会、二〇一〇年。

第Ⅷ章　本地垂迹説の成立とその特質

（1）辻善之助「本地垂迹説の起源について」（初出一九〇七年、同『日本仏教史研究』一、岩波書店、一九八三年に再録）。

（2）上島享「中世の神と仏」（吉田一彦編『神仏融合の東アジア史』名古屋大学出版会、二〇二一年）。なお、上島氏は思想史の立場ではなく、歴史学からの思想分析という立場を採るとする。一つの見識である。筆者は、実態や事実がどうであったかを考察する歴史学の見地、その背後にあった思想や教学がどのように成立、展開したのかを考察する思想史の見地、さらにこれまで多数の研究成果が蓄積されてきた文学研究や美術史の見地を〈総合〉して考察する視角から考究していきたい。

（3）前章で述べたように、すでに大久保良峻氏は、「本地」の淵源について、『大日経疏』『大日経義釈』との関係を考える必要があると指摘している。『哲学・思想事典』（岩波書店、一九九八年）の「本地垂迹説」（後半部分執筆は大久保良峻）。

（4）吉原浩人「神仏習合思想史上の大江匡房――『江都督納言願文集』『本朝神仙伝』などにみる本地の探究と顕彰」（和漢比較文学会編『和漢比較文学叢書　一四　説話文学と漢文学』汲古書院、一九九四年）。工藤美和子「大江匡房の本地垂迹思想――『江都督納言願文集』をめぐって」『印度学仏教学研究』五三―一、二〇〇四年。

（5）黒田俊雄「中世における顕密体制の展開」（同『日本中世の国家と宗教』岩波書店、一九七五年）。

（6）代表的なものに、平雅行「黒田俊雄氏と顕密体制論」（同『鎌倉仏教と専修念仏』法蔵館、二〇一七年）。上島享「中世前期の国家と仏教」『日本史研究』四〇三、一九九六年。同「平安初期仏教の再検討」『仏教史学研究』四〇―二、一九九七年。同「真言密教の日本的変遷」『洛北史学』一、一九九九年。同「中世国家と仏教」（同『日本中世社会の形成と王権』名古屋大学出版会、二〇一〇年）。末木文美士「鎌倉仏教の形成をめぐって」（速水侑編『院政期の仏教』吉川弘文館、一九九八年）。

（7）吉田一彦・上島享・伊藤聡・佐藤文子編『シリーズ日本宗教史』一～六、吉川弘文館、二〇二〇～二一年。智山勧学会編『鎌倉仏教――密教の視点から』大蔵出版、二〇二三年。

（8）島地大等「日本古天台研究の必要を論ず」（初出一九二六年、『教理と史論』明治書院、一九三一年に再録）。田村芳朗「本覚思想と神道理論」『印度学仏教学研究』二八―一、一九七九年。高藤晴俊「本地垂迹説の展開をめぐって――神本神迹説から神本仏迹説へ」『神道学』一一三、一九八二年。大久保良峻「本覚思想と神」（伊藤聡編

『中世神話と神祇・神道世界』竹林舎、二〇一一年）。辻本臣哉「吉田兼倶と本覚思想」『武蔵野大学仏教文化研究所紀要』三五、二〇一九年。伊藤聡「中世の神仏関係から近世へ――特に神本仏迹説をめぐって」（注2『神仏融合の東アジア史』所収）。なお、西田直二郎「神道における反本地垂迹思想」（同『日本文化史論考』吉川弘文館、一九六三年）は、この思想を「反本地垂迹思想」と呼ぶが、史料に根差した用語である〈神本仏迹説〉の方が明快な表現だと考える。本書では、この思想を〈神本仏迹説〉と呼称したい。

(9) 福田晃『神道集説話の成立』三弥井書店、一九八四年。同『神話の中世』三弥井書店、一九九八年。松本隆信『中世における本地物の研究』汲古書院、一九九六年。徳田和夫「本地物語の基層」（『岩波講座 日本文学と仏教 八 仏と神』岩波書店、一九九四年）。村上學「神道集」（同前書所収）。

(10) その淵源は、やはり辻善之助注1論文であろう。

(11) 吉原浩人注4論文。工藤美和子注4論文。

(12) 加藤玄智「天照と大日」『密教文化』四〇、一九五八年。久保田収「伊勢神宮の本地」（同『神道史の研究』皇學館大学出版部、一九七三年）。横内裕人「南都と密教――東大寺盧遮那大仏の変奏」（同『日本中世の仏教と東アジア』塙書房、二〇〇八年）。伊藤聡「天照大神・大日如来同体説の形成」（同『中世天照大神の研究』法蔵館、二〇一一年）。森由紀恵「中世の神仏と国土観」『ヒストリア』一八三、二〇〇三年。冨島義幸「両界曼荼羅と中世神仏世界」『名古屋造形芸術大学紀要』一〇、二〇〇四年（のち大幅増補して同『密教空間史論』法蔵館、二〇〇七年の第九章・第十章として再録）。斎木涼子「東大寺僧の伊勢神宮参詣――その歴史的背景」（栄原永遠男・佐藤信・吉川真司編『東大寺の新研究 二 歴史の中の東大寺』法蔵館、二〇一七年）。多田實道「「大神宮祢宜延平日記」について」（同『伊勢神宮と仏教』弘文堂、二〇一九年）。岡野友彦「神仏習合と伊勢神道」（同『中世伊勢神宮の信仰と社会』皇學館大学出版部、二〇二一年）など。

(13) 「御記文」の創作性については、小峯和明「御記文という名の未来記」（錦仁・小川豊生・伊藤聡編『「偽書」の生成』森話社、二〇〇三年）。同『「邪馬台詩」の謎』岩波書店、二〇〇三年。

(14) 辻善之助注1論文。宮地直一『神祇史』皇典講究所國學院大学出版部、一九一〇年（同『神道研究選集Ⅰ 神祇史』クレス出版、二〇一四年に再録）。清原貞雄『神道史』厚生閣、一九三二年。

(15) 井後政晏「太神宮諸雑事記の成立」『神道史研究』三六―一、一九八八年。

(16) 伊藤聡注12論文。

(17) 田中卓『田中卓著作集4 伊勢神宮の創祀と発展』国書刊行会、一九八五年。西田長男『日本神道史研究』四、講談社、一九八五年。

(18) 安藤更生「東大寺要録撰述年代の研究」『早稲田大学大学院文学研究科紀要』七、一九六一年。堀池春峰「東大寺要録編纂について」同『南都仏教史の研究 上 東大寺篇』法蔵館、一九八〇年。横内裕人「東大寺の記録類と『東大寺要録』」（注12『東大寺の新研究 二』所収）。

(19) 遠藤基郎「『東大寺要録』の撰述目的と撰者」（栄原永遠男・佐藤信・吉川真司編『東大寺の新研究 三 東大寺の思想と文化』法蔵館、二〇一七年）。

(20) 堀内規之「仁和寺御室と教学研究」（同『済暹教学の研究――院政期真言密教の諸問題』ノンブル社、二〇〇九年）。

(21) 追塩千尋「東大寺覚樹について」（同『中世南都の僧侶と寺院』吉川弘文館、二〇〇六年）。横内裕人「平安期東大寺の僧侶と学問」（ザ・グレイトブッダ・シンポジウム論集一一『論集 平安時代の東大寺――密教興隆と末法到来のなかで』東大寺、二〇一四年）。

(22) 遠藤基郎注19論文。

(23)追塩千尋注21論文。
(24)嵯峨井建「伊勢神宮の神主系図」(同『神仏習合の歴史と儀礼空間』思文閣出版、二〇一三年)。
(25)井後政晏注15論文。
(26)多田實道注12論文。
(27)嵯峨井建注24論文。
(28)同前。
(29)石井昭郎「平安末期写経に見る神仏習合の一側面——特に荒木田忠延と二門家の場合」『三重の古文化』一〇六、二〇二一年。
(30)稲城信子「神仏習合資料としての大般若経」(元興寺文化財研究所『中世村落寺社の研究調査報告書』元興寺文化財研究所、一九八九年)。
(31)大西源一「富向山田宮寺」上下『三重の文化』八、一〇、一九五七年。多田實道『伊勢神宮と仏教』弘文堂、二〇一九年。大川勝宏「古代における伊勢神郡の仏教受用についての素描——多気郡・度会郡を中心に」『斎宮歴史博物館研究紀要』三二、二〇二三年。
(32)萩原龍夫「伊勢神宮と仏教」(同編『伊勢信仰I　古代中世』雄山閣出版、一九八五年)。伊藤聡『中世天照大神の研究』法蔵館、二〇一一年。穂積裕昌『伊勢神宮の考古学』増補版、雄山閣出版、二〇二三年。
(33)萩原龍夫注32論文。穂積裕昌注32著書。
(34)伊勢神道と真言宗との関係については、伴五十嗣郎「中臣祓訓解の成立時期について」『神道史研究』一九—三、一九六九年。岡田荘司「解説」(『神道大系　古典註釈編　中臣祓註釈』神道大系編纂会、一九八五年)。平泉隆房『中世伊勢神宮氏の研究』吉川弘文館、二〇〇六年。
(35)佐藤弘夫『偽書の精神史』講談社選書メチエ、二〇〇二年。注13『「偽書」の生成』。小川豊生・深沢徹・千本英史編『日本古典偽書叢刊』一〜三、現代思潮新社、二〇〇四〜五年。千本英史編『「偽」なるものの「射程」』『アジア遊学』一六一、二〇一三年。「偽書の世界」『ユリイカ』五二—一五、二〇二〇年。伊藤聡「「偽書」研究の現在」『日本文学』七二—八、二〇二三年、など。
(36)久保田収「『丹生大神宮之儀軌』について」(同注12著書所収)。
(37)久保田収「『大宗秘府』について」(同注12著書所収)。
(38)拙稿「元興寺伽藍縁起幷流記資財帳の研究」(同『仏教伝来の研究』吉川弘文館、二〇一二年)。
(39)津田左右吉『日本古典の研究』上下、岩波書店。
(40)拙著『『日本書紀』の呪縛』集英社新書、二〇一六年。
(41)伊藤聡注12論文。冨島義幸注12論文など。
(42)国文学研究資料館編『中世先徳著作集』〈真福寺善本叢刊第二期3〉臨川書店、二〇〇六年。
(43)伊藤聡注12論文。
(44)苫米地誠一『平安期真言密教の研究』ノンブル、二〇〇八年の第二部。
(45)奥田静代「後三条天皇と護持僧・成尊——後三条天皇即位譚をめぐって」『国文学論叢』三三、二〇〇三年。
(46)SAT大正新修大蔵経テキストデータベース研究会「SAT大正新修大蔵経テキストデータベース」(https://21dzk.l.u-tokyo.ac.jp/SAT/)。
(47)宮坂宥勝訳注『密教経典』(講談社学術文庫、二〇一一年)の「大日経疏(抄)」。
(48)金山穆韶「大日経の教主に就て」(金山穆韶著作刊行会編『金山穆韶著作集』五、一九九七年)。加藤精一『密教の仏身観』春秋社、一九八九年。大久保良峻「日本天台における法身説法思想」(同『台密教学の研究』法蔵館、二〇〇四年)。堀内規之「済暹の法身観について」(同『済暹教学の研究——院政期真言密教の諸問題』ノンブル

社、二〇〇九年)。田戸大智「済暹の教主義」「五種法身説の検討」(同『中世東密教学形成論』法藏館、二〇一八年)。

(49) 苫米地誠一「覚鑁の密教教主観——本地法身と四種法身」(同注44著書第二部所収)。

(50)『大日経疏』の読解については、神林隆浄訳『国訳一切経 経疏部十四 大毘盧遮那成仏経疏』(上下、一九六三年、六五年)を参照した。

(51) テキストは、東寺観智院本を翻刻した、堀内規之「東寺観智院所蔵『胎蔵界四重曼荼羅略問答』について」(同注20著書所収)に拠った。

(52)『大日経』の読解については、福田亮成校註『新国訳大蔵経 密教部I 大日経』(大蔵出版、一九九八年)を参照した。

(53)「十縁生句」は「十喩」ともいう。十喩を詠じた詩が鳩摩羅什、梁の武帝にある。日本では、済暹編『続遍照発揮性霊集補闕抄』巻十に「詠十喩詩 沙門遍照金剛文弁書」が収められている。これが空海作であるのか、後人の作であるのかは未詳。渡辺照宏・宮坂宥勝校注、日本古典文学大系『三教指帰・性霊集』(岩波書店、一九六五年)の巻末に「『詠十喩詩』出展一覧表」がある。これによれば、この詩は多く『大日経』『大日経疏』の文言から構成されている。なお、小林真由美「水の中の月——『東大寺諷誦文稿』における天台教学の受容について」(『成城国文学論集』三五、二〇一三年)によるなら、依他十喩は仏典に散見するが、日本では『東大寺諷誦文稿』に水中の月の比喩が見え、これは智顗・灌頂『法華玄義』に拠る記述と推定されるという。

(54) 苫米地誠一注49論文。加藤精一「六大法身の沿革」「「六大」をめぐる課題の変遷」(同『日本密教の形成と展開』春秋社、一九九四年)。渡辺新治「興教大師の教主義について」(興教大師八百五十年御遠忌記念論宗『興教大師覚鑁研究』春秋社、一九九二年)。大塚伸夫「興教大師覚鑁の三密思想」(同前書所収)。橘信雄「興教大師覚鑁の両部不二思想——六大法身の成立に関する一考察」『豊山学報』四四、二〇〇一年。

(55) 苫米地誠一「覚鑁における顕教の教主」(同注44著書所収)。

(56) 富田斅純編『興教大師全集』上、世相軒、一九三五年。

(57) 藤井佐美『真言系唱導説話の研究 付・翻刻 仁和寺所蔵『真言宗打聞集』』三弥井書店、二〇〇八年。

(58) 注53日本古典文学大系『三教指帰・性霊集』。

(59) 弘法大師入定信仰については、松本昭『弘法大師入定説の研究』六興書房、一九八二年。村上弘子『高野山信仰の成立と展開』雄山閣、二〇〇九年。俵谷和子『高野山信仰と権門貴紳』岩田書院、二〇一〇年などがある。

(60) 堀内規之「済暹の空海入定信仰」(同注20著書所収)。竹内信夫『空海の思想』ちくま新書、二〇一四年。

(61) 加藤精一「弘法大師と興行大師をつなぐもの——仁和寺済暹師の教学」(同注54著書所収)。

(62) 大山公淳「仁和寺済暹教学の研究」(大山公淳著作集七『教相・事相・声明』ピタカ、一九七九年)。櫛田良洪「覚鑁教学と済暹教学」(同『覚鑁の研究』吉川弘文館、一九七五年)。堀内規之注20著書。田戸大智『中世東密教学形成論』法藏館、二〇一八年。

(63) 堀内規之「院政期の学匠・済暹の生涯」(同注20著書所収)。

(64) 土谷恵「中世初期の仁和寺御室——「古今著聞集」の説話を中心に」『日本歴史』四五一、一九八五年。牛山佳幸「「賜綱所」と「召具綱所」」(同『古代中世寺院組織の研究』吉川弘文館、一九九〇年)。阿部泰郎・山崎誠・福島金治編『改訂版 守覚法親王と仁和寺御流の文献学的研究』勉誠社、二〇〇〇年。横内裕人注12著書。横山和弘「鎌倉期の東寺供僧と仁和寺御室・東寺長者」『史学雑誌』一〇八—一二、一九九九年。同「鎌倉中・後期の東寺供僧と仁和寺御室」

『年報中世史研究』二六、二〇〇一年。朝川美幸「仁和寺の歴史と文化財」一〜四、『古代文化』七二―一〜四、二〇二〇〜二一年。橘悠太「仁和寺御経蔵聖教の形成と展開」『文化財論叢』V、二〇二三年。

(65) 上島享「中世真言寺院の教学とその歴史的変遷」(山岸常人編『歴史のなかの根来寺』勉誠出版、二〇一七年)。

(66) 中川委紀子「中世後期における高野山大伝法院の再構築」(注65『歴史のなかの根来寺』所収)。

(67) 俵谷和子『高野山信仰と権門貴紳』岩田書院、二〇一〇年。

(68) 堀内規之「済暹の法身観について」(同注20著書所収)。

(69) 田戸大智「済暹の教主義――安然説の受容」「五相成身観の日本的展開――安然と済暹を中心に」(どちらも田戸大智注62著書所収)。

(70) 空海も『法華経開題』において、「自本垂迹」(大正蔵 No.2129, 176b, 187a) と記述している。

(71) 川口久雄『大江匡房』吉川弘文館、一九六八年。平林盛得『聖と説話の史的研究』吉川弘文館、一九八一年。小峯和明『院政期文学論』笠間書院、二〇〇六年。

(72) 井上光貞・大曾根章介校注、日本思想大系『往生伝・法華験記』岩波書店、一九七四年。梯信暁『お迎えの信仰　往生伝を読む』法蔵館、二〇二〇年。

(73) 山崎誠『江都督納言願文集註解』塙書房、二〇一〇年。

(74) 注72日本思想大系『往生伝・法華験記』所収。

(75) 高津希和子「『狐媚記』試論――大江匡房の「狐媚」受容」『国語国文』八二―四、二〇一三年

(76) 吉原浩人注4論文。工藤美和子注4論文。

(77) なお、吉原浩人「大江匡房と八幡信仰」(『早稲田大学大学院文学研究科紀要』別冊九、一九八三年)や同注4論文などは、『諸縁起口不足本』(石清水八幡宮社務所発行『石清水八幡宮史料叢書　二　縁起・託宣・告文』続群書類従刊行会、一九七六年)に収められる「八幡縁起」(配列は一一番目)として掲げる文に「惣而謂其本地、則無量寿之三尊也」と見えることを指摘する。その上で、この文は大江匡房の作であろうと推定する。しかりとするなら、匡房は一例のみ「本地」の語を用いたということになる。しかし、これが匡房の作であるとする決め手は乏しく、研究の現段階では匡房作か否かは未定とすべきものと考える。なお、山崎誠注73著書は、『江都督納言願文集』巻六31に、「石清水八幡宮不断縁起」を掲げ、吉原氏とは「本文の校訂と釈義に意見を異にする所がある」とする。山崎氏の「石清水八幡宮不断縁起」本文には、「本地」の語は見えない。また山崎氏は、「身延本にも、「縁起八幡不断経」が存在するが、本縁起とは別のものである(両者の関係は詳らかではない)」と説く。

(78) 苫米地誠一「大江匡房と密教浄土教――『続本朝往生伝』『江都督納言願文集』に見られる密教浄土教」(同注44著書所収)。

(79) 志田延義校注『梁塵秘抄』(日本古典文学大系『和漢朗詠集・梁塵秘抄』岩波書店、一九六五年)。

(80) 小林芳規・武石彰夫校注『梁塵秘抄』(新日本古典文学大系『梁塵秘抄・閑吟集・狂言歌謡』岩波書店、一九九三年)。

(81) 多田厚隆他校注、日本思想大系『天台本覚論』岩波書店、一九七三年。花野充道「恵信学派と本覚思想」『印度学仏教学研究』五六―一、二〇〇七年。

(82)『群書類従』二六、続群書類従完成会。

(83) 東京大学史料編纂所蔵。

(84)『神道大系　神社編　春日』神道大系編纂会、一九八五年。

(85) 川崎剛「「熊野権現御垂迹縁起」と後白河院御幸」『国文学　解釈と鑑賞』六八―一〇、二〇〇三年。

(86) 牧野和夫「杭(明)州刊本類船載を通じてみた宋代〝文物〟の我邦〝文物〟への影響」(注4『和漢比較文学叢書一四』所収)。吉原

浩人「天台山の王子信（晋）考」『東洋の思想と文化』一二、一九九五年。

(87) 宮地直一『熊野三山の史的研究』国民信仰研究所、一九五四年。阪本敏行「熊野三山統治組織の実態とその変遷」『山岳修験』八、一九九一年。戸田芳美『歴史と古道』一九九二年。酒井彰子「中世園城寺の門跡と熊野三山検校職の相承」『文化史学』四八、一九九二年。小山靖憲『熊野古道』岩波新書、二〇〇〇年。徳永誓子「熊野三山検校と修験道」『年報中世史研究』二七、二〇〇二年。

(88) 鈴木昭英「金峰山本縁起（解題）」（五来重編『山岳宗教史研究叢書18 修験道史料集Ⅱ』名著出版、一九八四年）。

(89) 杉江綾乃「院政期熊野詣の成立」愛知県立大学提出修士論文、二〇〇三年。

(90) 堀内規之「二十二巻本『表白集』と済暹」（同注20著書所収）。

(91) 大江匡房「中御室御灌頂記」は、『続群書類従』第二十六上。また、醍醐寺本の翻刻は、関口力「翻刻『中御室御灌頂記』」『仁和寺研究』二、二〇〇一年。

(92) 佐藤亮雄編『僧伝史料』二、新典社、一九九〇年。

(93) 酒井彰子注87論文。徳永誓子注87論文。

(94) 橋本初子「醍醐寺伝来『根来要書』解題」（総本山醍醐寺編『根来要書――覚鑁基礎史料集成』東京美術、一九九四年）。永村眞「寺院文書論――『根来要書』を素材として」『中世寺院史料論』吉川弘文館、二〇〇〇年。中川委紀子『根来寺を解く』朝日新聞出版、二〇一四年。

(95) 小山靖憲「紀伊国」（網野善彦他編『講座日本荘園史 8 近畿地方の荘園Ⅲ』吉川弘文館、二〇〇一年）。

(96) 小山靖憲「荘園制的領域支配をめぐる権力と村落」『中世村落と荘園絵図』東京大学出版会、一九八七年。

(97) 小山靖憲注96著書。同『中世寺社と荘園制』塙書房、一九九八年。川端新『荘園制成立史の研究』思文閣出版、二〇〇〇年。高橋一樹『中世荘園制と鎌倉幕府』塙書房、二〇〇四年。鎌倉佐保『日本中世荘園成立史論』塙書房、二〇〇九年。

(98) 小山靖憲「根来寺領の形成と展開」（同注97『中世寺社と荘園制』所収）。

(99) 隅田庄については、奥田真啓『中世武士団と信仰』柏書房、一九八〇年。我妻建治「十四世紀における紀伊国隅田荘の在地構造」『歴史』一八、一九五九年。熱田公「紀伊国隅田荘の在地構造――宝治・建長の土地台帳をめぐって」（岸俊男教授退官記念会編『日本政治社会史研究』下、塙書房、一九八五年）。久留島典子「隅田荘関係文書の再検討――隅田葛原氏を中心に」『国立歴史民俗博物館研究報告』六九、一九九六年。鈴木国弘「隅田荘」（注95『講座日本荘園史 8 近畿地方の荘園Ⅲ』所収）。

(100) 「仏物」「互用」については、笠松宏至「仏物・僧物・人物」『法と言葉の中世史』平凡社、一九八四年。

(101) 小山靖憲注96論文。

(102) 『根来要書』では、他にも応保二年十一月の「紀伊国大伝法院僧徒重解案」（『平安遺文』三二三四）に「本地」の語が見える。

(103) 上島享注2論文も、この史料を「本地垂迹思想の確立」を示す史料として重視している。なお、上島論文は、蓮華王院に先立ち、永久五年（一一一七）に焼亡・再建された法成寺惣社にもすでに二十二社が勧請され、本地仏の絵像が安置されていたとする。ただ、史料的にはなお未詳の部分が残る。

(104) 杉山信三「法住寺殿とその御堂」『院家建築の研究』吉川弘文館、一九八一年。

(105) 同前。

(106) 竹居明男・吉澤陽「『吉記』逸文承安五年（安元元年）六月十六日条をめぐって――蓮華王院惣社、並びに同社勧請の二十一社を中心とした諸社の本地仏に関する重要史料」『文化史学』五七、二〇〇一年。

(107) 平田俊春『私撰国史の批判的研究』国書刊行会、一九八二年。近藤成一「百錬抄」（皆川完一・山本信吉編『国史大系書目解題』下、吉川弘文館、二〇〇一年）。

(108) 八幡宮の宗廟化については、吉原浩人「八幡神に対する「宗廟」の呼称をめぐって——大江匡房の活動を中心に」『東洋の思想と宗教』一〇、一九九三年。

(109) 熱田社がその後「本地」を設定したこと、その設定に当たっては何を「本地」とするかについて諸説がおこり、議論になったことについては、原克昭「『神道集』「熱田大明神事」小考」『伝承文学研究』四六、一九九七年。

(110) 小山靖憲注96論文。

(111) 五味文彦「『平安遺文』と『鎌倉遺文』の間」『鎌倉遺文研究』三、一九九九年。

(112) 竹居・吉澤注106論文。

(113) 注84『神道大系　神社編　春日』所収。

(114) 『神道大系　神社編　石清水』神道大系編纂会、一九八八年。

(115) 村田正志「石清水八幡宮創建に関する二縁起の流伝」『村田正志著作集五　国史学論説』思文閣出版、一九八五年。同「解題」（注114書所収）。

(116) 石清水八幡宮および宮寺の組織については、伊藤清郎「石清水八幡宮」（『中世日本の国家と寺社』高志書院、二〇〇〇年）。

(117) なお、良忠（一一九九～一二八七）の『観経疏伝通記』に、「尋其本地久成如来、訪其垂迹三昧発得」（大正No.2209, 505a）とあって、「本地」と「垂迹」の語が用いられており、専修念仏集団にこの二つの概念が浸透していたことが知られる。

(118) 牧田諦亮『偽経研究』（初出一九六七年、同著作集第一巻、臨川書店、二〇一四年）。

(119) 室田辰雄「『陰陽道旧記抄』と「中世日本紀」について」『仏教大学大学院紀要』三六、二〇〇八年。

(120) 『渓嵐拾葉集』については、平泉澄『渓嵐拾葉集と中世の宗教思想』『史学雑誌』三七—六、一九二六年。田中貴子『『渓嵐拾葉集』の世界』名古屋大学出版会、二〇〇三年。

(121) 曽根原理「円戒復興と記家の思想——『渓嵐拾葉集』を中心に」『日本思想史学』二一、一九八九年。

(122) 注8に挙げた各論文を参照。

(123) 伊藤聡注8論文。なお、『渓嵐拾葉集』の〈神本仏迹説〉については、他に高藤晴俊注8論文。曽根原理注121論文などがある。

(124) 黒田俊雄注5論文。

(125) 平泉澄『中世に於ける社寺と社会との関係』至文堂、一九二六年。

(126) 筆者は、「顕密仏教」という用語は表現としてわかりにくく、「古典仏教」という用語を用いる方が明快だとする論を唱えている。拙稿「日本仏教史の時期区分」（大隅和雄編『文化史の構想』吉川弘文館、二〇〇三年）参照。

(127) 上島享注6「中世前期の国家と仏教」。

(128) 上島享注6「中世国家と仏教」。

(129) 末木文美士注6論文。

(130) 冨島義幸注12論著。

(131) 上島享「藤原道長と院政」（同注6著書所収）。

(132) 冨島義幸注12著書。同「鎌倉再建東大寺大仏殿の評価をめぐる一考察」（注19『東大寺の新研究三　東大寺の思想と文化』所収）。

(133) 黒田俊雄編『訳注日本史料　寺院法』集英社、二〇一五年。平雅行『改訂　歴史のなかに見る親鸞』法藏館文庫、二〇二一年。

(134) なお、近年の院政期～鎌倉時代の密教をめぐる研究成果に、智山勧学会編『鎌倉仏教——密教の視点から』（大蔵出版、二〇二三年）。

がある。
(135) 上島享「日本中世の宗教史」(吉田一彦・上島享編『シリーズ日本宗教史1　日本宗教史を問い直す』吉川弘文館、二〇二〇年)。同注2論文。
(136) 長浜城歴史博物館『塩津』図録、二〇一九年。滋賀県立安土城考古博物館編『塩津港遺跡発掘調査成果展』図録、二〇一九年。水野章二編『よみがえる港・塩津』サンライズ出版、二〇二〇年。
(137) 田中文雄「一行禅師説話の背景と仮託経典」『豊山教学大会紀要』四六、二〇一八年。
(138) 式内社については、小倉慈司「「式内社」の成立――延喜神名式「貞」「延」標注の検討」『古代律令国家と神祇行政』同成社、二〇二一年。
(139) 貴志正造訳『神道集』平凡社、一九六七年。『神道大系　文学篇　神道集』神道大系編纂会、一九八八年。引用は後者による。
(140) 市古貞次校注、日本古典文学大系『御伽草子』岩波書店、一九五八年。
(141) 山本陽子「天人から天女へ――なぜ五衰の天人が女性とされるようになったのか」『物語る仏教絵画――童子・死・聖地』勉誠社、二〇二三年。
(142) 松本隆信「熊野の本地」(同9著書所収)。
(143) 山田雄司「神祇信仰の重み――神社と寺院」(今井雅晴編『日本の名僧　一遍』吉川弘文館、二〇〇四年)。
(144) 小島惠昭「『親鸞伝絵』の熊野不浄参詣をめぐる諸問題」『印度学佛教学研究』三七―二、一九八九年。塩谷菊美「真仏因縁の生成」『同朋大学仏教文化研究所紀要』二五、二〇〇五年。同「解題」(『真宗史料刊行会編　大系真宗史料　親鸞伝』法藏館、二〇一一年)。
(145) 青木馨「初期真宗本尊論」(同朋大学仏教文化研究所編『親鸞・初期真宗門流の研究』法藏館、二〇二三年)は、平太郎の物語は親鸞系の諸門流が時衆に対抗する中で、時衆の熊野権現信託譚に対応して意識的に創作し、組み込んだ説話だと論じる。
(146) 親鸞系諸門流や荒木門流の活動についての私見は、拙稿「坂東における親鸞系諸門流の成立」(注145『親鸞・初期真宗門流の研究』所収)。同「親鸞系諸門流と被差別民――西本願寺・本照寺・万宣寺・磯寺をめぐって」(磯前順一他監修・小倉慈司他編『シリーズ宗教と差別3　差別の地域史――渡辺村から見た日本社会』法藏館、二〇二三年)。
(147) 福田晃「本地物語の唱導」(同注9『神話の中世』所収)。
(148) 同前。
(149) これについては、すでに拙稿「日本における神仏習合思想の受容と展開」(『仏教史学研究』四七―二、二〇〇五年)で指摘した。

終　章　神仏融合史の特質

(1) 鈴木正崇「明治維新と修験道」『宗教研究』九二―二、二〇一八年。
(2) 林淳「「神仏混淆」から「神仏習合」へ――用語の再検討」羽賀祥二編『近代日本の地域と文化』吉川弘文館、二〇一八年。
(3) 辻善之助「本地垂迹説の起源について」(初出一九〇七年、同『日本仏教史研究』一、岩波書店、一九八三年に再録)。
(4) 奈良康明『仏教史I』山川出版社、一九七九年。梶山雄一『般若経』中公新書。
(5) 奈良康明注4著書。梶山雄一『大乗仏教の誕生』講談社学術文庫、二〇二一年。
(6) 宮治昭「文明の十字路　ガンダーラとバーミヤン――光り輝く釈迦・転輪聖王・ミスラ・弥勒」(『バーミヤン大仏の太陽神と弥勒信仰』図録、龍谷ミュージアム、二〇二四年)。同「生き続けるバーミヤーン――大仏破壊の前とその後、現在・未来へ」(木俣元一・

近本謙介編『宗教遺産 テクスト学の創成』勉誠出版、二〇二二年)。
(7)同前。
(8)荒見泰史「「神」「仏」理解から見た中国宗教」(吉田一彦編『神仏融合の東アジア史』名古屋大学出版会、二〇二一年)。
(9)彌永信美『大黒天変相』法藏館、二〇〇二年。
(10)妹尾達彦「中華の分裂と再生」(『岩波講座 世界歴史9 中華の分裂と再生』岩波書店、一九九九年)。三﨑良章『五胡十六国』東方書店、二〇〇二年。
(11)拙著『仏教伝来の研究』吉川弘文館、二〇一二年。
(12)田中公明『インド密教史』春秋社、二〇二二年。
(13)拙稿「アジアの中の日本仏教の思想——仏教史は日本史よりも大きい」(大隅和雄他『日本思想史の可能性』平凡社、二〇一九年)。
(14)拙稿「先進文明としての仏法の受容」(妹尾達彦他編『アジア人物史3 ユーラシア東西ふたつの帝国』集英社、二〇二三年)。
(15)伊藤聡『神道とは何か』中公親書、二〇一二年。同『神道の形成と中世神話』吉川弘文館、二〇一六年。
(16)この時代の神信仰についての近年の研究成果に、西宮秀紀『律令国家と神祇祭祀制度の研究』塙書房、二〇〇四年。同『伊勢神宮と斎宮』岩波新書、二〇一九年。小倉慈司『律令国家と神祇行政』同成社、二〇二一年。丸山裕美子「天皇制祭祀の変容」(『日本の歴史08 古代天皇制を考える』講談社、二〇〇一年)。同「唐の祠例と日本の神祇令」(岡田荘司編『古代の信仰・祭祀』竹林舎、二〇一八年)。佐々田悠「律令制祭祀の形成過程——天武朝の意義の再検討」『史学雑誌』一一一—二、二〇〇二年。同「記紀神話と王権の祭祀」(『岩波講座 日本歴史2 古代2』岩波書店、二〇一四年)などがある。
(17)久保田収『中世神道の研究』神道史学会・臨川書店、一九五九年。大隅和雄校注、日本思想大系『中世神道論』岩波書店、一九七七年。伊藤聡『中世天照大神信仰の研究』法藏館、二〇一一年。同注15著書。同『神道の形成と中世神話』吉川弘文館、二〇一六年。伊藤聡・門屋温監修『中世神道入門』勉誠出版、二〇二二年。
(18)井上智勝『吉田神道の四〇〇年』講談社選書メチエ、二〇一三年。伊藤聡『神道の中世』中公選書、二〇二〇年。
(19)脊古真哉「猿投神社・神宮寺の田遊び——廃絶例についての史料からの復元的考察」神仏融合研究会口頭発表、二〇二三年十二月九日、『同朋大学仏教文化研究所紀要』(四四、近刊)掲載予定。
(20)上島享「中世の神と仏——〈神仏習合〉再考」(注8『神仏融合の東アジア史』所収)。
(21)黒田俊雄「中世における顕密体制の展開」(『日本中世の国家と宗教』岩波書店、一九七五年)。
(22)内藤湖南「応仁の乱について」(史学地理学同攻会講演、一九二一年、『内藤湖南全集』九、筑摩書房、一九六九年)。
(23)藤井学「近世初期の政治思想と国家意識」(『岩波講座 日本歴史10 近世1』岩波書店、一九七五年)。拙稿「日本仏教史の時期区分」(大隅和雄編『文化史の構想』吉川弘文館、二〇〇三年)。
(24)圭室諦成『葬式仏教』大法輪閣、一九六三年。松尾剛次『葬式仏教の誕生』平凡社新書、二〇一一年。注23拙稿。
(25)拙稿「坂東における親鸞系諸門流の成立」「横曽根門流の成立と展開」(同朋大学仏教文化研究所編『親鸞・初期真宗門流の研究』法藏館、二〇二三年)。
(26)井上鋭夫『一向一揆の研究』吉川弘文館、一九六八年。信仰の造形的表現研究委員会編『真宗重宝聚英七 聖徳太子絵像・絵伝・木像』同朋舎出版、一九八九年。後藤道雄・吉田一彦「律宗と親鸞系諸門流の聖徳太子信仰」(磯前純一他監修『シリーズ宗教と差別 2 差別と宗教の日本史』法藏館、二〇二二年)。拙稿「親鸞系諸門流と

被差別民――西本願寺・本照寺・万宣寺・穢寺をめぐって」(磯前純一他監修『シリーズ宗教と差別　3　差別の地域史』法藏館、二〇二二年)。

(27) 拙稿「本願寺住持としての順如」(同朋大学仏教文化研究所編『蓮如方便法身尊像の研究』法藏館、二〇〇三年)。

(28) 拙稿「日本仏教史上の蓮如の位置」(注27『蓮如方便法身尊像の研究』所収)。

(29) 拙稿「天皇代理者への崇拝――聖徳太子信仰と天皇制度との連関について」(道元徹心編『日本仏教の展開とその造形』法藏館、二〇二〇年)。

(30) 齋藤晃編『宣教と適応――グローバル・ミッションの近代』名古屋大学出版会、二〇二〇年。

(31) 岡美穂子「キリスト教の伝来と日本社会」(佐藤文子・上島享編『日本宗教史4　宗教の受容と交流』吉川弘文館、二〇二〇年)。

(32) 服部英雄『歴史を読み解く』青史出版、二〇〇三年。

(33) 服部英雄・千田嘉博・宮武正登『原城と島原の乱』新人物往来社、二〇〇八年。

(34) 森和也「排仏論・護法論・三教一致論」(伊藤聡・吉田一彦編『日本宗教史3　宗教の融合と分離・衝突』吉川弘文館、二〇二〇年)。

(35) 村上専精・辻善之助・鷲尾順敬共編『明治維新神仏分離史料』正続編五冊(正編上中下三冊、続編上下二冊)、東方書店、一九二六～二九年。辻善之助『明治仏教史の問題』立文書房、一九四九年。安丸良夫『神々の明治維新』岩波新書、一九七九年。林淳「近代仏教の時期区分」『季刊日本思想史』七五、二〇〇九年。谷川譲「明治維新と仏教」(『新アジア仏教史14　日本Ⅳ　近代国家と仏教』佼成出版社、二〇一一年)。岩田真美・桐原健真編『カミとホトケの幕末維新――交錯する宗教世界』法藏館、二〇一八年。

(36) 本郷真紹「再興された北野御霊会」『伝教大師最澄魅力交流コミュニケーションサイト「いろり」』https://1200irori.jp/content/special/detail/article6。本郷真紹・西山剛・橘重十九「特別鼎談・天神様と私」『天満宮』三三、二〇二二年。

(37) 〈諏訪神仏プロジェクト〉については、石埜穂高・石埜三千穂本文執筆『諏訪神仏プロジェクト公式ガイドブック――諏訪信仰と仏たち』SUWA株式会社、二〇二二年。なお、筆者を研究代表者とする科研共同研究(神仏融合研究会)は、〈諏訪神仏プロジェクト〉と連携して、共同の主催で公開シンポジウム「諏訪の神と仏教」(二〇二二年一〇月一六日、於諏訪市文化センター)を開催し、諏訪社の神宮寺の神仏融合史上の位置や特質について論究、発信した。

(38) 諏訪市史編纂委員会編『諏訪市史　下　近現代』諏訪市役所、一九七六年。なお、諏訪社の神宮寺については、小林崇仁「諏訪の神宮寺」(福田晃・徳田和夫・二本松康宏編『諏訪信仰の中世――神話・伝承・歴史』三弥井書店、二〇一五年)。

(39) 高井龍「敦煌における儒教と仏教」(注8『神仏融合の東アジア史』所収)。

(40) 塚本善隆「中国の在家仏教特に庶民教の一経典――提謂波利経の歴史」『塚本善隆著作集　第二巻北朝仏教史研究』大東出版社、一九七四年。牧田諦亮『疑経研究』(『牧田諦亮著作集　第一巻　疑経研究』臨川書店、二〇一四年)。倉本尚徳「北朝造像銘にみる道仏二教の関係――関中における邑義の分析を中心に」『東方宗教』一〇九、二〇〇七年。増尾伸一郎『道教と中國撰述佛典』汲古書店、二〇一七年。

(41) 義江彰夫『神仏習合』岩波新書、一九九六年。

(42) 義江氏の三位一体説の理解、および聖霊(the Holy Spirit)と精霊(spirit)の関係については説明不足があり、必ずしもわかりやすくないが、今は記述のままに紹介する。

(43) 義江彰夫「歴史における神と仏――中世比内の信仰状況を探る」

『比内歴史文化講演会記録』比内地方歴史愛好会、二〇〇四年。

（44）佐藤彰一『フランク史Ⅱ　メロヴィング朝の模索』名古屋大学出版会、二〇二二年。

（45）原聖『興亡の世界史07　ケルトの水脈』講談社、二〇〇七年。高橋義人『悪魔の神話学』岩波書店、二〇一八年。

（46）ミルチア・エリアーデ『世界宗教史』Ⅰ〜Ⅲ、荒木美智雄・中村恭子・松村一男・島田裕巳・柴田史子・鶴岡賀雄訳、筑摩書房、一九九一〜九二年。

（47）市川裕『ユダヤ教の歴史』山川出版社、二〇〇九年。

（48）山我哲雄『一神教の起源』筑摩選書、二〇一三年。

（49）松本宣郎編『キリスト教の歴史Ⅰ』山川出版社、二〇〇九年

（50）佐藤次高編『イスラームの歴史Ⅰ』山川出版社、二〇一〇年。大川玲子『聖典「クルアーン」の思想――イスラームの世界観』講談社現代新書、二〇〇四年。

（51）曾根正人「多神教としての仏教とその東流」（注8『神仏融合の東アジア史』所収）。

（52）伊藤聡『中世天照大神信仰の研究』法蔵館、二〇一一年。

（53）彌永信美「神話／儀礼／王権――中世日本から」（『岩波講座 哲学13　宗教／超越の哲学』岩波書店、二〇〇八年）。同「『習合』という用語／中世神話と仏教の注釈伝統」（伊藤聡・門屋温監修『中世神道入門――カミとホトケの織りなす世界』勉誠出版、二〇二二年）。

（54）注8『神仏融合の東アジア史』所収。

（55）吉田一彦・林淳対談「研究展望・アジアの神仏融合／習合と日本――『神仏融合の東アジア史』書評をめぐって」『人間文化研究所年報』一九、二〇二四年。

（56）鈴木耕太郎「紹介　吉田一彦編『神仏融合の東アジア史』」『説話文学研究』五七、二〇二二年。

（57）佐藤弘夫「書評　吉田一彦編『神仏融合の東アジア史』」『宗教研究』九五―三、二〇二一年。

（58）林淳「書評　吉田一彦編『神仏融合の東アジア史』」『史林』一〇五―四、二〇二二年。Mark Teeuwen「Review Yoshida Kazuhiko 吉田一彦, ed., *Shinbutsu yūgō no Higashi Ajia shi* 神仏融合の東アジア史」*Japanese Journal of Religious Studies* 49/1 (2022).

（59）中西裕二「書評　吉田一彦編『神仏融合の東アジア史』」『東南アジア歴史と文化』五一、二〇二二年。

（60）国際シンポジウム「英語と日本語で「神仏習合」を再考する――英語訳をめぐって」パネラー：吉田一彦、ファビオ・ランベリ、ジャッキー・ストーン、マーク・テーウェン。コメント：マシュー・マクマラン、石原和。司会：ポール・スワンソン、林淳（於南山大学・オンライン、二〇二四年六月三〇日）。なお、このシンポジウムの内容は、南山宗教文化研究所『研究所報』二〇二五年に掲載予定である。

（61）三橋正・ルチア・ドルチェ編『「神仏習合」再考』（勉誠出版、二〇一三年）の英文タイトルは、*Rethinging "Syncretism" in Japanese Religion* となっている。また、最近刊行された高校の日本史教科書の英語訳である、佐藤信・五味文彦・高埜利彦『英文 詳説日本史 *Japanese History for High school*』（山川出版社、二〇二四年）は、「神仏習合」を syncretism of kami and Buddhas と英訳している。

（62）Allan G Grapard, *The Protocol of the Gods: A Study of the Kasuga Cult in Japanese History*, University of California Press, 1992.

（63）Jacqueline Stone, "*Kami*-Buddha Amalgamations as Hermeneutics: *Kami*, Original Enlightenment, and Medieval Understandings of Japan"（注60シンポジウム発表）。

（64）Alicia Matsunaga, *The Buddhist Philosophy of Assimilation*, Sophia University in cooperation with Charles E Tuttle Company, Inc., 1969. この書物は、仏法の思想をインド、中国、日本における布教のあり方や、

神信仰との関係から考察したもので、研究史上重要な先駆的業績と位置づけられる。

（65）なお、明治時代、井上哲次郎は『国民道徳概論』（三省堂書店、一九一二年、『井上哲次郎集　2　国民道徳概論』クレス出版、二〇〇三年）は、すでに「けれ共佛教も幾くも無く日本の國風に同化して、段々と其邊の區別が分らぬ様になつて、殆ど日本の宗教の様にアッシミレートして了つたのであります」と講じており、「アッシミレート」「同化」の術語を用いている。ただし、仏法が同化したのではなく、同化されたと論じている。

（66）Mark Teeuwen and Fabio Ramballi, ed., *Buddhas and Kami in Japan: Honji Suijaku as a Combinatory Paradigm*, Routledge, 2003.

（67）鈴木正崇注1論文。Mark Teeuwen, "Amalgamation of Buddhas and Deities seen from the Perspective of Oku Mikawa's *Hanadayū* Priests"（注60シンポジウム発表）。

あとがき

日本の高校の教育が大きく変わり始めている。高校では二〇二二年度から新カリキュラムが開始され、複数の新科目がスタートした。「情報」「歴史総合」「地理総合」「公共」「探究」などである。その中で、多くの大学が、そして私自身も注目しているのが、「総合的な学習の時間」を改訂して開始された「総合的な探究の時間」(通称「探究」)である。これまで、高校における「学習」と大学における「研究」とは、必ずしもストレートには連続しないところがあった。そうした中で、「探究」は、それを乗り越え、大学での「研究」に直接連続するような科目になるのではないかと期待している。

もう一つ、歴史学を専攻する私は、「歴史総合」に注目している。これまで高校の地理歴史科は、「世界史(AまたはB)」が必修科目だったが、新カリキュラムでは、新設の「地理総合」と「歴史総合」が必修となり、同じく新設の「地理探究」「日本史探究」「世界史探究」は選択科目となった。歴史学分野で、日本の全高校生が唯一学ぶ科目になった「歴史総合」は、「世界史」と「日本史」を合わせた科目で、私なりには、世界史の中に日本史を位置づけて理解する科目、あるいは日本史を世界の歴史を視野に入れながら理解する科目だと捉えている。ただし、取り扱う時代の範囲は、近世末期以降となっている。私は大学で日本史を専攻し、日本古代史のゼミで学んだから、「日本史」が部分的に縮小し、「世界史」の中に取り込まれていくのを見るのは少し寂しい気もするが、人類の歴史の学習という観点からするなら、不可避の展開なのだろうと考える。

二〇二一年三月、私は勤務先の大学を定年退職したが、名古屋市立の大学と高校の高大接続・人事交流担当の教員として再任用され、二一年度から二三年度までの三年間、複数の名古屋市立の高校で特別授業を行ない、また学習・研究や進路に関する講演、講座、催しを実施し、種々の企画に参加するようになった。その中で、始まったばかりの「歴史総合」の教壇に立ち、また「探究」の授業に参加して、「探究」の成果の名古屋市立高校合同発表会を開催することができた。大学の講義を部分的に持ちながらの勤務だったので、体力的にはハードだったが、得難い経験であり、多くのことを学ぶことができた。

日本の歴史を学び研究する学問は、戦前は「国史」と呼ばれた。戦後、それは「日本史」と呼び名を変えた。それに伴い、皇国史観的な歴史理解は大きく批判、修正され、中身も政治史や文化史ばかりではなく、社会経済史、民衆史、生活史、女性史などの側面が充実し、厚みのある研究・教育が展開されるように変わった。しかしながら、大学の学科組織名としては、国史学科や国史学専修などの名が長く残ったし、国際的視座からの研究・教育は必ずしも十分には発展してこなかったように思う。「日本史」なのだから、日本の歴史の研究・解明を中心にするのは当然のことであるが、その際に、一国史的視座を脱却し、国際的視座からの考察を深めることが重要になる。それには〈比較〉という方法論が欠かすことができず、キイワードになるのは〈共通性と差異〉になると考える。いわゆる〈日本古代史〉の分野では、これまでも、仏教史の研究、遣唐使などの外交史・文化交流史の研究、比較律令研究、渡来人研究などの分野で、すでに国際的視座からの研究蓄積がある。今後は、それをさらに深化させるとともに、国際的視座が課題である〈日本中世史〉の分野に拡げて考察していきたい。それは二十一世紀における歴史学の大きな研究テーマになるだろう。

私が神仏融合をテーマとする研究を発表するようになったのは二十世紀末のことだった。その論文で、「神仏習合」は日本にだけ見られる現象ではないと論じ、中国の神仏融合思想の受容や、他の仏法国・地域との比較研究の必要性について説いた。それは今からあらためて思うと、「国史学」の分野を中心に進められてきた「神仏習合」研究の世界を飛び出し、「日本史学」の観点から、さらに言えば「歴史総合」風にこの問題を考えようとする試みだったのかもしれない。

私の神仏融合研究は、その後、日本の神仏融合の歴史と文化を、世界の宗教史を視野に入れながら考え、また世界史の中に日本史を位置づけて考えようとする研究へと展開し、中国、台湾、東南アジア、北アジアをフィールドとする研究者たちとの共同研究へと進展していった。また、歴史学ばかりでなく、文学、美術史、宗教学、民俗学などの研究者たちとの共同研究に進んでいった。そうした方向性の研究を開始した以上、必然の進展だったのだろうと思う。それは、私にとって、楽しく、魅力にあふれた研究テーマとなったが、一方、解明は簡単ではなく、思ったようには進展しないことに歯がゆい思いをすることもあった。本文にも書いたが、こうした視座からの研究はまだ始まったばかりである。解明しなければならない興味深い個別事例が山積している。本書を読まれた方で、日本でも、他の国・地域でも、自分の知るところにこれこれの興味深い事例があるなどの情報があれば、ご教示頂ければ幸いである。

本書各章の初出は次の通りである。

序　章　神仏融合史研究序説
　新稿。

第Ⅰ章　日本における神仏融合の成立と展開
　新稿。「奈良・平安時代の神仏融合」（伊藤聡・吉田一彦編『日本宗教史3　宗教の融合と分離・衝突』吉川弘文館、二〇二〇年）、「古代における神仏の融合」（吉田一彦編『神仏融合の東アジア史』名古屋大学出版会、二〇二一年）を合わせて加除。

第Ⅱ章　神仏習合学説形成史の批判的考察
　「神仏習合説形成史の批判的考察」（前掲『神仏融合の東アジア史』を改題）。

第Ⅲ章　多度神宮寺と神仏融合――中国の神仏融合思想の受容をめぐって

「多度神宮寺と神仏習合――中国の神仏習合思想の受容をめぐって」（梅村喬編『古代王権と交流4　伊勢湾と古代の東海』名著出版、一九九六年）を改題。

第Ⅳ章　最澄の神仏融合と中国仏教
「最澄の神仏習合と中国仏教」（『日本仏教綜合研究』七、二〇〇九年）を改題。

第Ⅴ章　宗叡の白山入山をめぐって――九世紀における神仏融合の進展
「宗叡の白山入山をめぐって――九世紀における神仏習合の進展（1）」（『仏教史研究』五〇、二〇一二年）を改題。

第Ⅵ章　鬼と神と仏法――役行者の孔雀王呪法を手がかりに
「鬼と神と仏法――インド・中国・日本：役行者の孔雀王呪法を手がかりに」（前掲『神仏融合の東アジア史』）を改題。

第Ⅶ章　垂迹思想の受容と展開――本地垂迹説の成立過程
「垂迹思想の受容と展開――本地垂迹説の成立過程」（速水侑編『日本社会における仏と神』吉川弘文館、二〇〇六年）。

付　論　恵亮の表の読解――駒井匠氏の見解に寄せて
「駒井匠「八・九世紀の天皇における仏教的国土観の受容と展開」を聞いて」（『日本史研究』七一六、二〇二二年）を改題。

第Ⅷ章　本地垂迹説の成立とその特質
新稿。

終　章　神仏融合史の特質
新稿。

このうち、第Ⅲ章は、私にとって思い出深い論文である。『日本書紀』の記述・表現の元ネタになる文を探そうとして『続高僧伝』を読んでいたら、たまたま日本の神仏融合の史料とそっくりの表現・論理に出会い、大変驚いたことについては、前著『神仏融合の東アジア史』の「編者あとがき」に書いた通りである。本書全体の起点になった一本である。

第Ⅰ章・第Ⅱ章は、近年発表した論文をほぼそのまま収録したものである。ただし、第Ⅰ章は前後して発表した二本の論文を合わせ、重複部分を削除するなどの整序を加えてまとめ直している。第Ⅰ章をまとめながら、私は亡くなった増尾伸一郎さんのことを思い出していた。増尾さんだったら何と言うだろうか。私の知らないあれこれについて教えてくれるだろうな。そんなことを考える。増尾さんに本書を読んでもらうことができないのは返すがえすも無念である。なお、「古代における神仏の融合」を収録した前著において、私は「神仏融合」「神道離脱」の用語・概念を提起した。本書では、一書全体をこの言葉で統一することとした。

第Ⅳ章の論文を書くにあたっては、共同研究者の諸氏と中国・浙江省の天台山の諸寺・道観・史跡を踏査する機会に恵まれた。現地を歩き、現物を見ながらの意見交換から受ける示唆は大きく、多くの知見を得ることができた。共同研究の諸氏とは、他にも中国・インド・韓国・ベトナム・台湾などの石窟寺院や史跡などを踏査することができた。その時の写真資料のいくつかを本書の各所に掲載している。

第Ⅴ章で取り上げた宗叡については、九世紀の重要僧として強い関心を持っており、今後とも研究を深めたいと考えている。他方、著名な泰澄と彼への信仰については、本章で多くを論じることができず、残された課題になっている。第Ⅵ章で取り上げた役小角も、奈良時代の役小角については考察したが、平安中後期以降の、修験道の祖として信仰される役行者については、その始点は明らかにしたが、その後の展開は論じることができなかった。泰澄への信仰、役行者への信仰の問題は重要な研究課題だと考えており、今後さらに考察を進めていきたい。

第Ⅶ章は、速水侑先生古稀記念論集に寄稿した一篇である。論集の作成に当たっては、編集委員会の方針で、研究会を何度も実施して質疑応答で議論を深めることになった。私は京都で開催された研究会で発表したが、その会および終了後の懇親会で、中尾良信先生や故三橋正氏と長く語りあったことが忘れられない。三橋さんは神仏融合をめぐる私の論敵で、この時を含めて何度も議論した。本書をめぐって、また三橋さんと口角泡を飛ばす討論がしたかったなと思う。

第Ⅷ章は、第Ⅶ章の成果を受けて書き上げた新稿で、〈本地垂迹説〉の成立について論じた長尺の一篇である。文章化にあたっては、共同研究者たちとの科研研究会（「神仏融合研究会」）において、二〇二三年度後期に二回にわたって発表・討論をして御批判をいただき、わかりにくいところ、至らないところについて可能な限り補訂を加えた。共同研究者の、曾根正人、脊古真哉、上島享、伊藤聡、二階堂善弘、荒見泰史、藤原崇人、松尾恒一、高井龍、高橋早紀子、高志緑、大西和彦、ブライアン・ルパート、関山麻衣子、市岡聡、浅岡悦子、牧野由佳の諸氏からは、いつも厳しく、かつ暖かい御批判・御助言を頂戴しており、感謝にたえない。また研究会終了後の懇親会は毎回とても楽しく、大いに励まされている。心より篤く御礼申し上げる次第である。

終章は新稿で、本書のまとめとして、日本の神仏融合史の時期区分を試みるとともに、世界史の中への位置づけについて、研究の現段階における見解を論述した。本章の後半では、故義江彰夫先生と対話するように、世界史の中への位置づけについて議論を展開した。義江氏と私は、研究テーマに共通するところがあり、律の研究や神仏習合／融合の研究をめぐってしばしば意見交換した。最初、「神仏習合」を日本独特の宗教構造としていた義江氏は、やがて中国にもあると認めてくれ、講演の中で、仏道儒三教の連関について触れられるようになった。だが、氏が最も強い関心を示したのは、西欧におけるキリスト教と先行する神信仰との関係で、それと日本の神仏習合とを比較する議論を展開されていた。義江論と私見は見解を異にするが、本章では義江氏と対論するようにして後半部分を執筆した。もはや反論をお伺いすることができないのが残念である。

なお、終章の内容に関わるものに、私と林淳氏の対談「研究展望　アジアの神仏融合／習合と日本──『神仏融合の東アジア史』書評をめぐって」(『人間文化研究所年報』一九、二〇二四年)があるので、あわせ御参照いただければ幸いである。東京から名古屋に来て三十余年。その間、林さんには大変にお世話になり、今も親しく交流させていただいている。神仏習合研究の論客である林さんから日常的に御意見をいただくことができることに、あらためて深く感謝申し上げたい。

本書の作成にあたっては、名古屋大学出版会の橘宗吾氏、堤亮介氏に大変お世話になった。心より御礼申し上げる次第である。あわせて、研究会に御参加いただいた方々にこの場を借りて篤く御礼申し上げる。

なお、本書は、日本学術振興会科学研究費の補助を受けた研究「東アジアにおける仏教と神信仰との融合から見た日本古代中世の神仏習合に関する研究」(研究代表者吉田一彦、基盤研究(B)、二〇〇九~二〇一三)、「日本における仏教と神信仰の融合に関する総合的研究——アジアとの比較の視座から」(同、基盤研究(B)、二〇一四~二〇一六)、「神仏融合から見た日本の宗教・思想とアジアの比較研究——分野横断による人文学の再生」(同、基盤研究(A)、二〇一七~二〇二一)、「神仏の融合・複合の形成史の比較研究——日本とアジアの国々との様相を比較して」(同、基盤研究(B)、二〇二三~二〇二五)の研究成果の主要部分をまとめたものである。また、本書は、二〇二四年度科学研究費の研究成果公開促進費(「学術図書」)の交付を受けて刊行される。

二〇二四年九月十七日

吉田一彦

《著者略歴》

吉田一彦《よしだかずひこ》

1955年　東京都に生まれる

1986年　上智大学大学院文学研究科博士後期課程満期退学

名古屋市立大学人間文化研究科教授などを経て，

現　在　名古屋市立大学人間文化研究科特任教授，同名誉教授，博士（文学）

著　書　『日本古代社会と仏教』（吉川弘文館，1995年）

『古代仏教をよみなおす』（吉川弘文館，2006年）

『仏教伝来の研究』（吉川弘文館，2012年）

『『日本書紀』の呪縛』（集英社新書，2016年）

『日本宗教史を問い直す』（共編，吉川弘文館，2020年）

『神仏融合の東アジア史』（編著，名古屋大学出版会，2021年）

『シリーズ宗教と差別3　差別の地域史』（共編，法藏館，2022年）他

神仏融合史の研究

2024年12月10日　初版第1刷発行
2025年 7 月20日　初版第2刷発行

定価はカバーに
表示しています

著　者　吉　田　一　彦

発行者　西　澤　泰　彦

発行所　一般財団法人　名古屋大学出版会

〒464-0814　名古屋市千種区不老町1名古屋大学構内

電話(052)781-5027 / FAX(052)781-0697

印刷・製本　亜細亜印刷㈱　ISBN978-4-8158-1173-0

乱丁・落丁はお取替えいたします。

索　引

人名，寺院名（含石窟寺院），神社名，書名・経典名を中心に掲げた。

あ 行

か 行

さ　行

た　行

な　行

は　行

ま　行

や　行

ら　行

わ　行

図表一覧

月 19 日……………………………………………………………………84
図 I -13　『大般若経』巻第五百二十一（巻末）　菟足神社蔵　愛知県豊川市小坂井町手嶋大侑撮影 2017 年 6 月 29 日……………………………………………89
図 I -14　神虫　『辟邪絵巻』より　奈良国立博物館蔵（CalBase〈https.//colbase.nich.go.jp〉から転載）……………………………………………………………98
図 I -15　融通念仏縁起絵巻　寛正六年（1465）　禅林寺蔵　京都府京都市左京区永観堂町　（『大妖怪展』図録，東京都江戸東京博物館・あべのハルカス美術館，2016 年から転載）………………………………………………………………100
図 I -16　現在の金勝寺　滋賀県栗東市荒張　筆者撮影 2018 年 4 月 29 日……………104
図 I -17　現在の兵主神社　滋賀県野洲市五条　筆者撮影 2018 年 4 月 29 日…………105
図 I -18　現在の東寺　鎮守八幡宮　平成四年（1992）再建　京都府京都市南区九条町筆者撮影 2024 年 7 月 21 日……………………………………………………107
図 I -19　現在の金閣寺　中国・山西省忻州市五台県　筆者撮影 2009 年 9 月 13 日……113
図 I -20　現在の高野山金剛峯寺壇上伽藍の根本大塔　和歌山県伊都郡高野町　筆者撮影 2015 年 5 月 11 日……………………………………………………………117
図 III -1　多度神宮寺伽藍縁起并資財帳　巻頭　多度大社蔵　三重県桑名市多度町（『多度町史　資料編 1』多度町，2002 年から転載）………………………………145
図 III -2　同　部分　（『多度町史　資料編 1』から転載）…………………………………146
図 IV -1　天台山の石梁飛瀑　中国・浙江省台州市天台県　筆者撮影 2008 年 9 月 12 日…181
図 IV -2　現在の国清寺　大雄宝殿と塼塔　中国・浙江省台州市天台県　筆者撮影 2008 年 9 月 10・11 日……………………………………………………………182
図 IV -3　赤城山　中国・浙江省台州市天台県　筆者撮影 2008 年 9 月 11 日……………183
図 IV -4　現在の赤城山の第六洞天　中国・浙江省台州市天台県　筆者撮影 2008 年 9 月 11 日…………………………………………………………………………184
図 IV -5　天台山の真覚寺（智者塔院）と智者肉身塔　中国・浙江省台州市天台県　筆者撮影 2008 年 9 月 11 日／2016 年 11 月 25 日…………………………………188
図 V -1　現在の青龍寺　中国・陝西省西安市　筆者撮影 2007 年 9 月 7 日………………211
図 V -2　五臺山の北臺より山々をのぞむ　中国・山西省忻州市五臺県　筆者撮影 2009 年 9 月 12 日………………………………………………………………………213
図 V -3　現在の竹林寺　中国・山西省忻州市五臺県　筆者撮影 2009 年 9 月 12 日……214
図 VI -1　マハーマーユーリ像　エローラ石窟　第 6 窟　インド・マハーラーシュトラ州　筆者撮影 2019 年 3 月 13 日……………………………………………………234
図 VI -2　マハーマーユーリ像　エローラ石窟　第 8 窟　インド・マハーラーシュトラ州　筆者撮影 2019 年 3 月 13 日……………………………………………………234
図 VI -3　孔雀明王像　北山石窟　1126 年　中国・四川省重慶市大足区　大足石窟群筆者撮影 2015 年 3 月 18 日……………………………………………………235
図 VI -4　孔雀明王像　石門山石窟　中国・四川省重慶市大足区　大足石窟群　筆者撮影 2015 年 3 月 21 日……………………………………………………………235
図 VI -5　孔雀明王像　宝頂山石窟　中国・四川省重慶市大足区　大足石窟群　筆者撮影 2015 年 3 月 19 日……………………………………………………………235
図 VI -6　孔雀明王像　孔雀洞石窟　中国・四川省安岳県　安岳石窟群　筆者撮影 2016 年 9 月 12 日……………………………………………………………………236

図 VI－7　孔雀経曼荼羅図　松尾寺蔵　大阪府和泉市松尾寺町　和泉市久保惣記念美術館提供……248
図 VI－8　増長天と夜叉　敦煌楡林窟　第 25 窟前室東壁南側（中唐，右）と第 15 窟前室南壁（唐，左）　中国・甘粛省敦煌市（趙声良編『中国石窟芸術　楡林窟』江蘇鳳凰美術出版社，2014 年から転載）……250
図 VI－9　役行者像　吉水神社蔵　奈良県吉野郡吉野町　筆者撮影 2016 年 3 月 17 日…250
図 VII－1　吉蔵『浄名玄論』巻第六　慶雲三年（706）12 月 8 日書写　東大寺伝来　京都国立博物館蔵　（『古写経』図録，京都国立博物館，2024 年から転載）……261
図 VII－2　『伝述一心戒文』上巻　良祐書写本　応徳元年（1084）9 月 18 日書写　延暦寺蔵　滋賀県大津市坂本本町　延暦寺提供……266
図 VIII－1　現在の田宮寺と十一面観音立像二躯　三重県度会郡玉城町　筆者撮影 2024 年 2 月 18 日……291
図 VIII－2　成尊『真言付法纂要抄』巻頭巻末各 2 紙　大須文庫蔵　愛知県名古屋市　大須文庫提供……296–297
図 VIII－3　一遍上人神勅名号碑（熊野別当九鬼宗隆の建立　昭和四十六年〈1971〉4 月 14 日）　筆者撮影 2009 年 10 月 10 日……342
図終－1　バーミヤン石窟　東大仏龕の天井画　ミスラ　京都大学人文科学研究所所蔵（附属人文情報学創新センター　西域行記データベースより）……352
図終－2　同　描き起こし図　宮治昭監修・正垣雅子筆　龍谷ミュージアム蔵（『バーミヤン大仏の太陽神と弥勒信仰』図録，龍谷ミュージアム，2024 年から転載）……353
図終－3　天台山の国清寺　現在の伽藍殿と伽藍神像　中国・浙江省台州市天台県　筆者撮影 2008 年 9 月 11 日……354
図終－4　知立神社多宝塔　愛知県知立市西町神田　筆者撮影 2020 年 8 月 23 日……361
図終－5　キリシタン洞窟礼拝堂　大分県竹田市殿町　筆者撮影 2024 年 3 月 26 日……363
図終－6　熱田神宮境内図　享禄二年（1529）の絵図を文化五年（1808）に玉仙が模写したもの　熱田神宮蔵　愛知県名古屋市熱田区神宮　（熱田神宮文化部内田雅之編『熱田神宮の歴史と文化財』図録，2005 年から転載）……365
図終－7　普賢菩薩像　諏訪大社上社神宮寺旧蔵　仏法紹隆寺現蔵　長野県諏訪市四賀桑原　筆者撮影 2022 年 10 月 1 日……366
図終－8　八坂礼拝講　京都府京都市東山区　筆者撮影 2024 年 7 月 20 日……367
図終－9　エローラ石窟　第 10 窟（仏教のチャイティヤ窟）と第 16 窟（カイラサナータ寺院，ヒンドゥー教の大寺院）　インド・マハーラーシュトラ州　筆者撮影 2019 年 3 月 13 日……369
図終－10　地壇　中国・北京市東城区　筆者撮影 2009 年 9 月 16 日……370
図終－11　現在のサンピエトロ大聖堂　バチカン市国　筆者撮影 2017 年 12 月 1 日……376

表 VIII－1　蓮華王院惣社に勧請された神々の本地……327